Joscha Metzger
Genossenschaften und die Wohnungsfrage

**RAUMPRODUKTIONEN:
THEORIE UND GESELLSCHAFTLICHE PRAXIS**

Begründet 2007
Herausgegeben von Bernd Belina, Johanna Hoerning, Henrik Lebuhn, Boris Michel und Anne Vogelpohl

Band 38

Die Buchreihe bildet ein Forum kritischer Raumforschung im Rahmen kritischer Gesellschaftstheorie. Ihr Ziel ist es, Debatten zugänglicher zu machen, zu bündeln, zu initiieren und zu kritisieren. Kritische Raumforschung untersucht die soziale Produktion von Raum und die je spezifischen gesellschaftlichen Verräumlichungen.

Kritische Raumforschung als Gesellschaftsforschung fragt nach den aktuellen räumlichen Transformationsprozessen, denen der physisch-materielle Raum inklusive seiner sozialen Bedeutungen unterworfen ist. Dazu gehören neue Formen der Inwertsetzung und Politisierung von Natur und gebauter Umwelt, die Umstrukturierung städtischer, staatlicher und globaler Räume, räumliche Strategien der Kontrolle oder die Produktion und Veränderung räumlicher Maßstabsebenen.

Kritische Raumforschung rückt soziale Kämpfe um und mittels Raumproduktionen und damit gesellschaftliche Widersprüche in den Mittelpunkt. Kritische Raumforschung kritisiert gesellschaftswissenschaftliche Konzepte von Raum, die diesen losgelöst von jeglicher Materialität konstruieren; ebenso kritisiert sie Konzepte, die Gesellschaft an diese Materialität fesseln. Kritische Raumforschung sucht nicht nach einer „Raumtheorie“, sondern nach gesellschaftlichen Raumverhältnissen.

In der Reihe erscheinen Monographien, Sammelbände und Reader.

Joscha Metzger, geb. 1983, studierte Geographie und Geschichte in Freiburg und promovierte am Institut für Geographie der Universität Hamburg zum Thema Genossenschaften und Wohnungsfrage. Aktuell arbeitet er im Bereich Baubetreuung und Projektentwicklung bei der STATTBAU HAMBURG Stadtentwicklungsgesellschaft mbH und lehrt an der HafenCity Universität und der Universität Hamburg zu den Themen Wohnungspolitik, -wirtschaft und Stadtentwicklung.

Joscha Metzger

Genossenschaften und die Wohnungsfrage

Konflikte im Feld der Sozialen Wohnungswirtschaft

WESTFÄLISCHES DAMPFBOOT

Bibliografische Information der Deutschen Nationalbibliothek
Die Deutsche Nationalbibliothek verzeichnet diese Publikation in der Deutschen Nationalbibliografie; detaillierte bibliografische Daten sind im Internet über http://dnb.d-nb.de abrufbar.

Zugl.: Dissertation zur Erlangung des Doktorgrades der Naturwissenschaften an der Fakultät für Mathematik, Informatik und Naturwissenschaften (Fachbereich Geowissenschaften) der Universität Hamburg. Titel: Genossenschaften und die Neue Wohnungsfrage. Eine kritisch-geographische Analyse großer Wohnungsgenossenschaften. Erste Gutachterin: Anke Strüver; zweiter Gutachter: Jürgen Oßenbrügge. Tag der Disputation: 4. Februar 2020.

1. Auflage Münster 2021

Umschlag: Lütke Fahle Seifert AGD, Münster
Druck: Majuskel Medienproduktion GmbH, Wetzlar
Gedruckt auf FSC-zertifiziertem Papier
ISBN 978-3-89691-068-4

Inhalt

Danksagung

Von den Vorständen und Mitgliedern der untersuchten Genossenschaften bin ich mit Wohlwollen und Neugier empfangen worden. Ohne Ihre Bereitschaft, Ansichten und Vorstellungen zum genossenschaftlichen Wohnen mit mir zu teilen, hätte ich die vorliegende Arbeit nicht erstellen können. Ich bin Ihnen daher zu großem Dank verpflichtet. Ich vermute jedoch, dass meine Analyse „kritischer" ausgefallen ist, als manche von Ihnen erwartet haben. Ich hoffe daher sehr, dass meine Interpretationen – auch wenn sie nicht immer den gängigen Ansichten zum genossenschaftlichen Wohnen entsprechen – für Sie nachvollziehbar sind und Anregungen für die zukünftige Praxis geben.

Ich danke ebenfalls allen weiteren Interviewpartner_innen aus Wohnungswirtschaft, Politik, Behörden und Zivilgesellschaft für die Einblicke, die Sie mir in ihr Wissen gewährt haben und für die freundliche Unterstützung bei meinem Weg in und durch das Feld der Sozialen Wohnungswirtschaft. Mein besonderer Dank gilt dabei den stadtpolitischen Aktivist_innen aus St. Pauli, St. Georg, Hamm und Rothenburgsort. Euer Engagement ist mir ein Ansporn gewesen!

Anke Strüver, Bernd Belina und Jürgen Oßenbrügge danke ich herzlich für ihre wissenschaftliche Einordnung und ermutigende Begleitung meines Forschungsvorhabens. Weitere wichtige Unterstützung habe ich im bundesweiten Arbeitskreis Kritische Geographie, in der Arbeitsgruppe Kritische Geographie in Frankfurt, durch die Kolleg_innen am Institut in Hamburg und von der Feldsternrunde erfahren. Die Diskussionen und der Austausch in diesen Zusammenhängen haben mich immer wieder inspiriert und mir geholfen, Forschung als ein politisches Projekt zu begreifen. Namentlich danke ich für unzählige Anregungen, Ermutigungen, Kritik und Hilfestellungen Anna Fünfgeld, Anne Vogelpohl, Christin Bernhold, Christoph Haferburg, Daniel Mullis, Eva Kuschinski, Florian Collenberg, Inken Bartels, Moritz Rinn, Sebastian Schipper, Steffen Jörg, Thomas Bürk, Thomas Pohl, Tobias Schmitt und Yuca Meubrink. Mathias Häuser danke ich für seine Recherchen. Der Rosa-Luxemburg-Stiftung danke ich für die ideelle und finanzielle Unterstützung des Promotionsvorhabens und der damit gewährten Freiheit beim Forschen.

Meinen Eltern und meinem Bruder Felix danke ich für ihre kontinuierliche und geduldige Unterstützung und die übernommenen mühseligen Korrekturarbeiten. Mein größter Dank gilt Inken und Aaron für ihre Aufmerksamkeit und Liebe. Ohne euch hätte ich diese Arbeit wohl niemals fertig gestellt.

Prolog: Elisa bleibt!

„Eure Aufwertung ist unsere Vertreibung" ist auf einem der Plakate zu lesen, die vor dem roten Backsteingebäude aus den 1920er Jahren in die Luft gehalten werden. Die Stimmung der Demonstrant_innen in Hamburg-Hamm an diesem Oktobertag im Jahr 2014 ist kämpferisch – und zugleich bedrückt, denn vor dem Gebäude klafft von Baggern aufgerissene Erde; die Backsteinmauern der Vorgärten wurden bereits entfernt. Der Abriss eines Wohngebäudes steht bevor. Doch zu diesem Zeitpunkt steht noch nicht fest, ob sich die Eigentümerin oder die um den Erhalt kämpfenden Mieter_innen in dem Konflikt durchsetzen werden.

Kein ungewöhnlicher Anblick in Hamburg. Die Debatten um ein „Recht auf Stadt" sind seit Jahren in vollem Gange, auch in anderen Stadtteilen wird öffentlich um Abrisse und Neubauten gestritten. Dennoch verdienen zwei Aspekte bei diesem Protest besondere Aufmerksamkeit: Zum einen ist die Eigentümerin des Gebäudes kein normales privatwirtschaftliches Unternehmen, sondern eine Genossenschaft. Eine als sozial geltende Unternehmensform, in der die Mitglieder Miteigentümer_innen sind. Zum anderen entbrannte anhand des Konflikts um das Gebäude mit 122 Wohnungen im Elisabethgehölz eine Diskussion um die Frage, ob nun auch der bislang in dieser Hinsicht eher unauffällige Stadtteil Hamm von Gentrifizierung betroffen sei. Wurde das Phänomen der Gentrifizierung – also sozialräumliche Verdrängung durch Aufwertung – bis dahin vorrangig mit den innenstadtnahen Stadtteilen im Hamburger Westen in Verbindung gebracht, erreichte die Debatte damit auch den Osten der Stadt. An der Auseinandersetzung beteiligten sich verschiedene zivilgesellschaftliche und städtische Institutionen, Mietervereine sowie Politiker_innen.

Im Jahr 2011 kündigte die Vereinigte Hamburger Wohnungsgenossenschaft eG (vhw) den Abriss an. Anstelle der durchschnittlich ca. 50 Quadratmeter großen und mit 4,50 Euro/m² relativ günstigen Wohnungen sollte ein frei finanzierter Neubau mit größeren Wohnungen für bis zu 11,50 Euro/m² entstehen, da „die zum Teil ungünstigen Wohnungsgrundrisse (...) nicht die heutigen Vorstellungen vom Wohnen" erfüllten (taz 2011b). Einige Mieter_innen gründeten daraufhin die Initiative „Rettet Elisa" und engagierten sich über mehrere Jahre für den Erhalt des Gebäudes und ihrer Wohnverhältnisse. Versammlungen, Protestaktionen und Bündnisarbeit machten das Thema „Elisa" zum Politikum und zwangen die vhw an den Verhandlungstisch. Obwohl sich Mitglieder der Initiative in die Gremien der genossenschaftlichen Selbstverwaltung wählen ließen und sich Politiker_innen der Grünen und der Linken auf ihre Seite stellten, befand sich der Vorstand mit weitgehender Rückendeckung der in Hamburg regierenden

SPD am längeren Hebel. So berichtet die Initiative auf ihrer Homepage, dass Nachbar_innen infolge von Einzelverhandlungen doch freiwillig auszogen, während einzelne Unterstützer_innen juristisch unter Druck gesetzt wurden (Rettet-Elisa o.J.). Das Gebäude wurde sukzessive entmietet und bauliche Veränderungen vorgenommen, die auf Abrissarbeiten hindeuteten. Die Gruppe der Protestierenden blieb innerhalb der Gremien der Genossenschaft isoliert. Der Abriss konnte letztendlich nicht verhindert werden. Der Neubau beinhaltet 102 größere Wohnungen und damit zwanzig weniger als zuvor. Dennoch wirkte sich der Protest maßgeblich auf die neuen Planungen aus: Laut Medienberichten sind die neuen Wohnungen zu 100 % öffentlich gefördert und weisen Mieten von 5,90 Euro/m^2 bis 8,20 Euro/m^2 auf; für ehemalige Bewohner_innen soll es ein Rückkehrrecht geben (Mittendrin 2015; HA 2017f).

Auf einer Kundgebung gegen den Abrissbeginn im März 2015 ist in den Gesichtern abzulesen, welche Anstrengung die Auseinandersetzung mit sich gebracht hat. Zuletzt wurde mit der Elisa eG eine neue Genossenschaft gegründet, mit dem Ziel, das Gebäude von der vhw zu kaufen. In der Konzeptskizze „Vision Elisa" wird die Denkmalwürdigkeit des Gebäudes hervorgehoben und festgestellt, dass der Altbau mit „einer guten Durchmischung der Wohnungen (…) ein zukunftorientiertes Wohnungsangebot" liefern würde, in dem „der genossenschaftliche Gedanke gelebt wird und nicht nur auf dem Papier besteht" (Elisa Bleibt! o.J.). Angesichts der sich im Abriss befindlichen Ruine dominiert jedoch Beklemmung und Erschöpfung die Versammlung. Diejenigen, die sich lange und intensiv engagiert haben, stehen vor den Trümmern ihrer ehemaligen Wohnanlage. Von der Genossenschaft und der regierenden Politik wird dagegen im September 2016 das Richtfest für den Neubau gefeiert. Der eingeladene Leiter des zuständigen Bezirksamts Mitte lobt diesen als Beitrag für die Schaffung bezahlbaren Wohnraums in Hamburg: „Mit Elisa II wird hier in Hamm dringend benötigter, moderner und vor allem bezahlbarer Wohnraum geschaffen – zudem ist dieser barrierefrei. Die Architektur orientiert sich an den umliegenden historischen Schumacher-Bauten – insgesamt also ein Rundum-Mehrgewinn für den Stadtteil" (vhw 2016).

Der Konflikt um Elisa ist Ausdruck der aktuellen Auseinandersetzungen um die neue Wohnungsfrage in Hamburg und der Bedeutung der Wohnungsgenossenschaften in den damit verbundenen materiellen und symbolischen Kämpfen. In der vorliegenden Arbeit dient er als analytischer Zugang zur Rekonstruktion des umkämpften Wirkens sozialer Wohnungsunternehmen im Rahmen neoliberaler Wohnungspolitik und -wirtschaft.

1. Einleitung

Die Wohnungsfrage wird in Deutschland seit ca. zehn Jahren wieder intensiv diskutiert. Im Mittelpunkt der Aufmerksamkeit dieser „neuen Wohnungsfrage" stehen steigende Mieten und Wohnungspreise in Ballungsräumen (Schönig 2013; Holm 2014b). Auf die Verwobenheit des Wohnens mit anderen gesellschaftlichen Bereichen verweisen weitere Themen, die in diesem Zusammenhang debattiert werden: Wohnungsbau und -wirtschaft stellen wichtige und kapitalintensive Wirtschaftsbranchen dar. Immobilieninvestitionen sind die Voraussetzung für Neubau und Modernisierung der gebauten Umwelt und führen gleichzeitig vielfach zu Gentrifizierungsprozessen und sozialräumlicher Verdrängung. Auseinandersetzungen um die Bezahlbarkeit des Wohnens finden im Kontext einer ungleichen Verteilung von Privatbesitz, Vermögen und Einkommen statt. Die Frage, wer wo und wie wohnen kann, ist abhängig von ökonomischen Mitteln, aber auch geprägt von sozialen Beziehungen und gesellschaftlicher Anerkennung. Wohnungsnot und Wohnungslosigkeit sind daher Phänomene, die in einem engen Verhältnis zu gesellschaftlichen Ungleichheiten stehen. Zur Wohnungs*frage* wird die gesellschaftliche Bedeutung des Wohnens, sobald darüber öffentliche Auseinandersetzungen stattfinden. Mit historischer Regelmäßigkeit wird seit dem 19. Jahrhundert immer dann die Wiederkehr der Wohnungsfrage festgestellt, wenn es zu öffentlich wahrnehmbaren Konflikten um Herstellung, Bewirtschaftung und Verteilung des Wohnraums kommt und in Medien, Wissenschaft und Politik über deren Ursachen und Lösungsmöglichkeiten kontrovers debattiert wird (Frank/Schubert 1983; Häußermann/Siebel 1996; Schönig et al. 2017a).

Auch in Hamburg gewinnen Proteste gegen den Abriss von bezahlbarem Wohnraum und Verdrängung in der Gegenwart an Intensität und Aufmerksamkeit. Immer mehr Menschen werden für den Erhalt von Wohnraum, gegen Luxusneubau oder auch allgemein gegen Gentrifizierung und für den Erhalt von Lebensqualität aktiv. Initiativen aus einzelnen Stadtteilen vernetzen sich und erhöhen damit ihren Einfluss auf den stadtpolitischen Diskurs. Die Besetzung des Gängeviertels und die Gründung des Netzwerks Recht-auf-Stadt im Jahr 2009 stehen hierbei sinnbildlich für eine Veränderung der städtischen Konfliktkonstellationen und Auseinandersetzungen, in deren Folge sich auch die politischen

Kräfteverhältnisse ändern (Twickel 2010; Füllner/Templin 2011; Boeing 2015). Nach einem Jahrzehnt neoliberaler Stadtpolitik unter einem Ersten Bürgermeister der CDU übernimmt im Jahr 2011 die SPD wieder den Senat und damit die Regierung des Stadtstaates. Nachdem die 2000er Jahre von Deregulierung und Dezentralisierung der Wohnungs- und Stadtentwicklungspolitik geprägt waren, nimmt die SPD-Regierung Veränderungen vor, die in der öffentlichen Debatte als Rückkehr zu einer sozial ausgerichteten Politik wahrgenommen werden. In Form eines Bündnisses mit der Wohnungswirtschaft, in dem u.a. eine Ausweitung des Sozialen Wohnungsbaus vereinbart wird, wird Wohnungspolitik zu einem zentralen Thema der neuen Regierung. Gleichzeitig herrscht eine hohe Konjunktur an Immobilieninvestitionen. Hamburger Medien berichten regelmäßig über die steigenden Wohnungs- und Mietpreise und stellen die Frage, wer sich das Wohnen in der Stadt zukünftig überhaupt noch leisten kann.

Kritische Analysen zur neuen Wohnungs- und Stadtentwicklungspolitik weisen darauf hin, dass bislang nur sehr vorsichtige und mit der Wohnungswirtschaft abgestimmte Eingriffe in das Marktgeschehen vorgenommen werden, die (noch) keinen Bruch mit dem Paradigma einer marktorientierten Entwicklung bedeuten (Rinn 2016; Vogelpohl 2017; Metzger/Schipper 2017; Kuschinski 2019; Metzger 2020). Es ist von daher noch nicht absehbar, ob sich eine neue soziale Stadtpolitik etabliert oder neoliberale Ansätze in veränderter Form weitergeführt werden. Deutlich zeichnet sich dagegen ab, dass sich die stadtpolitischen Kräfteverhältnisse ändern und immer mehr Akteure „von unten" ihre Interessen geltend machen. Damit ist die neue Wohnungsfrage als gesellschaftliche Konfliktkonstellation im Spannungsfeld von Wohnbedürfnissen und Bezahlbarkeit des Wohnens einerseits und wohnungswirtschaftlichen Interessen andererseits in Hamburg angekommen.

Die Auseinandersetzung um das Wohngebäude Elisa fügt sich einerseits in diesen Kontext und unterscheidet sich andererseits maßgeblich von anderen Konfliktsituationen: Investor_innen[1] von Immobilienkapital suchen in Hamburg profitable Anlagemöglichkeiten und beziehen dabei immer größere Teile der Stadt mit ein. Seit dem Ende der 1990er Jahre betrifft dies insbesondere innenstadtnahe und vorwiegend im Westen gelegene Viertel wie Ottensen, Schan-

1 In dieser Arbeit verwende ich den Unterstrich, um auf die Vielfalt geschlechtlicher Formen neben und zwischen weiblich und männlich hinzuweisen. Ausgenommen habe ich davon zusammengesetzte Eigennamen und Bezeichnungen wie Arbeiterbewegung, Mieterverein oder Bürgerbeteiligung sowie die als neutral verstandenen Begriffe Akteur und Mitglied.

zenviertel, St. Pauli, St. Georg und die HafenCity. Seit Ende der 2000er Jahre kommen weitere Bereiche wie Wilhelmsburg im Süden und zunehmend auch Stadtteile im Osten Hamburgs hinzu (AKU 2013b; Fisch 2013; Metzger 2017a). Es lässt sich daher eine räumliche Verbreitung von Gentrifizierungsprozessen und damit auch eine gesellschaftliche Verallgemeinerung von Konflikten um Aufwertung und Verdrängung über weite Teile der Stadt feststellen (zur zeitlich-räumlichen Entwicklung von Gentrifizierung in Hamburg siehe Böhmer 2013; zu Gentrifizierung als Mainstream der Stadtentwicklung siehe Holm 2014a). In dieser Perspektive fügt sich der öffentlich ausgetragene Konflikt um Elisa in eine langfristige Entwicklung von Kämpfen um das Wohnen in der neoliberalen Stadt und markiert symbolisch die Einbeziehung des Hamburger Ostens in das Terrain dieser Auseinandersetzungen. Bemerkenswert ist dabei jedoch, dass eine Genossenschaft als Gegnerin der Mieter_innen auftritt. Denn der satzungsmäßig festgeschriebene Zweck einer Wohnungsgenossenschaft liegt in der Förderung ihrer Mitglieder und nicht in der Erzielung von Gewinn. Genossenschaften gelten als soziale Wohnungsunternehmen, die üblicherweise eine Geschäftspolitik im Interesse ihrer Mitglieder und keine Spekulation betreiben (BMVBS 2007; BBSR 2016).

Vor diesem Hintergrund wirft der Konflikt um Elisa mehrere Fragen zur Rolle großer Genossenschaften in der Stadtentwicklung und Wohnungsversorgung auf: In welcher Weise tragen sie zur Wohnraumversorgung bei und inwiefern unterscheiden sie sich dabei tatsächlich von anderen Unternehmensformen? Welche praktischen Mitsprache- und Beteiligungsmöglichkeiten bieten sie ihren Bewohner_innen? Wie und aus welchen Gründen entstehen Interessenkonflikte innerhalb und um Genossenschaften und wie kommt es dazu, dass diese öffentlich ausgetragen werden? Welche Rolle nehmen sie als Akteure in dynamischen Wohnungsmarktregionen ein? Und welche Bedeutung kommt dabei ihrem Ruf als soziale und selbstverwaltungsorientierte Wohnungsunternehmen zu?

In der Geschichtsschreibung der Arbeiterbewegung und der Neuen Linken gelten Genossenschaften und genossenschaftsähnliche Zusammenschlüsse seit der sozialen Frage des 19. Jahrhunderts als Möglichkeit, kapitalistischen Ausbeutungsverhältnissen eine praktische Alternative entgegen zu stellen. Dabei soll die Utopie einer solidarischen Gesellschaft im Hier und Jetzt – wenn auch im Rahmen der weiterhin bestehenden kapitalistischen Gesellschaftsordnung – gelebt und erprobt werden. Solche selbstverwalteten Formen des Wirtschaftens stehen daher vielfach materiell und symbolisch für die Hoffnung, Herrschaftsverhältnisse Schritt für Schritt überwinden zu können (Novy 1983; Krätke 1988a; Exner/Kratzwald 2012; Notz 2012; Demirović 2018).

In Deutschland kommt es insbesondere in vier historischen Phasen zu Gründungswellen von Wohnungsgenossenschaften: Am Ende des 19. Jahrhunderts, nach dem Ersten und nach dem Zweiten Weltkrieg sowie in den 1980er Jahren. Alle vier Gründungsphasen zeichnen sich durch Krisensituationen aus, in denen die Wohnungsversorgung für einen erheblichen Teil der Bevölkerung nicht gesichert war bzw. nicht den Bedürfnissen der Wohnungssuchenden entsprach. Auch im Bereich des Wohnens gelten Genossenschaften daher als „Kinder der Not", mittels derer sich Menschen aus den unteren gesellschaftlichen Schichten meist selbst geholfen haben, um ihre sozialen, kulturellen und ökonomischen Bedürfnisse zu erfüllen (Engelhardt 1980). Die historische Entwicklung in der Bundesrepublik hat zu einer Unterscheidung verschiedener Formen von Wohnungsgenossenschaften geführt: Während ein großer Teil der bis in die 1950er Jahre gegründeten Genossenschaften gemessen an der Anzahl der Wohnungen und Mitglieder zu großen Unternehmen herangewachsen ist, sind die seit den 1980er Jahren gegründeten Genossenschaften bis heute zumeist Projekte mit einem überschaubaren Wohnungsbestand geblieben. In der Genossenschaftsliteratur werden diese zwei Formen als „alte" und „neue" Wohnungsgenossenschaften benannt. Trotz bedeutsamer Unterschiede zwischen alten und neuen Genossenschaften berufen sich beide Formen zumeist auf gemeinsame Werte, insbesondere einer Wirtschaftsweise, die sich an den Bedürfnissen der Mitglieder orientiert, sowie den Prinzipien der Kooperation, Selbstverwaltung und Selbsthilfe (Wohnbund 2012; MWD 2018).

Die Geschichte der Genossenschaften wirkt bis heute nach: Auch in den gegenwärtigen stadtpolitischen Auseinandersetzungen gelten sie als Möglichkeit, alternativen Formen des Lebens und Wirtschaftens eine beständige Form zu geben (Beck 2012; Praum 2015; Metzger 2016, i.E.; Balmer/Bernet 2017). So haben sich beispielsweise das Gängeviertel und die Fux eG als wichtige Akteure der Hamburger Recht auf Stadt Bewegung die Form der eingetragenen Genossenschaft gegeben – was auch von Vertreter_innen der alten und etablierten Genossenschaften als Revival der Genossenschaftsidee gefeiert wird (Wegner et al. 2012; Kowalski/Wegner 2014).

Genau diese Genossenschaftsidee sahen viele Beobachter_innen im Konflikt um Elisa bedroht. Beispielhaft drückt es ein Kommentator in der taz aus, welcher der für den Abriss verantwortlichen vhw einen „Verrat an der Idee" vorwirft, denn Wohnungsbaugenossenschaften wären einst gegründet worden, „um die kleinen Leute vor genau solchen Risiken zu schützen" (taz 2013a). Wie sich infolge meiner Recherchen herausstellte, genießen Wohnungsgenossenschaften heute jedoch nicht nur bei Linken, sondern bei höchst unterschiedlichen Akteuren in

Hamburg einen ausgesprochen guten Ruf. Dementsprechend zeigten sich nicht nur Bewohner_innen und sympathisierende Beobachter_innen, sondern auch die Vorstände mehrerer Genossenschaften sowie Sprecher_innen verschiedener politischer Parteien vom Fall Elisa überrascht oder sogar entsetzt. Eine isolierte Betrachtung der Konfliktkonstellation könnte daher nahelegen, Elisa als einen Sonderfall anzusehen, in dem einzelne Genossenschaftsmanager ausnahmsweise gegen die Interessen ihrer Mitglieder gehandelt haben. Die Vernetzung von Bewohner_innen mehrerer großer Genossenschaften in der Initiative „Genossenschaft von unten" in Berlin seit dem Jahr 2008 und in Hamburg seit 2017 legt jedoch nahe, dass sich der Fall in eine Reihe vergleichbarer Konflikte einreiht. Beide Initiativen kritisieren mangelnde Transparenz und steigende Mieten als Phänomene, die in vielen großen Genossenschaften anzutreffen seien (Bosse 2017).

Das Ziel der vorliegenden Arbeit ist es, die Rolle und Bedeutung großer Wohnungsgenossenschaften in den materiellen und symbolischen Auseinandersetzungen um die Wohnungsfrage in kapitalistischen Gesellschaften am Beispiel von Deutschland und Hamburg herauszuarbeiten. Dazu frage ich sowohl nach ihrer Rolle auf dem Wohnungsmarkt und dem Beitrag, den sie zur Versorgung mit Wohnraum leisten, als auch nach der Bedeutung, welche ihnen innerhalb gesellschaftlicher Konflikte um die Wohnungsversorgung zukommt. Diese Fragen verfolge ich auf mehreren Maßstabsebenen: In den öffentlichen Auseinandersetzungen um die Wohnungsfrage in der Geschichte und Gegenwart in Deutschland, in den Kämpfen um die Entwicklung der Wohnungspolitik und -wirtschaft auf der lokalen Ebene in Hamburg sowie auf der Ebene der Aushandlung zwischen Vorständen und Mitgliedern innerhalb großer Hamburger Wohnungsgenossenschaften. Mit meiner Untersuchung zeige ich, dass Genossenschaften in der Gegenwart maßgeblich zur Stabilisierung der herrschenden kapitalistischen Verhältnisse im Bereich der Wohnungsversorgung beitragen, indem sie sich für den sozialen Frieden in den Wohnquartieren einsetzen. Gleichzeitig bieten sie jedoch auch Anknüpfungspunkte für emanzipatorische Ansätze einer sozialpolitischen und/oder selbstverwalteten Form der Wohnungsversorgung. Verbindendes Scharnier zwischen diesen widersprüchlichen Funktionen ist der umstrittene und mit vielfältigen Bedeutungen aufgeladene Begriff des Genossenschaftsgedankens.

Disziplinärer Ausgangspunkt der vorliegenden Arbeit ist die Perspektive einer kritisch-humangeographischen Stadtforschung. Die Humangeographie zeichnet sich durch ein vernetztes Denken in Relationen aus, in dem gesellschaftliche und räumliche Strukturen und Praktiken ausgehend von konkreten Themen und Problemstellungen untersucht werden. Die Disziplin ist offen für verschiedene theoretische und konzeptionelle Zugänge, sofern diese der gegenstandsbezogenen Untersuchung dienen (Bauriedl et al. 2010; Belina 2013; Oßenbrügge 2014). In der Stadtgeographie stehen urbane Räume als Orte der Verdichtung von Menschen und Funktionen und damit einhergehenden Konflikten und Aushandlungen im Fokus. Eine kritische Stadtgeographie zeichnet sich nach Bernd Belina, Matthias Naumann und Anke Strüver dadurch aus, dass Stadt und städtische Prozesse als historisch geworden und politisch veränderbar begriffen werden und Forschung mit der Absicht betrieben wird, „in die Stadt und städtische Entwicklungen mit emanzipatorischer Absicht" einzugreifen (2018b: 16), wobei auch das forschende Subjekt selbst als Produkt geschichtlich gewordener Verhältnisse begriffen wird. Im Sinne einer kritisch-geographischen Stadtforschung verfolge ich mit der Frage nach der Rolle und Bedeutung der Genossenschaften in der Wohnungsfrage daher auch ein praxisbezogen-politisches Ziel: Anhand der historischen und gegenwärtigen Entwicklung der Wohnungsgenossenschaften möchte ich Erkenntnisse über die Möglichkeiten und Grenzen emanzipatorischer Alternativen zur kapitalistischen Vergesellschaftung gewinnen und damit zu den aktuellen Debatten um ein Recht auf Stadt für alle beitragen.

Um die ambivalente Rolle der Wohnungsgenossenschaften im Spannungsfeld zwischen gesellschaftlichen Rahmenbedingungen und der sozialen Position einzelner Akteure zu analysieren, greife ich auf marxistische, feministische, regulations- und praxistheoretische Ansätze zurück. Die Wohnungsfrage ist Ausdruck der Widersprüche, von denen die kapitalistische Produktionsweise gekennzeichnet ist (Harvey 2015). Darauf machen die Demonstrant_innen gegen den Abriss von Elisa mit ihrer Parole, „eure Aufwertung ist unsere Verdrängung" aufmerksam: Die infolge von Abriss und Neubau steigenden Mietpreise drohen ihre finanziellen Möglichkeiten zu überschreiten und sie damit von der Wohnraumnutzung auszuschließen. Der Widerspruch zwischen dem Wohnbedürfnis der Nutzer_innen und dem Tauschwert einer Wohnung ist charakteristisches Merkmal der Warenform des Wohnens in kapitalistischen Gesellschaften (Brede et al. 1975; Holm 2011b). Genossenschaften bieten mit ihren Beteiligungsstrukturen die Möglichkeit, diesen Widerspruch innerhalb eines Unternehmens friedlich zu vermitteln oder – in einer transformatorischen Perspektive – sogar zu überwinden (Novy 1985). Das emanzipatorische Potenzial der Genossenschaften innerhalb der Auseinandersetzungen um die Wohnungsfrage liegt darin, dass sich ihre Mitglieder dieses Widerspruchs bewusst werden und ihn einer kollektiven Aushandlung zugänglich machen können. Ausgehend von deren Bedürfnissen *können* Genossenschaften mittels einer gelingenden Selbstverwaltung zu einer Dekommodifizierung – also zu einer Zurückdrängung oder sogar Aufhebung der Warenform – des Wohnens beitragen. In der vorliegenden Arbeit nutze ich marxistische und feministische Theorieansätze, um die Warenform des Wohnens, ihre Auswirkung auf die gesellschaftlichen Wohnverhältnisse sowie die theoretischen Möglichkeiten und Grenzen ihrer Aufhebung zu konzipieren (Holm 2011b, Belina 2017, Hayden 2018). Der Konflikt um Elisa verdeutlicht, dass es von verschiedenen Faktoren abhängig ist, ob die Vermittlung des Widerspruchs zwischen Gebrauchs- und Tauschwert innerhalb einer Genossenschaft gelingt. Maßgeblich hierfür sind die Umgangsformen der Genoss_innen untereinander. Diese sind ihrerseits abhängig von den rechtlichen, formellen und informellen Strukturen der Genossenschaft sowie von den politischen Verhältnissen und Marktstrukturen, in welche diese eingebunden ist.

Um diese strukturellen Rahmenbedingungen zu erfassen und in die Wandlungen der kapitalistischen Produktionsweise einzubetten, nutze ich Konzepte der Regulationstheorie (Hirsch 2005; Atzmüller et al. 2013; Heeg 2014). Zentrale Begriffe, die Phasen kapitalistischer Entwicklung bestimmen, stellen dabei Fordismus und Postfordismus dar: Im liberalen Kapitalismus des 19. Jahrhunderts entwickelte sich zunächst ein „freier" Wohnungsmarkt, der durch regelmäßig wiederkehrende existenzielle Wohnungsnöte für weitere Teile der Bevölkerung gekennzeichnet war. Die zunehmende wirtschaftspolitische Regulierung und der Ausbau des Sozialstaats im Laufe des 20. Jahrhunderts sind dagegen Teil einer fordistischen Regulationsweise des Kapitalismus. Neben einer Wohnungspolitik, die auch auf den Schutz der Mieter_innen ausgerichtet war, kam es in dieser Phase zum Ausbau eines Segments der Wohnungswirtschaft, welches zwar im Rahmen der Marktverhältnisse agiert, dabei aber gleichermaßen soziale Zwecke erfüllt. Neben kommunalen, kirchlichen und weiteren Wohnungsunternehmen mit einer sozialpolitisch motivierten Trägerschaft stellten Genossenschaften einen wichtigen Akteur dieser *Sozialen* Wohnungswirtschaft dar. Mit der Dezentralisierung und Deregulierung ab den 1980er Jahren setzte dagegen eine postfordistische Neoliberalisierung ein, die sich auch auf die Wohnungspolitik und die Arbeit der Unternehmen der Sozialen Wohnungswirtschaft auswirkte. Die Regulationstheorie eignet sich insbesondere, um die historischen Entwicklungslinien der kapitalistischen Gesellschaft zu erfassen und ihre zentralen Merkmale herauszuarbeiten (Hirsch 2005). Was sie dagegen weniger leistet, ist die konkreten Prozesse sozialen Wandels, die den gesellschaftlichen Veränderungen zugrunde liegen, einer empirischen Analyse zugänglich zu machen (Heeg 2014). Denn weder die Gesellschaft noch der Kapitalismus ändern sich von selbst. Antriebskräfte von Veränderungen sind immer konkrete Akteure – selbst wenn diese sich ihrer eigenen Rolle dabei nicht immer (voll) bewusst sein müssen.

Zur Analyse der Akteure, ihrer gesellschaftlichen Positionen und Relationen sowie der materiellen und symbolischen Kämpfe, die sie austragen, greife ich schließlich auf Konzepte der Theorie der Praxis nach Pierre Bourdieu zurück. In den Begriffen der Theorie der Praxis kann die Soziale Wohnungswirtschaft als ein gesellschaftliches Feld bestimmt werden, welches sich durch eine geschichtlich gewordene und von daher auch in Veränderung begriffene Struktur auszeichnet (Bourdieu/Steinrücke 2002; Bourdieu/Wacquant 2006). Ein Feld erhält seine Logik und Konturen infolge der Auseinandersetzungen zwischen Akteuren, die dort aktiv sind und um die Durchsetzung ihrer Interessen ringen. Damit spielen Fragen nach Macht und Herrschaft in der Theorie der Praxis eine zentrale Rolle. Bourdieu stellt in seinem Werk immer wieder erstaunt fest, mit welcher Leichtigkeit in der modernen Gesellschaft „die Vielen von den Wenigen regiert werden" und wie sehr die Menschen es gewohnt sind, „ihre eigenen Gesinnungen und Leidenschaften denen ihrer Herrscher unter[zu]ordnen" (1998: 119, 2017b: 288). Er arbeitet heraus, dass sich die bürgerliche Klassengesellschaft gerade dadurch auszeichnet, dass eine sanfte, subtile und – da sie im Alltag selbstverständlich erscheint – oft unsichtbare Form symbolischer Gewalt Herrschende wie Beherrschte dazu bringt, sich regelmäßig in einer Weise zu verhalten, die den gesellschaftlichen Verhältnissen entspricht (Schmidt 2014; Moebius/Nungesser 2018). Die symbolische Gewalt drückt sich im Glauben daran aus, dass die herrschenden Verhältnisse – trotz der in ihnen materialisierten Ungleichheiten und Diskriminierungen – legitim seien. Symbolische Gewalt wird insbesondere dann ausgeübt, wenn und indem Akteure anderen ihre Vorstellungen aufzwingen, ohne dass diese dabei den Eindruck bekommen, es sei gegen ihren Willen gehandelt worden. Die Macht, die herrschenden Akteuren damit zukommt, basiert in Bourdieus Begriffen praktisch auf Formen symbolischen Kapitals, deren Existenz an bestimmte gesellschaftliche Felder geknüpft ist. Ich arbeite in meiner Analyse heraus, dass dem Genossenschaftsgedanken gegenwärtig der Status eines symbolischen Kapitals im Feld der Sozialen Wohnungswirtschaft zukommt und er auf diesem Wege der Einhegung des emanzipatorischen Potenzials der Genossenschaften dient. Im Rahmen der Theorie der Praxis machen Konflikte darauf aufmerksam, dass die herrschenden Verhältnisse – zumindest partiell – instabil geworden sind und die Routine der alltäglichen Praktiken „Brüche" aufweist. Somit weist auch der Fall Elisa auf Widersprüche und möglicherweise bevorstehende oder im Prozess befindliche Veränderungen im Feld der Sozialen Wohnungswirtschaft hin.

Zentrale Akteure im Feld der Sozialen Wohnungswirtschaft in Hamburg sind das kommunale Wohnungsunternehmen SAGA, die großen Wohnungsgenossenschaften sowie weitere Wohnungsunternehmen, die vorrangig im Verband norddeutscher Wohnungsunternehmen (VNW) organisiert sind. Der VNW vertritt nach eigener Auffassung die „Vermieter mit Werten“, welche sich sowohl für die Schaffung von bezahlbarem Wohnraum als auch den Erhalt des „sozialen Frieden[s] in der Gesellschaft“ einsetzen (VNW 2018: 33; Breitner 2019). Diese Rolle wird ihm auch von Seiten der Politik zuerkannt. So lobt der ehemalige Erste Bürgermeister Olaf Scholz in der Jubiläumsschrift des Verbandes dessen Engagement für die „soziale Stabilität“ in den Quartieren (VNW 2014: 30). Die Soziale Wohnungswirtschaft gilt als Akteursgruppe, die das Wohnen in der Stadt für breite Schichten der Bevölkerung bezahlbar hält und gleichzeitig dazu beiträgt, dass gesellschaftliche Konflikte nicht eskalieren. Die Unternehmen des VNW verfügen in Hamburg nach eigenen Angaben über einen Marktanteil von aktuell ca. 300.000 Wohnungen, was über 40 % des Mietwohnungsbestandes entspricht (VNW 2018: 2). Innerhalb der Sozialen Wohnungswirtschaft stellen Wohnungs*genossenschaften* wiederum einen besonderen Akteur dar. Die besondere soziale Verantwortung, die Genossenschaften in der Wohnungsversorgung übernehmen, so betont es die Sprecherin des Arbeitskreises der großen Hamburger Genossenschaften, hänge eng mit der „Genossenschaftsidee“ zusammen, welche sich in den demokratischen Strukturen der Unternehmen ausdrücke (AK WoBauG 2016).

Mit der neuen Wohnungsfrage steht aktuell nicht nur das Ansehen der Genossenschaften und der gesamten Sozialen Wohnungswirtschaft auf dem Spiel, sondern auch der soziale Friede im Bereich der Wohnungsversorgung. Auf diese Entwicklung, so zeigt meine Untersuchung, sind die etablierten Akteure dieses Feldes in Hamburg jedoch kaum vorbereitet. Zu sehr sind sowohl die herrschenden als auch die oppositionellen Kräfte in der symbolischen Gewalt des neoliberalen Denkens verhaftet. Vor diesem Hintergrund geht meine Arbeit der Frage nach, welche Veränderungen sich derzeit in der Logik und dem Kräfteverhältnis des Feldes der Sozialen Wohnungswirtschaft abspielen und zu welcher Neuausrichtung hinsichtlich der Strategien der Akteure dies führt. Diese Veränderungen verweisen wiederum auf die Frage, welche Ansätze zur Lösung der Wohnungsfrage sich zukünftig in Hamburg durchsetzen lassen. Dabei hängt es von der Einflussnahme neuer, nicht-etablierter Akteure „von unten“ ab, ob und wenn ja, in welcher Form Genossenschaften ein Element emanzipatorischer Veränderungen in diesem Spiel werden können.

Im Anschluss an die Einleitung stelle ich in den Kapiteln 2 und 3 die theoriegeleiteten Konzepte und Methoden dar, die meine empirische Arbeit strukturiert haben. In Kapitel 4 zeige ich, wie sich das Feld der Sozialen Wohnungswirtschaft auf Basis dieser Ansätze und Vorgehensweisen begrifflich fassen lässt. Dabei zeichne ich die Entwicklung seit der historischen Wohnungsfrage des 19. Jahrhunderts in Deutschland nach und ordne die Genossenschaften als Akteure in dieses Feld ein. In Kapitel 5 lege ich die Geschichte und Struktur des Feldes in Hamburg dar, indem ich die lokalen Kämpfe um die Wohnungspolitik seit der Krise des Fordismus bis in die Gegenwart analysiere. In Kapitel 6 schließe ich den Bogen zurück zur Frage nach dem Konflikt um Elisa und rekonstruiere die Rolle und Bedeutung großer Wohnungsgenossenschaften im Kontext der neuen Wohnungsfrage in Hamburg. Im abschließenden Kapitel 7 fasse ich die zentralen Ergebnisse der Arbeit zusammen und führe aus, welchen Beitrag große Wohnungsgenossenschaften zu einer Dekommodifizierung des Wohnens leisten können und auf welche Weise die herrschenden Überzeugungen im Feld der Sozialen Wohnungswirtschaft in der Gegenwart dafür sorgen, dass dieses emanzipatorische Potenzial nicht entfaltet wird.

2. Ansätze einer kritischen Theorie der Sozialen Wohnungswirtschaft

Kritische Forschung zur Sozialen Wohnungswirtschaft fragt nach der Rolle, die solche Unternehmensformen im gesellschaftlichen Zusammenhang spielen. Dabei geht es sowohl um Akteure und Praktiken öffentlicher, gemeinwohlorientierter, genossenschaftlicher oder genossenschaftsähnlicher Projekte und Unternehmen als auch um deren gesellschaftliche Möglichkeiten und Grenzen. Kritische Forschungsansätze benötigen daher theoriegeleitete Konzepte, um die kapitalistische Gesellschaft und die in ihr wirkenden Herrschaftsverhältnisse in historischer und gegenwärtiger Ausprägung zu analysieren – und davon ausgehend nach den Bedingungen und Spielräumen einer selbstverwalteten und bedürfnisorientierten Wohnungswirtschaft zu fragen.

Derzeit existieren keine etablierten Forschungszusammenhänge zur Sozialen Wohnungswirtschaft oder den Genossenschaften, die entsprechende Konzepte zur Verfügung stellen. Ansätze dazu wurden in den 1980er Jahren in verschiedenen wissenschaftlichen Disziplinen entwickelt. Dabei wurde von Autor_innen verschiedener Fachrichtungen festgestellt, dass die gesellschaftliche Bedeutung des Wohnens mit einer disziplinär eng gefassten Perspektive kaum erfasst werden kann: Wohnen ist in ökonomische Verwertungszusammenhänge eingebunden, stellt einen Aspekt der Daseinsvorsorge dar, hat eine zentrale kulturelle Bedeutung und lässt sich nur in einer historisch-vergleichenden Perspektive in seinen vielfältigen Bedeutungsebenen erfassen (Borscheid/Teuteberg 1986; Rodríguez-Lores/Fehl 1988; Häußermann/Siebel 1996; Jenkis 1996c; Saldern 1997). Im Kontext politischer Auseinandersetzungen standen auch gerade soziale Wohnungsunternehmen und Genossenschaften im Fokus der Debatte (Novy 1983, 1985; Krätke 1985; Prigge/Kaib 1988; Schildt/Sywottek 1988). Infolgedessen fanden kritische Ansätze – wenn auch in begrenztem Umfang – Eingang in die etablierte wohnungswirtschaftliche und genossenschaftswissenschaftliche Literatur (Jenkis 1985, 1996c; Engelhardt/Thiemeyer 1988).

Mit der Abschaffung der Wohnungsgemeinnützigkeit und der neoliberalen Wende der 1990er Jahre hat das Interesse an einer deutschsprachigen Wohnungsforschung dagegen deutlich abgenommen.[1] Dies ging mit einem ebenfalls abnehmenden Interesse in Politik und Öffentlichkeit zu sozialpolitischen Fragen der Wohnungsversorgung einher (Egner et al. 2004; Schönig et al. 2017b). Parallel dazu kam es im Umfeld des Verbandes der nun ehemals gemeinnützigen Wohnungswirtschaft zu einem Paradigmenwechsel hin zu einer Fokussierung auf die ökonomischen Dimensionen wohnungswirtschaftlicher Tätigkeit (Eichener et al. 2000b; Kühne-Büning et al. 2005; Mändle 2017). Seit einigen Jahren zeichnet sich jedoch ein – zunächst verhaltenes, inzwischen dynamisches – Revival einer transdisziplinären und theoriegeleiteten deutschsprachigen Stadt- und Wohnungsforschung ab (Schönig et al. 2017a, Belina et al. 2018a).

Ausgehend von den Debatten der aktuellen kritischen Wohnungsforschung sowie derjenigen der 1980er Jahre identifiziere ich drei zentrale theoretische Fragen zur Sozialen Wohnungswirtschaft, zu deren wissenschaftlicher Bearbeitung ich in diesem Kapitel Konzepte erarbeite: *Erstens* die nach der Warenform und ihrer Bedeutung für den gesellschaftlichen Umgang mit dem Wohnen, *zweitens* die nach Inhalt und Form staatlicher Eingriffe in die Wohnungsmärkte und *drittens* die nach den Spielräumen und Grenzen staatsunabhängiger und/oder selbstverwalteter Formen der Wohnungswirtschaft „von unten" im Rahmen der herrschenden gesellschaftlichen Verhältnisse.

Vor dem Hintergrund klassisch-marxistischer Analysen wurde in den 1980er Jahren debattiert, ob eine politische Regulation der Warenform des Wohnens überhaupt dazu beitragen könne, gesellschaftliche Konflikte zu vermitteln oder aufzuheben (Engels 1976; Hirsch-Borst/Krätke 1981; Krätke 1988b). Angesichts der bemerkenswerten politischen Eingriffe in die Wohnungsmärkte bis zum Ende der 1980er Jahre wurde diskutiert, wie die gesellschaftlichen Auswirkungen des Staatshandelns – zwischen Bezahlbarkeit des Wohnens und sozialer Disziplinierung – analytisch zu verstehen seien (Prigge/Kaib 1988; Schildt/Sywottek 1988). Daraus ergab sich die weitergehende Frage, wie der Staat als gesellschaftliches Phänomen theoretisch zu erfassen ist und ob er ein geeignetes Instrument für die Umsetzung emanzipatorischer Politiken darstellt (Krätke/Schmoll 1987). In der neuen kritischen Wohnungsforschung wird davon ausgegangen, dass eine Einschränkung der Warenform des Wohnens prinzipiell möglich und im

1 Im englischsprachigen Bereich hat sich mit den Housing-Studies dagegen ein interdisziplinärer Forschungszusammenhang etabliert (Clapham et al. 2012). Hier wurden seit den 1980er Jahren auch kontinuierlich kritische Beiträge zur Wohnungsversorgung in der kapitalistischen Gesellschaft publiziert (siehe Harloe 1981; Harvey 2013; Aalbers/Christophers 2014; Madden/Marcuse 2016).

Fordismus auch ansatzweise umgesetzt worden sei (Holm 2006; Heeg 2013b; Unger 2018). Benannt wird dies mit dem Begriff der Dekommodifizierung. Unter Dekommodifizierung werden dabei „sämtliche Praktiken“ verstanden, die

> „die Versorgung mit Wohnraum ganz oder teilweise den Marktlogiken entziehen und aus Verwertungs- bzw. Kapitalkreisläufen herausnehmen. Gefasst werden darunter sowohl die Stärkung öffentlicher bzw. gemeinnütziger Wohnungsbauakteure und staatliche Interventionen in Wohnungsmärkte, die eine soziale Wohnungsversorgung auch gegen private Renditeerwartungen durchsetzen, als auch Modelle einer staatsfernen, vergesellschafteten Organisation von Wohnraum in kollektiven, selbstverwalteten Eigentumsmodellen“ (Schipper 2018: 1-2).

Im Zuge von Neoliberalisierungsprozessen seien Immobilien zunehmend „von einem Gebrauchsgut zu einem Finanzprodukt geworden“ (Heeg 2013b: 5-6). Angesichts dieser Rekommodifizierung stelle sich heute die Frage, welche Möglichkeiten einer erneuten Dekommodifizierung denkbar sind. Protestbewegungen wird dabei eine große Bedeutung zugemessen, Maßnahmen politischer Regulierung zu forcieren (Schönig et al. 2017b; Vogelpohl et al. 2017; Vollmer/Kadi 2018).

In der Frage nach Spielräumen und Grenzen staatsunabhängiger und/oder selbstverwalteter Wohnformen bestand eine Kontroverse zwischen Fürsprecher_innen einer durch die organisierte Arbeiterbewegung und staatliche Hilfe getragenen gemeinnützigen Wohnungswirtschaft (Krätke 1985, 1988a) und Vertreter_innen einer von der Alternativszene der Neuen Linken getragenen selbstverwalteten Wohnungsversorgung (Novy et al. 1985; Wohnbund/VFG 1988). In den Debatten der 1980er Jahren wurde der etablierten gemeinnützigen Wohnungswirtschaft vorgeworfen, sich in der Praxis kaum von einer kapitalistischen Unternehmensführung zu unterscheiden und maßgeblich zur gesellschaftlichen Disziplinierung beizutragen. Ansätzen selbstverwalteter Wohnungsversorgung wurde dagegen vorgehalten, kaum etwas anderes als Selbsthilfeeinrichtungen für bereits privilegierte Angehörige der Mittelschicht zu sein. In der neuen kritischen Wohnungsforschung wird insbesondere an Debatten um selbstverwaltete Wohnformen angeknüpft, während die Rolle großer Wohnungsgenossenschaften nur am Rande thematisiert wird (Rost 2012a; Praum 2015; Metzger 2015, 2016; Balmer/Bernet 2017). Dabei wird davon ausgegangen, dass kleine Genossenschaften und Wohnprojekte Selbstverwaltung ermöglichen, aber aufgrund ihrer Abhängigkeit von Grundstücks- und Kapitalkosten kaum zu einer Dekommodifizierung des Wohnens beitragen. Großen Genossenschaften wird dagegen attestiert, Wohnraum zu dekommodifizieren, aber ihren Mitgliedern nur wenig Spielraum zur Selbstverwaltung zu bieten. Diese Einschätzungen haben jedoch bisher den Charakter von Thesen und sind insbesondere in Bezug auf große

Genossenschaften kaum untersucht. Es besteht insofern eine Forschungslücke bezüglich der Praxis großer Wohnungsgenossenschaften und der Frage, ob und inwiefern diese einen Beitrag zur Dekommodifizierung des Wohnens leisten können bzw. überhaupt wollen.

Im Folgenden diskutiere ich die hier skizzierten Fragen in Bezugnahme auf marxistische, feministische, regulations- und praxistheoretische Ansätze. Dabei arbeite ich heraus, welche Bedeutung der Warenform für den individuellen und gesellschaftlichen Umgang mit *Wohnraum* und dem *Wohnen* zukommt und welche Auswirkungen das je historisch spezifische Staatshandeln darauf hatte. Darauf aufbauend entwickele ich in den Begriffen der Theorie der Praxis nach Bourdieu das Konzept des Feldes der Sozialen Wohnungswirtschaft, welches die komplexe, teilweise widersprüchliche und umkämpfte Entwicklung dieses gesellschaftlichen Bereichs verständlich und der Analyse zugänglich machen soll. Dieses Feld wird im Kern von den widersprüchlichen Logiken der Kommodifizierung und Dekommodifizierung von Wohnraum sowie der (Un-)Abhängigkeit des Wohnens als individueller wie gesellschaftlicher Praxis von Marktlogiken strukturiert. Auseinandersetzungen finden hier sowohl auf der materiellen als auch der symbolischen Ebene gesellschaftlicher Kämpfe statt.

2.1 Die Wohnungsfrage in kapitalistischen Gesellschaften

Die aktuelle Wiederkehr der Wohnungsfrage verweist auf die zyklische Regelmäßigkeit, mit der die Wohnraumversorgung zum gesellschaftlichen Konfliktfeld wird. Der Ursprung dieser Debatte lässt sich in Deutschland in die Mitte des 19. Jahrhunderts datieren. Hier wurde im Kontext von Industrialisierung, Urbanisierung und der Herausbildung eines kapitalistischen Wohnungsmarktes die Wohnungsnot breiter Schichten der Bevölkerung erstmals als sogenannte Wohnungsfrage diskutiert (Frank/Schubert 1983; Rodríguez-Lores/Fehl 1988; Häußermann/Siebel 1996). Im Laufe der folgenden 150 Jahre kam es immer wieder zur Abschwächung und Intensivierung der Debatte sowie der zugrundeliegenden gesellschaftlichen Problemlagen. Kritische Forschungsansätze machen auf den engen Zusammenhang dieser Konjunkturen mit der kapitalistischen Produktionsweise sowie den sich wandelnden Bedingungen von Wohnungspolitik und -wirtschaft aufmerksam: Eine überwiegend an Profitmaximierung orientierte Wohnungswirtschaft produziert kontinuierlich eine Unterversorgung einkommensschwacher Schichten, in Zeiten dynamischer Marktentwicklung kommt es zu Wohnungsnöten, die auch bessergestellte Schichten betreffen (Brede et al. 1975; Krätke 1988b; Holm 2011b).

Zur Lösung der aus dieser Problematik resultierenden gesellschaftlichen Herausforderung wurden seit der Mitte des 19. Jahrhunderts Vorschläge erarbeitet und in die Diskussion gebracht. Ein zentraler Ansatz war dabei die Entwicklung einer Sozialen Wohnungswirtschaft, deren vorrangiges Ziel in der angemessenen Versorgung der Bevölkerung und nicht in der Erzielung von Profit liegt. Während diese Idee viele Fürsprecher_innen unter Sozialliberalen fand, standen Marxist_innen ihr zunächst überwiegend skeptisch gegenüber (Krätke 1988a: 24ff.). Ein prägnantes Beispiel dafür stellt der bekannte Text „Zur Wohnungsfrage" von Friedrich Engels aus dem Jahr 1872 dar, in dem jeder reformerisch-praktische Ansatz innerhalb der kapitalistischen Gesellschaft verworfen und die Notwendigkeit einer sozialen Revolution zur grundlegenden Verbesserung der Wohnungsversorgung betont wird (Engels 1976). In der Folge dominierten in der Debatte um die konkrete Ausgestaltung der Sozialen Wohnungswirtschaft bis zum Beginn des 20. Jahrhunderts bürgerlich-liberale Ansätze, die erst später durch sozialdemokratische und selbstverwaltungsorientierte ergänzt wurden (Novy 1983; Teuteberg 1986; Weiland 1988).

2.1.1 Historische Wohnungsfrage und sozialer Frieden

Im 19. Jahrhundert fanden weltweit tiefgreifende gesellschaftliche Umbrüche statt. Migrations- und Urbanisierungsprozesse führten in vielen Städten des Globalen Nordens zu einem deutlichen Bevölkerungswachstum, welches mit einer hohen Nachfrage nach Wohnraum und einer starken Diversifizierung der städtischen Gesellschaften einherging (Häußermann/Siebel 1996; Saldern 1997; Madden/Marcuse 2016). Einer besitzenden bürgerlichen Schicht stand in den wachsenden Städten eine immer größer werdende Schicht armer und in prekären Verhältnissen lebenden Bevölkerung gegenüber. Gustav Schmoller, deutscher Ökonom und Mitglied des bürgerlich-liberalen Vereins für Socialpolitik, verfasste im Jahr 1890 in diesem Kontext einen „Mahnruf in der Wohnungsfrage" in dem er auf die Ambivalenz dieser Entwicklungen aufmerksam macht:

> „Wer sich heute als älterer Mann noch erinnert, wie es bei Großvater und Großmutter aussah (...) und es vergleicht mit dem, was ihn in seiner Wohnung an Teppichen, Kunstgeräten und Bildern umgibt, hat den sichersten Gradmesser für den Kulturfortschritt unserer Zeit. Aber er wird auch, wenn er seine Schritte in die Vorstädte und Armenquartiere, – oder auch nur in das Hinterhaus, ins Souterrain, in die Dachwohnung des eigenen Hauses lenkt, schaudern, in welchem Gegensatz seine Wohnung zu der der Armen steht. Da wohnt eine Familie mit einem halben Dutzend Kinder in einem Raum (...). Der Ofen raucht, die Thüren und Fenster schliessen nicht. Und daneben sieht es noch schlimmer aus, da hausen noch fremde

Schlafgänger mit der Familie im selben Raume, dort ist das Zimmer nur mit einem Kreidestrich für zwei Familien abgeteilt" (Schmoller 1983: 160-161).

In den wenigen Sätzen drückt sich die bürgerliche Perspektive auf das gesellschaftliche Problem, das mit der Wohnungsfrage benannt wird, aus: Ausgangspunkt ist ein grundlegender Fortschrittsoptimismus, welcher sich aus der Erfahrung beständiger Verbesserung der Lebensumstände des wohlhabenden Teils der Gesellschaft speist. Im Widerspruch dazu stehen die Lebensverhältnisse der Armen, die den Betrachter „schaudern" lassen. In diesem Schaudern spiegelt sich das Entsetzen und teilweise auch die Faszination über das räumlich nahe und sozial entfernte Elend der Unterschichten.

Der erschrockene Blick auf diese Zustände offenbart eine grundlegende Angst vor einer möglichen Destabilisierung der gesellschaftlichen Verhältnisse infolge dieser Ungleichheiten:

> „[D]ie Zustände sind so entsetzlich, dass man sich nur noch wundern muss, dass die Folgen nicht noch schlimmere geworden sind. Nur weil ein großer Teil dieser Armen bis jetzt einen Schatz guter Sitte, kirchlicher Überlieferung, anständiger Empfindungen mit (...) gebracht hat, ist das Äußerste noch nicht geschehen. Das Geschlecht von jungen Kindern und jungen Leuten aber, das jetzt in diesen Löchern aufwächst, das muss mit Notwendigkeit alle Tugenden der Wirtschaftlichkeit, der Häuslichkeit, des Familienlebens – alle Achtung vor Recht und Eigentum, Anstand und Sitte verlieren" (ebd.: 161).

Die Sorge vor einem Verlust bürgerlicher Tugenden wie der Achtung vor Recht und Eigentum war nicht unbegründet. In regelmäßigen historischen Konjunkturen hat die Wohnungsnot der unteren und mittleren Schichten zu Protesten und teilweise zu Aufständen geführt. Als Zeiten intensiver Kämpfe um das Wohnen sind in Deutschland insbesondere die 1870er, 1920er und die 1970/80er Jahre in der Literatur gut dokumentiert (Nitsche 1982; Harlander 1999; Mattern 2018; Vollmer 2019). Die Wohnungsfrage wurde so von ihrem Beginn an als eine Frage des sozialen Friedens begriffen. Bürgerliche Teile der Gesellschaft waren dabei vorrangig an einem Frieden interessiert, der die herrschenden Eigentums- und Besitzverhältnisse vor Umverteilung schützt. Arbeiter_innen, Arme und andere unterprivilegierte Teil der Bevölkerung suchen dagegen nach Möglichkeiten zu einer existenzsichernden und selbstbestimmten Lebensführung. Für sie stellte die Wohnungsfrage einen Aspekt der von Ausbeutung und Unterdrückung geprägten Lebensverhältnisse dar.[2]

2 Aus der Perspektive der Herrschenden waren es vorrangig die von der armen und unterprivilegierten Bevölkerung bewohnten Teile der Stadt, von denen eine Bedro-

2.1.2 Wohnen zwischen Gebrauchs- und Tauschwert

Was sich in den historischen Debatten um die Wohnungsfrage ausdrückt, ist der in kapitalistischen Gesellschaften bestehende Widerspruch zwischen Gebrauchs- und Tauschwert einer Wohnung. Für ihre Bewohner_innen ist der Gebrauchswert, also die „Nützlichkeit" (Marx 2008: 50), einer Wohnung vielfältig. Sie wird zum Erholen, Schlafen, Essen, Arbeiten und Zusammensein genutzt und stellt einen wichtigen Ort der sozialen Reproduktion dar. Als alltägliche Praxis ist wohnen Ausdruck von persönlichen und gleichermaßen in ein soziales Umfeld eingebetteten Bedürfnissen. Die Wohnung ist ein Ort der Identifikation und des sich-in-Verhältnis-setzen zu räumlichen und sozialen Strukturen und damit zentraler Bestandteil der (Re-)Produktion von Gesellschaft. Auch wenn sich Formen des Wohnens im kontinuierlichen historischen Wandel befinden, wird die Wohnung aufgrund ihrer Bedeutung vielfach als Grundbedürfnis und als Menschenrecht bezeichnet (Häußermann/Siebel 1996; Saldern 1997; Madden/Marcuse 2016).

Gleichzeitig werden Wohnungen innerhalb bestimmter ökonomischer Verhältnisse produziert und bewirtschaftet. Infolge der Herausbildung einer kapitalistischen Produktionsweise und deren Durchsetzung im Wohnungsbau findet die Wohnungsversorgung unter Bedingungen des Kapitalverhältnisses statt: Der Zweck des hier investierten Kapitals ist nun, „sich zu verwerten", also Gewinn abzuwerfen (Heinrich 2005: 15). Wohnungen erhalten damit – wie alle Waren in der kapitalistischen Gesellschaft – einen „Doppelcharakter" als Träger von Gebrauchs- und Tauschwert (Holm 2011b). Sie werden nur dann erstellt und auf einem Markt angeboten, wenn sich die dazu notwendige Inves-

---

hung der gesellschaftlichen Ordnung ausgeht. In Hamburg waren dies bis zur Mitte des 20. Jahrhunderts insbesondere die Gängeviertel der Innen- und Neustadt, die von der Polizei teilweise als „Feindesland" betrachtet wurden (Grüttner 1983: 362). Der Unterschicht zugehörige Menschen fanden hier alltägliche Hilfsstrukturen vor, Kämpfe um Arbeits- und Lebensverhältnisse waren sozial und räumlich eng verflochten (Schubert 2009; Weinhauer 2013). Bürgerliche Wohnungsreformer zielten darauf ab, Arbeiter_innen jenseits dieser Viertel anzusiedeln und sie von diesen proletarischen Solidaritätsstrukturen zu lösen (Frank/Schubert 1983; Saldern 1997). Vordenker der Arbeiterbewegung sahen dagegen gerade darin ein emanzipatorisches Potenzial: „Erst das durch die moderne Industrie geschaffene, von allen ererbten Ketten (...) befreite und in den großen Städten zusammengetriebene Proletariat ist imstande, die große soziale Umgestaltung zu vollziehen, die aller Klassenausbeutung und aller Klassenherrschaft ein Ende machen wird. Die alten ländlichen Handweber mit Haus und Herd (...) hätten nie solch einen Gedanken fassen, noch weniger seine Ausführung wollen können" (Engels 1976: 219-220).

tition rentiert (Brede et al. 1975; Belina 2017). Der Gebrauchswert des Wohnens ist unter diesen Bedingungen nur durch den Tauschwert – also den Preis, der für eine Wohnnutzung entrichtet werden muss – zugänglich. Das persönliche Wohnbedürfnis muss sich in Form einer zahlungsfähigen Nachfrage nach der Ware Wohnen ausdrücken, um erfüllt zu werden.

Alle kapitalistischen Waren bedienen mit ihrem Gebrauchswert ein menschliches Bedürfnis. In ihrem Tauschwert ist darüber hinaus ein Mehrwert enthalten, der bei ihrer Produktion in Form von Ausbeutung generiert wurde und beim Verkauf realisiert werden soll. Der Prozess des Zur-Ware-Werdens, also die Kommodifizierung der Wohnung, kann sich nur dann vollziehen, wenn es gelingt, den Tauschwert des Wohnens von seinem Gebrauchswert zu trennen. Die Warenform des Wohnens hat daher – wie der Kapitalismus als Ganzes – weitere gesellschaftliche Einrichtungen zur Voraussetzung: Eigentümer_innen müssen ihren privaten Anspruch auf Land und Immobilien geltend machen können, von Einschränkungen im Umgang mit ihrem Eigentum weitgehend frei sein und auf Menschen treffen, die bereit und in der Lage sind, Wohnraum in Form von Geld zu erwerben bzw. zu mieten (Madden/Marcuse 2016: 18ff.).

In Deutschland wurden die rechtlichen Voraussetzungen dazu mit der Liberalisierung der Boden- und Immobilienmärkte ab der Mitte des 19. Jahrhunderts geschaffen (Brede/Kujath 1988). Das massenweise Auftreten von Lohnarbeiter_innen, die Teile ihres Geldlohnes als Miete zahlen konnten, hat der Warenform des Wohnens zum gesellschaftlichen Durchbruch verholfen (Madden/Marcuse 2016: 22). In der Folge entwickelte sich ein spekulativer Miethausbau, welcher auf die Erwartung zukünftiger Einnahmen hin ausgerichtet ist. Die Mietskaserne der sogenannten Gründerzeit im letzten Drittel des 19. Jahrhunderts, in der viele Menschen auf engem Raum in oftmals unhygienischen Verhältnissen lebten, drückte anschaulich aus, inwiefern die Produktion und die Vermietung der Wohnung als Ware „an und für sich gleichgültig gegen den bestimmten Gebrauchswert" ist (Brede et al. 1975: 10): Wohnungen werden entsprechend der Kaufkraft der erwarteten Nachfrage auf den Markt gebracht und nicht entsprechend der persönlichen Bedürfnisse derjenigen, die in ihnen wohnen wollen. Die Kaufkraft der unteren und mittleren Einkommensschichten hinkt jedoch seit der Wohnungsfrage des 19. Jahrhunderts sowohl dem möglichen Ausstattungsniveau von Wohnungen als auch der als angemessenen angesehenen Verwertungsrate des Immobilienkapitals hinterher. In der Folge tendiert der freie Markt dazu, kleine und bezahlbare Wohnungen in unzureichendem und große und teure Wohnungen in zu hohem Umfang bereitzustellen (Belina 2017). In zyklisch wiederkehrenden Phasen kommt es darüber hinaus zu einer

Wohnungsunterversorgung, die weite Teile der Bevölkerung betreffen. Ein freier Wohnungsmarkt stellt daher ein beständiges Risiko für den gesellschaftlichen Zusammenhalt, die Arbeitskraft der Bevölkerung und damit auch die Prosperität der jeweiligen Volkswirtschaft dar.

2.1.3 Politische Ökonomie von Wohnungsbau und -wirtschaft

Die Ökonomie von Wohnungsbau, -verkauf und -vermietung ist innerhalb kapitalistischer Produktionsverhältnisse als Prozess der Kapitalverwertung zu verstehen und lässt sich grundsätzlich in drei Bereiche einteilen: Erstens den Bodenmarkt, zweitens die Produktion und drittens das Beleihen, Verkaufen oder Vermieten von Wohnungen (Brede et al. 1975; Belina 2017). Grundlage für den Wohnungsbau ist ein Grundstück, also Boden, über den Verfügungsrecht besteht. Da Boden nicht hergestellt werden kann und nicht reproduzierbar ist, stellt er ein besonderes Wirtschaftsgut dar, dessen Wert sich aus der Grundrente ergibt. Grundrente ist der „Tauschwert für den monopolisierten Gebrauchswert des Bodens" (Brede et al. 1975: 39): Grundlage für den Preis des Bodens ist das potenzielle Einkommen, das sich aus seiner rentabelsten Nutzung ergibt. Infolge technischer, ökonomischer oder gesellschaftlicher Entwicklungen verändern sich die Nutzungsmöglichkeiten, wodurch „ein spekulatives Element in Erscheinung [tritt], da die Preise auf Erwartungen reagieren" (Dieterich 2005: 385). Infolge dynamischer Stadtentwicklungsprozesse führt daher allein das Potenzial zukünftig (noch) profitablerer Nutzung zu steigenden Preisen. Vom Bodenpreis ist abhängig, wo im Stadtraum welche Art von Immobilien gebaut und genutzt werden. Damit kommt der Grundrente eine zentrale räumliche Allokationswirkung zu (Brede et al. 1975: 44ff).

Der Wohnungsbau ist ebenfalls durch Besonderheiten gekennzeichnet, die u.a. aus der räumlichen Gebundenheit der Immobilie, der Langfristigkeit ihrer Erstellung und Nutzung sowie der Kapitalintensität von Bau und Finanzierung resultieren (Kühne-Büning 2005a: 7ff; Holm 2011b). Wohngebäude benötigen von der Planung bis zur Fertigstellung zumeist zwei oder mehr Jahre. Der hohe Anteil an menschlicher Arbeitskraft und die vergleichsweise geringen Rationalisierungsmöglichkeiten im Baugewerbe verteuern den Wohnungsbau im Verhältnis zu anderen verarbeitenden Gewerben (Belina 2017). Wohnungen können zwar modernisiert werden, behalten dabei aber zumeist ihre grundsätzliche Beschaffenheit wie Lage, Erreichbarkeit und Grundriss. Während Nutzer_innen unterschiedliche Wohnbedürfnisse haben, bieten einzelne Wohnungen nur eine beschränkte Vielfalt an Nutzungsmöglichkeiten. Sie stellen somit „heterogene"

Güter dar, die in ihren Eigenschaften kaum vergleichbar sind (Kühne-Büning 2005a: 11). Aufgrund dieser Besonderheiten spaltet sich der Wohnungsmarkt in Teilmärkte auf, die sich nach Lage, Erreichbarkeit, Eigenschaften und Ausstattung der Wohnungen differenzieren (ebd.: 71ff.). Wohnungsmärkte sind daher „unvollkommene" Märkte, auf denen der „Preismechanismus [von Angebot und Nachfrage] in vielen Punkten außer Kraft gesetzt" ist (Kühne-Büning et al. 1999: 157). Das erforderliche Kapital für den Wohnungsbau übersteigt die Kapazitäten einzelner Eigentümer_innen oder Unternehmen zumeist deutlich, so dass die Finanzierung bei einer Immobilie eine „übergeordnete und existenzielle Rolle" spielt (Rottke 2012: 85). Für den Wohnungsbau aufgenommenes Fremdkapital muss verzinst zurückgezahlt werden. Bereits geringe Veränderungen des Zinsniveaus können sich daher auf die Finanzierungskosten im Wohnungsbau deutlich auswirken (Jenkis 1996b: 84).

Die Refinanzierung der Kosten des Wohnungsbaus sowie die Realisierung eines Profits sind durch Verkauf oder Vermietung möglich. Wird eine Wohnung an selbst nutzende Eigentümer_innen verkauft, wird ein Preis gezahlt, der die Erstellungs- und Kapitalkosten sowie einen Gewinn enthält. Die Wohnung fällt damit – sofern nicht noch eine Beleihung durch Kreditaufnahme besteht – aus der Kapitalzirkulation heraus (Belina 2017: 39). Vermietung zielt dagegen auf eine „langfristige Verzinsung des angelegten Kapitals" ab (Brede et al. 1975: 24). Mieter_innen bezahlen für die an sie verliehene Ware Wohnung. Die Miete ist eine Ratenzahlung auf die Grundstücks-, Bau und Finanzierungskosten sowie die Bewirtschaftung, Instandhaltung und die Verzinsung – also den Profit – des eingesetzten Kapitals (ebd.: 24ff). Ist eine Immobilie ausfinanziert, also die Produktions- und Finanzierungskosten beglichen, können Eigentümer_innen weiterhin Miete verlangen: Das Haus kann „als Rentenquelle verwertet werden, solange eine Nachfrage für diesen Gebrauchswert gegeben ist" (Hirsch-Borst/Krätke 1981: 58). Diese Form der Gewinnerzielung nimmt im Laufe des Verwertungszeitraums im Regelfall einen immer größeren Anteil ein.

2.1.4 Die Warenform von Wohnraum und des Wohnens

Das Geschäft mit dem Wohnen basiert nur im Bereich der Bauwirtschaft auf produktivem Kapital (Belina 2017). Der Bereich der Produktion zeichnet sich dadurch aus, dass hier Mehrwert produziert, indem Lohnarbeit ausgebeutet wird (ebd.: 35). Alle anderen Verwertungsprozesse rund um die Ware Wohnen – wie das Beleihen, Verkaufen oder Vermieten – basieren dagegen maßgeblich auf zinstragendem und fiktivem Kapital bzw. dem Abschöpfen von Grundrente

(Marx 2012): Kapital wird in eine Immobilie investiert, um es durch Verkauf oder dauerhaftes Verleihen mit einem Profit zurückzuerhalten (Brede et al. 1975; Belina 2017). In klassisch-marxistischen Analysen wurde der Ware Wohnraum daher *keine* besondere Bedeutung innerhalb der kapitalistischen Ökonomie und sozialen Kämpfen um ihre Überwindung zugesprochen. So kennzeichnete Engels den Mietvertrag als „einfachen" Warenverkauf, der mit der Ausbeutung der Arbeiter_innen im Produktionsprozess nichts zu tun habe (1976: 216). Die Wohnungsnot sei als einer der vielen „sekundären Übelstände" anzusehen, die die unteren Schichten im Kapitalismus betreffen, und eigne sich nicht als Grundlage revolutionärer politischer Arbeit (ebd.: 214; vgl. Krätke 1988b).

In neomarxistischen und feministisch-materialistischen Analysen wird die Warenform des Wohnens dagegen unter weiteren Gesichtspunkten betrachtet und ihr dabei eine größere, wenn nicht sogar zentrale Rolle innerhalb sozialer Kämpfe zugesprochen: Wohnungsbau und -wirtschaft sind kapitalintensive Branchen, hier getätigte Investitionen ziehen weitere in Infrastruktur oder durch Privathaushalte nach sich. Wie die gesamte gebaute Umwelt dienen Wohnungen als „Aufbewahrungsorte" für überschüssiges Kapital, welches in Form von Mietzahlungen, Beleihungen o.ä. langfristig verwertet wird (Aalbers/Christophers 2014).[3] Hohe Mieten belasten die Einkommen und verstärken die Segregation der arbeitenden Bevölkerung. Niedrige Mieten begünstigen dagegen eine ausgeglichenere Verteilung von erwerbstätiger Bevölkerung und senken auch insgesamt die Lohnkosten, bzw. die Reproduktionskosten der Arbeitskraft (Hirsch-Borst/Krätke 1981; Matznetter/Mundt 2012). Die politische Ökonomie des Wohnens beeinflusst daher maßgeblich die Möglichkeiten und Grenzen kapitalistischer Produktionsweisen.

Feministisch-materialistische Ansätze machen darüber hinaus darauf aufmerksam, dass nicht nur dem Tauschwert von Wohnraum eine zentrale Bedeutung

3 Mit der Theorie des „spatial fix" hat Harvey die Bedeutung der gebauten Umwelt für die Kapitalzirkulation herausgestellt (Wiegand 2012: 123ff.). Kapitalinvestitionen bewegen sich in einem Spannungsfeld zwischen räumlicher Mobilität und Fixiertheit im Sinne einer „Verankerung" von Kapital in gebauten Strukturen (ebd.: 157). Nach Harvey kann die Investition von überschüssigem Kapital als räumlich-zeitliche Verschiebung von Überakkumulationskrisen dienen (ebd.: 123ff.). Wie sich anhand entwerteter fordistischer Industrieregionen zeigt, können sich Krisenprozesse jedoch auch verstärken, wenn sich das in der gebauten Umwelt angelegte Kapital als nicht länger profitabel erweist und die gebauten Strukturen ein Hindernis für neue Investitionen in innovative Branchen darstellen (Aalbers/Christophers 2014; Harvey 2015: 175ff.).

für die Funktionsweise kapitalistischer Gesellschaften zukommt, sondern auch seinem Gebrauchswert: Gesellschaftliche Tätigkeiten wie Kochen, Essen, Erholung, Kinderbetreuung und andere soziale Beziehungen finden vielfach in der Wohnung oder der umgebenden Nachbarschaft statt. In klassisch-marxistischen Betrachtungsweisen, die auf die Produktionssphäre fokussieren, verschwinden diese überwiegend unbezahlt und zuallermeist von Frauen ausgeführten Tätigkeiten aus dem Blick. Feministische Materialist_innen bezogen dagegen seit den 1970er Jahren Hausarbeit und andere reproduktive Tätigkeiten in ihre Analyse ein (Federici 2015; Winker 2015: 17ff.): Ohne die kontinuierliche (Wieder-)Herstellung von ausbeutbarer Arbeitskraft gerät die kapitalistische Akkumulation notwendig in die Krise. Damit wird die grundlegende Bedeutung der Reproduktionssphäre für das Kapitalverhältnisses als Ganzes deutlich. Die Thematisierung der Reproduktionsarbeit durch die Frauenbewegung führte zu einem neuen Verständnis der Privatsphäre als „Terrain" von sozialen Kämpfen. Die Kämpfe, die in diesem Bereich geführt werden, beziehen sich auf die Frage, ob und inwiefern häusliche Tätigkeit der kapitalistischen Akkumulation untergeordnet ist und in welchem Ausmaß soziale Beziehungen der Reproduktion der eigenen oder fremden Arbeitskraft gewidmet sind. Der Art und Weise des Wohnens kommt insofern eine fundamentale Rolle hinsichtlich der (Re-)Produktion des Gebrauchswerts der Ware Arbeitskraft zu (Hayden 2018).

Wohnen ist in der kapitalistischen Gesellschaft daher in doppelter Hinsicht in Verwertungskreisläufe eingebunden: Durch den Tauschwert von Wohnraum, aus dem Profit generiert werden kann, sowie durch die Bedeutung seines Gebrauchswerts für die Reproduktion von Arbeitskraft – wobei das Wohnen als alltägliche Praxis infolge der marktwirtschaftlichen Organisation der Arbeitswelt und der Wohnungsversorgung selbst in Marktlogiken eingebunden und von diesen gekennzeichnet ist. Kämpfe um das Wohnen sind daher immer auch Kämpfe um die Unabhängigkeit der gesellschaftlichen Subjekte vom Prozess der Kapitalverwertung (Hayden 2018; Kuschinski 2019).

Damit wird das Spannungsfeld deutlich, in dem sich die Begriffe der Kommodifizierung und Dekommodifizierung bewegen: Zum einen ermöglicht die *Warenform von Wohnraum*, Profit aus seiner Verwertung zu generieren. Dekommodifizierung bedeutet in dieser Perspektive eine Einschränkung von Profiten, beispielsweise in Form von Mieterrechten, der Begrenzung von Bodenspekulation oder einer nicht-gewinnorientierten Unternehmensführung (Schipper 2018: 9). Zum anderen ist die Reproduktion der Arbeitskraft in der Wohnung und im Quartier in die Reproduktion der Klassengesellschaft als Ganzes eingebunden (Saldern 1997; Eribon 2017). Nachbarschaften und Quartiere sind Ausdruck bestehender Machtverhältnisse, die den Subjekten ihren Platz im sozialen Raum der Gesellschaft zuweisen. Die Internalisierung kapitalistischer Routinen und Gewohnheiten wirft daher Problemlagen auf, die über das Thema der Bezahlbarkeit von Wohnraum hinausgehen. Ansätze, die darauf abzielen, dass Wohnen aus den Marktlogiken der kapitalistischen Gesellschaft herauszulösen, müssen daher auch diese Problematik der *Warenform des Wohnens*, also des Gebrauchswerts der Wohnung, berücksichtigen.

2.2 Wohnen im Kapitalismus und staatliche Regulation

Der Widerspruch zwischen dem Gebrauchs- und Tauschwert des Wohnens konstituiert ein fortwährendes Spannungsverhältnis, welches wiederkehrend zu gesellschaftlichen Konflikten und Krisen führt. In den Debatten um die Wohnungsfrage wurde daher immer auch nach Ansätzen gesucht, die – je nach politischer Perspektive – diesen Widerspruch aufheben, abmildern oder zumindest die daraus resultierenden sozialen Antagonismen entschärfen können. Der Staat als gesetzgebende gesellschaftliche Einrichtung spielt dabei eine wichtige Rolle als Adressat von Interessen und Akteur der Regulierung (Frank/Schubert 1983; Rodríguez-Lores/Fehl 1988). Staatliche Eingriffe in die Wohnungs- und Immobilienmärkte können aus unterschiedlichen sozial-, kultur- oder wirtschaftspolitischen Erwägungen heraus erfolgen und sind, wie Hartmut Häußermann und Walter Siebel betonen, immer auch eine Form von „Gesellschaftspolitik“:

> „Für die Masse der Bevölkerung ist (...) die Art und Weise, wie sie wohnen können oder sollen, abhängig von politischen Entscheidungen, da die Kosten für das Wohnen nicht vollständig aus den Lohneinkommen getragen werden können. Und immer dann, wenn staatliche Subventionen in die Finanzierung eingehen, (...) werden Festlegungen darüber getroffen, wie die Wohnung auszusehen habe, welche Eigentumsform bevorzugt wird und welche Lebensform erwünscht (bzw. verlangt) ist“ (Häußermann/Siebel 1996: 276-277).

Es lassen sich daher Parallelen in der Entwicklung des Wohlfahrtsstaates und der Wohnungspolitik in Deutschland feststellen (Matznetter/Mundt 2012; Schönig et al. 2017b). Theoriegeleitete Konzepte, die den Zusammenhang zwischen kapitalistischer Ökonomie, gesellschaftlicher Wohnungsversorgung und staatlicher Regulation verständlich und der historischen Analyse zugänglich machen, bieten Ansätze der Regulationstheorie und kritischer Staatstheorie.

2.2.1 Kapitalistische Formationen und der Staat

In der kapitalistischen Produktionsweise bedeutet Akkumulation die Verwertung von Wert, also die Vermehrung von investiertem Geld (Heinrich 2005). Damit diese Akkumulation gelingt, müssen unternehmerische Investitionsstrategien dauerhaft auf ein entsprechendes Marktumfeld inklusive der notwendigen Nachfrage- und Konsumnormen treffen. Ein solcher Zusammenhang wird in der Regulationstheorie als Akkumulationsregime bezeichnet (Lipietz 1985). Um eine langfristige Stabilität aufzuweisen und damit den Charakter einer kapitalistischen Formation zu bekommen, müssen Akkumulationsregime mit Regulationsweisen korrespondieren. Regulationsweisen lassen sich verstehen als „die Gesamtheit institutioneller Formen, Netze und expliziter oder impliziter Normen, die die Vereinbarkeit von Verhaltensweisen im Rahmen eines Akkumulationsregimes sichern, und zwar sowohl entsprechend dem Zustand der gesellschaftlichen Verhältnisse als auch über deren konfliktuellen Eigenschaften hinaus" (ebd.: 121). Kapitalistische Formationen entstehen infolge sozialer Kämpfe und stabilisieren sich durch zu Strukturen verfestigten Normen, Diskursen und Praktiken (Heeg 2014: 159). Die Regulationstheorie baut auf marxistischen Kategorien auf und hebt in Abgrenzung zu strukturalistischen Betrachtungsweisen die Bedeutung sozialer Praxis für die Reproduktion und Wandelbarkeit kapitalistischer Produktionsweise und Gesellschaft hervor (ebd.).[4] Vor dem Hintergrund der Widersprüchlichkeit kapitalistischer Verhältnisse wird die Frage in den Fokus gerückt, wie es dennoch zu Phasen ökonomischer, sozialer und politischer Stabilität kommt.

Von besonderem Interesse ist dabei die Phase der außergewöhnlichen ökonomischen Stabilität in den Ländern des Globalen Nordens zwischen den 1950er und 70er Jahren (Hirsch 2005; Heeg 2014). Angesichts der Weltwirtschaftskrise von 1973/74 und der folgenden Phase ökonomischer Stagnation zeichnen sich die besonderen Entwicklungen der davor liegenden Jahre ab: Über zwei Jahrzehnte fand ein kontinuierliches Wirtschaftswachstum statt. In der Bundesrepublik wird dabei vom „Wirtschaftswunder" gesprochen, in welchem Produktivitätsfortschritte weiten Teilen der Bevölkerung zugutekamen und die Klassengesellschaft des Industriekapitalismus sich zugunsten einer „nivellierten Mittelstandsgesellschaft" aufzulösen schien (Saldern 1997: 13; Hirsch 2005: 117).

---

4 Im Laufe der Zeit haben sich verschiedene regulationstheoretische Schulen herausgebildet, die in unterschiedlichem Maße auf marxistische Ökonomiekritik Bezug nehmen. Ich schließe hier an die deutschsprachigen neomarxistischen sowie die im englischsprachigen Umfeld der Radical Geography diskutierten Ansätze an (Becker 2013: 35).

In der Regulationstheorie wird diese stabile Phase des Kapitalismus als Fordismus bzw. fordistische Formation beschrieben. Ideologisch geprägt war sie von der Vorstellung einer technischen Plan- und Machbarkeit, in der Rationalisierungsprozessen eine geradezu „magische" Bedeutung zukam (Hachtmann/Saldern 2009: 188).[5] Dem Markt wurde die Funktion eines Motors wirtschaftlicher Entwicklung zugeschrieben, marktwirtschaftliche Prozesse sollten jedoch durch Planung, Rationalisierung und Effizienzsteigerung so optimiert werden, dass ein dauerhaft steigender Wohlstand möglich und wirtschaftliche Krisen vermieden werden könnten (ebd.). Der Fordismus erlebte seine Hochphase in den 1950er und 60er Jahren, in Politik und Wirtschaft setzten sich fordistische Elemente jedoch bereits seit den 1920er Jahren immer stärker durch.

Ab dem Ende der 1960er Jahre geriet der Fordismus in eine anhaltende Krise. Aufgrund steigender Löhne und zunehmend gesättigter Nachfrage nach standardisierten Konsumgütern kam es in den Gesellschaften des Globalen Nordens zu einem Rückgang des Kapitalprofits, abnehmendem Wachstum und steigender Staatsverschuldung. Zusätzlich geriet die Weltmarktorientierung vieler Unternehmen in einen Widerspruch mit der Binnenorientierung der Volkswirtschaften: Bei zunehmender Exportorientierung erscheinen Löhne vorwiegend als Kosten und kaum noch als Faktor zur Generierung zukünftiger Nachfrage (Hirsch 2005: 124f; Harvey 2005: 33ff.). Im Zuge ökonomischer Krisentendenzen wurde es staatlicherseits immer schwieriger, soziale Forderungen finanziell zu erfüllen. Gleichzeitig erhöhte sich der Druck auf die nationalstaatlichen Arrangements durch Veränderungen auf internationaler Ebene, wie der Aufgabe des Bretton-Woods-Systems, also der Auflösung der Bindung von Wechselkursen an den Dollar und eines zunehmenden Einflusses privater Banken und Finanzunternehmen auf die Steuerung des internationalen Geld-, Kredit- und Devisenverkehrs (Hirsch 2005: 126; Harvey 2005: 65ff.). Darüber hinaus intensivierten sich soziale Kämpfe gegen die Formalisierung der Lebenszusammenhänge, die Disziplin fordistischer Arbeitsverhältnisse und Bürokratisierung (Roth/Rucht 2008; Federici 2015: 50). So verdichteten sich in den 1970er Jahren verschiedene Krisentendenzen, die zu einer Auflösung der Entsprechung des Akkumulationsregimes mit der Regulationsweise des Fordismus führten.

In den folgenden Jahrzehnten wurde auf verschiedenen Ebenen intensiv um eine Neugestaltung von Akkumulation und Regulation gerungen. Als neue Regu-

---

5 Worauf auch die Namensgebung in Bezug auf die Anfang des 20. Jahrhunderts von Henry Ford in seinen Automobilwerken eingeführte Fließbandproduktion aufmerksam macht.

lationsweise setzte sich dabei sukzessive – mit unterschiedlicher Geschwindigkeit in verschiedenen Bereichen – der Neoliberalismus durch.[6] An die Stelle einer staatsinterventionistischen Politik trat eine Liberalisierung und Flexibilisierung nationaler und internationaler Arbeits- und Finanzmärkte, eine Intensivierung des Freihandels und der Rückbau des Sozialstaates (Ptak 2007: 13). Nachfrageorientierte wurden durch angebotsorientierte Wirtschaftspolitiken ersetzt. Die neoliberale Wende wurde von der gewerkschaftlichen Arbeiterbewegung und den neuen Sozialen Bewegungen bekämpft (Roth/Rucht 2008). Neoliberale Vorstellungen konnten sich jedoch auch deshalb durchsetzen, weil sie an die Kritik sozialer Bewegungen am bürokratischen und kontrollorientierten fordistischen Staat anschließen konnten (Candeias 2008). In Deutschland beschleunigte sich der Übergang zum Neoliberalismus infolge des Zusammenbruchs der Deutschen Demokratischen Republik in den 1990er Jahren (Ptak 2007: 73ff.).

Ob sich mit dem Postfordismus eine neue Formation herausgebildet hat, wird noch als offene Frage diskutiert. Es lassen sich zwar sowohl ein neues Akkumulationsregime als auch eine neue Regulationsweise bestimmen, unklar ist aber, inwieweit diese stabil interagieren.[7] Prägend für die gegenwärtige Situation ist, dass der für den Fordismus kennzeichnende Zusammenhang von Wachstum und Konsumsteigerung auseinander gebrochen ist (Hirsch 2005: 134). Strukturelle Arbeitslosigkeit, unsichere Beschäftigungsverhältnisse und die Reduzierung sozialstaatlicher Absicherung sorgen für eine Zunahme prekärer Arbeits- und Lebensverhältnisse und erschweren die gewerkschaftliche Interessenvertretung (ebd.: 133f). Infolge ihrer Deregulierung gewinnen Finanzmärkte und -institutionen eine immer größere Macht und Bedeutung (Heeg 2013b). Bezeichnende Entwicklungen sind dabei die zunehmende internationale Mobilität des Kapitals und die Entwicklung eines Shareholder-Kapitalismus, in dem die Profite der An-

---

6 Der Neoliberalismus entstand als Erneuerung liberaler Wirtschaftstheorie in Reaktion auf die Weltwirtschaftskrise von 1929. Gegenüber dem „laissez-faire" des klassischen Liberalismus wird die Notwendigkeit des Staates betont, aktiv dafür zu sorgen, dass Marktmechanismen die Funktion gesellschaftlicher Regulation übernehmen und erfüllen (Ptak 2007). Als Regulationsweise manifestiert sich der Neoliberalismus nicht in seiner ideologischen Reinform, sondern als Kompromiss im Rahmen bestimmter gesellschaftlicher Kräfteverhältnisse (Candeias 2008).

7 Das Ausbleiben größerer Wirtschaftskrisen stellt ein besonderes Merkmal der fordistischen Phase dar. Mit dem Übergang zum Postfordismus geht eine Wiederkehr von Krisenzyklen einher: Auf den Finanzcrash in Japan Ende der 1980er Jahre folgte ca. zehn Jahre später die New Economy-Blase Ende der 1990er Jahre. Die Immobilien- und Finanzkrise seit 2007 hat diesen Entwicklungstrend bestätigt (Bischoff 2008; Demirović/Sablowski 2011: 85ff.).

leger_innen über Investition und Desinvestition entscheiden. Auch Lohnabhängige werden über Versicherungsbeiträge oder Aktienbesitz in das Finanzsystem involviert (Demirović/Sablowski 2011: 81f.). Im globalen Norden basiert die Kapitalakkumulation damit stärker auf zinstragendem und fiktivem und weniger auf industriellem Kapital (ebd.: 82ff.). Das postfordistische Akkumulationsregime wird daher vielfach als ein finanzbasiertes charakterisiert.

Die Veränderung der Regulationsweise vom Fordismus zum Postfordismus zeigt sowohl die zentrale Bedeutung als auch die Wandelbarkeit des Staatshandelns auf. Der Staat hat in verschiedenen Phasen kapitalistischer Entwicklung unterschiedliche Eingriffe in das Marktgeschehen vorgenommen. Dabei haben sich normative Begründungen für seine Tätigkeit und auch die Arbeitsweise seines Personals immer wieder verändert. Auch wenn Regulationsweisen nicht ausschließlich durch Staatshandeln bestimmt sind, nimmt der Staat eine wichtige Funktion in der Gestaltung wirtschaftlicher Rahmenbedingungen ein. Konzepte zur Analyse des Staates, welche seine Macht und Bedeutung sowie die Möglichkeiten und Grenzen seiner Wandelbarkeit erfassen, bieten materialistische, feministische und praxistheoretische Staatstheorien. Diesen kritischen staatstheoretischen Ansätzen ist gemeinsam, dass sie den Staat als ein materialisiertes soziales Kräfteverhältnis verstehen. Der Staat hat keine Form oder Funktion „an sich“, sondern bildet sich infolge sozialer und symbolischer Kämpfe aus der Gesellschaft heraus und nimmt durch Institutionen, Gesetze, Vorschriften, usw. eine materielle Form an, die sich gegenüber anderen gesellschaftlichen Bereichen absondert und verselbstständigt (Hirsch 2005; Ludwig et al. 2009; Bourdieu 2017b).

Materialistische Staatstheorie betrachtet den Staat als eine gegenüber der kapitalistischen Ökonomie relativ autonome gesellschaftliche Einrichtung, die „Ausdruck eines strukturellen Klassen- und Ausbeutungsverhältnisses“ ist (Hirsch 2005: 26). Diese Bestimmung fasst drei zentrale Aspekte zusammen: Erstens ist der Kapitalismus aufgrund seiner inhärenten Widersprüche auf eine unabhängige Instanz angewiesen, die die Rahmenbedingungen der ökonomischen Verhältnisse gewährleistet. Das Privateigentum aller Bürger_innen muss ebenso garantiert werden wie ihre Vertragsfreiheit. Arbeitskräfte sollen aus freier Entscheidung eine Lohnarbeit annehmen und Konkurrenzkämpfe nicht mittels physischer Gewalt ausgetragen werden. Diese Rolle übernimmt der Staat mit seinem Gewaltmonopol, indem er eine von den Interessen einzelner Kapitalfraktionen unabhängige Rechtsprechung durchsetzt (Kannankulam 2018). Zweitens ist der Staat selbst auf eine funktionierende Wirtschaft angewiesen. Die Ressourcen, die er zur Ausübung seiner Gewalt benötigt, schöpft er in Form von Steuern aus dem Akkumulationsprozess ab (ebd.). Er hat daher ein existenzielles

Interesse an produktiven und international wettbewerbsfähigen Unternehmen in seinem Herrschaftsgebiet. Drittens muss er auch dafür sorgen, dass die Reproduktionsbedingungen kapitalistischer Wirtschaftsweise immer wieder hergestellt werden. Er muss daher in einer Art und Weise regieren, die sowohl die Verelendung der Arbeitskräfte, als auch die Entstehung von Protestbewegungen, die die reibungslose Kapitalakkumulation bedrohen, verhindert. Die Zugeständnisse des Staates an die organisierte Arbeiterbewegung im 20. Jahrhundert sowie die strukturellen Grenzen der Veränderbarkeit des Staatshandelns erklären sich aus diesen Aspekten: Verschiedene Akteursgruppen *können* sich mit ihren Interessen im Staat abbilden, solange sie die Mechanismen der Kapitalakkumulation – also die Verwertung von Wert, welche auf der Ausbeutung von Arbeitskraft beruht – nicht infrage stellen (Hirsch 2001; Heinrich 2005).

Feministische Ansätze adressieren den Staat darüber hinaus auch als Ausdruck patriarchaler Verhältnisse (Ludwig et al. 2009: 11; Sauer 2018). Damit richten sie den Blick auf die Frage, welche gesellschaftlichen Positionen – hinsichtlich Gender, Migrationshintergrund, Bildungsgrad, etc. – sich in welcher (ungleichen) Weise im Staat materialisieren. Paxistheoretische Ansätze nach Bourdieu heben darüber hinaus hervor, dass das Staatsdenken die Tendenz einer Verselbstständigung hat: Kennzeichnend für den Staat ist der „so-ist-es-Effekt", welcher die Auseinandersetzungen verschleiert, die zur Etablierung einer bestimmten Ordnung geführt haben (Bourdieu 2017b: 211f.).

Begreift man den Staat als verdichtetes gesellschaftliches Kräfteverhältnis, wird der Wohlfahrtstaat in seiner Entwicklung und seinen Ambivalenzen verständlich (Atzmüller 2013). Sein Aufbau ab dem Ende des 19. Jahrhunderts kann als Errungenschaft der Arbeiterbewegung gegenüber und in Aushandlung mit, bis dato bereits etablierten, konservativen und liberalen Staatsinteressen begriffen werden (Bourdieu 2017b: 622ff.). Die Neoliberalisierung seit den 1970er Jahren spiegelt dagegen eine Anpassung an strukturelle Veränderungen des Kapitalverhältnisses, in deren Kontext sich bestimmte gesellschaftliche Akteursgruppen stärker durchsetzen konnten als zuvor – ohne jedoch ihre ideologisch-politischen Ansätze in Reinform umzusetzen. Der Postfordismus ist auch davon geprägt, dass viele wohlfahrtsstaatliche Errungenschaften nach wie vor als legitim und richtig angesehen werden und im Zuge aktueller Krisenentwicklungen reaktiviert werden können.

2.2.2 De- und Rekommodifizierung von Wohnraum

Die Warenform von Wohnraum ermöglicht es, Kapital in diesen zu investieren und durch Verkauf oder Verleih zu verwerten. Eine Ausweitung von Verwertungsmöglichkeiten führt zur Kommodifizierung, ihre Einschränkung zur Dekommodifizierung von Wohnraum (Madden/Marcuse 2016: 25; vgl. Harloe 1981; Holm 2011b; Matznetter/Mundt 2012). Wohnungspolitische Regulierungen wie der Ausbau des Mietrechts, Regelungen zum Wohnungsbau oder die Wohnungsgemeinnützigkeit, die als Bestandteil wohlfahrtsstaatlicher Leistungen zu einer Dekommodifizierung beitragen, wurden in Deutschland insbesondere in der fordistisch geprägten Zeit zwischen der Weimarer Republik und den 1970er Jahren vorgenommen (Häußermann/Siebel 1996; Saldern 1997).

Der Anteil der Wohnkosten am durchschnittlichen Einkommen der Haushalte in Deutschland konnte bis in die 1950er Jahre verringert und bis zur Mitte der 1960er Jahre weitgehend stabil gehalten werden (Kühne-Büning et al. 1999: 169f; Harlander/Kuhn 2006: 875). Der geringe Anteil der Wohnkosten am monatlichen Einkommen sorgte für Spielräume bei anderen Konsumausgaben und ermöglichte es auch wenig oder durchschnittlich verdienenden Haushalten in zentralen Lagen der Städte zu wohnen. Die Instrumente fordistischer Wohnungsversorgung haben die Anlage spekulativen Kapitals auf dem Wohnungsmarkt eingeschränkt und zu einer „Domestikation" der unternehmerischen Wohnungswirtschaft beigetragen, in dem diese auf eine nur durchschnittliche Verwertungsrate ihres Kapitals begrenzt wurde (Jenkis 1986: 101ff.).

Tendenzen einer solchen Dekommodifizierung stießen jedoch auch innerhalb des Fordismus an enge Grenzen: Neben dem Mietwohnungsbau galt die Förderung von Eigentum als vorrangiges gesellschaftspolitisches Ziel (Kühne-Büning 2005b: 283ff.). Der Soziale Wohnungsbau war (und ist) darauf angelegt, für private Investor_innen profitabel zu sein. Es werden langfristige Kapitalanlagen subventioniert und mit zeitlich befristeten sozialen Bindungen versehen, was von kritischen Forscher_innen als „soziale Zwischennutzung" bezeichnet wird (Becker 1997; Holm et al. 2016). Der Aufbau einer von privatem Kapital unabhängigen Wohnungsversorgung war ausdrücklich nicht das Ziel. Im Rahmen der Wohnungsgemeinnützigkeit waren Gewinne in Höhe von vier Prozent zulässig, womit ebenfalls eine durchschnittliche Kapitalverwertung garantiert wurde (Jenkis 1985; Kuhnert/Leps 2017). In Bezugnahme auf Debatten der kritischen Wohnungsforschung der 1980er Jahre lässt sich daher argumentieren, dass im Fordismus eine *partielle* Dekommodifizierung von Wohnraum vorgenommen wurde, die zur Absicherung der Lebensrisiken der Bevölkerung beigetragen hat (Hirsch-Borst/Krätke 1981).

Diese partielle Dekommodifizierung zielte jedoch nicht auf eine Entkoppelung des Wohnens von den Marktzwängen. Viel eher sollten regulierte Bereiche der Wohnungsversorgung dazu beitragen, den Zusammenhang von Lohnarbeit und der Reproduktion der Arbeitskräfte durch und mittels Geld aufrecht zu erhalten (Niethammer 1988; Saldern 1997). Die wohnungspolitischen Maßnahmen im Fordismus, wie der fordistische Städtebau insgesamt, waren in ein disziplinierendes Korsett materieller und symbolischer Einhegung eingebunden (Häußermann et al. 2008: 135ff; Ronneberger 2013). Dies zeigt sich insbesondere in der Verräumlichung der Geschlechterverhältnisse in Stadtstruktur und Wohnungsgrundrissen, welche dazu beigetragen hat, patriarchale gesellschaftliche Normen zu etablieren und zu verfestigen. Mit der Durchsetzung der Kleinfamilie als Norm ging eine Vorstellung von Öffentlichkeit, Arbeit, Produktion und Männlichkeit als außerhäusliche Sphäre, sowie Privatheit, Nicht-Arbeit, Reproduktion und Weiblichkeit als innerhäusliche Sphäre einher (Bauriedl et al. 2010; Dackweiler/Schäfer 2010). Die Unterteilung des Wohnungsmarktes in Altbestand, geförderten und freien Mietwohnungneusbau und Eigentum führte zu einer Segregation der unteren Bevölkerungsschichten und damit zu einer Isolation verschiedener Fraktionen der Arbeiterklasse voneinander (Saldern 1997; Bourdieu/Steinrücke 2002). So verblieben die marginalisierten Teile der Bevölkerung in den alten Arbeiterquartieren, während diejenigen mit geregeltem Einkommen und dem Anspruch an eine bürgerliche Wohn- und Lebensweise in die Siedlungen des Sozialen Wohnungsbaus zogen. Die Haushalte, denen der Aufstieg in eine kleinbürgerliche Existenz gelang, zogen in das – ebenfalls geförderte – Eigenheim. Quartiere die als Zentren der Arbeiter_innensolidarität bekannt waren, wurden sukzessive beseitigt oder umgebaut (Saldern 1997). Der fordistische Wohnungsbau förderte somit die Reproduktion einer den gesellschaftlichen Normen angepassten Arbeitskraft und trug zur disziplinierenden Ordnung der sozialen Verhältnisse bei. Er eröffnete wenig Spielraum für nichtkonforme Lebensweisen und wurde als „gesamtgesellschaftlicher Sachzwang" verstanden (Niethammer 1988: 301).

Im Übergang zum Postfordismus ist es zu einer deutlichen Rekommodifizierung von Wohnraum gekommen. Ab den späten 1970er Jahren wurde die Zielrichtung der staatlichen Wohnungsförderung deutlich verändert (GEWOS 1990; Harlander 2005, 2008): Die Objektförderung des sozialen Wohnungsbaus wurde eingeschränkt und mit der Abschaffung der Wohnungsgemeinnützigkeit im Jahr 1990 auch die Steuererleichterungen für die nun ehemals gemeinnützigen Wohnungsunternehmen beendet. Ausgebaut wurde dagegen die Förderung von Wohneigentum und die Subjektförderung, also die Unterstützung einzelner Mieter_innen durch Wohngeld und die Übernahmen von Kosten der Unterkunft für Transferleistungsbezieher_innen. Während die Objektförderung darauf ausgerichtet war, die Angebotsseite so zu regulieren, dass diese (auch) Wohnungen für den Bedarf von einkommensschwachen Haushalten zur Verfügung stellt, hat die Subjektförderung den „Charakter einer Wirtschaftsförderung ohne soziale Gegenleistung“ (Lebuhn et al. 2017: 9).[8] Deutlich geändert hat sich aber die Sozial- und Eigentumsstruktur der Empfänger_innen staatlicher Subventionsgelder: Die gegenwärtige Ausrichtung berücksichtigt vorwiegend die Interessen der (profitorientierten) Angebotsseite und eigentumsbildender Selbstnutzer_innen.

Grundlage bundesdeutscher Wohnungspolitik waren bis zum Jahr 2002 das Erste und Zweite Wohnungsbaugesetz, in denen als Zielgruppe staatlicher Wohnungsbaupolitik „breite Schichten der Bevölkerung“ galten (Kühne-Büning 2005b). Das „Gesetz über die soziale Wohnraumförderung“ aus dem Jahr 2002 schränkte die Zielgruppe der Wohnungsbauförderpolitik dagegen auf Haushalte ein, „die sich am Markt nicht angemessen mit Wohnraum versorgen können und auf Unterstützung angewiesen sind“ (Egner et al. 2004: 58-71). Infolge der Reduzierung staatlicher Fördergelder und des Übergangs der Zuständigkeit für die soziale Wohnraumversorgung vom Bund auf die Länder infolge der Föderalismusreform von 2006 entwickelte sich der Soziale Wohnungsbau von einem Standardmodell zu einem „Ausnahmesegment“ in der bundesdeutschen Wohnungsversorgung (Schönig 2018).

Darüber hinaus führte die Privatisierung öffentlicher Wohnungsbestände und die Liberalisierung des Kapitalmarktes im Zusammenhang mit anlagesuchendem Finanzkapital im Immobilienbereich zur Entstehung eines neuen Typs von Wohnungsunternehmen (Holm 2011a): Viele kommunale Wohnungen wurden von institutionellen Anbietern erworben, deren Unternehmensstrategie in der Optimierung finanzmarktorientierter Wertschöpfung liegt. Damit wurden traditionelle und auf die Bestandshaltung ausgerichtete Bewirtschaftungsstrategien verdrängt und durch finanzmarktbezogene ersetzt (ebd.). Über Investition und Desinvestition wird nun weniger anhand lokaler Erfordernisse und zunehmend anhand der Renditeinteressen von Kapitalanleger_innen entschieden (Unger 2018). Der Übergang zu einer postfordistischen Wohnungsversorgung ist insofern maßgeblich von einer Ausweitung der Möglichkeiten, Wohnraum als Ware zu nutzen und Profite in Form von Zinsen auf das investierte Kapital

8 Die Liberalisierung der Wohnungspolitik wurde vielfach als „Rückzug“ des Staates bezeichnet. Hinsichtlich der eingesetzten Mittel muss jedoch von einer Ausweitung staatlicher Intervention gesprochen werden: So sind die Gesamtausgaben für die Subjektförderung in Deutschland in den letzten Jahren kontinuierlich bis zum Wert von 17 Mrd. Euro in 2017 angestiegen (Holm et al. 2017: 10). Die Objektförderung für den Wohnungsbau liegt heute ähnlich hoch wie in den 1980er Jahren bei ca. einer Mrd. Euro pro Jahr (ebd.: 10).

zu generieren, geprägt (Harloe 1981: 25ff; Matznetter/Mundt 2012; Madden/Marcuse 2016). Das Konfliktpotenzial, das sich aus dem Widerspruch zwischen dem Gebrauchs- und Tauschwert von Wohnraum ergibt, nimmt damit wieder zu. Björn Egner beschreibt diesen Wandel als den von einer (sozialdemokratisch orientierten) Wohnungspolitik zu einer (neoliberal ausgerichteten) Wohnungs-*markt*politik (2014).

Im Kontext abnehmender wohlfahrtsstaatlicher Absicherungen entwickelt sich das Wohnen von einem Bereich der Daseinsvorsorge zu einem Bereich, in den Privatpersonen zugunsten ihrer zukünftigen Lebensführung „investieren". Es „erfolgt eine Transformation von einem Vorsorgeverhalten, welches auf Sparguthaben und staatlichen Sicherungsleistungen aufbaut, hin zu einem Verhalten, das die Vorsorge und Risikominimierung zur Angelegenheit von Individuen macht. Individuen werden dabei aufgerufen, Finanzlogiken zu internalisieren und Investmentstrategien zu entwickeln" (Heeg 2017: 51). Diese „Responsibilisierung" im Sinne einer zunehmend individualisierten Verantwortlichkeit für die eigene soziale Absicherung drückt sich beispielsweise in der Investition in privates Wohneigentum oder der Anlage von Ersparnissen in Immobilienfonds aus (Heeg 2013b). Das „Arrangement sozialer Rechte" des Fordismus wurde zunehmend durch eine Logik ersetzt, in der die Gesellschaft aus „Vermögensbesitzern" zu bestehen scheint, die ihr ökonomisches Kapital nutzenmaximierend investieren müssten (Heeg 2013a: 266). Die bereits im fordistischen Wohnungsbau angelegte Kommodifizierung des Wohnens als alltäglicher Praxis wird damit verstärkt, ihrer sozialen Einbettung durch günstige Mieten und verlässliche Wohnverhältnisse beraubt und in eine Marktsituation überführt, die von Verdrängung und Gentrifizierung geprägt ist.

2.2.3 Möglichkeiten und Grenzen einer Dekommodifizierung des Wohnens

Wohnungspolitische Regulierungen mit dem Ziel der Dekommodifizierung mildern die Spannung zwischen dem Gebrauchs- und Tauschwert von Wohnraum ab. Inwiefern sich dies auf die Lebenssituation einzelner Menschen konkret niederschlägt, hängt von ihren persönlichen Wohnverhältnissen und ökonomischen Möglichkeiten ab (Praum 2016). Eine Einschränkung der Warenform von Wohnraum kann daher eine Absicherung der Lebensverhältnisse der lohnabhängigen Bevölkerung bewirken, sofern die entsprechenden monetären Entlastungen nicht an anderer Stelle, z.B. durch Lohnsenkungen, wieder aufgezehrt werden. Solange individuelle Aufwendungen für das Wohnen mittels Geld bestritten werden müssen, welches in Form von Lohnarbeit erworben wird, ist eine Entkoppelung des

Wohnens von den Marktzwängen jedoch nicht möglich. Werden die Wohnkosten privater Haushalte anhand der zu Bau, Instandhaltung, Bewirtschaftung, usw. eingesetzten Investitionen und nicht anhand ihrer Zahlungsfähigkeit ermittelt, sind Wohnungsnutzer_innen gezwungen, ihr Wohnverhalten ökonomisch zu kalkulieren. Die Dekommodifizierung der Ware Wohnraum ändert daher nichts daran, dass das Leben weiterhin im Rahmen von Marktzwängen geführt bzw. bestritten werden muss. Eine Aufhebung der Warenform des Wohnens, d.h. eine Befreiung des Wohnens aus den Marktzwängen, ist nur im Kontext weiterer Veränderungen denkbar.

In den Debatten der kritischen Wohnungsforschung der 1980er Jahre wurden insbesondere zwei Ansätze hervorgehoben, mittels denen eine Entkoppelung des Wohnens von den Marktzwängen perspektivisch möglich sei: Eine Entkapitalisierung der Unternehmensführung von Wohnungsunternehmen (Hirsch-Borst/Krätke 1981; Krätke 1985) und/oder eine Entstaatlichung im Sinne einer wohnungswirtschaftlichen Selbstverwaltung (Novy 1983: 59, 1985: 127). Stefan Krätke formulierte als Kriterium für eine „nicht-kapitalistische" Unternehmensführung „vollständige[n] Gewinnverzicht" in dem auch versteckte Gewinne in Form von Mietausfallwagnis-Pauschalen, hohen Instandhaltungskosten oder Profiten aus Verkehrswerten von Baugrundstücken ausgeschlossen sein müssten (1985: 112). Finanziert werden sollte ein solcher Wohnungsbau durch staatlich abgesicherte und unverzinste Kredite, die eine „nicht-kapitalistische Mietpreiskalkulation" möglich machen (Hirsch-Borst/Krätke 1981: 66). In Bezug auf klassisch-marxistische Analysen gingen er und Renate Hirsch-Borst davon aus, dass eine solche „Ausschaltung des wohnungswirtschaftlichen Profits nicht den gesamtwirtschaftlichen Mehrwert berühren" würde, wohl aber dazu dienen könne, die Lebensrisiken der vom Verkauf ihrer Arbeitskraft abhängigen Bevölkerung weitgehend abzusichern (ebd.: 63). Den Instrumenten fordistischer Wohnungspolitik, allen voran den Regelungen zur Wohnungsgemeinnützigkeit wurde daher zwar theoretisch die Möglichkeit einer Aufhebung der Warenform von Wohnraum zugesprochen, jedoch nur bei einer konsequenten Ausschaltung aller Möglichkeiten zur Gewinnerzielung – was im Rahmen der politischen Kräfteverhältnisse in der Bundesrepublik zu keinem Zeitpunkt erfolgte (Hirsch-Borst/Krätke 1981; Krätke 1988a).

Klaus Novy wollte den Widerspruch zwischen dem Gebrauchs- und Tauschwert des Wohnens dagegen innerhalb gemeinschaftlicher Wohnprojekte „innerorganisatorisch" vermitteln und die „Rolle des passivierten, isolierten, reduzierten und spezialisierten Kunden" innerhalb der „herrschenden Marktökonomie" durch Selbstverwaltung überwinden (1983: 59, 1985: 127). Umgesetzt wurde dieser

Ansatz insbesondere in solchen Wohnprojekten, in denen die individuellen Wohnkosten auf der Grundlage der Zahlungsfähigkeit der Bewohner_innen und nicht der Investitionskosten festgelegt und die Beteiligten so durch die Gemeinschaft von den Marktrisiken entlastet werden (Wohnbund/VFG 1988; Bösche 2011; Baer/Dellwo 2013). In einer selbstverwalteten Kollektivierung von Lebensrisiken sah Novy eine zentrale „wirtschaftspädagogische Funktionen" von Genossenschaften (1985: 135). Wohnungswirtschaftliche Selbstverwaltung, so seine These, könne Lernprozesse in Gang setzen, die „für eine neue Wirtschaftsform erforderlich seien" (ebd.).

In den 1980er Jahren wurden diese beiden Ansätze als gegensätzliche Herangehensweisen diskutiert. Ihre Verbindung eröffnet dagegen die Perspektive einer fortschreitenden Dekommodifizierung des Wohnens als gesellschaftlicher Praxis: Eine relative Vergünstigung der Kosten des Wohnens kann Spielräume für die Ausübung von nicht-monetär entlohnten Tätigkeiten eröffnen. Diese Spielräume können genutzt werden, um durch die praktische Einübung von Selbstverwaltung und kooperativer Tätigkeit – beispielsweise in Form gemeinschaftlicher Planung und handwerklicher Arbeit, Kollektivierung von Kosten, Unterhalt von Gemeinschaftsräumen oder nachbarschaftlicher Hilfe – Fähigkeiten und Wissen einzuüben, welche zum Aufbau einer alternativen Ökonomie der Solidarität nützlich sind. Die Dekommodifizierung des Wohnens gelingt dann, wenn kooperative Tätigkeiten dazu beitragen, die herrschenden Marktzwänge zunächst abzumildern und perspektivisch – infolge des Aufbaus alternativer Formen der Lebensabsicherung – auch aufzuheben.

Diese Perspektive einer Dekommodifizierung des Wohnens ist anschlussfähig an aktuelle Debatten um den Begriff der Commons: Hier beziehen sich utopische Zielvorstellungen eines zukünftigen nicht-kapitalistischen Wohnens auf Vernetzungen zwischen Nachbarschaften in städtischen Quartieren und ländlichen Gebieten, um übergreifende Versorgungs- und Kooperationsräume aufzubauen (Exner/Kratzwald 2012). Damit wird Bezug genommen auf Modelle kollektiven Wohnens, Arbeitens und Lebens, wie sie in anarchistischen Siedlungsgenossenschaften des 19. Jahrhunderts (Landauer 2018; Novy 1983) und feministischen Überlegungen zur Schaffung gemeinschaftlich verwalteter Räume entwickelt wurden (Terlinden/Oertzen 2006; Hayden 2018). Solche Räume können ausgehend von selbstverwalteten Wohnformen entstehen, sofern sich diese nicht auf den isolierten Bereich der Wohnungsversorgung beschränken. Im Vordergrund steht hier das Bemühen um eine gesellschaftliche Transformation, die von der Fähigkeit zur Selbstverwaltung und Kooperation ausgeht (Exner/Kratzwald 2012). Auf diesem Wege, so Friederike Habermann, könnten langfristig im sozialen wie territorialen Sinn, „Halbinseln gegen den Strom" kapitalistischer Vergesellschaftung geschaffen werden (2009).[9]

2.3 Materielle und symbolische Kämpfe um die Praxis des Wohnens

Im Spannungsfeld zwischen Profit und Bezahlbarkeit, sozialer Reproduktion und persönlicher Entfaltung, individueller Profilierung und kollektiver Solidarität stellt das Wohnen einen sozialen und symbolischen Ort dar, in dem sich die Widersprüche der kapitalistischen Gesellschaft konzentrieren und verräumlichen. Die, aus diesen Widersprüchen resultierenden, Antagonismen zwischen den Interessen des Immobilienkapitals, der Bewohner_innen und der Politik stellen seit Beginn der Wohnungsfrage auch Ausgangspunkte emanzipatorischer Kritik und sozialer Kämpfe dar. Nachbarschaftliche Hilfe und Kooperation, Protest gegen Mietsteigerungen und Zwangsräumungen sowie Besetzungen und selbstorganisierte Wohnformen haben historisch immer wieder gezeigt, dass und wie sich Menschen den bestehenden Verhältnissen in all den Dimensionen widersetzen, in denen sie unterdrückt werden (Madden/Marcuse 2016: 105).

In diesen Kämpfen findet die Utopie einer gebrauchswertorientierten Wohnungsversorgung, in der Möglichkeiten und Spielraum zur Emanzipation gegeben sind, immer wieder praktischen Ausdruck. Bis heute konnten sich alternative Wohnformen jedoch kaum etablieren. Ihr gesellschaftliches Nischendasein lässt sich zum Teil durch ökonomische Ungleichheiten und staatliche Repression erklären: In einer von Privateigentum und monetärem Austausch dominierten Gesellschaft fehlen gerade denjenigen Menschen, die von den Marktmechanis-

---

9 Praktisches Beispiel einer Umsetzung der Commons-Idee in der Wohnungsversorgung ist das Miethäusersyndikat (Rost 2012b; Balmer/Bernet 2017). Die Dekommodifizierung der Warenform von Wohnraum wird hier durch eine rechtliche Konstruktion ermöglicht, die den Verkauf der Immobilie weitgehend unmöglich macht. Die Mieten ergeben sich vorrangig aus den Finanzierungskosten, so dass alte Hausprojekte günstige Mieten ermöglichen, während neue Projekte eine Kostenmiete erheben müssen, die den je aktuellen Marktbedingungen von Grundstückskauf, Bauwirtschaft und Finanzierung unterworfen ist. Die Projekte erheben einen Solidarbeitrag, der Neugründungen unterstützt. In vielen Hausprojekten werden soziale Initiativen und Selbsthilfeeinrichtungen bis hin zu Lebensmittelkooperativen von den Bewohner_innen genutzt und unterstützt. Eine Entkoppelung von Marktzwängen, die eine Unabhängigkeit von der Reproduktion der eigenen Arbeitskraft und damit Spielräume für eine Dekommodifizierung des Wohnens ermöglicht, wird dabei jedoch bisher nur ansatzweise umgesetzt.

men ausgegrenzt werden, die Mittel und Perspektiven zur Selbstversorgung. Kämpferische Mieter_innen und Hausbesetzer_innen, die dies in Frage stellten, wurden zumeist mit heftiger staatlicher Repression überzogen (Nitsche 1982; Baer/Dellwo 2012; Kuhn 2014). Andererseits passen sich jedoch sowohl einzelne Wohnungssuchende als auch ganze Projekte und Unternehmen gemeinwohlorientierter Wohnungsversorgung in einer Art und Weise den herrschenden Verhältnissen an, die durch Marktzwänge und Repression nicht umfassend erklärt werden können.

Krätke stellt in seinen Arbeiten den Anpassungsdruck an „gesellschaftlich und wirtschaftlich dominanten Strukturen und Ideologien“ heraus, dem die gemeinnützige Wohnungswirtschaft seit ihrer Gründung ausgesetzt war (1988a: 45). Diesem Druck hätten die staatlichen, gewerkschaftlichen und genossenschaftlichen Unternehmen im Fordismus jedoch kaum Widerstand entgegengebracht, sondern ihren Gründungsanspruch – eine den Bedürfnissen der unteren Schichten entsprechende Wohnungsversorgung unabhängig von den Marktverhältnissen zu ermöglichen – von selbst aufgegeben, ohne dazu materiell gezwungen worden zu sein (ebd.: 42ff.). Peter Kramper bestätigt diese These in seiner Untersuchung zur gewerkschaftlichen „Neuen Heimat“, die mit einem bürokratisch-rationalistischen Wachstumskurs zwar im Fordismus erfolgreich war, infolge des postfordistischen Strukturwandels aber in eine zunehmend unabwendbare Krise geriet (2008). Novy stellte Anfang der 1980er Jahre am Beispiel der großen Genossenschaften heraus, dass sich die wohnungswirtschaftliche Reformökonomie von ihren emanzipatorischen Ursprüngen entfernt habe:

> „Wer heute an die Ursprünge und Prinzipien der Reformökonomie erinnert, setzt sich den Angriffen der Gemeinnützigen und ihrer Verbände aus. Nur durch tiefgehende Veränderungen der gemeinnützigen Wohnungswirtschaft könnte wieder jene Legitimationsbasis geschaffen werden, die einstmals die genossenschaftliche Wohnungsreform zum Träger sozialen, kulturellen und wirtschaftlichen Fortschritts werden ließ“ (1983: 5).

Die Anpassungsbereitschaft großer Wohnungsgenossenschaften an kapitalistische Strukturbedingungen wurde in einzelnen empirischen Studien herausgearbeitet (Schmidt/Wigger 1997; Schanetzky 2004). Auch viele junge Wohnprojekte haben sich seit den 1980er Jahren von arbeits- und zeitaufwändigen Selbstverwaltungsansätzen verabschiedet und sind zu pragmatischeren Verwaltungs- und Mietmodellen übergegangen (Wohnbund 2012).

Sowohl Krätke als auch Novy betonen die Notwendigkeit kritischer Forschungsansätze, um diese Anpassung der Sozialen Wohnungswirtschaft und der Genossenschaften an dominante gesellschaftliche Strukturen konzeptionell zu erfassen (Novy 1983: 5; Krätke 1988a: 46). Ansätze der Regulationstheorie und kritischer Staatstheorie erfassen die Strukturbedingungen von Staat und kapitalistischer Ökonomie. Sie stellen jedoch keine Analysewerkzeuge zur Verfügung, um sich der Mikroebene gesellschaftlicher Anpassungsvorgänge forschungspraktisch anzunähern. In seinem Entwurf einer Theorie der Praxis zielt Bourdieu darauf ab, genau diese Prozesse analytisch zu begreifen. Seine Studien sind dabei vom Erstaunen darüber motiviert, warum und – vor allem – wie es immer wieder zur Reproduktion der sozialen Ordnung kommt, obwohl die gesellschaftlichen Verhältnisse von bemerkenswerten sozialen Ungleichheiten und Diskriminierungen gekennzeichnet sind. Das „Verblüffende" sei, so meint er, „dass der Ordnung so oft gehorcht wird" (Bourdieu 2017b: 289). Die Erklärung dafür findet er in der engen Beziehung zwischen materiellen *und* symbolischen Dimensionen gesellschaftlicher Ungleichheit in der Klassengesellschaft.

Materielle Ungleichheit sowie symbolische Unterscheidungen prägen sich den Menschen in Form bestimmter Verhaltensweisen ein. Es ist aber erst die – dem Alltagsbewusstsein verborgene – enge Verbindung zwischen diesen beiden Ebenen gesellschaftlicher Differenz, die die herrschenden Verhältnisse gegenüber Widerstand und Delinquenz so stabil macht. Daher sind Ansätze emanzipatorischer Politik zum Scheitern bzw. zur Anpassung an herrschende Strukturen verurteilt, sofern sie sich nur auf eine der beiden Ebenen beziehen. In Bezug auf die traditionelle Arbeiterbewegung stellt Didier Eribon fest, dass diese zwar die soziale und politische Ordnung bekämpfte, dabei aber gerade „die kulturelle Ordnung oft anerkannt hat" (2017: 235). Die Fokussierung auf materielle Lebensbedingungen – wie es z.B. in Form des Einwirkens auf eine „gerechte" Sozialpolitik im Fordismus getan wurde – führt jedoch nicht notwendigerweise zu einer Veränderung der herrschenden Ungleichheiten, solange diese in den symbolischen Strukturen weiterhin fest eingeschrieben sind.

Bezogen auf emanzipatorische Kämpfe gegen die Zwänge kapitalistischer Wohnungsversorgung bedeutet dies, dass erst eine „Dekommodifizierung" der Vorstellung vom Wohnen, also der Kultur und der Art und Weise des Wohnens, es ermöglicht, die Reproduktion von Marktlogiken auf der symbolischen Ebene zu überwinden. Gleichzeitig muss sich eine solche symbolische Emanzipation auf die materielle Ebene übertragen lassen, um keine Utopie zu bleiben: Erst wenn es gelingt, sowohl den Wohnraum bezahlbar zu halten, Marktrisiken der Alltagsbewältigung kollektiv abzufedern *und* solcherart alternative Wohnformen dauerhaft mit dem Bewusstsein einer nicht-kapitalistischen Wirtschaftsweise in Verbindung zu bringen, kann eine umfassende Dekommodifizierung der Praxis des Wohnens gelingen.

2.3.1 Habitus und Kapital, sozialer und symbolischer Raum

Im Anschluss an Marx versteht Bourdieu Gesellschaft nicht als Addition des Handelns isolierter Individuen, sondern als „Summe der Beziehungen [und] Verhältnisse, worin diese (...) zueinander stehen" (Bourdieu/Wacquant 2006: 36). Im Fokus seiner Analysen stehen die materiellen und symbolischen Reproduktionsmechanismen kapitalistischer Gesellschaften. Um deren Logiken und Verflechtungen auf die Spur zu kommen, entwirft er die fünf zentralen und aufeinander verweisenden Konzepte Habitus, Kapital, sozialer Raum, symbolische Gewalt und Feld (Heim 2013; Müller 2014; Fröhlich/Rehbein 2014).

Bourdieu geht davon aus, dass sich alle möglichen Arten von sinnlicher Erfahrung, die Menschen im Laufe ihrer Sozialisation machen, in ihre Körper und ihr Denken einschreiben und sich dort als praktisch erlernte und auf das alltägliche Handeln strukturierend wirkende Muster einprägen (2009: 192). In der Weise, wie diese Erfahrungen in den kognitiven Strukturen und den Körpern der Subjekte inkorporiert werden, bilden sie den *Habitus* aus. Der Habitus integriert „alle vergangenen Erfahrungen" und funktioniert als „Handlungs-, Wahrnehmungs- und Denkmatrix", die es ermöglicht, auf bekannte wie auch unvorhergesehene Situationen gesellschaftlich adäquat zu reagieren (Bourdieu/Wacquant 2006: 39). Situatives Handeln ist in Bourdieus Verständnis daher geprägt vom „praktischen Sinn" der Akteure, welcher im Habitus als „tief in den Körper eingegangene, 'sedimentierte Situation'" eingeschrieben ist (ebd.: 43). Der Habitus ist dabei kein mechanisches Prinzip erlernter Verhaltensweisen, sondern kann spontan und kreativ neue Praktiken situationsbezogen erzeugen. Mit diesem Konzept will Bourdieu „Intentionalität ohne Intention erfassen" und den Blick auf die „präreflexive, unterbewusste Beherrschung der sozialen Welt [richten], die von den Akteuren durch ihr dauerhaftes Eintauchen in diese Welt erworben wird" (ebd.: 41).[10]

---

10 Dabei will Bourdieu Akteure als handelnde Subjekte wahr- und ernst nehmen, ohne sie deshalb als rationale Individuen zu betrachten, wie es in der neoklassischen Theoriebildung der Fall ist. Im Gegensatz zum neoklassischen Modell des homo oeconomicus hebt er hervor, dass alles, „was die ökonomische Wissenschaft als gegeben annimmt, d.h. die Gesamtheit der Dispositionen des ökonomischen Agenten" sich auf die „Illusion der ahistorischen Allgemeingültigkeit der von dieser Wissenschaft gebrauchten Kategorien und Begriffe gründet" (Bourdieu 2002a: 24). Aus einer kritischen Perspektive heraus müssen diese Kategorien und Begriffe dagegen viel eher als „das paradoxe Produkt einer langen kollektiven Geschichte" entschlüsselt werden (ebd.). Aus diesem Grund vermeidet Bourdieu auch den Begriff des „Akteurs", da dieser die Assoziationen von „bewusst" handelnden Subjek-

Kapital verwendet Bourdieu als ein sozialwissenschaftliches Konzept, welches in Bezugnahme auf den Marx'schen Begriff darstellt, dass auch die „nicht-ökonomische" Welt der bürgerlichen Gesellschaft – also die sozialen, kulturellen und politischen Bereiche – nach Prinzipien der Konkurrenz, Hierarchisierung, Trennung und Ausgrenzung funktioniert (1983: 184f.). Während diese Prinzipien in ökonomischen Modellvorstellungen als legitim angesehen werden, gilt ihre Anwendung in sozialen oder kulturellen Belangen üblicherweise gerade nicht als legitim und wird daher verschleiert. Auch auf dem „Markt" der sozialen Positionen sind die Möglichkeiten zur Realisierung individueller Ziele aber an den Besitz von Kapital gekoppelt (ebd.; vgl. Heim 2013: 521). Kapital hat auch im Bourdieu'schen Sinne die Tendenz, sich selbst zu verwerten und kann durch Investition vermehrt werden. Dies bedeutet, dass bereits mit (viel) Kapital ausgestattete Akteure dieses nutzen können, um ihre soziale Position auszubauen, während nicht-privilegierte Akteure schwer arbeiten müssen, um überhaupt Ansätze von Kapital zu akkumulieren – und sich ihnen diese Arbeit und die damit verbundene Mühe körperlich und geistig in den Habitus einschreibt. Gleichzeitig verweist der Begriff darauf, dass Arbeit in Kapital umgewandelt werden muss und diese Umwandlung einer Metamorphose bedarf, deren Funktionsweise sich den rationalen Begriffen der gesellschaftlich handelnden Akteure nicht (vollständig) erschließt.

Bourdieu unterscheidet drei grundlegende Sorten von Kapital, nämlich ökonomisches, kulturelles und soziales Kapital. Zusätzlich bestimmt er ein symbolisches Kapital, welches in einer besonderen Beziehung zu den anderen Kapitalsorten steht. *Ökonomisches Kapital* ist für ihn solches, welches sich direkt in Geld umwandeln lässt (Bourdieu 1983: 185). Seine Institutionalisierung findet es insbesondere in Form von Eigentumstiteln (ebd.). Das ökonomische Kapital hat innerhalb kapitalistischer Gesellschaften eine besondere und dominante Stellung, da dem Geldpreis eine „Objektivität und Allgemeingültigkeit [zukommt], die der subjektiven Wertschätzung kaum Platz lässt" (Bourdieu 2002b: 202). *Kulturelles Kapital* existiert nach Bourdieu in drei Formen: Erstens in verinnerlichtem, inkorporiertem Zustand, also z.B. in Form von Wissensbeständen und deren habituell verinnerlichten Darstellungsformen. Dieses kulturelle Kapital ist beson-

---

ten transportiert. Er nutzt dagegen zumeist den (französischen) Begriff „agent-e-s", welcher sich als „Agent_in", „Vertreter_in" oder auch als „Mittel" übersetzen lässt. Die deutschen Übersetzungen gehen dabei nicht einheitlich vor und variieren zwischen Bezeichnungen wie Agent (Bourdieu 2002a) oder Aktor (Bourdieu 1983). Ich nutze dennoch den Begriff des Akteurs, um die Anwendung der bourdieuschen Konzepte nicht über das notwendige Maß hinaus zu verkomplizieren.

ders schwierig zu erwerben, da seine Verinnerlichung viel Zeit braucht. Zweitens in objektiviertem Zustand, worunter insbesondere Gegenstände wie kulturelle Güter, Bilder, Bücher, aber auch Instrumente und Maschinen zu verstehen sind. Dabei geht es um in Gegenständen objektivierte Kulturtechniken, womit auch die „richtige" Handhabung eines Werkzeuges in einem Betrieb gemeint sein kann. Drittens im institutionalisierten Zustand, wie er sich z.B. in schulischen oder akademischen Titeln wiederfindet (Bourdieu 1983: 185ff.). Der Begriff des kulturellen Kapitals macht auch darauf aufmerksam, welche Bedeutung der Sprache, den Begriffen und der Ausdrucksweise im gesellschaftlichen Austausch zukommt. *Soziales Kapital* umfasst die Beziehungen, Freundschaften, Kontakte und Verbindungen, in die ein Akteur eingebunden ist und auf die er oder sie zurückgreifen kann (ebd.: 190ff.). Es institutionalisiert sich in erster Linie in Gruppenzugehörigkeiten (ebd.). Die Akkumulation von sozialem Kapital erfordert Beziehungsarbeit, welche von den Akteuren umso weniger als „Arbeit" erlebt wird, desto passender ihr Habitus zum jeweiligen gesellschaftlichen Bereich ist, in dem sie sich bewegen (ebd.: 193).

Das *symbolische Kapital* spielt eine besondere Rolle in der Konzeption der Kapitalformen. Es repräsentiert die „Verdoppelung" der materiellen gesellschaftlichen Unterschiede in symbolischer Form (Fröhlich 1994: 48). In diesem Sinne kommt dem symbolischen Kapital einerseits eine gegenüber den anderen Kapitalformen getrennte Bedeutung zu, die aber – da die materielle und die symbolische Erscheinung der sozialen Wirklichkeit miteinander verwoben sind und aufeinander verweisen – andererseits auf diese zurückwirkt. Es kann als „die 'wahrgenommene und als legitim anerkannte Form' des ökonomischen, sozialen und kulturellen Kapitals" verstanden werden (ebd.: 37). Das symbolische Kapital ergibt sich aus dem anerkannten Einsatz anderer Kapitalsorten:

> „Wertschätzung, Status, Hervorhebung und (...) Anerkennung sind *symbolisches Kapital*. Beispiele sind die gemeinnützige Spende, die Erwähnung im Fernsehen, guter Geschmack oder der ehrenhafte Name. Sie sind aber nur dann symbolisches Kapital, wenn sie wahrgenommen und anerkannt werden, und funktionieren wie ein Kredit, indem man dem Träger etwas zuschreibt, das er nicht unter Beweis gestellt hat" (Rehbein/Saalmann 2014: 138).

Eine symbolische Macht kann mit Hilfe symbolischen Kapitals ihre Vorstellungen der sozialen Wirklichkeit legitim erscheinen lassen und damit anderen Akteuren ihre Wertvorstellungen als Maßstab der Beurteilung oktroyieren. Die Macht gesellschaftlicher Institutionen hängt für Bourdieu eng mit der Verfügung über symbolisches Kapital zusammen, daher spielt das symbolische Kapital auch eine zentrale Rolle in seiner Konzeption des Staates. Der Staat lässt sich in den

Worten Bourdieus als „Zentralbank des symbolischen Kapitals“ verstehen, die den offiziellen Formen gesellschaftlicher Anerkennung ihre Legitimität und Durchsetzungsmacht verleiht (2017b).[11]

Der Begriff des *sozialen Raums* beschreibt bei Bourdieu die Gesellschaft als Ganzes (Müller 2014: 74). Er stellt das Beziehungsnetz dar, welches sich aus den Relationen der Akteure, die den gesellschaftlichen Zusammenhang bilden, ergibt. Damit lässt sich der soziale Raum als ein Spiegelbild der Klassenverhältnisse in der kapitalistischen Gesellschaft lesen. Klassenkämpfe versteht Bourdieu in einem mikrosoziologischen Sinne als alltäglichen Vorgang, der sich als Aushandlungsprozess der sozialen Position einzelner Subjekte oder auch zwischen sozialen Gruppen in verschiedenen gesellschaftlichen Bereichen abspielt (Deffner/Haferburg 2014: 331). Die Positionen der Subjekte entsprechen ihrer Ausstattung mit sozialem, kulturellem und ökonomischem Kapital. Sie sind dynamisch und können sich im Zeitverlauf z.B. durch Karrierewege ändern.[12]

Beständigkeit und Stabilität gewinnen die sozialen Ungleichheiten auch über materielle Veränderungen hinaus infolge ihrer „Verdoppelung“ auf symbolischer Ebene (Bourdieu/Wacquant 2006: 24). Die Strukturen der sozialen Welt existieren zweimal,

---

11 Bourdieu stellt wenig expliziten Bezug zu den Kategorien Mehrwert, Profit und abstrakte Arbeit her, weswegen seine Verwendung des Kapitalbegriffs aus einer marxistischen Perspektive heraus als unvollständig bezeichnet werden kann. Auch wenn Bourdieu dies nicht selbst hervorhebt, findet sich die Bedeutung des Profits allerdings im symbolischen Kapital wieder: Wird Kapital in anerkannter Weise investiert, ergibt sich daraus ein Profit in Form symbolischen Kapitals, welcher sich wiederum gewinnbringend in anderen Aktivitäten einsetzen lässt. Darüber hinaus weist Bourdieus Arbeitsbegriff eine deutliche Nähe zum Begriff der abstrakten Arbeit bei Marx auf: Die Akteure im sozialen Raum können nicht wissen, ob ihre geleistete Arbeit sich tatsächlich verwertet und damit zu Kapital akkumulieren lässt; denn ob ein Kapital anerkannt wird – ob also die Metamorphose der verschiedenen Formen von Kapital gelingt – ist abhängig von gesellschaftlichen Strukturen, deren Reproduktion „hinter dem Rücken“ der einzelnen Akteure geschieht (Marx 2008: 59).

12 Bourdieu hat seine Vorstellung zum sozialen Raum vielfach anhand von zwei- oder dreidimensionalen Koordinatensystemen dargestellt. Er nutzt eine vertikale Achse als Anzeiger für das Kapitalvolumen (die Gesamtausstattung) einer Position, eine horizontale Achse als Anzeiger für die Struktur der Verteilung des Kapitals und eine dritte diagonale Achse um Zeitverläufe bzw. Biographien anzuzeigen (Fröhlich 1994; Suderland 2014).

> „einmal in der 'Objektivität erster Ordnung', die durch die Distribution der materiellen Ressourcen und der Möglichkeiten der Aneignung von gesellschaftlich seltenen Gütern und Werten (...) gegeben ist, und ein zweites Mal in der 'Objektivität zweiter Ordnung', die aus den mentalen und körperlichen Schemata besteht, die als symbolische Matrix des praktischen Handelns fungieren" (ebd.).

Auf der symbolischen Ebene „zweiter Ordnung" prägen sich die materiellen Ungleichheiten als anerkannte Unterschiede zwischen Menschen als Träger_innen bestimmter sozialer Positionen ein. Im symbolischen Raum finden Auseinandersetzungen um die Denkstrukturen und die Klassifikationssysteme, die die Akteure alltäglich anwenden, statt (Moebius/Nungesser 2018). Die beiden „Ordnungen" lassen sich nur in analytischer Hinsicht von einander trennen und unterscheiden. In der gesellschaftlichen Praxis sind sie miteinander verschmolzen und verweisen aufeinander. Dem Alltagsverstand sind jedoch nur die materiellen Ungleichheiten erster Ordnung direkt zugänglich. Die Legitimität der zugrundeliegenden symbolischen Unterscheidungen ist dagegen – infolge einer praktischen Aneignung der erfahrbaren sozialen Wirklichkeit – im Unbewussten eingelagert.

Bourdieu nutzt die drei Begriffe des symbolischen Kapitals, der symbolischen Macht und der *symbolischen Gewalt*, um die Bedeutung der gesellschaftlichen Kämpfe im symbolischen Raum zu erfassen. Das symbolische Kapital repräsentiert die Anerkennung, die Akteure genießen. Auf der Grundlage dieser Anerkennung können sie symbolische Macht ausüben. Da die Ressourcen, auf der die Ausübung dieser Macht beruht, ebenso wie die Mechanismen ihrer Aneignung dem Alltagsbewusstsein kaum zugänglich sind, wirkt die symbolische Macht vielfach in unerkannter Weise. Sie kann ihren Machtcharakter

> „eben deshalb effektiv vergessen machen, 'um als Macht zur Durchsetzung der Anerkennung der Macht' zu wirken, weil sie auf Unterschieden aufbaut, die in die grundlegenden objektiven Ordnungsprinzipien ebenso unmittelbar eingelassen sind wie in die einverleibten Wahrnehmungs- und Handlungsdispositionen, die jeder bewussten Erfahrung präreflexiv vorausgehen" (Heim 2013: 461).

Die Übereinstimmung der Unterscheidungen auf symbolischer Ebene mit den materiellen Unterschieden führt dazu, dass Ungleichheiten, Benachteiligungen und Privilegien als Selbstverständlichkeiten erscheinen (ebd.). Die Wirkung symbolischer Macht fasst Bourdieu daher als eine Form der „sanften" Gewalt, die die Beherrschten dazu neigen lässt, die Klassifikationsstrukturen, die der Herrschaft zugrunde liegen, als legitim anzusehen (Moebius/Nungesser 2018). Die symbolische Gewalt ist für Bourdieu der analytische Schlüssel zur Frage, weshalb der bestehenden Ordnung so oft gehorcht wird und in welcher Weise sich die gesellschaftlichen Verhältnisse auch gegenüber aktivem Widerstand immer wieder reproduzieren.

2.3.2 Felder als Teilbereiche der sozialen Welt

Bourdieus konzeptionelle Werkzeuge sollen die gesellschaftliche Dialektik von Werden und bereits Geworden-Sein erfassen. Das *Feld* ist dabei insbesondere als Komplementärbegriff zum Habitus angelegt. Situationen der sozialen Welt lassen sich nach Bourdieu als Relationen des Aufeinandertreffens verschiedener geschichtlich gewordener Strukturen begreifen; eines geschichtlich gewordenen Habitus, der auf ein geschichtlich gewordenes Feld trifft (2017b: 174). Felder stellen „Mikrokosmen" dar, die infolge sozialer Kämpfe entstehen und in denen um bestimmte Themen und Fragen gerungen wird (Müller 2014: 72ff.). Sie sind Resultat von Differenzierungsprozessen und bezeichnen gesellschaftliche Teilbereiche, die von spezifischen Logiken und Dynamiken gekennzeichnet sind (Heim 2013: 467ff.). Gleichzeitig sind sie in den sozialen und symbolischen Raum der Gesellschaft eingebunden. Akteure handeln in Feldern auf der Grundlage ihrer Kapitalausstattung, so dass die Relationen ihrer Beziehungen dort grundsätzlich den Positionen entsprechen, die sie in der Klassengesellschaft im Allgemeinen einnehmen. Die Ziele, die sie im Feld verfolgen, sind jedoch von spezifischen Interessen bestimmt, die ihnen die besonderen Logiken und Dynamiken dieses Bereichs nahelegen.

Zur Erläuterung des Feld-Konzepts greift Bourdieu immer wieder auf das Beispiel des Spiels zurück: Spieler_innen lassen sich von bestimmten Regeln leiten, die teilweise vorgegeben sind, teilweise im Laufe des Spiels neu verhandelt werden; sie agieren in der Vorstellung, bestimmte Strategien anwenden zu können, während sie von der Dynamik des Spiels immer wieder dazu gedrängt werden, spontan ihre Positionen und Orientierungen zu verändern (Bourdieu 1992: 79ff; Bourdieu/Wacquant 2006: 40ff.). Die Analogie des Spiels macht auch deutlich, dass es in einem Feld um etwas geht, und zwar in dem Maße, wie die Spieler_innen den Glauben an das Spiel – die *Illusio* in Bourdieus Begriffen (Koller 2014) – teilen und sich der Auseinandersetzungen um die Logiken und Kräfteverhältnisse hingeben.

Akteure handeln in der Theorie der Praxis dann strategisch und ihren Interessen entsprechend, wenn sie den Strukturbedingungen entsprechend handeln, die sich aus der Relation von Habitus und Feld ergeben. Je mehr sich Akteure in die spezifischen Regeln und Abläufe einarbeiten, desto selbstverständlicher kommt ihnen die herrschende Logik eines Feldes vor und desto stärker richten sie ihre eigenen Interessen an den dort allgemein anerkannten Interessen aus. Dies gilt auch für solche Akteure, die den geltenden Regeln und Abläufen skeptisch oder ablehnenden gegenüberstehen:

> „Auch diejenigen, die sich den Normen eines professionellen Milieus (...) so gut es geht widersetzen, müssen diese Normen immer schon bis zu einem gewissen Punkt respektiert haben, denn sonst hätten sie zu den Ausdrucksmitteln, die sie jetzt für sich nutzen können, gar keinen Zugang bekommen. Man kann nicht in einem Milieu leben, ohne sich dessen Funktionsweisen – und seien es nur die Abläufe der täglichen Existenz – zu eigen zu machen. Man wird von jedem Milieu unweigerlich vereinnahmt" (Eribon 2017: 120).

In Feldern etablieren sich bestimmte Überzeugungen darüber, welche Themen und Herausforderungen hier bearbeitet werden und welcher Umgang ihnen angemessen ist. Wenn diese Überzeugungen den Charakter von Gewissheiten annehmen, die von allen beteiligten Akteuren in „fragloser Übereinstimmung" geteilt werden, dann erhalten diese in Bourdieus Begriffen den Status einer *Doxa* (Koller 2014).

Neben der Doxa bestehen weitere umstrittene Fragen, die zu unterschiedlichen Anteilen von herrschenden (*orthodoxen*) und beherrschten und/oder oppositionellen (*heterodoxen*) Akteuren geteilt werden (Bourdieu 2017b: 307ff.). Wollen Akteure innerhalb eines bestehenden Feldes progressive Veränderungen bewirken, müssen sie die Relationen zwischen den materiellen und symbolischen Verhältnissen im Blick behalten. Grundlegende Veränderungen der herrschenden Strukturen sind schwer zu erreichen und kaum vorauszusehen, aber nicht unmöglich. Sie sind umso eher zu erreichen, je mehr es gelingt, die bestehenden Relationen zwischen Habitus und Feld aufzubrechen und eingeübte Praxisformen zu irritieren. In Zeiten gesellschaftlicher Krisen eröffnen sich dabei Spielräume für Veränderungen, von denen bisher marginalisierte Akteure umso mehr profitieren können, je stärker die zuvor dominanten Akteure und die entsprechend ihrer Interessen angelegten Strukturen verunsichert bzw. destabilisiert werden.

2.4 Das Feld der Sozialen Wohnungswirtschaft

Bourdieu versteht die soziale Welt als in verschiedene Felder geteilt. Jedes Feld funktioniert nach eigenen Logiken und steht in einer bestimmten Relation zu anderen Feldern. Bourdieu und seine Mitarbeiter_innen haben Studien zu einzelnen Feldern erstellt, dabei aber keine umfassende Theorie der Felder vorgelegt (Müller 2014: 81ff.). Das Feld im Bourdieuschen Sinne stellt von daher in erster Linie ein gesellschaftstheoretisch verankertes forschungspraktisches Konzept dar. Eine Forschungsperspektive, die die Soziale Wohnungswirtschaft als Feld versteht, kann die herrschenden Überzeugungen sowie die hier vor sich gehenden Aushandlungsprozesse begreiflich machen. Relevante Akteure können im Kontext einer geschichtlichen Gewordenheit der gesellschaftlichen Verhältnisse erfasst werden. Dadurch ist es möglich, die strukturierenden Bedingungen von kapitalistischer Ökonomie und staatlicher Herrschaft zu erfassen, ohne diese zu verabsolutieren. Krisen und Kämpfe im Feld sorgen für kontinuierliche Veränderungen, in denen sich zwar bis heute die Strukturbedingungen kapitalistischer Vergesellschaftung reproduziert haben, bei denen aber prinzipiell auch die Möglichkeit zu grundsätzlichen Veränderungen besteht.

2.4.1 Logiken der Kommodifizierung und Dekommodifizierung

Dynamik und Antrieb eines Feldes ergeben sich nach Bourdieu aus den „Abständen zwischen den verschiedenen spezifischen Mächten, die es dort miteinander zu tun haben" (Bourdieu/Wacquant 2006: 131-132). Diese Mächte sind im Feld der Sozialen Wohnungswirtschaft insbesondere die Anbieter_innen von Wohnungen, die innerhalb der kapitalistischen Ökonomie primär an deren Tauschwert interessiert sind sowie die Nutzer_innen, die an deren Gebrauchswert interessiert sind. Im Spannungsfeld zwischen dem Gebrauchs- und dem Tauschwert des Wohnens in der kapitalistischen Gesellschaft prägen sich die widersprüchlichen Interessen dieser Akteure als Logiken der Kommodifizierung und Dekommodifizierung von Wohnraum und des Wohnens aus. Wird dieses Spannungsverhältnis öffentlich wahrgenommen und thematisiert – wie es sich in den Debatten um die Wohnungsfrage ausdrückt –, kommen weitere Akteure ins Spiel, die versuchen, auf das Kräfteverhältnis im Bereich der Wohnungsversorgung Einfluss zu nehmen. Es *können* daher alle möglichen wirtschaftlichen, staatlichen und zivilgesellschaftlichen Akteure Teil des Feldes werden. De facto nimmt an unterschiedlichen historischen Zeitpunkten und geographischen Orten immer nur eine bestimmte Auswahl von Akteuren an den Auseinandersetzungen teil.

Die historische Entwicklung sowie die gegenwärtige Konfiguration des Feldes zeigen, dass den ökonomischen und den staatlich legitimierten Akteuren eine beherrschende Position zukommt. Aus der Perspektive dieser Akteursgruppen liegt der Zweck und die Aufgabe der Sozialen Wohnungswirtschaft erstens in einer reibungslosen Kapitalverwertung in Wohnungsbau und -wirtschaft und zweitens in einem Beitrag zu einer spezifischen Bevölkerungsverteilung, welche zum sozialen Frieden beiträgt. Während die durch den freien Markt gesteuerte Verteilung der Bevölkerung zu gesellschaftlichen Polarisierungen und Spannungen führt, soll die Soziale Wohnungswirtschaft zu einer Vermeidung dieser Spannungen beitragen. Die ökonomischen und die staatlichen Akteure verfolgen auf der materiellen Ebene Strategien, die im Spannungsfeld zwischen den Logiken der Kommodifizierung und Dekommodifizierung von Wohnraum vermitteln sollen. Auf der symbolischen Ebene verfolgen sie dagegen – ob bewusst oder unbewusst – bis heute so gut wie ausschließlich eine Logik der Kommodifizierung des Wohnens.

So zielte die gemeinnützige Wohnungswirtschaft im Fordismus auf eine (wenn auch nur partielle) Dekommodifizierung von Wohnraum ab. In den Debatten der Arbeiterbewegung der 1920er Jahre war dieses Ziel noch in Vorstellungen einer bedürfnisorientierten Umgestaltung der Gesamtwirtschaft eingebettet. In den darauffolgenden Jahrzehnten reduzierte sich der symbolische Horizont jedoch zunehmend auf den Erhalt des sozialen Friedens in der Klassengesellschaft. Im Postfordismus verlor die nun ehemals gemeinnützige Wohnungswirtschaft den staatlichen Rückhalt und die damit verbundenen finanziellen Mittel zur Dekommodifizierung von Wohnraum und orientierte sich daher zunehmend an Modellen profitorientierter Wohnungs- und Immobilienwirtschaft.

Tabelle 1: Kommodifizierung und Dekommodifizierung von *Wohnraum*

Ebene	*Kommodifizierung*	*Dekommodifizierung*
Materiell	Kapitalverwertung	Bezahlbarkeit
Symbolisch	Ökonomischer Erfolg	Bedürfnisorientiertes Wirtschaften

Eine Dekommodifizierung des Wohnens, die auf eine Entkoppelung der Wohnverhältnisse von den Marktzwängen abzielt, d.h. den Wohnungssuchenden eine freie Wahl ihres Wohnorts und -umfeldes unabhängig von der Verwertbarkeit ihrer Arbeitskraft ermöglicht, wurde von der gemeinnützigen Wohnungswirtschaft nie angestrebt. Ansätze einer solchen alternativen Wohnungswirtschaft wurden in den 1920er und 1980er Jahren entwickelt, konnten sich im Feld aber kaum durchsetzen. Bis in die Gegenwart ist es viel eher die dominante Zielsetzung der Sozialen Wohnungswirtschaft, Wohnungssuchende auf eine Weise und unter solchen Bedingungen im Stadtraum zu verteilen, die ihre soziale Reproduktion ermöglicht, aber sowohl Konflikte verhindert als auch den Aufbau kollektiver Solidaritätsstrukturen überflüssig macht und/oder unterbindet.

Die Sicht herrschender Akteure wird immer wieder von oppositionellen Akteuren herausgefordert. Im historischen Rückblick zeigt sich, dass sich infolge der materiellen und symbolischen Kämpfe um den Zweck und die Aufgaben der Sozialen Wohnungswirtschaft auch die Begriffe davon ändern, was eine *angemes-*

Tabelle 2: Kommodifizierung und Dekommodifizierung des *Wohnens*

Ebene	*Kommodifizierung*	*Dekommodifizierung*
Materiell	Soziale Reproduktion	Entkoppelung von Marktrisiken
Symbolisch	Sozialer Friede	Solidarische Vergesellschaftung

sene Kapitalverwertung überhaupt ist und *wodurch* sich sozialer Frieden eigentlich auszeichnet. In Zeiten intensiver Kämpfe kann sogar der Glaube daran in Frage gezogen werden, dass die Ökonomie als eine kapitalistische zu funktionieren habe und statt um den sozialen Frieden um eine solidarische Vergesellschaftung gerungen werden. Bis heute haben sich jedoch sowohl die grundlegenden Strukturen der kapitalistischen Gesellschaft, als auch die Verankerung der Sozialen Wohnungswirtschaft innerhalb der kapitalistischen Produktionsweise immer wieder reproduziert. Die Doxa des Feldes der Sozialen Wohnungswirtschaft beruht seit seiner Entstehung auf der von herrschenden sowie den meisten oppositionellen Akteuren getragenen Vorstellung bzw. Hoffnung darauf, dass es in der kapitalistischen Gesellschaft möglich sei, die widersprüchlichen Ziele einer *wirtschaftlichen Produktion und Verwaltung* von Wohnungen sowie die *konfliktfreie gesellschaftliche Wohnungsversorgung* gleichermaßen zu verwirklichen.

2.4.2 Kämpfe zwischen Orthodoxie und Heterodoxie

Es sind soziale Kämpfe, die die Kräfteverhältnisse verändern und damit das Feld bewegen und seine Grenzen verschieben. Von den Akteuren, die an diesen Auseinandersetzungen teilnehmen, werden widerstreitende inhaltliche Positionen eingebracht. Im historischen Rückblick lassen sich drei grundlegende Formen sozialer Wohnungsunternehmen unterscheiden, die immer wieder als Einsätze ins Spiel gebracht werden: Erstens die Vorstellung, es könne „gute" Unternehmen geben, die von einer moralischen Einsicht geleitet und selbsttätig auf die maximale Verzinsung des in Wohnungen angelegten Kapitals verzichten; zweitens die Vorstellung, der Staat könne als lenkende Kraft der Wohnungswirtschaft einen politischen Rahmen setzen, in dem diese wirtschaftlich arbeiten und die Bedürfnisse der Wohnungssuchenden erfüllen kann sowie drittens, dass sich die Wohnungssuchenden selbst helfen und in der Folge eine bedürfnisorientierte Ökonomie aufbauen.

Aus dem Streit zwischen diesen inhaltlichen Positionen entwickelt sich im Feld eine je historische Orthodoxie, die das Ergebnis und Spiegelbild des Kräfteverhältnisses zwischen den sozialen Positionen der Träger_innen ist, die in diese Auseinandersetzung involviert sind. Konstituiert wird die Orthodoxie maßgeblich durch die herrschenden Akteure und ihre inhaltlichen Positionen. Langfristige Stabilität gewinnt sie jedoch nur, sofern sie in der Lage ist, auch oppositionelle, also heterodoxe, Positionen mit einzubeziehen. Als langfristig stabile Orthodoxien bildeten sich im 19. Jahrhundert die der paternalistischen und erzieherischen Wohnungswirtschaft, im Fordismus die der Versorgung breiter Schichten der Bevölkerung und im Postfordismus die der funktionierenden Nachbarschaften in gemischten Quartieren heraus (siehe Kapitel 4).

Die Orthodoxie als Meinung der Herrschenden fällt oftmals zusammen mit der zu einem Zeitpunkt allgemein geteilten und damit gesellschaftlich herrschenden Meinung. Wenn dies der Fall ist, ist die Orthodoxie kaum von der Doxa des Feldes zu unterscheiden (Bourdieu 2017b: 326ff.). In Zeiten dagegen, in denen sich gegenüber den herrschenden Standpunkten konkurrierende und oppositionelle Ansichten bemerkbar machen, werden die Umrisse der Orthodoxie als spezifischer Standpunkt erkenn- und kritisierbar. Infolge von materiellen und symbolischen Kämpfen können sich dann Verschiebungen ergeben, in denen vormals heterodoxe zu orthodoxen Standpunkten werden und umgekehrt. Dabei gibt das Ausmaß, in dem beherrschte bzw. oppositionelle Akteure bereit sind, sich orthodoxe Standpunkte zu eigen zu machen, Auskunft über die Wirkungsweise der symbolischen Gewalt im Feld.

Akteure mit heterodoxen Ansichten können auf die Struktur des Feldes und die herrschenden Glaubenssätze Einfluss nehmen, indem sie Bedeutungszuweisungen durch Kritik, Protest oder alternative Handlungsweisen infrage stellen. Dabei stehen sie jedoch in einer Zwickmühle: Opponieren sie in Form von Krawall oder Delinquenz, laufen sie Gefahr, mittels physischer Gewalt aus dem Feld ausgeschlossen zu werden.[13] Üben sie dagegen konstruktive Kritik, müssen sie – um von den bereits etablierten Akteuren gehört und verstanden zu werden – die im Feld eingeübte Sprache und Verhaltensweisen anerkennen und anwenden (Bourdieu/Wacquant 2006: 111). Das heißt, sie müssen lernen, wie es Eribon formuliert, „in der Sprache des Feindes zu sprechen" (2017: 257). Mit dem Erlernen dieser Sprache beginnt sich jedoch die symbolische Gewalt zu entfalten, da sie den Nachvollzug und damit die Anerkennung der Denkmuster der Herrschenden voraussetzt (Schmidt 2014; Moebius/Nungesser 2018). Haben oppositionelle Akteure diese „Eintrittsgebühr" in ein Feld gezahlt, sind

13 Wie beispielsweise Räumungen von Wagenburgen und Hausbesetzungen sowie Zwangsräumungen von Mieter_innen zeigen (Nitsche 1982; Baer/Dellwo 2012, 2013). Umso deutlicher machen sich Verschiebungen im Kräfteverhältnis des Feldes bemerkbar, wenn Hausbesetzungen geduldet oder legalisiert werden.

sie oftmals bereit, in der Folge auch weitere Zugeständnisse an die herrschende Logik zu machen, sofern sie dafür mit Anerkennung belohnt werden (Bourdieu/Wacquant 2006: 139).

2.4.3 Wohnungsunternehmen als Kräftefelder

In ihren Studien zum Eigenheim-Markt als einem Teilbereich des ökonomischen Feldes stellen Bourdieu und seine Mitarbeiter_innen fest, dass sowohl der Markt und die Politik, als auch jedes einzelne Unternehmen als ein Feld im Sinne eines Ensembles verschiedener Akteure begriffen werden können (Bourdieu/Steinrücke 2002). Um die Wirkungsweise und Kräfteverhältnisse in diesen Feldern zu rekonstruieren, arbeiten sie die „spezifischen Trümpfe" der einzelnen Unternehmen heraus, an denen diese ihre Strategien ausrichten (Bourdieu et al. 2002: 57). Jedes einzelne Unternehmen könne darüber hinaus selbst als ein „Kräfteverhältnis zwischen den verschiedenen dazugehörigen Akteuren" verstanden werden (ebd.: 94). Um diese Kräftefelder im Feld zu untersuchen, müsse man die Ebene der Untersuchung wechseln und Habitus und Strategien des führenden Personals in einzelnen Unternehmen beforschen (ebd.: 95). In der vorliegenden Arbeit nehme ich beide Untersuchungsschritte vor und rekonstruiere in Kapitel 4 das Feld der Sozialen Wohnungswirtschaft in Deutschland in seiner historischen Entwicklung, in Kapitel 5 Geschichte und Struktur des Feldes seit dem Fordismus in Hamburg und in Kapitel 6 das Verhältnis zwischen Management und Mitgliedern innerhalb großer Hamburger Wohnungsgenossenschaften in der Gegenwart. Der „Trumpf" der Genossenschaften drückt sich heutzutage im Genossenschaftsgedanken aus, welcher als symbolisches Kapital des Feldes fungiert. Dieser Trumpf ist selbst das Resultat von Kämpfen. Einerseits von Kämpfen der Genossenschaften um ihre Position im Feld der Sozialen Wohnungswirtschaft und andererseits von Kämpfen innerhalb der Genossenschaftsbewegung sowie innerhalb jeder einzelnen Genossenschaft: Welche Praktiken, welche Art und Weise des Genossenschafts-Machens mit dem Begriff des Genossenschaftsgedankens umschrieben wird, ist das Resultat von historischen und gegenwärtigen Aushandlungen auf verschiedenen Maßstabsebenen.

3. Methoden, Methodologie und Konzepte der Feldforschung

In der Theorie der Praxis nach Bourdieu üben Felder als Ausschnitte der sozialen Wirklichkeit eine strukturierende Wirkung auf die Akteure aus, die an den dort stattfindenden Auseinandersetzungen teilnehmen (Bourdieu/Wacquant 2006: 124ff.). Welche Logik und Dynamik sie aufweisen, ist dem Alltagsbewusstsein jedoch weitgehend verborgen und aufgrund ihrer Komplexität und permanenten Wandlung auch kaum abschließend zu bestimmen. Um ihre Funktionsweise zu entschlüsseln, bietet es sich an, von den dort engagierten Akteuren und ihren Interaktionen auszugehen. Dazu ist es notwendig, „tastend" zu forschen und neue Erfahrungen immer wieder in den Kontext der festgestellten Relationen einzuordnen (Bourdieu 2017b: 45). Je tiefer in die Zusammenhänge eingetaucht wird, desto deutlicher kommen über die Aktivitäten der Akteure hinaus ihre Verhältnisse im Sinne materieller und symbolischer Positionen zum Vorschein. Das Bild eines Feldes vervollständigt sich schließlich, wenn Grenzziehungen zu anderen gesellschaftlichen Bereichen in Form einer historischen Rekonstruktion nachvollzogen werden (ebd.: 45f.). Diese Schritte habe ich im Laufe der Erhebung vorgenommen, wobei ich zunächst von meinem eigenen Interesse und meiner Involviertheit in die vorgefundenen Verhältnisse auf dem Wohnungsmarkt in Hamburg ausgegangen bin.

Erkenntnisleitend waren für mich dabei der Ansatz der Grounded Theory sowie Methodologie und Methoden rekonstruktiver Sozialforschung. Grounded Theory ist darauf ausgerichtet, gegenstandsbezogene Begriffe und Theorien auf der Basis empirischer Erfahrung zu erarbeiten (Breuer 2010: 8). Als Forschungsstil bietet sich dazu eine sozialwissenschaftliche Ethnographie an, in der Forscher_innen sich auf die Alltagszusammenhänge und Vorstellungswelten der untersuchten gesellschaftlichen Bereiche einlassen und eine offene Erkenntnishaltung einnehmen (ebd.: 23). Im Prozess der Datenerfassung und -auswertung habe ich mich am Ansatz der, im Rahmen rekonstruktiver Sozialforschung verorteten, qualitativen Interviewforschung nach Jan Kruse orientiert (2015). Kruse entwirft ein „integratives Basisverfahren" zur Auswertung qualitativer Forschung, dessen Ziel darin liegt, den *gemeinsamen Sinn* sozialer Interaktion herauszuarbeiten, der sich aus verschiedenen Erfahrungsquellen erheben lässt und dessen Struktur bedeutsamer ist, als eine reine Addition inhaltlicher Standpunkte (ebd.: 361). Im Folgenden erläutere ich meinen persönlichen Zugang zum Feld, die verwendeten Methoden, Methodologie und Vorgehen meiner Datenanalyse sowie die aus der Feldforschung erarbeiteten Konzepte des Feldes der Sozialen Wohnungswirtschaft.

3.1 Zugang zum Feld und Datenerhebung

Im Stadtteil St. Pauli, in dem ich während der Feldforschung gewohnt habe, findet Verdrängung infolge von Kapitalinvestition in Immobilien seit Jahrzehnten mit einer hohen Intensität statt und wird seit Ende der 1990er Jahre öffentlich diskutiert (Best/Strüver 2005; Jörg/Schuster 2014; Bude/Sobczak/Jörg 2014). Unter den Bewohner_innen, die ich im Laufe der Zeit kennengelernt habe, ist die Sorge weit verbreitet, zukünftig keine Wohnung in der Nachbarschaft mehr zu finden, die den eigenen Vorstellungen und Bedürfnissen entspricht. Die aktuellen Veränderungen auf dem Wohnungsmarkt werden als Ausdruck zunehmender sozialer Ungleichheit wahrgenommen und kritisiert. Der Ärger über diese Entwicklungen ist ähnlich weit verbreitet, wie die Ratlosigkeit hinsichtlich der Frage, was dagegen unternommen werden könnte. Auseinandersetzungen um Abriss- und Neubauvorhaben, wie beispielsweise um das Brauquartier, das Bernhard-Nocht-Quartier und insbesondere die Esso-Häuser, bekommen seit ca. zehn Jahren eine hohe Aufmerksamkeit und wecken bei vielen Menschen die Hoffnung, auf die herrschenden Verhältnisse im Bereich der Wohnungsversorgung einwirken zu können. Ich habe diese Proteste zunächst beobachtet und mich dann zunehmend selbst in Organisierungsprozesse auf Nachbarschaftsebene eingebracht. Dabei wurde mir schnell deutlich, dass die Aktivitäten stadtpolitischer Initiativen zumeist auf einen lokalen Kontext begrenzt sind – was bei den Auseinandersetzungen um bezahlbaren Wohnraum eine Hausgemeinschaft, eine Nachbarschaft oder einen bestimmten Stadtteil bedeuten kann. Diese thematische und räumliche Beschränkung resultiert jedoch nur selten aus einem lediglich lokalen Interesse. Zumeist sind es mangelnde ökonomische und zeitliche Kapazitäten, die der Intensivierung und Ausweitung von Protesten eine Grenze setzen. Diese Erfahrung ist für die Beteiligten oftmals schmerzlich, da angesichts der Vielzahl an Bauvorhaben, die Verdrängung nach sich ziehen (werden), eine begrenzte Auswahl der Fälle getroffen werden muss, die politisiert werden können und sollen.

Die meisten der stadtpolitischen Auseinandersetzungen, die ich im Laufe der Zeit miterlebt habe, lassen sich über ihre spezifischen Auslöser, Themen und

Konfliktkonstellationen auf einen gemeinsam Nenner bringen: Es wird um die Frage gestritten, was eine gute Stadt für Alle ausmacht, wie diese gestaltet und organisiert sein könnte und welche Formen der Demokratie und Beteiligung dabei möglich, nötig und wünschenswert sind. In Bezugnahme auf die Erfahrungen der 1980er Jahren spielen für Aktivist_innen der Initiativen, die sich dem Hamburger Netzwerk Recht-auf-Stadt anschließen oder mit diesem sympathisieren, die Prinzipien und Werte der alternativen Szene, der Hausbesetzer_innen und der neuen Genossenschaftsbewegung eine wichtige Rolle. Insbesondere der Wunsch nach Selbstbestimmung und Selbstverwaltung im Rahmen gemeinschaftlicher Wohn- und Arbeitsformen auf Stadtteilebene ist hier ein wiederkehrendes Thema (Twickel 2010; Boeing 2015; Rinn 2016). Dabei geht es darum, eine Stadt zu gestalten, in der alle Menschen nach ihren Bedürfnissen und Fähigkeiten leben können. Diese Stadt lässt sich nicht als Modell auf dem Reißbrett entwerfen und auch nicht „von oben" diktieren, sondern muss von den Betroffenen in der Auseinandersetzung mit den vorgefundenen gesellschaftlichen Verhältnissen Schritt für Schritt entwickelt werden. Ich verstehe den Wunsch nach einer guten Stadt für Alle und die Hoffnung, diese ließe sich auf dem Wege einer selbstbestimmten und horizontalen Vernetzung erreichen, als Ausdruck eines – nur selten als solchen benannten – anarchistischen Begriffs von Bewegung und Organisierung: Es geht darum, im Hier und Jetzt mit den vorhandenen Mitteln und Möglichkeiten auf das Ziel einer freien und freiwilligen Assoziation hinzuarbeiten, die allen Bewohner_innen der Stadt die Möglichkeit eröffnet, ihren Bedürfnissen entsprechend zu leben (Milstein 2013).

Angesichts der Verhältnisse auf dem Wohnungsmarkt schwanken die Erfahrungen stadtpolitischer Aktivist_innen, die sich an den genannten Zielen orientieren, zwischen partiellen Erfolgen und regelmäßigen Niederlagen. Nur selten lassen sich eigene Ziele gegen die Interessen anlagesuchenden Kapitals durchsetzen. Private Vermieter_innen, professionelle Wohnungsunternehmen, Projektentwickler und finanzmarktorientierte Immobilienunternehmen erhöhen ihre Gewinne von Jahr zu Jahr auf Kosten der Mieter_innen und rechtfertigen dies mit dem „ganz normalen Mechanismus des Marktes". Der Ärger der Bewohner_innen mischt sich mit einem Ohnmachtsgefühl darüber, dass dieses Verhalten innerhalb der herrschenden Verhältnisse als völlig „rechtmäßig" angesehen und durch Politiker_innen, Polizei und Gerichte legitimiert und durchgesetzt wird. Vor dem Hintergrund dieser Erfahrungen wecken dagegen Vermieter_innen, die nicht die höchstmögliche, sondern eine durchschnittliche oder sogar nur unterdurchschnittliche Miete verlangen, große Hoffnungen. Wohnungsgenossenschaften und Wohnungsunternehmen in der Trägerschaft von Kommunen, Stiftungen und Kirchen geben dabei Anlass zur Vermutung, dass sich ein moralisch „besseres" Vermietungsverhalten auch institutionalisieren ließe. Genossenschaften mit ihren Prinzipien von Selbsthilfe, Selbstverwaltung und Selbstverantwortung knüpfen dabei explizit an stadtpolitische Traditionen der Arbeiterbewegung und der Neuen Linken an und wecken insbesondere bei Aktivist_innen, die sich auf diese Traditionen beziehen, die Hoffnung, dass eine von den Bedürfnissen der Bewohner_innen ausgehende Wohnungsversorgung möglich sei. Entsprechend groß ist die Verwunderung oder sogar das Entsetzen, wenn sie diesen Erwartungen nicht entsprechen.

In stadtpolitischen Konflikten spielen zumeist zwei Akteursgruppen eine zentrale Rolle: Politik und Bewohner_innen, die über Abriss- und Neubauvorhaben, Bebauungspläne oder andere Genehmigungsverfahren streiten. Zwischen diesen beiden Gruppen positionieren sich weitere Akteure, die teilweise der Zivilgesellschaft, teilweise dem lokalen Staatsapparat oder beiden zugleich zugeordnet werden können. Diese Konstellationen führen zur Herausbildung eines Terrains stadtpolitischer Auseinandersetzung in dem gegenseitige Bezugnahmen stattfinden und – zumindest häufig – Kompromisse gefunden werden (Rinn 2016). In diesen Auseinandersetzungen spielt in (fast) allen Fällen die Wohnungs- und Immobilienwirtschaft als dritte Gruppe eine zentrale Rolle, deren öffentliches Auftreten sich jedoch stark unterscheidet: Während sich private Investor_innen und Eigentümer_innen selten in konflikthafte Themen einbringen und von daher als „unsichtbare" Fraktion angesprochen werden können (ebd.: 314), tritt die Soziale Wohnungswirtschaft selbstbewusst öffentlich auf. Vertreter_innen der SAGA, der Genossenschaften und ihres Verbandes VNW zeigen sich regelmäßig auf stadtpolitischen Veranstaltungen und stellen sich dort der Diskussion.

In der Auseinandersetzung um das genossenschaftliche Wohngebäude Elisa wurde diese Rollenverteilung jedoch nicht eingehalten: Nachdem sich die Bewohner_innen, solidarische Nachbar_innen und Initiativen zu Wort meldeten, positionierten sich des weiteren zivilgesellschaftliche Institutionen wie Mietervereine, die Fritz-Schumacher-Gesellschaft und die Architektenkammer sowie Politiker_innen und Parteien (insbesondere Grüne, Linke und SPD). Das Interesse lokaler Medien nahm zu und städtische Institutionen wie der Denkmalschutz und Genehmigungsbehörden äußerten sich. Zuletzt kommentierten andere Genossenschaften und Wissenschaftler_innen die Auseinandersetzung (Kowalski/Wegner 2014: 71ff; Keßler 2014a; Cirsovius 2014; Herzberg 2014; Metzger 2015). Der Vorstand der vhw trat dagegen zunächst kaum öffentlich in Erscheinung und reagierte auf den medialen Druck lediglich vereinzelt mit Pressemitteilungen. Erst nachdem sich das Kräfteverhältnis zu seinen Gunsten verschob, nahm die Frequenz an Äußerungen zu. Vor dem Hintergrund der üblichen öffentlichen Präsenz der Sozialen Wohnungswirtschaft ist diese Zurückhaltung bemerkenswert und gibt einen Hinweis darauf, dass Konflikte wie der um Elisa ungewöhnlich sind und Unsicherheit bei den Verantwortlichen erzeugen. Dies habe ich auch dadurch bestätigt gefunden, dass die vhw auf meine Interview-Anfragen nicht reagierte und ich von daher andere Genossenschaften kontaktiert habe, um den Entwicklungen im Hamburger Osten auf die Spur zu kommen.

Aus der Beobachtung dieses Konflikts haben sich mir die in der Einleitung skizzierten Fragen zur Rolle der Genossenschaft in Stadtentwicklung und Wohnungsversorgung gestellt: In welcher Weise tragen diese zur Wohnraumversorgung bei und inwiefern unterscheiden sie sich dabei von anderen Unternehmen? Welche Mitsprache- und Beteiligungsmöglichkeiten bieten sie? Wie und aus welchen Gründen entstehen Interessenkonflikte in und um Genossenschaften und wie kommt es dazu, dass diese öffentlich ausgetragen werden? Welche Rolle nehmen sie als stadtpolitische Akteure in dynamischen Wohnungsmarktregionen ein? Und was wird von den, an den Auseinandersetzungen um die Genossenschaften beteiligten, Akteuren als das besonders „Genossenschaftliche" angesehen, d.h. welche Bedeutungs- und Sinnkonstruktion nehmen diese in Bezug auf die Rolle der Genossenschaften im Kontext gesellschaftlicher Konfliktsituationen vor?

Ausgehend vom Konflikt um Elisa habe ich im Jahr 2013 begonnen, Veranstaltungen, Protestaktivitäten und Tagungen zu besuchen, um die Akteure zu erfassen, die die Frage nach dem Beitrag der Genossenschaften zur Wohnungsversorgung als relevant erachten und sich dafür einsetzen. Daraufhin habe ich Interviews mit der Protestinitiative „Rettet Elisa", engagierten Genossenschaftsmitgliedern und Vorständen großer Genossenschaften geführt. Um diese Positionen zu kontextualisieren, habe ich Akteure aus Politik, Wohnungswirtschaft, Behörden und Zivilgesellschaft sowie weitere Mitglieder der untersuchten Genossenschaften in die Erhebung einbezogen. Parallel dazu habe ich Dokumente wie Zeitungsberichte, Jubiläumsschriften, Veranstaltungsdokumentationen und -protokolle sowie wissenschaftliche Texte ausgewertet.

Mit Hilfe eines ständigen Vergleichs der einbezogenen Perspektiven stellte sich eine „theoretische Sättigung" in dem Moment ein, in dem mir die Umrisse des Feldes der Sozialen Wohnungswirtschaft in Hamburg und die Einordnung der Genossenschaften darin klar wurden (Breuer 2010; Kruse 2015: 237ff.): Beide Kräftefelder sind verwoben und verweisen aufeinander; sind aber durch materielle und symbolische Grenzen voneinander getrennt. Besonders deutlich wird diese Trennung anhand der Frage, welche Personen aus den Genossenschaften Einfluss im Feld als Ganzes nehmen (können). Wie in Kapitel 6 dargestellt, sind dies in erster Linie die Vorstände großer Genossenschaften und – sofern es ihnen gelingt, öffentliche Aufmerksamkeit zu erzeugen – einzelne Mitglieder, die als Akteure von Protest in Erscheinung treten. Das Feld ist darüber hinaus sowohl in Fraktionen von Akteuren geteilt, deren Zusammengehörigkeit sich aus Handlungslogiken und politischen Überzeugungen ergibt, als auch durch eine sozialräumliche Trennung zwischen den beiden politischen Einheiten Bezirk und Bundesland – wobei sich Bezirke nochmals in Nachbarschaften, Quartiere und Stadtteile gliedern und die Ebene des Bundeslandes in Hamburg mit der gesamtstädtischen Ebene zusammenfällt. Diese sozialräumliche Trennung wird insbesondere durch Akteure der Verwaltung repräsentiert und hergestellt. Wie in Kapitel 5 und 6 beschrieben führt sie dazu, dass einige Akteure des Feldes nur auf ein beschränktes Netz von Beziehungen Einfluss nehmen können und damit von anderen Akteuren abgeschottet werden.

Teilnehmende Beobachtung

In den Jahren 2014 bis 2018 habe ich eine Vielzahl von Veranstaltungen und Tagungen besucht, auf denen wohnungswirtschaftliche sowie wohnungs- und stadtentwicklungspolitische Themen verhandelt wurden. Den Auftakt der Forschung stellte die Teilnahme an zwei Verbandstagungen der norddeutschen Wohnungsunternehmen (VNW) im Jahr 2014 dar. Daraufhin habe ich an öffentlichen Veranstaltungen und Rundgängen zu Städtebau, Stadtentwicklung und Bauvorhaben teilgenommen. Aushandlungsprozesse um die Hamburger Wohnungspolitik habe ich als Teilnehmer an Vorträgen und Podiumsdiskussionen beobachtet. Eine besondere Variante stellten dabei Formate der Bürgerbeteiligung dar, insbesondere die sogenannten Stadtwerkstätten, die auf die Teilnahme mehrerer hundert Besucher_innen ausgerichtet sind. Politik und Wohnungswirtschaft treten hier als Expert_innen auf, die die Bewohner_innen über aktuelle Vorgänge informieren, zu denen letztere ihre Meinung äußern können. Schließlich habe ich in den Jahren 2015 und 2016 Veranstaltungen des Bündnisses für Quartiere und eine Sitzung des Stadtteilbeirats Rothenburgsort besucht, um die Aushandlungen zwischen Wohnungswirtschaft, Bezirk und Bewohner_innen nachzuvollziehen.

Darüber hinaus habe ich an Veranstaltungen der kleinen und alternativen Wohnungsgenossenschaften wie beispielsweise den Wohnprojektetagen der Stattbau und des Baugemeinschaftsforums der Lawaetzstiftung teilgenommen und mich auch in meinem eigenen Wohn- und Lebensumfeld mit Selbstverwaltung und gemeinschaftlichen Wohnformen beschäftigt. Infolge meines stadtpolitischen Engagements habe ich an nachbarschaftlichen Organisierungsprozessen und Veranstaltungen teilgenommen und solche ab 2016 auch selbst mit ausgerichtet. Während ich zu Beginn der Forschung daher vorwiegend eine beobachtende Rolle eingenommen habe, habe ich mich im Laufe der Zeit zunehmend selbst als Wissenschaftler und Aktivist im Feld eingebracht.

Auswahl und Durchführung der Interviews

Im Jahr 2015 habe ich Einzel- und Paarinterviews mit Vorständen der Hamburger Lehrer-Baugenossenschaft eG, des Wohnungsvereins Hamburg von 1902 eG, der Wohnungsgenossenschaft von 1904 eG, der Baugenossenschaft Fluwog-Nordmark eG, der Baugenossenschaft Hamburger Wohnen eG, der Hanseatischen Baugenossenschaft Hamburg eG, der Baugenossenschaft freier Gewerkschaften eG sowie der Gemeinnützigen Baugenossenschaft Bergedorf-Bille eG geführt. Mit Vorständen von fünf dieser Genossenschaften habe ich darüber hinaus ein Gruppeninterview geführt. Darauf hin habe ich zwei Einzel- und zwei Gruppeninterviews mit Mitgliedern in den Stadtteilen Hamm und Horn geführt. Auf diesem Wege konnte ich mit acht Mitgliedern aus drei Genossenschaften sprechen, von denen sechs gewählte Mitgliedervertreter_innen sind. Die Auswahl der Mitglieder erfolgte durch die Vorstände der jeweiligen Genossenschaft, die mir die Kontakte vermittelten.

Darüber hinaus habe ich in den Jahren 2013 bis 2017 Interviews mit der Initiative „Rettet-Elisa“, weiteren engagierten Genossenschaftsmitgliedern, einem Architekturbüro, Sprecher_innen bzw. Mitarbeiter_innen des Verbandes norddeutscher Wohnungsunternehmen und des Arbeitskreises der Hamburger Wohnungsbaugenossenschaften sowie der Hamburger SPD, Grünen, CDU und Linken, der Behörde für Stadtentwicklung und Wohnen, dem Bezirk Mitte, Mieter helfen Mietern, der Stadtteilinitiative Hamburgs Wilder Osten und des Stadtteilbeirats Rothenburgsort geführt. Darüber hinaus habe ich die Positionen und Standpunkte weiterer Akteure, wie dem Hamburger Mieterverein, anderer wohnungs- und immobilienwirtschaftlicher Verbände und Unternehmen, der SAGA, der Hamburger Verwaltung und des Senats, sowie engagierte Bewohner_innen, die ich auf öffentlichen Veranstaltungen beobachtet habe, in meine Analyse einbezogen.

Insgesamt habe ich 33 Interviews mit 48 Personen in einer von den Befragten gewählten Umgebung durchgeführt, von denen ich 25 zitiere (siehe dazu die Liste der zitierten Interviews im Anhang). Die Interviews habe ich als „problemorientierte“ Leitfaden-Interviews angelegt und den Ablauf relativ stark vorstrukturiert. Die konkreten Fragestellungen aber möglichst offen gehalten und Erzählaufforderungen eingeflochten, um die Gesprächspartner_innen zu einer Entfaltung ihrer persönlichen Vorstellungen von der genossenschaftlichen Wohnungswirtschaft zu motivieren (Kruse 2015: 153ff.). In mehrere Interviews habe ich am Ende des Gesprächs Stimuli eingebracht, um Einschätzungen zu Konzepten und Kräfteverhältnissen des Feldes einzuholen.[1]

Paar- und Gruppeninterviews

In elf der Interviews waren mehrere Personen beteiligt. Davon waren drei als Gruppeninterviews angelegt. Weitere acht stellten ungeplante „Paarinterviews" dar, in denen zwei statt eine Person meine Fragen beantworten. Da es sich hierbei vielfach um Personen handelt, die in ihrem beruflichen oder aktivistischen Kontext eine Arbeitsteilung praktizieren, haben mir diese Interviews besondere Einblicke in deren praktische Gestaltung geboten.

Die drei als solche angelegten Gruppeninterviews mit Vorständen und Mitgliedern habe ich genutzt, um soziale Positionen und inhaltliche Standpunkte im Kontext der Kräfteverhältnisse in den Genossenschaften und im Feld der Sozialen Wohnungswirtschaft zu verorten. Die Leitfäden von Gruppeninterviews umfassen weniger Fragen und sind offener strukturiert, da sich der Gesprächsverlauf vorrangig durch die Bezugnahmen der Teilnehmer_innen aufeinander ergibt. Die Interaktionen der Beteiligten geben Hinweise auf gemeinsame Wissensbestände und deren Habitualisierung sowie auf inhaltliche Standpunkte und Kontroversen (Kruse 2015: 186ff.). Die Gruppendiskussionen habe ich auch genutzt, um eine Überprüfung meiner bis dahin erarbeiteten inhaltlichen Konzepte durchzuführen. Dazu habe ich Begriffe aus der Literatur und den Interviews zum

1 Anmerkung zur Kennzeichnung und Anonymisierung: Die Kennzeichnung der Interviews gibt drei Kategorien wieder: Mit V1, V2, etc. sind die Interviews mit den Vorständen bezeichnet, mit VG das Gruppeninterview. M1 und M2 kennzeichnen Einzel-, G1 und G2 die Gruppeninterviews mit Mitgliedern. Mit E1, E2, etc. sind die „Experteninterviews" mit den Akteuren des Feldes markiert. Eine vollständige Anonymisierung lässt die Struktur des Feldes der Sozialen Wohnungswirtschaft in Hamburg nicht zu. Dies betrifft insbesondere Sprecher_innen von Parteien, Behörden, Wirtschaftsverbänden, Unternehmen und zivilgesellschaftlichen Institutionen, die als öffentliche Personen auftreten und als solche auch meine Fragen beantwortet haben. Sie bleiben nur insoweit anonym, als dass ich nicht die konkreten Gesprächspartner_innen offenlege. Bei den Interviews mit den Vorständen gewährleiste ich eine Anonymisierung im Rahmen der ausgewählten acht Genossenschaften. Den Mitgliedern kann ich lediglich gegenüber den Vorständen keine vollständige Anonymität garantieren, da diese wissen, mit welchen Gruppen von Mitgliedern ich gesprochen habe.

genossenschaftlichen Wohnen notiert und den Vorständen sowie den Mitgliedern vorgelegt.[2] Die daraus folgenden Diskussionen haben u.a. deutlich gemacht, dass Begriffe, die von den Vorständen und in der Literatur „wie selbstverständlich" gebraucht werden, von den Mitgliedern teilweise nicht verstanden wurden und für Verunsicherung sorgten. Die Vorstände nutzten diese Begriffe insbesondere, um über die Positionierung der Genossenschaften als Anbieterinnen auf dem Wohnungsmarkt und gegenüber Politik und Öffentlichkeit zu sprechen. Die Mitglieder nutzen sie eher um den Zusammenhang und teilweise den Kontrast zwischen ihren Wohnbedürfnissen und der Geschäftsführung herauszustellen. Diese Diskussionen haben mir deutlich gemacht, inwiefern Vorstände und Mitglieder teilweise eine unterschiedliche Sprache sprechen und sich gegenseitig nicht immer „verstehen" – was sich im Konzept des kulturellen Kapitals nach Bourdieu ausdrücken lässt und sich auch auf die Beziehung zwischen den Befragten und mir als Forscher auswirkt.

Dokumenten- und Medienanalyse

Neben wissenschaftlicher Literatur und Lehrbüchern zur (genossenschaftlichen) Wohnungs- und Immobilienwirtschaft habe ich Tagungsbände, Veranstaltungsdokumentationen und Jubiläumsbände von Unternehmen in die Untersuchung mit einbezogen. In der Analyse dieser Publikationen und Dokumente habe ich ein besonderes Augenmerk darauf gelegt, in welcher Weise sich hier unterschied-

---

2 Den Vorständen habe ich dabei folgende „positive" Begriffe und „negative" Begriffe vorgelegt, die diese in eine Reihenfolge von „zutreffend/akzeptabel" bis „nicht-zutreffend/unakzeptabel" bringen sollten. Positiv: Serviceorientiert, Gemeinnützig, Preiswert, Quartiersorientiert, Modern, Ökologisches Bauen, Gefördertes Bauen, Beständig. Negativ: Schlicht-Wohnungsbau, Rasen-betreten-verboten, Verstaubt, Closed-Shop, Egoistisch, Spekulativ, Luxus-Wohnbau, Verdrängend. Den Mitgliedern folgende Begriffe, die diese in eine Skala von „trifft sehr auf meine Genossenschaft" zu bis „trifft nicht auf meine Genossenschaft zu" einsortieren sollten: Serviceorientiert, Mitgliederorientiert, Modern, Traditionell, Günstige Mieten, Hohe Mieten, Gemeinschaftlich, Nachbarschaftlich, Selbstverwaltung, Beteiligungsmöglichkeiten, Hochwertige Gebäude und Ausstattung, Einfache Ausstattung, Verstaubt, Ordentlich, Gefördertes Bauen (Sozialwohnungsbau), Mit-EigentümerIn sein, Beständig, Spekulativ, Quartiersorientiert, Closed-Shop („nur für Mitglieder"), Dauernutzungsrecht, Verdrängend, Ökologisches Bauen und Gemeinnützig. Die Begriffe für die Mitglieder waren dabei als „Paare" angelegt, die die Möglichkeit eröffneten, Tendenzen auszudrücken. Besonders deutlich zeigte sich das im Ergebnis darin, dass z.B. mehrere Mitglieder sowohl günstige als auch hohe Mieten als zutreffend für ihre Genossenschaft angesehen haben.

liche Vorstellungen zum genossenschaftlichen Wohnen im Wandel der Zeit widerspiegeln.

Um die Kämpfe um die Wohnungspolitik und -wirtschaft in Hamburg zu erfassen habe ich die Medienberichterstattung des Hamburger Abendblattes (HA), der Hamburger Morgenpost (Mopo) und der taz Nord (taz) in Form der Online-Archive erfasst. Das Hamburger Abendblatt bietet dabei eine historische Zeitreihe, die bis zum Jahr 1948 zurückgeht, so dass sich hier der Wandel von öffentlichen Diskursen nachzeichnen lässt. Diese Möglichkeit habe ich in Bezug auf die Berichterstattung zu Wohnungsgenossenschaften systematisch genutzt.[3] Zur Rekonstruktion der Auseinandersetzungen um die Wohnungspolitik habe ich ebenfalls auf die Online-Archive zurückgegriffen, aber keine systematische Aus-

---

3 Das Online-Archiv listet insgesamt 660 Treffer zum Stichwort „Wohnungsbaugenossenschaft" auf (Stand Oktober 2019), von denen ich 200 Artikel als inhaltlich relevante Beiträge gesichtet habe. Aus diesen lassen sich Themen und Tendenzen der Berichterstattung im Laufe der Jahrzehnte ablesen: So dominieren in der Nachkriegszeit bis in die 1960er Jahren Meldungen über Richtfeste und Baufertigstellungen, in denen der Beitrag der Genossenschaften zum Wiederaufbau und der Milderung der Wohnungsnot hervorgehoben wird. Ab der Mitte der 60er Jahre wird zunehmend auch die Qualität der Wohnungsausstattung und des Wohnumfelds thematisiert. Am Ende der 60er Jahre häufen sich Berichte über Konflikte, die sich anhand von Mieterhöhungen, der Verpflichtung zur Erhöhung von Anteilen und der Tierhaltung von Mieter_innen entzünden. In den 70er Jahren finden sich insgesamt nur wenig Beiträge; in diesen werden vorrangig Jubiläumsfeiern und Modernisierungen besprochen. Die 80er Jahre sind dagegen von einer hohen medialen Aufmerksamkeit geprägt. Dabei dominieren drei Themen die Berichterstattung: Der positiv bewertete Bau von Seniorenanlagen und altersgerechten Wohnungen, negativ konnotierte Konflikte, u.a. um Mieterhöhungen, sowie um alternative Genossenschaften, die als Ausdruck von stadtpolitischen Konflikten angesehen werden. In den 90er Jahren normalisiert sich die Berichterstattung über die neuen Genossenschaften, deren Tätigkeit zunehmend auch als positiver Beitrag zur Stadterhaltung besprochen wird. Anfang der 90er Jahre wird hervorgehoben, dass große Genossenschaften eine hohe Anzahl an Sozialwohnungen bauen. Ab Mitte der 90er Jahre nehmen die Berichte über Neubau ab und im Jahr 2000 wird im Gegenteil über Leerstände berichtet. Ab Mitte der 90er Jahre tauchen vermehrt ökologische Bauvorhaben und solche, bei denen soziale Einrichtungen erstellt werden, auf. Ab dem Jahr 2010 werden Genossenschaften im Kontext der neuen Wohnungsfrage insbesondere als Anbieterinnen günstiger Wohnungen thematisiert. Über die alternativen Genossenschaften wird kaum noch berichtet. Wie in Kapitel 6 dargestellt, häufen sich in der Gegenwart Berichte über Konflikte zwischen Mitgliedern und Management von großen Wohnungsgenossenschaften, die sich insbesondere anhand von Abriss- und Neubauplänen entzünden.

wertung vorgenommen. Eine weitere Quelle für die politischen Aushandlungen in Hamburg stellen die Protokolle der Debatten in der Hamburger Bürgerschaft dar, welche ab dem Jahr 1997 online verfügbar sind. In diesen Protokollen werden die parlamentarischen Debatten inklusive Zwischenrufe wörtlich dokumentiert.

3.2 Rekonstruktive Sozialforschung und das integrative Basisverfahren

Qualitative Forschung ist ein weites Feld an Forschungsweisen und Erhebungsmethoden, die in unterschiedliche methodologische und sozialtheoretische Ansätze und Begründungsweisen eingebettet sind (Flick et al. 2013). In der vorliegenden Arbeit habe ich die Methodologie rekonstruktiver Sozialforschung zugrunde gelegt, in der davon ausgegangen wird, dass Akteure in ihren alltäglichen Handlungen eine „sinnhafte" Konstruktion von Wirklichkeit vollziehen (Meuser 2018). Damit gehen mehrere grundlegende Vorstellungen zur Beschaffenheit der sozialen Wirklichkeit einher: Diese existiert nicht „an sich", sondern wird in und durch gesellschaftliche Praxis permanent aufs Neue hergestellt. Die Akteure geben ihren Handlungen einen Sinn und schaffen damit gleichzeitig sozialen Sinn in einer neuen bzw. variierten Form. Sinnproduktionen sind jedoch nicht beliebig, sondern basieren auf vorgefundenen und bereits internalisierten gesellschaftlichen Konstruktionen. Der soziale Sinn der Akteure ist daher gleichermaßen und zur gleichen Zeit sowohl „subjektiv" wie „kollektiv" (Kruse 2015: 62). Die Einbettung subjektiven Sinns in kollektive Zusammenhänge liegt in Form impliziten Wissens vor, das in der Praxis so selbstverständlich abgerufen wird, dass es dazu kaum einer rationalen Entscheidung bedarf. Welche Sinnzusammenhänge mit einer Handlung re-/produziert werden ist den Akteuren daher selten bewusst. Es ist aber durch methodisch kontrolliertes (Fremd-)Verstehen möglich, den kollektiven Sinn von Handlungen, also den „Sinn hinter dem Sinn", zu rekonstruieren und der wissenschaftlichen Analyse zugänglich zu machen (Helfferich 2011; Przyborski/Wohlrab-Sahr 2014; Kruse 2015).

Als zentrale Herausforderungen einer rekonstruktiven Sozialforschung benennt Kruse das „Problem des Fremdverstehens" und das „Problem der Indexikalität" (2015: 59ff.). Das Problem des Fremdverstehens verweist darauf, dass Gesprächspartner_innen in einer Kommunikationssituation niemals wissen können, was die oder der andere „tatsächlich" mit einer Aussage meint, bzw. welche Hintergründe und Erfahrungen in eine Aussage eingegangen sind. Entscheidende Bedeutung kommt hierbei den „Relevanzsystemen" der an der Kommunikation beteiligten Akteure zu. Relevanzsysteme lassen sich in Anlehnung an den Bourdieuschen Begriff des Habitus als die Wahrnehmungs-, Denk- und Handlungskategorien verstehen, die Akteure im Laufe ihrer Sozialisation ausbilden und die ihrem Körper und Denken bestimmte Muster zur Identifikation und Entschlüsselung von Bedeutungszuweisungen einschreiben (Bourdieu/Wacquant 2006: 39). Das „Problem der Indexikalität" verweist auf die Vagheit und Kontextgebundenheit sprachlicher Kommunikation und ist daher eng mit dem Fremdverstehen verknüpft. Der Begriff der Indexikalität macht darauf aufmerksam, dass Äußerungen nur Hinweise auf Bedeutungsgehalte sind (Przyborski/Wohlrab-Sahr 2014: 15). Reduziert man sprachliche Aussagen auf ihren bloß wörtlichen Gehalt, werden sie bedeutungslos. Ihre Bedeutung erhalten sie durch Worte, die nur innerhalb eines bestimmten Kontextes Sinn ergeben (wie beispielsweise Zeigewörter oder Gelegenheitsausdrücke), durch parasprachliche und körpersprachliche Mittel sowie sprachbegleitende Handlungen (also Intonation, Rhythmus, Lautstärke, Pausen, Mimik, Lachen, usw.; Kruse 2015: 75ff.). Um die Bedeutung von Texten zu verstehen, muss daher ihr Entstehungskontext in die Analyse einbezogen werden.

Die Probleme des Fremdverstehens und der Indexikalität sind letztendlich nicht auflösbar, da ein „Abgleich" der Relevanzsysteme verschiedener Sprecher_innen eine beständige De-Indexikalisierung des zuvor Gesagten erfordern würde. Diese Herausforderung stellt ein unlösbares Problem für standardisierte Methoden und Methodologien dar: Wird der sozialen Wirklichkeit mit einem bereits vorgefertigten Kategoriensystem begegnet, können Forscher_innen kaum etwas anderes herausfinden, als sie bereits vorher wussten (Kruse 2015: 86ff.). Rekonstruktive Sozialforschung versucht diesem Problem forschungspraktisch zu begegnen, indem eine fortschreitende Annäherung an das eigene sowie fremde Relevanzsystem und den Kontext der Interaktion vorgenommen wird. Zentrale Ansätze dazu sind die Prinzipien der Offenheit, der theoretischen Sensibilität und der Prozessualität.

Das Prinzip der Offenheit fordert dazu auf, zu Beginn der Forschung nicht zu viele Konzepte und Strukturen vorauszusetzen und die Komplexität des Analysegegenstandes erst nach und nach zu reduzieren. Das bedeutet, möglichst offene Fragen zu stellen, und die Erhebung verschiedener Materialien erst dann zu beenden, wenn keine neuen Aspekte mehr zum Vorschein kommen. Gleichzeitig kann Forschung gar nicht anders verfahren, als die Begriffe und Konzepte zu nutzen, die im jeweiligen Forschungsfeld zur Anwendung kommen bzw. der disziplinären Prägungen der Forscher_innen entsprechen. Das Prinzip der „theoretischen Sensibilität" fordert daher dazu auf, eingebrachte Konzepte auf ihre Versteh- und Anwendbarkeit im zu untersuchenden Feld zu prüfen, zu reflektieren und zu überarbeiten (Kruse 2015: 108ff.). Das eigene Relevanzsystem zu erweitern und neue Erkenntnisse zu generieren gelingt dabei am ehesten, wenn Forschung als Prozess begriffen wird, in dem die angesetzten Erhebungsinstrumente sowie die Auswahl der befragten Personen und untersuchten Materialien immer wieder angepasst werden. Es geht darum, sich über die im Feld gemachten Erfahrungen und daraus abgeleiteten Konzepte immer wieder aufs Neue zu wundern und diese mittels weiterer empirischer Erhebungen erneut zu befragen.

In der rekonstruktiven Sozialforschung werden keine „Wahrheitsfragen" gestellt, sondern es wird der Frage nachgegangen, „welchen Sinn die so dargestellte Wirklichkeit für die befragte Person hat" (Kruse 2015: 40). Dennoch sind die erhobenen Daten nicht willkürlich oder zufällig, sondern basieren auf sinnhaften Regeln und Relevanzsystemen, die in einem Zusammenhang mit den gesellschaftlichen Verhältnissen stehen, in deren Kontext sie erhoben werden (ebd.). Um sowohl den Daten und Erhebungssituationen als auch ihren gesellschaftlichen Konstruktionsbedingungen auf die Spur zu kommen, entwirft Kruse ein „integratives Basisverfahren" qualitativer Interviewforschung, welches drei Ebenen der Analyse beinhaltet, die je nach Forschungsvorhaben miteinander verknüpft werden können. Das Verfahren zielt darauf ab, sich so deskriptiv wie möglich auf die vorgefundene Empirie einzulassen und gleichzeitig die Integration verschiedener methodischer Prozessebenen und analytischer Perspektiven zu ermöglichen. Grundidee ist dabei, im Verlauf einer „offenen, (mikro-)sprachlich-deskriptiven Analyse (...) zur integrativen Anwendung von spezifischen forschungsgegenständlichen und methodischen Analyseheuristiken" zu kommen, um zentrale Sinnstrukturen in einem fortschreitenden Abstrahierungsprozess herauszuarbeiten (ebd.: 463).

Auf der ersten Ebene wird mit einer deskriptiv angelegten mikrosprachlichen Feinanalyse begonnen (ebd.: 475ff.). Hier geht es darum, induktiv vorzugehen, die Neigung zu vorschnellen Deutungen zurückzuhalten, das Material „für sich" sprechen zu lassen und vorrangig auf die Wie-Ebene der Sinnproduktion zu achten. Erst auf einer zweiten Ebene werden gegenständliche und methodische Analyseheuristiken an das Material herangetragen. Diese zweite Ebene zielt darauf ab, Konzepte herauszuarbeiten, die ausgehend von der Forschungsfrage eine Schritt für Schritt erfolgende Abstraktion des empirischen Materials ermöglichen. Die dritte Ebene des Basisverfahrens stellt eine Synthese der beiden vorhergehenden Analyseebenen dar. Hier geht es darum, Muster und Regelmäßigkeiten im Was (Konzepte) und dem Wie (Thematisierungsregeln) der sprachlich-kommunikativen Vollzüge herauszuarbeiten, um darauf aufbauend „zentrale Motive" der Logik des Forschungsfeldes zu rekonstruieren. Unter zentralen Motiven versteht

Kruse „konsistente sinnförmige Gestalten oder symbolische Figuren", die dem „dokumentarischen Sinn" in der dokumentarischen Methode entsprechen (ebd.: 534). Diese symbolischen Figuren geben Aufschluss über den „Sinn hinter dem Sinn" der Akteure, ermöglichen also Rückschlüsse auf die zugrundeliegenden praktischen gesellschaftlichen Regeln, denen das Handeln und Denken der Akteure folgt.[4]

Ich habe mich am integrativen Basisverfahren orientiert und das Vorgehen an meine Forschungsfrage nach der Rolle und Bedeutung großer Wohnungsgenossenschaften in materiellen und symbolischen Kämpfen um die Wohnungsversorgung in Hamburg angepasst. Dabei habe ich folgende Schritte vorgenommen: Erstens habe ich einzelne Segmente der Interviews mit den Mitgliedern und Vorständen der Genossenschaften betrachtet, um den Umgang der Akteure untereinander zu verstehen. Zweitens habe ich nach und nach alle Interviews zunächst offen und dann systematisch codiert, um die relevanten Akteure und Themen des Feldes und ihre Beziehungen und Kräfteverhältnisse zueinander herauszuarbeiten. Darauf aufbauend habe ich drittens Argumentationsweisen und Gewissheiten der Akteure sowie Widersprüche und Spannungen im Feld herausgearbeitet. Ausgehend von der so erfassten Struktur des Feldes habe ich schließlich viertens die Positionen und Inhalte der Genossenschaftsvorstände und -mitglieder darin eingefügt. Als Analyseheuristiken (auf der zweiten Ebene des Basisverfahrens) habe ich dabei insbesondere Identifikationsmuster, Selbst- und Fremdpositionierungen sowie die Handlungsmacht von Akteuren und die Bedeutung von (Fach-)Begriffen für die Struktur des Feldes herausgearbeitet und angewandt.

Das Transkribieren von Interviews stellt bereits einen Schritt der Interpretation dar, in dem das Material vorstrukturiert und gegliedert wird. Um dem Problem der Indexikalität zu begegnen, müssen bei der Transkription Aspekte mit einbezogen zu werden, die es erlauben, den „Sinnüberschuss" über das ge-

---

4 Im Verlauf des Forschungsprozesses kann und sollte zwischen den drei Analyseebenen immer wieder gewechselt werden. Insbesondere inhaltliche Konzepte können darauf hin befragt werden, ob sie mit den Mustern der Thematisierungsregeln übereinstimmen oder ihnen widersprechen. Aus methodologischen Gründen empfiehlt Kruse mit der ersten Ebene zu beginnen, da hier am ehesten die Möglichkeit besteht, das eigene Relevanzsystem zu erweitern. Das Basisverfahren soll dazu ermutigen, „klassische" Vorgehensweisen qualitativer Forschung zu durchbrechen und insbesondere die Zusammenfassung von inhaltlichen Aussagen, die in vielen Ansätzen zu Beginn der Auswertung des Materials erfolgt, möglichst weit an das Ende zu stellen (Kruse 2015: 372ff.).

sprochene Wort hinaus zu erfassen (Kruse 2015: 343). Ich habe dementsprechend komplexe Transkripte erstellt, alle Informationen so verschriftlicht, wie ich sie gehört habe und eine „Übersetzung" in die normierte Schriftsprache vermieden (Dresing/Pehl 2017: 17ff.). In der Analyse habe ich mit den fein transkribierten Texten gearbeitet, im vorliegenden Buch aber eine weitgehende Anpassung an die klassische Darstellungsform wissenschaftlicher Texte vorgenommen. Eine vollständige Glättung der Zitate an die Schriftsprache habe ich jedoch vermieden, um die Besonderheiten der gesprochenen Sprache nicht ganz zum Verschwinden zu bringen.

3.3 Handlungsmacht: Herrschende und oppositionelle Akteure

Die von mir befragten Akteure äußerten in den Interviews sehr unterschiedliche Selbst- und Fremdwahrnehmungen, in denen sich eine deutliche Hierarchisierung und sozialräumliche Trennung des Feldes der Sozialen Wohnungswirtschaft auf der Grundlage ungleich verteilter Handlungsmacht ausdrückte. Nach Kruse kann Handlungsmacht als eine offene Analyseheuristik genutzt werden, mittels der danach gefragt wird, wie und inwiefern sich in Interviewtexten ausdrückt, welche subjektiven Vorstellungen Menschen davon haben, „*wer* (oder *was*) *wann wo wie was* zum Zustandekommen von Ereignissen beiträgt" (2015: 494). Ziel einer solchen Analyse ist es, aus der Darstellung von Situationen, Interaktionen und Ereignissen herauszuarbeiten, inwiefern Personen sich oder anderen die Macht zum Handeln zu- bzw. abschreiben. Die Analyse der Handlungsmacht stellt eine systematische Ausarbeitung der Thematisierungsregeln auf der Wie-Ebene der Interviews dar, die ich als eigenständigen Auswertungsschritt vorgenommen habe.

In einem ersten Schritt habe ich danach gefragt, welche Rolle die Befragten sich selbst und anderen Akteuren zuweisen und darauf aufbauend das Netz der Beziehungen zwischen ihnen rekonstruiert. Dabei habe ich untersucht, welche Handlungsmacht sich die Akteure selbst zuschreiben, welche sie anderen Akteuren des Feldes attestieren und welche Qualität ihre Beziehungen untereinander haben. Ausgehend von dieser Analyse finde ich folgende Gruppen vor: Wohnungswirtschaftliche Akteure sowie die regierende Politik und die Verwaltung auf Landesebene sind als mächtig einzustufen. Stadtteilaktivist_innen und Genossenschaftsbewohner_innen dagegen nur eingeschränkt handlungsmächtig. Eine intermediäre Position nehmen die Verwaltung auf Bezirksebene, Oppositionspolitiker_innen und zivilgesellschaftliche Einrichtungen wie Mieter helfen Mietern ein. Auffällig war darüber hinaus, dass Mieter_innen bzw. eine nicht weiter spezifizierte wohnende Bevölkerung von Politiker_innen und den wohnungswirtschaftlichen Akteuren teilweise als nicht-selbstständige Akteure angesprochen wurden, die aber durchaus eine Quelle von Problemen sein können.

In einem zweiten Schritt habe ich herausgearbeitet, welchen Bezug die Akteure zwischen sich und dem Wohnungsmarkt herstellen. Dabei stellte sich heraus, dass die Positionierung gegenüber Marktprozessen in einem engen Zusammenhang mit der Wahrnehmung der je eigenen Handlungsfähigkeit steht: Die Interviewpartner_innen des VNW, des Arbeitskreises der Wohnungsbaugenossenschaften und die Vorstände identifizieren sich selbst mit Marktprozessen und nehmen für sich in Anspruch, diese (mit) zu gestalten. Die Fachbehörde sowie SPD, Grüne und CDU sprechen davon, dass man den Markt regulieren und Marktergebnisse für die eigenen Ziele positiv nutzen könne. Dabei wird jedoch auch angesprochen, dass Marktprozesse eine Dynamik haben, die nicht zur Gänze kontrolliert werden kann. Bezirk, Mieter helfen Mietern, die Linke sowie die stadtpolitischen Initiativen betonen dagegen, dass sie sich den Marktergebnissen gegenüber weitgehend ausgeliefert fühlen. Die Genossenschaftsbewohner_innen und Aktivist_innen stellen darüber hinaus dar, dass Marktergebnisse sich negativ auf ihre persönliche Lebensführung auswirken.

Auf der Grundlage dieser Analyse benenne ich in der Gegenwart folgende Fraktionen des Feldes: Die *herrschende Fraktion* sowie die *marktaffine* und die *marktkritische Opposition*. Zur herrschenden und damit orthodoxen Fraktion gehören die ökonomischen und politischen Akteure, deren Selbsteinschätzung als handungsmächtige Akteure mit der Fremdeinschätzung anderer Akteure zusammenfällt. Dazu zählen der VNW und die weiteren wohnungswirtschaftlichen Verbände, die SAGA, der Arbeitskreis der Wohnungsbaugenossenschaften, sowie die SPD, die Grünen, die Fachbehörden und der Senat. Der herrschenden Fraktion stehen zwei oppositionelle Fraktionen gegenüber. Zur einen Fraktion zählen u.a. Mieter helfen Mietern, die Linke sowie die befragten und weitere stadtpolitische Initiativen. Aufgrund ihrer kritischen bzw. ablehnenden Haltung zu Marktprozessen bezeichne ich diese als marktkritische Fraktion. Die CDU positioniert sich ebenfalls in Opposition zur (derzeit) herrschenden Fraktion, teilt aber nicht die marktkritische Haltung der anderen oppositionellen Akteure, weswegen sie eine weitere, marktaffine Fraktion begründet. Die CDU findet ihre Verbündeten insbesondere im Bereich der profitorientierten Wohnungswirtschaft. Der Bezirk bleibt fraktionslos, da er aufgrund seiner mangelnden Handlungsmacht nicht der herrschenden Fraktion zugeordnet werden kann, aber auch keiner oppositionellen Fraktion angehört.

Eine qualitative Analyse der Handlungsmacht liefert über die Hierarchien zwischen den Akteuren hinaus Hinweise auf die konkreten Aushandlungsprozesse in und Fraktionierungen von Feldern als gesellschaftlichen Teilbereichen. Im Hamburger Feld der Sozialen Wohnungswirtschaft sind dabei insbesondere zwei Aspekte bedeutsam: Mächtige Akteure versuchen beständig, weniger mächtigen Akteuren die eigene Handlungsfähigkeit abzusprechen und sie auf diesem Wege zu Themen bzw. Objekten oder Problemen zu degradieren. Mächtige Akteure verstehen das Feld als Einflussbereich, den sie gegenüber anderen (Wirtschafts-) Bereichen verteidigen, was sich beispielsweise in Kontroversen mit der Hamburger Handelskammer zeigt. Weniger mächtige Akteure sehen das Feld dagegen vorrangig als Bereich politischer Auseinandersetzung, in dem sie Zugeständnisse von mächtigen Akteuren erkämpfen. Darüber hinaus liefert die Analyse der Handlungsfähigkeit Einsichten in die spezifische Arbeitsteilung innerhalb des lokalen Staates sowie darüber, auf welche Weise Akteure ihre jeweiligen Positionen im Gefüge der Kräfteverhältnisse internalisieren. Dabei bestehen Übereinstimmungen bezüglich der herrschenden Glaubenssätze auch zwischen auf den ersten Blick antagonistischen Akteuren.

3.4 Konzepte, zentrale Motive und die Auseinandersetzungen im Feld

Als relevante *Konzepte* des Feldes der Sozialen Wohnungswirtschaft, d.h. inhaltliche Themen, auf die sich – wenn auch in unterschiedlicher Weise – alle befragten Akteure beziehen, identifiziere ich folgende: *Marktprozesse*, die generell als ambivalent wahrgenommen werden, da sie sowohl eine als positiv angesehene Aufwertung von Wohnungsbeständen und Quartieren, als auch Verdrängung und Segregation bewirken können. Die normative Bewertung von Aufwertung und Verdrängung der einzelnen Akteure steht in einem engen Zusammenhang mit deren je eigenen Erfahrungen und ihrer Kapitalausstattung. *Gebiete der Stadt* werden mit verschiedenen Attributen ausgestattet und mit bestimmten Prozessen assoziiert. Dabei vereinen die gentrifizierten Hamburger Stadtteile Ottensen, St. Pauli, Schanze und St. Georg Eigenschaften wie „attraktiv“ und „gut gemischt“ auf sich und dienen damit als positive Vorbilder für negativ konnotierte Gebiete des Hamburger Ostens, die als „nicht so gefragte“ und „problematische“ Quartiere beschreiben werden. In den Gebieten der Stadt wird *Bevölkerung* verortet, der in unterschiedlichem Maß zugesprochen wird, selbstständig handlungsfähig zu sein bzw. sich entsprechend herrschender Strukturen zu verhalten. Weiterhin wird die *Politik* mit ihren Instrumenten hervorgehoben, die auf Marktprozesse Einfluss nehmen kann. Die *Fraktionen der Akteure* des Feldes stellen insofern selbst Konzepte des Feldes dar, da mit dem Verweis auf bestimmte Akteure auch

Vorstellungen über deren Handlungsmuster transportiert werden. Darüber hinaus spielen bestimmte *Schauplätze der Aushandlung* eine wichtige Rolle für die Darstellung der Zusammenhänge und Auseinandersetzungen im Feld. Im Feld der Gegenwart sind dies insbesondere die Bündnisse zwischen der Politik und der Wohnungs- und Immobilienwirtschaft sowie Formate der Bürgerbeteiligung. In der Beschreibung dieser Schauplätze wird – oftmals implizit – auch die Bedeutung der Maßstabsebenen und damit der Grenzen des Feld thematisiert.

Zentrale Motive des Feldes der Sozialen Wohnungswirtschaft, die sich sowohl in der Art und Weise der Interaktion als auch in den inhaltlichen Konzepten widerspiegeln, stellen die Bedeutung von *(Fach-)Wissen*, die soziale *Positionierung gegenüber ökonomischen Prozessen* sowie *die Konstruktion und Begründung verschiedener Identitäten* dar. So wird im Feld zwischen „wissenden" und „nichtwissenden" Akteuren unterschieden und neu in das Feld eintretende Akteure danach beurteilt. Um als souveräner Akteur wahrgenommen zu werden, ist darüber hinaus entweder eine hohe Ausstattung mit ökonomischem Kapital notwendig oder die Verfolgung von Interessen, die – zumindest nominal – unabhängig von Marktzwängen sind. Wichtige Bedeutung sowohl innerhalb der Genossenschaften, als auch im Feld der Sozialen Wohnungswirtschaft und in der Verflechtung beider Kräftefelder kommt der Herstellung bestimmter kollektiver Identitäten zu. Die Vorstände nutzen verschiedene Wir-Konstruktionen, die sich sowohl auf die Leitungsebene der jeweiligen Genossenschaft, den Verbund der großen Genossenschaften in Hamburg als auch auf gemeinsame Interessen der Wohnungswirtschaft beziehen. Die Mitglieder wählen dagegen Wir-Konstruktionen, die sich stark auf ihr nachbarschaftliches Umfeld beziehen. Wie in Kapitel 6 dargestellt, ergeben sich aus diesen verschiedenen Wir-Konstruktionen bestimmte Machtbeziehungen innerhalb der Genossenschaften, die maßgebliche Auswirkungen darauf haben, welche Akteure sich im Feld der Sozialen Wohnungswirtschaft wie einbringen (können).

In einem Feld herrscht stets ein Kampf um Anerkennung, Positionen, Ressourcen und Klassifikationen. Der Kräftestand dieser Auseinandersetzungen lässt sich anhand der Ausstattung der Akteure mit kulturellem, ökonomischen und sozialem Kapital feststellen (Müller 2014: 79). Die Einordnung der Akteure zur herrschenden oder oppositionellen Fraktion im Feld der Sozialen Wohnungswirtschaft spiegelt deren Ausstattung mit diesen Kapitalsorten wider. Das symbolische Kapital des Feldes wiederum ist die Anerkennung dafür, dass ein Akteur sein soziales, kulturelles oder ökonomisches Kapital im Sinne der jeweils herrschenden Logik des Feldes einsetzt. Damit verändert sich das symbolische Kapital im Laufe der Zeit entsprechend der Veränderungen der Orthodoxie des Feldes. Die je historische Orthodoxie lässt sich durch das spezifische Zusammenspiel der Konzepte – also der Marktprozesse, der Gebiete der Stadt, der Bevölkerung, der Politik und anderer Akteursfraktionen – und der Aushandlung ihrer Bedeutung auf bestimmten Schauplätzen entschlüsseln. Im folgenden Kapitel 4 rekonstruiere die umkämpfte Geschichte des Feldes der Sozialen Wohnungswirtschaft auf der Basis dieser Konzepte.

4. Die umkämpfte Geschichte der Sozialen Wohnungswirtschaft

Das Feld der Sozialen Wohnungswirtschaft entwickelte sich aus bürgerlichen Ansätzen zur Lösung der Wohnungsfrage im 19. Jahrhundert heraus. Diese zielten darauf ab, eine ökonomisch rentable Wohnungswirtschaft zu schaffen, die gleichzeitig soziale Zwecke erfüllt und zur gesellschaftlichen Integration der Arbeiterklasse beiträgt. Ab dem Beginn des 20. Jahrhunderts wurden die Arbeitsweise und das Selbstverständnis sozialer Wohnungsunternehmen von sozialdemokratischen und selbstverwaltungsorientierten Akteuren in Frage gestellt und verändert. Im Kontext fordistischer politischer Regulierungen bildeten sich dann im Laufe des 20. Jahrhunderts Regeln und Glaubenssätze heraus, die als Selbstverständlichkeiten anerkannt wurden und damit – in den Begriffen der Theorie der Praxis nach Bourdieu – den Charakter der Orthodoxie des Feldes annahmen und eine handlungsleitende Wirkung auf die hier engagierten Akteure ausübten. Dazu gehörten die Professionalisierung und Zentralisierung von Unternehmen und Verbänden sowie staatliche Eingriffe in den Markt, die auf eine Versorgung breiter Schichten der Bevölkerung ausgerichtet waren.

Insbesondere die Krisen infolge des Ersten und Zweiten Weltkriegs, sowie der Umbruch vom Fordismus zum Postfordismus stellten Zeiten intensiver Kämpfe um die Struktur des Feldes dar, in denen es auch nicht-etablierten Akteuren gelang, maßgeblich Einfluss zu nehmen. Sie brachten alternative, heterodoxe Sichtweisen und Praktiken ein und modifizierten die geltenden Regeln und Arbeitsweisen. Während das Feld im Fordismus weite Teile der Wohnungswirtschaft umfasste, gaben infolge neoliberaler Deregulierungen und Privatisierungen in den 1980er und 90er Jahren viele Unternehmen einen sozialen Anspruch an ihre Tätigkeit auf. Damit verkleinerte sich das Feld und die verbleibenden Akteure gerieten zunehmend unter den Druck wettbewerbsorientierter Marktlogiken. Vor dem Hintergrund weiterhin bestehender gesellschaftlicher Ungleichheiten in Stadtentwicklung und Wohnungsversorgung bildete sich der Ansatz einer „funktionierenden" sozialen Mischung der Quartiersbevölkerung als neue Orthodoxie heraus. Im Kontext der neuen Wohnungsfrage seit den 2010er Jahren intensivieren sich die Auseinandersetzungen um die Aufgaben und Funktionsweisen der Sozialen Wohnungswirtschaft erneut. Bisher erweisen sich die herrschenden Kräfteverhältnisse dabei jedoch als weitgehend stabil.

Wohnungsgenossenschaften stellen seit der Entstehung der Sozialen Wohnungswirtschaft eine zentrale und gleichzeitig besondere Akteursgruppe in diesem Feld dar. Sie zeichnen sich dadurch aus, dass ihre Mitglieder formal gleichberechtigte Miteigentümer_innen sind und sich in Selbstverwaltungsstrukturen beteiligen können. Diese Besonderheiten machten und machen die Genossenschaft als Unternehmensform für unterschiedliche Ansätze zur Lösung der Wohnungsfrage interessant. Infolge der finanziellen Beteiligung und der (möglichen) Einbindung der Mitglieder in die Geschäftsführung können diese für Unternehmensentscheidungen mit-verantwortlich gemacht und auf diese Weise an bürgerliche Vorstellungen von Markt, Gesellschaft und Staat herangeführt werden. Der gesellschaftlich integrierenden Wirkung erzieherischer Hausordnungen und der Pflicht zum Sparen wurde insbesondere in der Gründungszeit der ersten Genossenschaften im 19. Jahrhundert eine hohe Bedeutung zugemessen. Gleichzeitig bieten sie das Potenzial einer gruppenbezogenen und selbstverwalteten Solidarität und eröffnen damit eine emanzipatorische Perspektive: Die Bewusstmachung kapitalistischer Wohnungsmarktstrukturen und deren Abmilderung oder sogar Überwindung durch den Zusammenschluss in der Gruppe verweist auf die Möglichkeit einer solidarischen und selbstverwalteten Umgestaltung der kapitalistischen Gesellschaft als Ganzes. Dieser Aspekt stand vielfach bei Gründungen aus der Arbeiterbewegung und der neuen Genossenschaftsbewegung im Vordergrund.

Mit der Etablierung des Feldes ab den 1920er Jahren bis in den Fordismus der Bundesrepublik wurden Wohnungsgenossenschaften jedoch ökonomischen und staatlichen Logiken der Professionalisierung und Zentralisierung unterworfen und ihr emanzipatorisches Potenzial damit weitgehend eingehegt. In der Zeit des Nationalsozialismus wurden selbstverwaltungsorientierte Ansätze systematisch zerstört. Diese Kultur wurde nach dem Zweiten Weltkrieg kaum wieder hergestellt. Im Rahmen der fordistischen Wohnungspolitik wurden Genossenschaften viel eher dazu gedrängt, sich wie andere Unternehmen einer Strategie des Größenwachstums und der Bürokratisierung anzupassen. Erst die neue Genossenschaftsbewegung brachte ab den 1970er Jahren wieder Ansätze einer emanzipatorischen Selbstverwaltung zurück und rief damit neue Auseinandersetzungen hervor. Gleichzeitig gewannen im Zuge wohnungspolitischer Deregulierung und Dezentralisierung auch neoliberale Kräfte an Gewicht. Mit dem Ende der Wohnungsgemeinnützigkeit veränderte sich das Feld schließlich maßgeblich und gewann neue Konturen: Durch den Ausstieg einer Vielzahl ehemals gemeinnütziger Unternehmen gewannen die Genossenschaften wieder ein stärkeres Gewicht als Akteursgruppe.

Gleichzeitig zeigte sich eine zunehmende Dominanz marktorientierter Logiken, infolgedessen sich auch die Arbeitsweise der Genossenschaften veränderte. Die vielfältige und teilweise gegensätzliche Rolle und Bedeutung, die die genossenschaftliche Organisationsform einnehmen kann, macht sie im Bourdieuschen Sinne zu einem Einsatz im Feld um und mit dem auf symbolischer und materieller Ebene gerungen wird. Dies zeigt sich u.a. in den kontroversen wissenschaftlichen und politischen Debatten um den Genossenschaftsgedanken und die Kodifizierung genossenschaftlicher Wirtschaftsweise durch Gesetze und Verordnungen.

4.1 Historische Entwicklung des Feldes der Sozialen Wohnungswirtschaft

Die grundlegende Überzeugung aller im Feld engagierten Akteure ist, dass die Soziale Wohnungswirtschaft vor dem Hintergrund des Widerspruchs zwischen dem Gebrauchs- und Tauschwert des Wohnens in der kapitalistischen Gesellschaft einen zentralen Beitrag zum sozialen Frieden leistet. Der soziale Friede stellt somit in Bourdieus Begriffen die Doxa des Feldes dar, auf die sich – ob bewusst oder nicht – die Orthodoxie sowie viele heterodoxe Positionen grundlegend beziehen. In welcher Weise und mit welchen Mitteln dieser Friede hergestellt werden kann und soll und ob er sich im Kapitalismus überhaupt einstellen kann, ist dagegen umstritten. Im historischen Verlauf haben sich bisher drei Formen der Orthodoxie herausgebildet, die darauf abzielten, zu einer Abschwächung von Klassenkonflikten und einer ausgeglichenen sozialräumlichen Verteilung der Bevölkerung beizutragen: Die *fürsorglich-paternalistische Phase* Ende des 19. Jahrhunderts; die der *Versorgung breiter Schichten der Bevölkerung* im Fordismus sowie die der *gemischten Quartiere und funktionierenden Nachbarschaften* im Neoliberalismus. Die Übergangszeiten zwischen diesen Phasen waren von Kämpfen gekennzeichnet, in denen es marginalisierten Akteuren teilweise gelang, ihre heterodoxe Sichtweise in die sich neu herausbildende Orthodoxie einzuschreiben. So gelang es in den 1920er Jahren Akteuren der Arbeiterbewegung, Ansätze einer Dekommodifizierung von Wohnraum ins Feld einzubringen. Den Akteuren der neuen Genossenschaftsbewegung der 1970er und 80er Jahre gelang es dagegen nur vereinzelt, Ansätze einer Dekommodifizierung des Wohnens zu realisieren. Offen ist noch, ob und welche alternativen Ansätze sich im Kontext der neuen Wohnungsfrage im Feld durchsetzen und verankern.[1]

---

1 Zur Rekonstruktion des Feldes ziehe ich Arbeiten aus sechs Bereichen heran, die sich in ihrer wissenschaftspolitischen Zielrichtung deutlich unterscheiden: *Erstens*

4.1.1 Eine paternalistische und erzieherische Wohnungswirtschaft

Die Thematisierung der Wohnungsfrage als Frage des sozialen Friedens führte im 19. Jahrhundert zu einer umfassenden Beschäftigung mit ihren Ursachen wie auch zu verschiedenen Ansätzen einer Wohnungsreform (Frank/Schubert 1983; Rodríguez-Lores/Fehl 1988; Häußermann/Siebel 1996: 85ff.). Als zentrale Probleme wurden das Verhältnis zwischen den Anforderungen der Industrie an eine arbeitsfähige Bevölkerung und der Bezahlbarkeit des Wohnens, die hygienischen Verhältnisse in den proletarischen Wohnvierteln und der mögliche Verlust „sittlicher" Einstellungen der dort lebenden Bevölkerung angesehen. Der Begriff des sozialen Friedens umfasste diese Probleme und verwies dabei auf die Gefahr, dass die marginalisierten Teile der Gesellschaft die bestehende Ordnung praktisch in Frage stellen könnten. Als ein Ansatz zur Lösung wurde die Entwicklung einer Sozialen Wohnungswirtschaft angesehen, deren vorrangiges

---

Werke, die publiziert wurden, um die Soziale Wohnungswirtschaft gegen neoliberale Kritik zu verteidigen. Deren Autor_innen standen entweder der verbandsmäßigen Wohnungswirtschaft nahe (Stöcker 1976; Jenkis 1985, 1986) oder formulierten eine marxistische Kritik an der Wohnungsgemeinnützigkeit (Krätke 1988a). *Zweitens* Arbeiten aus der neuen Genossenschaftsbewegung, die selbstverwaltungsorientierte Ansätze hervorheben, um alternative und basisdemokratische Wohnkultur zu stärken (Uhlig 1981; Novy 1983; Novy et al. 1985). *Drittens* Lehrbücher der Wohnungswirtschaft, die den doppelten Charakter der Wohnung als ökonomisches und soziales Gut thematisieren (Jenkis 1996c, 2004; Kühne-Büning et al. 2005) sowie solche der Immobilienwirtschaft, in denen ökonomische Aspekte der Verwertung von Wohnraum im Vordergrund stehen (Brauer 2013b; Arnold et al. 2017; Mändle 2017). *Viertens* unternehmensgeschichtliche Beiträge zu einzelnen empirischen Beispielen (Kühne-Büning et al. 1999; Eichener et al. 2000b; Kramper 2008). *Fünftens* Arbeiten der Genossenschaftswissenschaften (König 2004; Beetz 2005; Kaltenborn 2008, 2015; Bernet 2008; Heinrich-Kaufmann-Stiftung 2012; Beuerle 2014) sowie Handbücher, die Einblicke in das zeitgeschichtlich geprägte Standardwissen geben (Baumgarten 1930; Brüggemann 1968; Faust 1977: 504ff; Riebandt-Korfmacher 1980; Mändle/Mändle 2017). Schließlich stellen *sechstens* Arbeiten der kritischen Wohnungsforschung, die zentrale Quelle meiner theoretischen Begründung historischer Phasen der Sozialen Wohnungswirtschaft dar (Prigge/Kaib 1988; Häußermann/Siebel 1996; Schipper 2013; Rinn 2016). Die hier vorgenommene Gliederung des Feldes verstehe ich nicht als abgeschlossene Analyse, sondern als Vorschlag für weitergehende Untersuchungen aus einer regulations- und praxistheoretischen Perspektive. Den Fokus lege ich auf gewerkschaftliche, kommunale und genossenschaftliche Wohnungsunternehmen. Die Entwicklungswege kirchlicher oder industrieverbundener Unternehmen thematisiere ich nicht. Ausgespart bleibt auch die Geschichte der Sozialen Wohnungswirtschaft in der DDR, da ich hier nur die Geschichte des Feldes in den kapitalistischen deutschen Staaten berücksichtige.

Ziel eine angemessene Versorgung mit Wohnraum und nicht die Erzielung von Profit war. Die räumliche und soziale Gestaltung der Wohnverhältnisse sollte darüber hinaus erzieherische Effekte mit sich bringen. Anschaulich verweist darauf Schmoller in seinem Mahnruf zur Wohnungsfrage von 1890:

> „Wir müssen zunächst, soweit es irgend geht, erziehend auf die unteren Klassen einwirken (...); sie müssen begreifen, dass es gefährlicher ist auf ein gutes Zimmer, als auf ein Glas Bier (...) zu verzichten. [Und wir] müssen mehr (...) kleine Wohnungen schaffen; wir müssen diese (...) so gestalten, dass sie das normale und sittliche Familienleben fördern. Wir müssen Geschäftsformen finden, welche nicht der Grundwertspekulation nachjagen, sondern zufrieden sind mit einer mittleren Verzinsung des Kapitals in anständiger dauernder Weise" (Schmoller 1983: 166f.).

Die Bezahlbarkeit des Wohnens sollte durch freiwilligen Verzicht auf den maximalen Profit ermöglicht werden. Dabei ging es nicht darum, das Wohnen der Kapitalverwertung zu entziehen, sondern langfristige Kapitalanlagen in Wohnimmobilien zu ermöglichen. Der Widerspruch zwischen Gebrauchs- und Tauschwert sollte durch eine „gute", also nicht auf maximalen Profit abzielende Spekulation abgemildert werden (Jenkis 1985: 81).

Bezüglich der Wohnkultur der Unterschichten wurde Überbelegung als ein zentrales Problem angesehen. Das nicht-eheliche bzw. nicht-familiäre Zusammenwohnen galt als größtes Hindernis zum Erlernen eines bürgerlich-sittlichen Verhaltens. Die Kleinfamilie galt dagegen als Garant für stabile soziale Verhältnisse. Die Bereitstellung kleiner Wohnungen, die auf die räumlichen Bedürfnisse von einkommensschwachen Familien ausgerichtet und für diese auch bezahlbar waren, sollte einen Beitrag zur Erziehung der Unterschichten leisten. Zentrale Kennzeichen einer bürgerlich-liberal geprägten Sozialen Wohnungswirtschaft waren daher eine moralische Perspektive auf die Ökonomie und eine paternalistische Realisierung guter Wohnverhältnisse (Saldern 1997). Umgesetzt werden sollte dieses Programm möglichst ohne staatliche Hilfe von engagierten Personen des öffentlichen Lebens. Gesucht wurde nach gemeinnützig orientierten Zusammenschlüssen „wohlgesinnter Leute" (Jenkis 1985: 66). Den Menschen der unteren Klassen wurde nur eine geringe Handlungsfähigkeit und kaum ein Bewusstsein für gesellschaftliche Zusammenhänge zugesprochen. Durch eine Verbesserung ihrer Lebenssituation und den Zugang zur Lebensweise und dem Bildungsstand der bürgerlichen Schichten, könnten diese Menschen jedoch in einer Weise sittlich „gehoben" werden, die sie zukünftig zu gesellschaftsfähigen Individuen mache (ebd.: 39).

Als zentrale ökonomische Prinzipien der Sozialen bzw. gemeinnützigen Wohnungswirtschaft des 19. Jahrhunderts galten eine Begrenzung der jährlichen

Dividende und eine Zweckbindung des Kapitals (Jenkis 1985: 143ff; Brede/Kujath 1988). Mit der Zweckbindung auf Bau und Erhalt von Wohnungen wurde die Möglichkeit eines „Kreislaufs der Selbstfinanzierung" geschaffen, in dem nach Ablösung der Kosten und Zahlungsverpflichtungen entstehende Überschüsse dem Bau neuer Wohnungen zugeführt wurden (Häußermann/Siebel 1996: 92). Das erste Bauvorhaben in diesem Sinne wurde 1825 in Elberfeld (Wuppertal) durchgeführt, weitere Aktivitäten zur Gründung gemeinnütziger Wohnungsbaugesellschaften wurden ab den 1840er Jahren insbesondere in Berlin und Hamburg von christlichen und sozialliberalen Bürgerlichen verfolgt. Ab dem Ende des 19. Jahrhunderts nahm die Zahl gemeinnütziger Wohnungsbauunternehmungen zu und es begann ein intensiver Werkwohnungsbau, insbesondere in Bergbauregionen wie dem Ruhrgebiet (Stöcker 1976: 47; Faust 1977: 504ff; Jenkis 1985: 62ff.).

Die Idee der Genossenschaft als Selbsthilfeeinrichtung, in der die Mitglieder gleiche Rechte haben und gemeinsam über ihre Belange entscheiden, entstand bereits Ende des 18. Jahrhunderts in den utopischen Gesellschaftsentwürfen der Frühsozialist_innen (Notz 2012: 32ff.). In Deutschland entstanden Genossenschaften im 19. Jahrhundert vorrangig durch den Zusammenschluss von Personen des „unteren Standes" aus handwerklichen und bäuerlichen Bereichen, die sich der Konkurrenz industrieller Betriebe erwehren wollten und zu ökonomischer Selbsthilfe fähig waren. Wichtige Ideengeber der Genossenschaftsbewegung waren hier der liberale Hermann Schulze-Delitzsch sowie die christlich-konservativen Friedrich Wilhelm Raiffeisen und Victor Aimé Huber (Faust/Draheim 1967; Faust 1977). Die liberale Genossenschaftsidee von Schulze-Delitzsch zielte auf die Besserstellung individueller Marktfähigkeit durch den Zusammenschluss in der Gruppe. Huber, der als Vordenker der Wohnungsgenossenschaften im deutschsprachigen Bereich gilt, befürchtete aufgrund seiner Beobachtungen in England eine Proletarisierung der deutschen Unterschichten, welche zu einem „Rückfall in die Barbarei" führen könne (Jenkis 1985: 39). Um dem vorzubeugen, müsse man „die proletarischen Massen" organisieren, „aber nicht zu communistischen Utopien, sondern zu besserer Beschaffung von Wohnungen, Kleidung, Lebensmitteln und zu ihrer sittlichen Hebung" (ebd.). Der Weg dorthin bestünde „in der Selbsthilfe der Arbeiter, unter tatkräftiger Mithilfe des Staates, der Kirche, sowie der Geist-, Geburts- und Geldaristokratie" (ebd.). Hubers Zielvorstellungen sahen überschaubare Nachbarschaften in einer ländlichen Siedlungsweise vor, in denen ein sittliches Familienleben den Kern des Wohnens darstellt.

Wohnungsgenossenschaften unterschieden sich von anderen Wohnungsunternehmen in erster Linie durch die satzungsmäßig festgelegte Einbeziehung der Mitglieder in die Finanzierung und Verwaltung. Diese Form der Einbindung stellte für bürgerliche Wohnungsreformer_innen ein Mittel dar, um Menschen aus den unteren Schichten für die Abmilderung ihres Wohnungselends mitverantwortlich zu machen und sie von revolutionären Neigungen abzubringen (Karthaus et al. 1985; Schanetzky 2004; Bernet 2008). Die Unterscheidung zwischen gemeinnützigen Wohnungsunternehmen und Genossenschaften war im 19. Jahrhundert jedoch nur eine graduelle, die den rechtlichen Rahmenbedingungen geschuldet war: Eine Vielzahl gemeinnütziger Unternehmen nahm eine finanzielle Beteiligung der zukünftigen Mieter_innen in Anspruch und der größte Teil der bis 1918 gegründeten Wohnungsgenossenschaften wurde von vermögenden Personen protegiert. In den Gremien nahmen bürgerliche Unterstützer_innen zumeist zentrale Funktionen ein und übten maßgeblichen Einfluss auf die Geschäftsführung und das Selbstverständnis der Unternehmen aus. Das erste genossenschaftsähnliche Wohnungsbauunternehmen wurde 1862 in Hamburg-Steinwärder gegründet, die älteste noch bestehende Wohnungsgenossenschaft 1871 in München. Die ersten derartigen Genossenschaften zielten vorwiegend auf die Erstellung von Eigenheimen ab, erst am Ende des Jahrhunderts setzte sich der Mietwohnungsbau durch. Eine Vorbildfunktion kam hierbei dem Bau- und Sparverein Hannover von 1885 zu, der auf der Grundlage der angesparten Vermögen der Mitglieder Mietwohnungen baute (Baumgarten 1930; Stöcker 1976: 47ff; Jenkis 1985: 89ff.). Das Sparen erfüllte dabei nicht nur den Zweck der Baufinanzierung, sondern war Bestandteil der erzieherischen Funktion der Genossenschaft, welche zur Disziplinierung der Wohnungssuchenden beitragen sollte (Bernet 2008: 32f; Kowalski/Wegner 2014: 29ff; Schanetzky 2004).

Zentrale Überzeugungen darüber, wie die Soziale Wohnungswirtschaft funktionieren könne und solle, bildeten sich daher innerhalb christlicher und sozial-liberaler bürgerlicher Kreise. Ihre Ideen mussten sie gegen stärker im Staat verankerte feudale und wirtschaftsliberale Interessen verteidigen und durchsetzen (Faust 1977: 504ff; Jenkis 1985: 62ff; Teuteberg 1986). Erst infolge gesetzlicher Veränderungen in den Jahren 1889/90 kam es zu einem spürbaren Anstieg der Gründungen von Wohnungsgenossenschaften: Im Genossenschaftsgesetz von 1889 wurde eine beschränkte Haftung eingeführt; infolge des Invaliditäts- und Altersversorgungsgesetz von 1890 gründeten sich Landesversicherungsanstalten, welche den Genossenschaften Finanzmittel zu Verfügung stellten und die Aufhebung der Sozialistengesetze erleichterte die Vereinigung von Arbeiter_innen (Stöcker 1976: 90ff; Karthaus et al. 1985; Klose 2007). Die Zahl der Wohnungsgenossenschaften stieg in Deutschland von 28 im Jahr 1889 auf 1.387 im Jahr 1916 (Mändle 2005: 63). Insgesamt blieb jedoch sowohl der genossenschaftliche als auch der gemeinnützige Wohnungsbau bis zum Ersten Weltkrieg in quantitativer Hinsicht eine Nischenerscheinung auf den Wohnungsmärkten (Brede/Kujath 1988).

Genossenschaftsgründungen durch Arbeiter_innen erfolgten bis zum Ende des 19. Jahrhunderts kaum. Von Theoretiker_innen der Arbeiterbewegung wurden die Mittellosigkeit des Proletariats, die staatliche Repression und die strukturelle Abhängigkeit betrieblicher Wirtschaftsführung von den herrschenden Produktionsverhältnissen als grundsätzliche Probleme der liberalen Genossenschaftsidee identifiziert, die kaum zu überwinden seien. Darüber hinaus lehnten sie die paternalistischen Ansätze bürgerlicher Wohnungsreform ab (Engels 1976; Krätke 1988a: 24ff.; Notz 2012: 32ff.). Ab dem Ende des 19. Jahrhunderts gelang es Arbeiter_innen dann jedoch zunehmend, Produktivgenossenschaften aus Arbeitskämpfen heraus zu gründen und Konsumgenossenschaften, wie beispielsweise kleine Lebensmittelläden, zu eröffnen (Novy 1983; Novy/Prinz 1985). Mit dem Einzug sozialdemokratischer Abgeordneter in die Parlamente und der schrittweisen Integration der Arbeiterbewegung in den Staat begann eine zunehmend praktische Auseinandersetzung mit der Wohnungsfrage. Dabei wurde oftmals aus pragmatischen Gründen an bereits etablierten Vorstellungen bürgerlicher Wohnungsreform angeknüpft (Weiland 1988). Dennoch ließen sich selbstständige Vorhaben im Wohnungsbau kaum realisieren, da der Zugriff auf Grundstücke und die Finanzierung zumeist auf die Hilfe vermögender Einzelpersonen oder Institutionen angewiesen war.[2]

4.1.2 *Aufbruch, Etablierung und Gleichschaltung*

Mit dem Ende des Ersten Weltkrieg und der Novemberrevolution von 1918 veränderten sich die Rahmenbedingungen, innerhalb derer sich das Feld der Sozialen Wohnungswirtschaft entwickelte. Krisen und Kämpfe um die Neugestaltung der gesellschaftlichen Verhältnisse führten zu einem Machtverlust der etablierten wohnungswirtschaftlichen Akteure, einem Bedeutungszuwachs von Selbsthilfeinitiativen aus der Arbeiterbewegung sowie einem zunehmenden Engagement

2 Die Freie Scholle in Bielefeld von 1911 gilt als die erste von sozialdemokratischen Arbeiter_innen selbst gegründete Baugenossenschaft (Karthaus et al. 1985: 68f.). Die Schiffszimmerer-Genossenschaft aus Hamburg gründete sich bereits 1875, begann aber erst zur Jahrhundertwende mit dem Bau von Wohnungen (Burkhardt 2011). Ab dem Beginn des 20. Jahrhunderts bildete sich in bestehenden Genossenschaften teilweise eine „sozialdemokratische Opposition“, die versuchte, auf die Geschäftsführung Einfluss zu nehmen (Bernet 2008: 5-6).

des Staates in der Wohnungsversorgung. Infolge des kriegsbedingt geringen Neubaus und Fluchtbewegungen war die Wohnungsversorgung insbesondere in den größeren Städten um 1918 von Mangel geprägt. Das privatwirtschaftliche Wohnungsbaukapital war jedoch kaum in der Lage und vielfach auch nicht dazu bereit, im erforderlichen Umfang Wohnungsbau zu betreiben. Die politischen Umwälzungen eröffneten dagegen Akteuren aus der Arbeiterbewegung Möglichkeiten zur Selbsthilfe und zum Aufbau gesellschaftlicher Gegenmacht. Als wichtiger Schauplatz der Aushandlungen über die Rolle und Bedeutung der Sozialen Wohnungswirtschaft entwickelte sich die gewerkschaftlich geprägte Gemeinwirtschaft, innerhalb der Ansätze zu einer Dekommodifizierung von Wohnraum auf einer materiellen als auch symbolischen Ebene ausgearbeitet und erprobt wurden.

Auf politischer Ebene zeichneten sich die Jahre nach 1918 zunächst durch revolutionäre Umwälzungen aus, die von einer Selbstorganisation der Bevölkerung in Arbeiter- und Soldatenräten geprägt waren. Aus diesem Kontext heraus entstand auch eine Bewegung von Bauproduktiv- und Wohnungsgenossenschaften. Die SPD als stärkste Partei der Arbeiterbewegung drängte jedoch auf die Zusammenarbeit mit Teilen der alten Elite und auf die Einrichtung einer parlamentarischen Republik. In der Folge konnten sich sozialdemokratische Ansätze zwar in staatliche Politiken einschreiben, dabei jedoch nur in Form eines Kompromisses mit bereits etablierten Überzeugungen umgesetzt werden. Während zu Beginn der 1920er Jahre sozialdemokratische Partei- und Gewerkschaftsfunktionäre noch sozialrevolutionäre Veränderungen bis hin zur Sozialisierung der Wohnungs- und Baubranche und der Einführung einer Wirtschaftsdemokratie diskutierten und propagierten, fand die konkrete Umsetzung als pragmatische Reform statt.

In diesem historischen Kontext gewannen sowohl Ansätze der Selbsthilfe sowie staatlicher Regulation maßgeblichen Einfluss auf die Überzeugungen und Praktiken im Feld der Sozialen Wohnungswirtschaft. Dies zeigt sich u.a. in der rasanten Entwicklung der Bauhütten, Genossenschaften und kommunaler Wohnungsunternehmen. Infolge der Integration der Arbeiterbewegung in den Staat und der Bildung professioneller Verbände nahm die Bedeutung der Selbsthilfe jedoch wieder deutlich ab. Unter der Herrschaft des Nationalsozialismus wurden Akteure und Organisationen der Arbeiterbewegung auch im Bereich von Wohnungsbau und -wirtschaft verfolgt, verboten oder gleichgeschaltet. Infolgedessen kam es hier zur nahezu vollständigen Verdrängung von Selbsthilfe und Selbstverwaltung. Mit der Gründung des Reichsverbandes der gemeinnützigen Wohnungswirtschaft 1938 und dem Erlass des Wohnungsgemeinnützigkeitsgesetzes 1940 wurden darüber hinaus bleibende Institutionen geschaffen, die die

Soziale Wohnungswirtschaft bis in die 1980er Jahre prägten (Novy 1983; Krätke 1988a; Ruck 1988; Häußermann/Siebel 1996: 103ff.).

In der Verfassung der Weimarer Republik wurde erstmals ein Recht auf Wohnen festgeschrieben und Wohnungspolitik als soziale Aufgabe des Staates verstanden. Die bereits 1914 kriegsbedingt eingeführte Begrenzung der Mieten wurde beibehalten, eine Zwangsbelegung von Wohnungen ermöglicht, Mieterrechte gestärkt und mit der Hauszinssteuer ein Finanzierungsinstrument eingeführt, mit dem der Althausbestand zugunsten eines öffentlich geförderten Neubaus besteuert wurde. Insgesamt entstanden in der Weimarer Republik ca. 2,5 Mio. Wohnungen von denen mehr als 80 % öffentlich gefördert wurden (Saldern 1997: 120ff.; Häußermann et al. 2008: 55ff.). Die Vergabe öffentlicher Mittel für den Wohnungsbau wurde an die gemeinnützige Trägerschaft der Unternehmen gebunden (Kujath 1988). Die geförderten Siedlungsanlagen galten als Vorzeigequartiere des „neuen" – je nach Perspektive modernen, rationalen und/oder sozialistischen – Menschen und sollten als Instrument der Erziehung des Volkes zum modernen Wohnen dienen (Saldern 1997; Häußermann et al. 2008: 61ff.). Dabei wurde sich vielfach an den von Rationalisierung und Typisierung geprägten Entwürfen des „Neuen Bauens" orientiert (Häußermann/Siebel 1996: 138ff.). Das Ideal der „sesshaften Kleinfamilie" wurde aus bürgerlichen Debatten um die Wohnungsfrage übernommen und zunehmend auch von sozialdemokratischer Seite in Anspruch genommen (Saldern 1997: 123). Die Mietskaserne des 19. Jahrhunderts galt dagegen als „widernatürliche" Wohnform, die einen „Nährboden für politische Unzufriedenheit" darstelle (Häußermann et al. 2008: 58; Bodenschatz 1988: 134). Der Reformwohnungsbau schaffte einen neuen Teilbereich des Wohnungsmarktes, welcher jedoch den unterprivilegierten Teilen der Arbeiterklasse trotz aller Bemühungen weitgehend verschlossen blieb, da es nicht gelang, die Wohnkosten auf ein bezahlbares Minimum zu reduzieren (Ruck 1988).

In vielen deutschen Städten wurden kommunale Wohnungsunternehmen geschaffen. Die Entstehungsgeschichte in den damaligen Städten Hamburg, Altona, Wandsbek und Harburg verdeutlicht sowohl die Vielfalt als auch die Verflechtung unterschiedlicher Ansätze der sozialen Wohnungsversorgung sowie deren wechselhafte Geschichte in der Zeit zwischen 1918 und 1945: In Hamburg wurde 1926 die „Gemeinnützige Kleinwohnungsbau-Gesellschaft Freie Stadt m.b.H" von Privatleuten gegründet. Das Unternehmen wurde 1940 verstaatlicht, nachdem die Hamburger Beleihungskasse die Geschäftsanteile bereits zuvor aufgekauft hatte (Freie Stadt 1953: 8). In Altona wurde die 1919 erstellte Steenkamp-Siedlung vom „Bauverein Altona-Ottensen" geplant, dann von der „Gemeinnützigen Heimstätten AG" erbaut und schließlich von der 1922 gegründeten kommunalen „Siedlungs-Aktiengesellschaft Altona" übernommen (SAGA 1972). In der Siedlung wurden Ansätze einer institutionalisierten Mieterbeteiligung eingeführt (Kunze 1992). Vorsitzender der SAGA war der ehemalige Altonaer und spätere Hamburger Bürgermeister Max Brauer. In Wandsbek wurde 1928 die „Wohnungsbaugesellschaft Wandsbek mbH", als „gemischtwirtschaftliches" Unternehmen gegründet, „bei dem die Stadt Wandsbek wohl die Mehrheit des Stammkapitals [hielt], an der aber auch jeder Private, vornehmlich die Wohnungssuchenden, sich als Gesellschafter beteiligen konnten" (Rieger/Spörhase 1953: 9). Laut den Chronisten des Unternehmens könne man daher von einer „Genossenschaft in GmbH-Form sprechen" (ebd.).[3] Das Unternehmen wurde 1938 verstaatlicht und 1940 in „Gemeinnütziges Wohnungsunternehmen Neues Hamburg" umbenannt (ebd.: 11). Die Harburger „Deutsche Wohnungsbaugesellschaft mbH" wurde 1929 von Privatleuten gegründet, infolge von ausbleibenden Mieteinnahmen aber 1930 von der Stadt Harburg-Wilhelmsburg übernommen (Spörhase 1954: 1). 1934 und 1935 wurden zwei gemeinnützige Wohnungsgesellschaften mit der Harburger zusammengeführt. 1937 übernahm sie weitere, zuvor „in Zwangsverwaltung geratene" kleine Baugenossenschaften (ebd.). Infolge der Vereinigung durch das Groß-Hamburg-Gesetz gingen 1939 alle vier Unternehmen in den Besitz der Stadt Hamburg über. 1972 wurden sie unter dem Dach der SAGA zusammengefasst (SAGA 1972).

Die 1920er Jahren waren stark von selbstorganisierten Aktivitäten der Wohnungssuchenden und Arbeiter_innen geprägt. Insbesondere nach Ende des Ersten Weltkriegs und infolge der Weltwirtschaftskrise von 1929 wurden vielfach „wilde Siedlungen" auf privaten und öffentlichen Grundstücken errichtet (Novy 1983; Harlander et al. 1988). Im Jahr 1920 wurden 100 Bauhütten von zumeist gewerkschaftlich organisierten Arbeiter_innen gegründet; im Jahr 1922 existierten bereits 235 (Novy 1983: 84). Begünstigt wurde dieser selbstorganisierte Aufbruch durch die hohe Bedeutung der Arbeitskraft in der Bauwirtschaft (Kaltenborn 2008). Aus den Bauhütten heraus entwickelten sich eine Vielzahl regionaler gewerkschaftlicher Baubetriebe, die sich in ihrer sozialen und politischen Zielsetzung unterschieden. Als erster Betrieb dieser Art wurde die Gagfah 1918 als

3 Zuvor hatte die Stadt Wandsbek die Erfahrung gemacht, dass Mieter_innen vom kommunalen Unternehmen ein Entgegenkommen bei der Mietzahlung erwarteten (Rieger/Spörhase 1953: 10). Um diesem Problem zu entgehen, wurde beschlossen, „eine Gesellschaft zu gründen, die nach privatwirtschaftlichen Grundsätzen verfahren musste und gleichzeitig privates Kapital zum Wohnungsbau flüssig machen sollte" (ebd.).

„Gemeinnützige Aktiengesellschaft für Angestellten-Heimstätten" gegründet, welche später der deutschnationalen Strömung der Gewerkschaften angehörte (Kramper 2008: 58). Diejenigen der linksorientierten Freien Gewerkschaften schlossen sich 1920 im Verband sozialer Baubetriebe zusammen (ebd.). 1924 wurde die Deutsche Wohnungsfürsorge Dewog als gewerkschaftseigene Kapitalgesellschaft zur Förderung des Wohnungsbaus gegründet, welche als Vorgängerorganisation des Wohnungsbauunternehmens Neue Heimat gilt (ebd.: 61).

Die Zahl der Wohnungsbaugenossenschaften in Deutschland stieg von 1.387 im Jahr 1916 auf über 3.300 im Jahr 1923 und erreichte im Jahr 1930 ihren bisherigen Höchststand mit 4.390 (Stöcker 1976: 160f; Kaltenborn 2008: 46). Viele dieser Genossenschaften verstanden sich als Teil der Arbeiterbewegung und wurden mit Unterstützung von Mietervereinen und Gewerkschaften gegründet (Schmidt/Wigger 1997: 7ff.). In einigen bestehenden Genossenschaften kam es infolge von Auseinandersetzungen um die Bezahlbarkeit des Wohnens, die Nutzung von Gemeinschaftseinrichtungen oder auch die politische Ausrichtung des Unternehmens zu sogenannten Palastrevolten, in denen der Arbeiterbewegung nahestehende Mitglieder Veränderungen forderten und teilweise Positionen im Aufsichtsrat oder dem Vorstand übernahmen (Karthaus et al. 1985; Schmidt/Wigger 1997; Bernet 2008: 148ff.). Insgesamt kam es zu einer Politisierung der Genossenschaftsbewegung, die sich auch darin ausdrückte, dass „ganz alltägliche Handlungen in einen [symbolischen] Zusammenhang mit den 'großen' politischen Visionen" einer sozialrevolutionären Bewegung gebracht wurden (Novy 1983: 14 und 64f.).

Infolge des Aufbruchs der 1920er Jahre veränderte sich das Feld der Sozialen Wohnungswirtschaft deutlich. Zu den paternalistischen und erzieherischen bürgerlichen Ansätzen des 19. Jahrhunderts kamen Ansätze der Selbsthilfe und einer klassenkämpferisch verstandenen Gemeinwirtschaft hinzu. Nach der Abkehr der SPD vom Anspruch einer sozialrevolutionären Umgestaltung der ganzen Gesellschaft wurde die schrittweise Demokratisierung der Wirtschaft in einzelnen Branchen innerhalb der Arbeiterbewegung als zentrale Strategie sozialistischer Politik entworfen. Dabei kam gemeinwirtschaftlichen Betrieben, die innerhalb des bestehenden Systems aufgebaut und als Gegenmacht zur kapitalistischen Ökonomie fungieren sollten, eine zentrale Bedeutung zu. Wohnungsbau und -wirtschaft wurden als geeignete Ausgangspunkte für eine fortschreitende Sozialisierung der Gesamtwirtschaft verstanden (Krätke 1988a; Kramper 2008: 41ff.). Den gemeinwirtschaftlich orientierten Betrieben gelang es auch, maßgeblichen Einfluss auf das Baugeschehen und die Wohnungsversorgung zu nehmen. Gleichzeitig kam es jedoch zu einer Anpassung an die bestehenden

Marktzwänge: So wurden auch im gewerkschaftlichen Wohnungsbau Mieten verlangt, die für die unteren Einkommensschichten kaum bezahlbar waren und ab Mitte der 1920er Jahre eine Vielzahl von Bauhütten mit dem Ziel der Rationalisierung zusammengeschlossen und in Kapitalgesellschaften umgewandelt (Krätke 1988a: 40 und 115).

Die „lebhafte Gründungstätigkeit" nach 1918 wurde von etablierten Vertreter_innen der Genossenschaftsbewegung als „Gefährdung" der Strukturen des Feldes angesehen (Baumgarten 1930: 50f.). In Reaktion auf die Palastrevolten gaben einzelne bürgerliche Vorstände und Aufsichtsräte ihre Funktionen auf und widmeten sich stattdessen der Gründung überregionaler Verbände (Bernet 2008: 137ff.). Diese eigneten sich die Kompetenz an, die Mitgliedsunternehmen zu überwachen und Einfluss auf die Besetzung der Gremien zu nehmen (Baumgarten 1930; Stöcker 1976: 183f; Faust 1977: 521ff.). Der „Hauptverband deutscher Baugenossenschaften" mit 2.000 Mitgliedsunternehmen wurde 1924 gegründet, daneben existierten weitere kleinere Verbände (Hagemann-Miksits et al. 2000). 1922 wurde die Vertreterversammlung eingeführt, womit das bis dahin übliche basisdemokratische durch ein repräsentatives System der Mitgliederbeteiligung ersetzt werden konnte (Klose 2007; Bickelmann 2015).

Unter der Herrschaft des Nationalsozialismus wurden die Errungenschaften der Arbeiterbewegung und insbesondere die Ansätze der Selbstverwaltung im Feld der Sozialen Wohnungswirtschaft dann weitgehend zunichte gemacht. Die Gewerkschaften wurden zerschlagen, ihre Unternehmen und Bauhütten beschlagnahmt und der „Deutschen Arbeitsfront" einverleibt (Novy/Prinz 1985: 202ff.). Genossenschaften wurden gleichgeschaltet und teilweise zwangsverschmolzen (ebd.: 217ff.). In den einzelnen Unternehmen wurden Vorstände und engagierte Mitglieder entfernt und durch NS-Parteigänger ersetzt (Schmidt/Wigger 1997: 27ff; Bernet 2008: 159ff.). Jüdische Mitglieder wurden ausgeschlossen (Schepers 1985). Auch wenn der Arbeiterbewegung nahestehende Wohnungsgenossenschaften in den 1930er Jahren noch Rückzugsorte antifaschistischen Widerstandes darstellten, führte die organisatorische und personelle Gleichschaltung zur umfassenden Zerstörung nachbarschaftlicher Strukturen und des sozialen Milieus, aus dem sich die Genossenschaftsbewegung zuvor zusammensetzte (Novy 1983; Bernet 2008: 153ff; Kuhnert/Leps 2017: 45ff.).

Die volkswirtschaftliche Bedeutung der Gemeinwirtschaft war in den 1920er Jahren jedoch so groß geworden, dass nach 1933 zwar ihre politische Kultur bekämpft wurde, die Auflösung dieses Wirtschaftszweigs aber nicht in Frage kam. Infolgedessen kam es zu einer ambivalenten Integration in die nationalsozialistische Politik und zum Versuch einer völkischen Umwidmung der Geschichte und Ziele der Gemeinwirtschaft und der Genossenschaftsbewegung (Kaltenborn 2015: 43f.). Die daraus folgende organisatorische und rechtliche Institutionalisierung prägte die Soziale Wohnungswirtschaft über die Zeit des Nationalsozialismus hinaus nachhaltig. Die Wohnungsgenossenschaften wurden 1934 in einem Einheitsverband zusammengeführt, womit die zuvor bestehende Vielfalt politischer Strömungen nivelliert und der direkten staatlichen Aufsicht untergeordnet wurde (Kujath 1988: 127; Kaltenborn 2015: 36f.). Mit dem „Reichsverband des deutschen gemeinnützigen Wohnungswesens" wurden 1938 Wohnungsunternehmen unterschiedlicher Rechtsformen – Genossenschaften sowie Kapitalgesellschaften – in einem Verband zusammengeführt (GdW 2014: 31f.). Mit dem Wohnungsgemeinnützigkeitsgesetz (WGG) von 1940 wurde die Soziale Wohnungswirtschaft schließlich auf nationaler Ebene vereinheitlicht und gleichzeitig zum wichtigsten Träger des Reichswohnungsbaus erklärt (Jenkis 1985: 148f.).

Im WGG von 1940 wurden Aspekte institutionalisiert, die die gemeinnützige und gemeinwirtschaftliche Wohnungswirtschaft bereits seit dem 19. Jahrhundert geprägt hatten, aber auch Elemente nationalsozialistischer Zentralisierungspolitik hinzugefügt. An die Tradition der christlichen, sozialliberalen und arbeiterbewegungsorientieren Wohnungswirtschaft knüpften die Beschränkung der Unternehmensgewinne auf vier Prozent, die Bindung des Vermögens an wohnungswirtschaftliche Zwecke, die Verpflichtung zum kontinuierlichen Bau von Kleinwohnungen und eine Mietpreisbindung im Rahmen der Kostenmiete an. Gleichzeitig wurde jedoch auch ein Verbot der Betätigung auf vorgelagerten Märkten wie der Bauwirtschaft, eine Einschränkung des Baus und Betriebs von Gemeinschaftsräumen sowie die Möglichkeit zur staatlich verordneten Zwangsfusion von Unternehmen eingeführt (Jenkis 1985: 150ff; Novy 1985: 136). Damit wurde das Geflecht zwischen gewerkschaftlichen Bauhütten und Bauunternehmen sowie den Genossenschaften zerstört und dem Konzept der Sozialisierung der Wohnungs- und Bauwirtschaft als erstem Schritt zu einer sozialistischen Umgestaltung der gesellschaftlichen Zusammenhänge die Grundlage entzogen. Das WGG wurde zunächst ohne Änderungen in die Bundesrepublik überführt (Kuhnert/Leps 2017: 52).

Mit dem Zweiten Weltkrieg entstand erneut eine Krisensituation, die hinsichtlich des Wohnungsmangels zwar tiefgreifender als nach dem Ersten Weltkrieg war, sich auf der organisatorischen Ebene aber durch stärkere Kontinuität auszeichnete. Der Reichsverband reorganisierte sich nach 1945 als Gesamtverband der gemeinnützigen Wohnungswirtschaft und übte maßgeblichen Einfluss auf die Wohnungspolitik der Nachkriegszeit aus. Einzelne Persönlichkeiten stellten dabei die Kontinuität der Verbandsarbeit über die politischen Umwälzungen hinweg sicher (Faust 1977: 529; Novy 1983: 20; GdW 2014: 41). Direkt nach Kriegsende entstanden zwar erneut Ansätze der Selbsthilfe in Form von antifaschistischen Komitees in einzelnen Wohnblöcken und Genossenschaften, welche jedoch von den Verwaltungsmächten sowie den Verbänden der Wohnungswirtschaft marginalisiert wurden (Saldern 1997: 287ff; Schmidt/Wigger 1997: 31). Die Verbände wirkten auch neuen Gründungen entgegen, indem sie die bestehenden Genossenschaften zum Größenwachstum aufriefen (Brecht 1952). Der Übergang zur fordistischen Phase der Sozialen Wohnungswirtschaft ist somit von mehreren Jahrzehnten gesellschaftlicher Krisen und Kämpfe gekennzeichnet, innerhalb derer selbstverwaltungsorientierte Ansätze das Feld zunächst veränderten und dann aber zugunsten von Zentralisierung, Professionalisierung und Rationalisierung zurückgedrängt wurden.

4.1.3 Versorgung breiter Schichten der Bevölkerung

Das Feld der Sozialen Wohnungswirtschaft erhielt mit der Einführung des Wohnungsgemeinnützigkeitsgesetzes (WGG), der Etablierung des Gesamtverbandes der gemeinnützigen Wohnungswirtschaft (GdW) und der Gesetzgebung der 1950er Jahre in der Zeit des bundesdeutschen Fordismus politisch-rechtliche Rahmenbedingungen, die zu seiner Stabilisierung und Ausdehnung führten. Zentraler Schauplatz der Aushandlungen wurden ebendiese Rahmenbedingungen in Form von Wohnungspolitik und staatlicher Interventionen in den Markt. Vor dem Hintergrund der gesellschaftlichen Kämpfe und der Wohnungsversorgungskrise nach dem Zweiten Weltkrieg setzte sich eine Logik planmäßiger und großmaßstäbiger Versorgung durch, die bis zum Ende der 1960er Jahre weitgehend unangefochten dominant blieb. Im Anschluss an die Entwicklungstendenzen der 1920er bis 40er Jahre gewannen Rationalisierung und Zentralisierung zunehmend den Charakter herrschender Überzeugungen, die von Akteuren verschiedenster politischer Richtungen als handlungsleitend anerkannt wurden. Im Kontext des fordistischen Klassenkompromisses wurden die vorangegangen Kämpfe um die Logik des Feldes negiert und zu einer weitgehend harmonischen Geschichte fortschreitender Verbesserung umdefiniert. So formulierte der Direktor des GdW auf dem Allgemeinen Deutschen Bauvereinstag 1972:

> „Seit einigen Jahren feiern wir das 100jährige Bestehen gemeinnütziger Wohnungsunternehmen. Sie entstanden in einer Zeit, als der Ultra-Liberalismus (...) dem Kapitalismus den Weg bereitete und die Industrialisierung die Proletarisierung der Arbeiterschaft (...) einleitete. Sozial fortschrittliche und humanitär eingestellte

Bürger schlossen sich zu Selbsthilfeorganisationen zusammen, um die Ignoranz des damaligen, im Absolutismus noch befangenen Staates durch eigene Kraft zu überwinden und ihren Mitbürgern und Mitgliedern durch den Bau von gesunden und preisgünstigen Wohnungen zu einem menschenwürdigen Dasein zu verhelfen. Diese Unternehmen entwickelten die sozialpolitisch wirksamen Eigenarten der gemeinnützigen Wohnungswirtschaft, die in den Satzungen der später gegründeten Genossenschaften und Gesellschaften verankert wurden, Jahrzehnte später in dem Wohngemeinnützigkeitsrecht ihre gesetzlichen Niederschlag fanden und heute wie morgen das Handeln der gemeinnützigen Wohnungsunternehmen bestimmen" (Tepper 1972: 32-33)

Die existierenden gemeinnützigen Wohnungsunternehmen wurden als Resultat der „Selbsthülfe der arbeitenden Klassen" verstanden, welche mithilfe von „Philanthropen und Sozialpolitikern" gegründet worden seien (Riebandt-Korfmacher 1980: 1805).

Damit wurde die Unterdrückung von Selbstverwaltungsansätzen sowie die Gleichschaltung im Nationalsozialismus aus der Geschichtsschreibung weitgehend negiert. Historische Überblickswerke griffen teilweise auf das Vokabular der vorangegangen Jahrzehnte zurück und argumentieren, die gemeinnützigen Wohnungsunternehmen würden „mit ihren Leistungen [einen] sozialhygienischen, sozialpolitischen, bevölkerungspolitischen und gesellschaftspolitischen Nutzen" erstreben (Stöcker 1976). Ideologisch wurde damit an die Erziehung der gefährlichen Klassen angeknüpft, wie sie im 19. Jahrhundert ausgearbeitet wurde; methodisch aber auf die Entwicklungen nach dem Ersten Weltkrieg zurückgegriffen: Das Instrument der Versorgung der Bevölkerung sollten nicht mehr länger philanthropische, sondern möglichst große, staatlichen Regeln unterworfene und professionell geführte Unternehmen sein. Der gesellschaftliche Auftrag der gemeinnützigen Wohnungswirtschaft sei dabei nach wie vor, „Slumbildung zu verhindern [und] Wohnungsreform zu betreiben" (Tepper 1971: 34). Zentraler Bestandteil der Orthodoxie des Feldes blieb die Überzeugung, dass das Wohnen nicht vorrangig dem Wirken der Marktkräfte überlassen werden dürfte:

„Unerträglich (...) wird auch in Zukunft die mit Gewinnmaximierung verbundene Ausnutzung einer Wohnungsmarktlage bleiben, die (...) fatale kapitalistische Züge annehmen kann. Wohnung ist eben keine beliebige Ware, deren Produktion und Angebot kurzfristig jede Nachfrage an jeden Ort bedarfsgerecht befriedigen kann" (Tepper 1972: 34).

Das WGG begrenzte die Gewinne der Wohnungsunternehmen. Mit der Absage an die Gewinnmaximierung war jedoch – im Gegensatz zu den Gemeinwirtschaftskonzeptionen der 1920er Jahre – keine antikapitalistische Perspektive mehr verbunden. Es ging weniger um eine Überwindung kapitalistischer Strukturen, als viel mehr um die Gewährleistung unternehmerischer Wirtschaftlichkeit durch staatliche Unterstützung, mittels der die Widersprüche und sozialen Antagonismen kapitalistischer Wohnungsversorgung ausgeglichen, aber nicht aufgehoben werden sollten.

Der GdW brachte erfolgreich einen Vorschlag zur gesetzlichen Verankerung des Sozialen Wohnungsbaus in der Bundesrepublik ein (GEWOS 1990: 36f.). Das daraus resultierende 1950 verabschiedete Erste Wohnungsbaugesetz veranschaulicht in seiner Entstehung als auch seinen Inhalten den damaligen parteiübergreifenden Konsens: Es wurde von einer christlich-liberalen Bundesregierung verabschiedet, die oppositionelle und zu diesem Zeitpunkt noch der Marktwirtschaft kritisch gegenüberstehende SPD stimmte ebenfalls zu, nachdem ihre Änderungsvorschläge weitgehend übernommen wurden (ebd.: 38). Das Gesetz sah eine Zielzahl von 1,8 Millionen Wohnungen vor, die im Zeitraum von 1951 bis 1956 mit Hilfe staatlicher Förderung gebaut werden sollten. Als Vorgaben galten eine Richtsatzmiete und eine einheitliche Wohnflächenobergrenze von 65 m^2 (Kühne-Büning 2005b: 286-287). Mit dem Zweiten Wohnungsbaugesetz von 1956 wurden die Vorgaben gelockert und der Eigenheimförderung ein zentraler Stellenwert zugewiesen. Dennoch bildete auch dieses Gesetz die Grundlage für einen umfangreichen Mietwohnungsbau welcher sich an „breite Schichten der Bevölkerung“ adressierte (ebd.: 237ff.). Im Zeitraum von 1949 bis 1968 wurden knapp 2,3 Mio. Sozialwohnungen errichtet (Häußermann/Siebel 1996: 157). In der Forschung gilt dies als ein „Schlüsselelement des gesamten Wiederaufbaus und der sozialstaatlich flankierten politischen Stabilisierung im Nachkriegsdeutschland“ (Harlander 2012: 81). Im Gegensatz zu den Wohnungsbauförderungen der Weimarer Zeit bezog sich der Soziale Wohnungsbau der BRD jedoch nicht mehr auf die Besonderheiten der Träger, sondern auf die zu fördernden Objekte, also auf die Gebäude, unabhängig von den Eigentumsstrukturen (Häußermann/Siebel 1996: 153).

Die gemeinnützige Wohnungswirtschaft trug maßgeblich zum Wiederaufbau und der Stadtentwicklung bis in die 1970er Jahre bei. Von 1950 bis 1969 baute sie über 3,5 Mio. Wohnungen; ihr Anteil an allen neu gebauten Wohnungen betrug zu Beginn der 1950er Jahre über 40 %, bis zum Ende der 1960er Jahre weiterhin über 25 % (Kühne-Büning et al. 1999: 181; Jenkis 2004: 112). In diesem Kontext wuchsen viele Unternehmen und Genossenschaften von kleinen zu mittleren oder großen Betrieben (Stöcker 1976: 235). Mit dieser quantitativen Expansion gewann die gemeinnützige Wohnungswirtschaft eine zentrale Bedeutung für die gesamte Wohnungsversorgung. In Großstädten machte ihr Marktanteil am Ende der 1970er Jahre knapp 30 % aus (Kujath 1988: 129). Die fordistischen

Entwicklungstendenzen – geprägt durch das WGG, den Sozialen Wohnungsbau, einer Interessenvertretung durch den Gesamtverband und das Größenwachstum – führten jedoch zu einer fortschreitenden Angleichung der unternehmerischen Praxis unterschiedlicher Träger und damit zu einem Verlust ihrer spezifischen politisch-kulturellen Identität (Niethammer 1988).

Diese Veränderungen lassen sich exemplarisch an der Entwicklung des Unternehmens „Neue Heimat" und der Veränderung des gewerkschaftlichen Konzepts von Gemeinwirtschaft darstellen. Die Neue Heimat entstand aus den Rückübertragungen des Vermögens der „Deutschen Arbeitsfront" durch die Alliierten nach 1945. Es entstanden zunächst kleine, regionale gewerkschaftliche Wohnungsunternehmen. Der Hamburger Teil der Neuen Heimat prosperierte stark und vereinte innerhalb weniger Jahre die Mehrzahl von ihnen in einem Konzern. Infolge einer intensiven Expansion durch die Aufnahme externer Finanzmittel, hoher Neubauzahlen und der Übernahme anderer Unternehmen, entwickelte sich die Neue Heimat innerhalb der 1950er Jahre zum größten deutschen Wohnungsunternehmen und wurde zum wichtigsten Repräsentanten der gemeinnützigen Wohnungswirtschaft sowie der gewerkschaftlichen Gemeinwirtschaft (Kramper 2008: 94ff.). Verschiedene Aspekte stehen beispielhaft für die Entwicklungen in der Bundesrepublik: Die Namensgebung „Neue Heimat" geht auf die Gleichschaltung in den 1930er Jahren zurück und wurde nach 1945 beibehalten. Das Unternehmen wurde mit einer zentralisierten und auf dauerhaftes Wachstum ausgerichteten Struktur versehen. Mit der kontinuierlichen Steigerung der Erträge gewann die Neue Heimat auch einen immer höheren symbolischen Wert für die Gewerkschaften (ebd.: 151ff.). Im Gegensatz zu den wirtschaftsdemokratischen Strategien der 1920er Jahre wurde in ihr jedoch kein Ansatz antikapitalistischer Gegenmacht mehr gesehen, sondern ein der marktwirtschaftlichen Ordnung zugehöriges „Regulativ", das durch erfolgreiche Behauptung im Wettbewerb die Strukturen des Wohnungsmarktes insgesamt verbessern könne (ebd.: 321).

Dieses Rollenverständnis spiegelte den Wandel der Gemeinwirtschaftsvorstellungen in der BRD insgesamt wider: „Von vielen Theoretikern der Gemeinwirtschaft [wurde] der kapitalistische Charakter der Wirtschaftsordnung (...) verneint und das (...) existierende System (...) als gemischte Wirtschaft bezeichnet" (Bierbaum/Riege 1985: 14). Daran angepasste Konzeptionen „versöhnte[n] revolutionäre Ziele mit der Absage an revolutionäre Mittel" (Niethammer 1988: 288). Die Bedeutung der Gemeinwirtschaft läge nun in einer Versorgungsfunktion im „öffentlichen Interesse" (Thiemeyer 1972: 130). Während in sozialistischen Konzeptionen die Erzielung von Gewinn an sich – aufgrund der damit einhergehenden Gefahr der Transformation zur Marktförmigkeit – kritisch diskutiert wurde, rückte nun die Frage der Verwendung des Gewinns in den Vordergrund (Krätke 1988a: 34). Bis in die späten 1970er Jahre schienen Unternehmen wie die Neue Heimat mit ihrer Expansion den Beweis dafür zu liefern, dass gemeinwirtschaftliche Unternehmen im Kapitalismus genauso gut oder sogar besser wirtschaften könnten als profitorientierte (ebd.: 34ff.).

Auch die Genossenschaften wuchsen infolge kontinuierlicher Bautätigkeit an Wohnungen und Mitgliedern, während ihre Anzahl durch Fusionen zurückging. Betrug die Zahl der Wohnungsgenossenschaften in der Bundesrepublik nach dem Ende des Zweiten Weltkriegs 1.190, steigt diese zunächst bis 1950 auf 1.760 und schrumpfte dann bis 1966 auf 1.500 (Brüggemann 1968: 403; Heiser 2000: 130). Das Größenwachstum ging mit einer Professionalisierung der Geschäftsführung und einer Bürokratisierung der Verwaltung einher (Schanetzky 2004: 106f.). Entscheidungsfunktionen wurden zunehmend weniger von ehrenamtlichen Genoss_innen, sondern von professionellen Vorständen und Fachpersonal ausgefüllt, was eine „Entfremdung von Vorstand und Mitgliedern" zur Folge hatte (König 2004: 35). Diese Entwicklung wurde mit der Novelle des Genossenschaftsgesetzes 1973 institutionalisiert, indem die Leitung – um sie der Stellung von Vorständen einer Aktiengesellschaft anzupassen – von den Weisungen der Generalversammlung und des Aufsichtsrats unabhängig gemacht wurde (Beuthien 1975; Klose 2007: 144). Das Größenwachstum und die Professionalisierung wurden kontrovers diskutiert. So bemerkte der Genossenschaftswissenschaftler Georg Draheim, dass die „Einbettung der Genossenschaft in bestimmte Wirtschaftszweige, wie z.B. (...) der Wohnungsgenossenschaften in die Wohnungswirtschaft, (...) zur Folge [hat], dass das Schicksal dieser Genossenschaften eng mit den allgemeinen Ereignissen in den einzelnen Branchen zusammenhängt" (1955: 169). Mit den Regelungen des WGG und des Sozialen Wohnungsbaus würde das Genossenschaftliche zunehmend „vom Wohnungswirtschaftlichen überlagert" (ebd.: 227). Es stellte sich daher die Frage, ob die genossenschaftlichen Prinzipien mit den staatlichen wohnungswirtschaftlichen Vorgaben vereinbar seien (Jenkis 1986).

Der bundesweite Verband der gemeinnützigen Wohnungswirtschaft sprach sich dabei zugunsten der gesetzlichen Regelungen aus. Die Schaffung großer und professioneller wohnungswirtschaftlicher Strukturen wurde als Errungenschaft und selbst die Zwangsfusionen in der Zeit des Nationalsozialismus als sachlich begründete Notwendigkeiten bzw. als „Reinigungsprozess" angesehen (Stöcker 1976: 191f; Riebandt-Korfmacher 1980: 1807). Genossenschaftliche Selbsthilfe wurde von einem politisch-kulturellen Begriff, der auf Selbstverwaltung und Bautätigkeit in eigener Regie verwies, zu einem finanziellen Begriff umdefiniert, der sich in erster Linie auf die Anteile, die die Mitglieder zur Finanzierung der

Geschäftstätigkeit einzahlen, bezog (Brecht 1952; Riebandt-Korfmacher 1980). Im Rahmen der Orthodoxie einer quantitativen Versorgung kam es somit zur Anpassung der Genossenschaften an die Geschäftsführung großer Kapitalgesellschaften und gleichzeitig zu einem relativen Bedeutungsverlust gegenüber diesen. So verdreifachte sich der Wohnungsbestand der Genossenschaften zwischen den 1950er und 1970er Jahren zwar, ihr Anteil am Wohnungsbestand aller gemeinnütziger Unternehmen sank jedoch von ca. 40 % auf 30 % (Riebandt-Korfmacher 1980: 1810). Gleichzeitig wurden Genossenschaften, deren Geschäftsstrategie nicht auf Wachstum ausgerichtet war, von Vertreter_innen des Verbandes als „bedeutungslos" bezeichnet (Jenkis 1986: 87).

Der wissenschaftlich-politische Grundkonsens der Sozialen Wohnungswirtschaft im Fordismus beinhaltete die Anerkennung des Doppelcharakters der Wohnung als Sozial- und Wirtschaftsgut, d.h. ihrer Eigenschaft als Ware, deren Profit sich nur auf Kosten der Konsument_innen maximieren lässt (Jenkis 2004: 35). Vertreter_innen der gemeinnützigen Wohnungswirtschaft sowie der „sozialökonomisch" (ebd.: 3) bzw. „neukeynesianisch" (Kühne-Büning 2005a: 69) positionierten Wohnungswirtschaftslehre bekannten sich zu einem Konzept sozialer Marktwirtschaft, in dem staatliche Regulation zur Erhaltung des sozialen Friedens notwendig sei. Es wurde anerkannt, dass infolge der Besonderheiten der Wohnung als Wirtschaftsgut auf dem Wohnungsmarkt ungleiche „Machtverhältnisse" herrschen (Kühne-Büning 2005a: 83-84). Da Wohnungen für ihre Nutzer_innen ein „Grundbedürfnis" darstellen, müssten sie auch dementsprechend behandelt werden (ebd.: 6).

In der gemeinnützig-wohnungswirtschaftlichen Debatte wurde insofern auf den Widerspruch zwischen Gebrauchs- und Tauschwert von Wohnraum in kapitalistischen Gesellschaften Bezug genommen. Das daraus resultierende soziale Spannungsverhältnis wurde jedoch mithilfe der Begriffe vom Sozial- und Wirtschaftsgut zu einer technischen Frage transformiert. Es wurde argumentiert, dass ein Wirtschaftsgut vorläge „wenn die Konsumenten (...) die Kosten ohne staatliche Intervention oder Subvention tragen bzw. den Marktpreis bezahlen müssen" (Jenkis 2004: 35). Ein Sozialgut läge dagegen vor, „wenn aus außerökonomischen Gründen der Wohnungsmarkt und die Mietpreisbildung zu Gunsten der Mieter ganz oder teilweise außer Kraft gesetzt werde" (ebd.). Somit wurde zwar ein sozialer Auftrag der Wohnungswirtschaft identifiziert, dessen Umsetzung aber der Staat gewährleisten solle. Die ordnungspolitische Frage, „ob die Wohnung ein Wirtschafts- oder ein Sozialgut" sei, könne

> „dahingehend beantwortet werden, dass die (technische) Einheit Wohnung ein Wirtschaftsgut ist, da die Kosten bezahlt werden müssen, weil sonst ein Substanz-

> verzehr im Bestand und ein Rückgang bei den Neubauinvestitionen eintritt. Dagegen kann die Nutzung des Gutes Wohnung auf Grund von normativen Vorstellungen oder politischen Entscheidungen ein Sozialgut für bestimmte Bevölkerungskreise sein, sofern die Entscheidungsträger den damit verbundenen Subventionsaufwand decken" (Jenkis 1996a: 251).

Die Sorge um den sozialen Frieden ging somit weder mit einer Infragestellung kapitalistischer Strukturen der Wohnungsversorgung, noch mit dem Anspruch einer Versorgung der im Rahmen des fordistischen Klassenkompromisses weiterhin marginalisierten Teile der Bevölkerung einher. Mieter_innen wurden in Typen der Nutzbarkeit zwischen „normal", „einkommensschwach", „sozialschwach" und „unzumutbar" kategorisiert (Jenkis 2004: 200-201). Eine reibungslose Verwertung des eingesetzten Kapitals garantierten nur die „Normalmieter". Sollten gemeinnützige Wohnungsunternehmen auch die anderen Kategorien von Mieter_innen versorgen, müsse der Staat für die Kosten aufkommen.

4.1.4 Kämpfe um das Verhältnis von Staat, Markt und Selbstbestimmung

Ab dem Ende der 1960er und insbesondere in den 1980er Jahren fanden intensive Auseinandersetzungen um das Verhältnis von Staat, Markt und Selbstbestimmung im Feld der Sozialen Wohnungswirtschaft statt. Herrschende Überzeugungen der fordistischen Phase wurden brüchig und von anderen Ideen und Ansätzen ersetzt. Dabei etablierten sich insbesondere Formen von Bewohnerselbstorganisation und -beteiligung als neue Schauplätze der Aushandlung. Während selbstverwaltungsorientierte Ansätze im Fordismus zunächst marginal blieben, erfuhren diese im Kontext der Alternativbewegung und der Neuen Linken einen bemerkenswerten Aufbruch. Dieser drückte sich in stadtpolitischen Protesten, Hausbesetzungen, der Gründung neuer Genossenschaften und einer öffentlichen und wissenschaftlichen Debatte um die Soziale Wohnungswirtschaft aus. Gleichzeitig kam es infolge der ökonomischen Krise der 1970er Jahre zu einem Erstarken neoliberaler Ansätze. Der Skandal um die Neue Heimat brachte die gemeinnützige Wohnungswirtschaft in den 1980er Jahren schließlich in den Fokus allgemeiner öffentlicher Kritik. Am Ende des Jahrzehnts wurde das WGG abgeschafft, der Soziale Wohnungsbau dereguliert und damit die politisch-rechtlichen Rahmenbedingungen der Sozialen Wohnungswirtschaft grundlegend verändert.

Die fordistische Umgestaltung der Städte führte in den 1970er Jahren im Zusammenhang mit dem weiterhin bestehenden Wohnungsmangel vielfach zu stadtpolitischen Protesten (Mayer 2008). Dabei löste auch gerade die Vernachlässigung der – von der gemeinnützigen Wohnungswirtschaft als Ausdruck der

„kapitalistischen Stadt" angesehenen – Altbausubstanz in Gründerzeitvierteln Konflikte aus. Leerstand, Abrisse und funktionalistischer Neubau wurden von Mieter- und Stadtteilgruppen als „Kahlschlagsanierung" kritisiert: Bestehende Nachbarschaften würden zerstört, während insbesondere in Neubauvierteln am Stadtrand kaum die Möglichkeit zu selbstbestimmter Lebensführung bestünde (Andritzky et al. 1975; Grüttner 1976). Im Fokus der Kritik stand dabei die gemeinnützige Wohnungswirtschaft, die als Akteur dieser Stadtentwicklung und Wohnungsbauweise in Erscheinung trat und deren Gemeinwohlorientierung daher in Frage gestellt wurde. Von Seiten der Neuen Linken wurde darüber hinaus auf ihr historisches sozialpolitisches Potenzial aufmerksam gemacht und kritisiert, dass die gegenwärtige Unternehmensführung gerade nicht auf die Aufhebung der Widersprüche kapitalistischer Wohnungsversorgung abziele (Hirsch-Borst/Krätke 1981; Krätke 1985).

Ab dem Beginn der 1970er Jahre und mit Hochphasen am Anfang der 80er und 90er Jahre kam es zu Hausbesetzungen, die das Ziel hatten, die bestehenden aber ungenutzten Räume zu erhalten und zu gestalten. Die gemeinsamen Ziele der politisch und kulturell diversen Hausbesetzungsbewegung umfassten einen Beitrag zur Lösung des Wohnungsmangels sowie eine selbstständige Gestaltung von Wohn- und Lebensräumen, in denen selbstverwaltete Kultur, alternative Lebensentwürfe und Projekte alternativer Ökonomie möglich wurden (Nitsche 1982; Baer/Dellwo 2012; Kuhn 2014). Insbesondere zu Beginn der 1980er Jahre erfuhren die Besetzungen eine breite Unterstützung von Anwohner_innen und stadtpolitischen Initiativen und übten massiven Druck auf die etablierte Wohnungswirtschaft aus. So sah der Chef der Neuen Heimat in der roten Fahne, die über den besetzten Häusern in der Nähe seiner Konzernzentrale in Hamburg wehten, den Versuch, den Ruf des Unternehmens, „gemeinnützig und dem Gemeinwohl verbunden zu sein, anzukratzen" und forderte, konsequent gegen die Besetzer_innen vorzugehen (Kramper 2008: 581). Gleichzeitig sympathisierten selbst einige der Betriebsräte der Neuen Heimat mit den Besetzungen (ebd.: 593).

Aus der neuen Genossenschaftsbewegung heraus entstanden Beispiele alternativer Sanierung und Bauweise. In der Bewegung kamen junge und alte Wohnungssuchende, Handwerker_innen und Akademiker_innen sowie Stadtplaner_innen und Gewerkschafter_innen, zusammen; sie vereinte der Wunsch nach Selbsthilfe und Selbstbestimmung (Karthaus 1984). Zentrale Zielsetzungen waren die Schaffung von Wohn- und Lebensräumen, die den Bedürfnissen der Bewohner_innen entsprachen, eine gleichberechtigte Mitbestimmung und nachbarschaftliche Aktivitäten (ebd.). Damit brachte die neue Genossenschaftsbewegung erstmals seit den 1920er Jahren wieder Ansätze einer Dekommodifizierung des Wohnens ins Feld. Der etablierten gemeinnützigen Wohnungswirtschaft warf sie dagegen vor, Trägerformen hervorgebracht zu haben, „die ihren Ausgangspunkt – nämlich Selbsthilfe, Solidarität, Gemeinschaft der Wohnungssuchenden – geradezu negieren" (Novy 1983: 72). Sie habe einen „Verlust an politischer Kultur" zu verantworten, der aus dem bruchlosen Anknüpfen an die Entwicklungen der 1930er Jahre, zunehmender Zentralisierung und Professionalisierung resultiere (ebd.: 20ff.). Ohne das Fundament einer gemeinsamen politischen Kultur sei die Gemeinwirtschaft als Reformprojekt jedoch strukturell gefährdet (ebd.: 20).

Potenzial zur Erneuerung wurde in der Entstehungsgeschichte der Genossenschaften und den Erfahrungen der 1920er Jahre gesehen. Es entstand eine Vielzahl von Studien zur Selbsthilfe und Selbstverwaltung im Wohnungsbau (Novy 1983; Novy/Prinz 1985), Mieterbeteiligung und Mitbestimmung (Kunze 1992) sowie kollektiver Infrastruktur und gemeinschaftlichen Wohnens (Uhlig 1981). Die alte Genossenschaftsbewegung begegnete der neuen mit Skepsis und teilweise offener Ablehnung: Aktionsformen wie Besetzungen wurden als gesetzeswidrig bezeichnet, der Anspruch auf Selbstverwaltung, selbsttätige Instandsetzung und dezentrale Organisationsformen als nicht zeitgemäß abgelehnt. Eine wichtige Rolle spielten dabei regionale Prüfungsverbände der gemeinnützigen Wohnungswirtschaft, die die Entstehung junger Genossenschaften erschwerten und teilweise empfahlen, andere Rechtsformen zu wählen (Novy 1985: 124). Einzelne etablierte Genossenschaften griffen die neuen Ansätze aber auch auf und führten neue Formen der Mitgliederbeteiligung ein (Novy et al. 1985; Freie Scholle 2001). Es gründeten sich neue Vereine und Institutionen, die seitdem Einfluss auf die Debatte um das genossenschaftliche Wohnen nehmen. Auf Bundesebene zählen dazu insbesondere der Wohnbund und der Verein zur Förderung des Genossenschaftsgedankens (Wohnbund/VFG 1988; VFG 2007; Wohnbund 2017).

Konservative und liberale Politiker_innen sahen die versorgungsorientierte und partiell dekommodifizierende Wohnungspolitik der Nachkriegszeit als unerwünschte aber notwendige Übergangsphase bis zur Behebung des Wohnungsmangels. Dieser galt in den 1970er Jahren in der Bundesrepublik erstmals als rechnerisch ausgeglichen (Kühne-Büning et al. 1999: 191). Auch wenn der Zustand des „Ausgleichs" nicht lange anhielt und sich in den 1980er und 90er Jahren Phasen der Wohnungsnot und der Wohnungsüberversorgung abwechselten, entfaltete die erste Erfahrung von Leerständen eine starke symbolische Wirkung auf die bundesdeutsche Wohnungswirtschaft. Dies betraf in erster Linie die gemeinnützigen Unternehmen, da insbesondere die von ihnen erbauten Sozialwohnungen einen Rückgang der Nachfrage zu verzeichnen hatten und gleichzeitig in die Kritik stadtpolitischer Initiativen gerieten (Kühne-Büning et al. 1999; Harlander 1999). In diesem Kontext bekam die Forderung der freien Wohnungs- und Immobilienwirtschaft nach einer Deregulierung der Wohnungspolitik und einer Öffnung der Branche für die Gewinnerzielung stärkeres Gewicht. Bereits die sozial-liberale Koalition auf Bundesebene der 1970er Jahre begann die Wohnungspolitik zu deregulieren und das Wohneigentum stärker zu fördern (Harlander 2008). Mit dem Übergang zur christlich-liberalen Koalition ab 1982 kam es dann zur wohnungspolitischen Wende (Harlander 2005). Der Leiter der Abteilung für Wohnungswesen im Bundesministerium für Raumordnung, Bauwesen und Städtebau betonte, dass die „künftige Wohnungspolitik der Marktwirtschaft einen größeren Spielraum ein[räumt], weil diese sich als die leistungsfähigere Organisationsform für die Herstellung und Verteilung von Gütern erwiesen hat" (Eekhoff 1985: 1). Neben der Deregulierung des Mieterschutzes, der Förderung von Eigentumsbildung, dem Abbau der Objekt- und dem Ausbau der Subjektförderung, zielten die angekündigten Veränderungen auch auf eine Reform der Wohnungsgemeinnützigkeit (Harlander 2005). Maßgabe war hier eine möglichst weitgehende Abschaffung der unterschiedlichen Regelungen für die gemeinnützige und die freie Wohnungswirtschaft, um die Wettbewerbsbedingungen für Letztere zu verbessern.

Die gemeinnützigen Wohnungsunternehmen passten ihre Geschäftsführung dieser gesellschaftlich-politischen Veränderungen an. Ab den 1970er Jahren begannen viele von ihnen damit, der Verwaltung und Sanierung der Bestände Vorrang vor dem Neubau zu geben (Kühne-Büning et al. 1999: 181ff.). Die Unternehmen und ihre Verbände hielten zwar weiterhin an den Bestimmungen der Gemeinnützigkeit fest, forderten aber zunehmend mehr Selbstständigkeit (Preißler 1985). Die Leerstände in den geförderten Wohnungsbeständen sowie kritische Mieter_innen erforderten eine stärkere Orientierung an den veränderten Wünschen der Wohnungssuchenden (ebd.). Notwendig seien daher die Einführung von Marketinginstrumenten und größerer unternehmerischer Handlungsspielraum (ebd.). Unter den Wohnungsgenossenschaften wurde insbesondere der im WGG festgelegte Bauzwang kritisiert (Jenkis 1986).

Im Spannungsfeld der Kritik von linker und neoliberaler Seite kam es sukzessive zu einer Veränderung des Selbstverständnisses der gemeinnützigen Wohnungswirtschaft. Die etablierten Genossenschaften griffen dabei zunehmend den Begriff der Selbstbestimmung als Stichwort auf. Im Gegensatz zur neuen Genossenschaftsbewegung verstanden sie darunter jedoch nicht die Einbeziehung der Mitglieder in die Geschäftsführung, sondern eine größere unternehmerische Unabhängigkeit des Managements. So forderte der Vorstand des Verbandes der gemeinnützigen Wohnungswirtschaft die Genossenschaften auf, „an die Stelle quantitativer Versorgungsüberlegungen, die in den vergangenen Jahren dominierend waren, (…) mehr qualitative Gesichtspunkte aus der Konsumentensicht treten" zu lassen (Brüggemann 1968: 405). Zur Begründung führte er einen zunehmenden Wettbewerb an. Als Lösungsansatz die Orientierung an einkommensstarken Mieter_innen:

> „Die Entwicklungsbedingungen der Wohnungsbaugenossenschaften für die Zukunft müssen bei rückläufiger öffentlicher Förderung und nach der Beseitigung der allgemeinen Wohnungsnot zunehmend unter wettbewerblichen Verhältnissen gesehen werden. Diese zwingen sie dazu, nicht nur dem eigenen Bestand erhöhte Aufmerksamkeit zu widmen, damit dieser wettbewerbsfähig bleibt, sondern auch darauf zu achten, dass diejenigen Mitglieder, die sich zu verbessern wünschen, versorgt werden können" (ebd.).

Als Anpassungsstrategien empfahl er das Leistungspotenzial zu erhöhen, den Betrieb zu rationalisieren und geeignete Kapitalverhältnisse zu schaffen, d.h. die Mitglieder aufzufordern, mehr Genossenschaftsanteile zu zeichnen (ebd.). In der „genossenschaftlichen Demokratie" sah der Verbandsvorstand dagegen kein Merkmal, mit dem man sich gegenüber anderen Unternehmen profilieren könne (ebd.). Unter einer „modernen" Betriebsführung wurde nach wie vor eine Professionalisierung durch hauptamtliche Vorstände und eine Erzielung von Skaleneffekten durch Fusionen verstanden (Riebandt-Korfmacher 1980).

Die neoliberale Wende im Feld der Sozialen Wohnungswirtschaft wurde schließlich durch den Zusammenbruch der Neuen Heimat eingeleitet. Ausgehend von einer Veröffentlichungsserie in der Zeitschrift „Der Spiegel" wurde ab dem Jahr 1982 bekannt, dass sich einige Vorstandsmitglieder des Konzerns über Jahre hinweg „auf Kosten des Unternehmens bereichert hatten", die Neue Heimat einen Schuldenberg in Milliardenhöhe angehäuft hatte und die Organisation der Unternehmensgruppe nicht mehr mit den rechtlichen Rahmenbedingungen vereinbar war (Kramper 2008: 12). Nach einer über mehrere Jahre andauernden öffentlichen Debatte, die immer wieder durch neue Enthüllungen und Skandale angefeuert wurde, trennten sich die Gewerkschaften von der Neuen Heimat und veräußerten die Wohnungsbestände (ebd.: 606). In diesem Zusammenhang verabschiedeten sich die Gewerkschaften auch von der Idee der Gemeinwirtschaft (Krätke 1988a: 8-9). Bestrebungen zur Abschaffung des WGG erhielten damit Auftrieb. Im Jahr 1989 wurde die Wohnungsgemeinnützigkeit schließlich im Rahmen einer Steuerreform abgeschafft (Harlander 2005: 700ff; Kuhnert/Leps 2017: 147ff.). Die bereits brüchig gewordenen Vorstellungen der fordistischen Phase verloren mit diesen Entwicklungen ihre Überzeugungskraft und damit auch ihren bindenden Effekt auf die Akteure des Feldes. Die Liberalisierungs-

und Deregulierungspolitik der konservativ-liberalen Regierung wurde zwar von verschiedenen Seiten weiterhin kritisiert, die Verteidiger_innen der gemeinnützigen Wohnungswirtschaft waren jedoch in verschiedene Lager zwischen einer Erhaltung des Status Quo und grundsätzlicher Reformen gespalten, so dass sich kein zusammenhängender Widerstand entwickelte.

4.1.5 Funktionierende Nachbarschaften in gemischten Quartieren

In den 1990er Jahren etablierte sich im Feld der Sozialen Wohnungswirtschaft eine neue Orthodoxie. Den Hintergrund dafür bildeten sowohl die Kämpfe um Staat, Markt und Selbstbestimmung der 1980er Jahre, sowie die Abschaffung der Wohnungsgemeinnützigkeit und die Beendigung des Sozialen Wohnungsbaus, als auch der Zusammenbruch der sozialistischen Länder im Osten Europas und die Durchsetzung des Neoliberalismus als herrschender politisch-ökonomischer Überzeugung in Deutschland. In diesem Kontext veränderte sich das Verhältnis zwischen den Logiken von Kommodifizierung und Dekommodifizierung im Feld deutlich: Fordistische Ansätze einer Dekommodifizierung von Wohnraum wurden aufgegeben, während Ansätze einer Dekommodifizierung des Wohnens auf zunehmend weniger alternative Projekte beschränkt blieben. Zentrale Aspekte fordistischer Wohnungswirtschaft wie Größenwachstum, Rationalisierung und Zentralisierung wurden ergänzt und teilweise ersetzt durch Kunden- und Zielgruppenorientierung, Investitionskalkulationen als Steuerungsgrößen, flexible Managementstrukturen und die Orientierung am Wettbewerb. Ein Teil der ehemals gemeinnützigen Kapitalgesellschaften ging zu einer „normalen" gewinnorientierten Unternehmensführung über und viele Kommunen privatisierten ihre Wohnungsbestände, wodurch sich das Feld insgesamt verkleinerte. Die verbliebenen Akteure hielten zwar ihren sozialen Anspruch aufrecht, vor dem Hintergrund veränderter Rahmenbedingungen stellte sich jedoch die Frage, wodurch sich dieser zukünftig auszeichnen könne und solle.

Als neue Orthodoxie setzte sich schließlich das Paradigma funktionierender Nachbarschaften in gemischten Quartieren durch, welches den Charakter einer „Zauberformel"[4] für die Lösung sozialer und ökonomischer Herausforderungen gewann. Das neue Paradigma knüpfte an neoliberale Vorstellungen

4 So der Titel des ersten „Bochumer Quartierskongress" 2017, an dem neben der Ruhr-Uni Bochum, der TU Bochum und dem InWIS-Institut auch die von BFW und GdW getragene EBZ Business School mitgewirkt hat (vgl. dazu die Meldungen in der Ausgabe 4/2017 der Zeitschrift „Die Wohnungswirtschaft").

ökonomischer Selbsthilfe sowie linke Konzepte von kultureller Diversität und nachbarschaftlichem Engagement an und kompensierte zugleich den Verlust staatlicher Absicherung nach der Abschaffung der Wohnungsgemeinnützigkeit und der Beendigung des Sozialen Wohnungsbaus. Ideologisch abgesichert wurde und wird es durch die Anerkennung, die das Konzept der sozialen Mischung in Stadtpolitik und -forschung allgemein genießt:

> „Während die sehr starke Konzentration von reichen Haushalten in wenigen exklusiven Wohngebieten in der Regel kein Thema der Stadtpolitik ist, gilt die Konzentration von Bewohnern, die in der Gesellschaft aufgrund ihres Bildungs- bzw. beruflichen Status oder aufgrund von Diskriminierungen eine Randposition einnehmen, als unerwünscht bzw. als ‚ungesund'. Auch ethnische Segregation, also die Konzentration von Migranten in einigen Quartieren, wird als schlecht eingestuft – Mischung dagegen gilt als besser, soziale Mischung ist das allgemein geteilte Leitbild, ja man kann sagen: das Mantra der Stadtpolitik" (Häußermann 2012: 385).

Für die Soziale Wohnungswirtschaft stellt die „gute" Mischung zugleich Zielbestimmung und Grundlage unternehmerischer Tätigkeit dar: Die Finanzierung des Wohnungsbaus und die Bereitstellung sozialer und gewerblicher Infrastruktur eines Quartiers wird durch eine „funktionierende" Mischung unterschiedlich kaufkräftiger Teile der Bevölkerung gewährleistet. Einnahmen aus hochpreisigen Wohnungen ermöglichen den Bau günstiger Wohnungen sowie ein soziales Engagement der Unternehmen. Die Bewohner_innen der Quartiere werden darüber hinaus zu nachbarschaftlichem Engagement aufgerufen und für den Erhalt der Lebensqualität ihrer Wohnumgebung mit-verantwortlich gemacht. Auf diesem Wege befördert die soziale Mischung den sozialen Frieden und sichert zugleich die unternehmerische Rentabilität der Wohnungswirtschaft.

Zu Beginn der 1990er Jahre war das Feld der Sozialen Wohnungswirtschaft allerdings zunächst von Umbrüchen und Unsicherheiten gekennzeichnet. Im Januar 1990 wurde in der Zeitschrift „Gemeinnütziges Wohnungswesen" – welche sich noch im selben Jahr in „Die Wohnungswirtschaft" umbenannte – sowohl von Aufbruchsstimmung in der Branche berichtet, als auch von Zweifeln hinsichtlich der zukünftigen Entwicklung und sozialen Orientierung der Unternehmen:

> „Zwar wird der Sozialauftrag der Unternehmen immer wieder betont. (...) Gleichzeitig wird in diesen Tagen jedoch bekannt, dass schon die ersten Unternehmen aus unserem Kreis den Gesellschafter und Eigentümer wechseln und Wohnungen gewissermaßen en bloc, 'über den Ladentisch geschoben' werden. Und die Preise, die für gemeinnützige Wohnungsunternehmen erzielt werden, sind beachtlich. (...) Und da der Käufer natürlich auch auf seine Kosten kommen will und kommen muss, ist unschwer abzusehen, dass es mit erfolgreich abgeschlossener Übernahme mit Energie ans Ausschlachten geht. Man kann nur hoffen, dass die inzwischen

bekanntgewordenen Fälle Einzelfälle bleiben und dass sich das Gros unserer Unternehmen nicht nur seines fortdauernden Sozialauftrages gewiss ist, sondern auch in der Zukunft die Möglichkeit hat, diesen Sozialauftrag zu erfüllen" (Bauer 1990).

Privatisierungen und der Handel mit Mietwohnungsportfolios der ehemals gemeinnützigen Wohnungswirtschaft dominierten ab der Mitte der 1990er Jahre das Geschehen im Feld. Bis zum Jahr 2010 wurden dabei rund eine Million kommunaler Wohnungen veräußert (Holm 2011a). Ein Teil davon wurde an Genossenschaften verkauft, die allermeisten an profitorientierte Käufer_innen. Die Bestände galten infolge der rechtlichen Veränderungen als bilanziell unterbewertet, so dass sich mit Ankauf, Optimierung und Verkauf hohe Profite erzielen ließen. Während in den Jahren bis zur Finanzkrise 2008 vornehmlich international tätige Private-Equity-Fonds als Käufer auftraten, gaben diese ab dem Jahr 2011 ihre Bestände durch die Umwandlung in börsennotierte Wohnungsunternehmen an neue Eigentümerstrukturen weiter (Unger 2013; BBSR 2017b).

Eindrückliche Beispiele der Veränderungen im Feld bieten die Geschichten der in den 1920er Jahren gegründeten Gehag und Gagfah: Die „Gemeinnützige Heimstätten-, Spar- und Bau-Aktiengesellschaft" Gehag wurde 1924 als gewerkschaftliche Wohnungs-Fürsorgegesellschaft für Berlin gegründet (Peters 2016: 24). Im Gesellschaftsvertrag wurde als erster Zweck die „Beschaffung gesunder Wohnungen zu angemessenen Preisen für minderbemittelte Volksklassen, insbesondere für die zu Baugenossenschaften zusammengeschlossenen Familien und Einzelpersonen" festgehalten (ebd.: 24f.). Des Weiteren wurde die Begrenzung auf das Bau- und Wohnungsgeschäft und die gemeinnützige Ausrichtung betont (ebd.). Nach dem Zweiten Weltkrieg expandierte die Gehag und umfasste in den 1990er Jahren schließlich rund 30.000 Wohnungen (ebd.: 85). 1978 bekam das Unternehmen erstmals einen Vorstand, der zuvor in der freien Wohnungswirtschaft tätig war (ebd.: 74). Nachdem die Deutsche Angestellten Gewerkschaft das Unternehmen 1980 an das Land Berlin verkaufte, wurde es von diesem 1998 privatisiert (ebd.: 74ff.). In den folgenden Jahren wurde die Gehag mehrfach weiterverkauft und im Jahr 2007 schließlich in die Deutsche Wohnen AG einverleibt (ebd.: 98).[5] Die Mieten der Gehag-Wohnungen stiegen im Zeitraum von

5 Der ehemalige Vorstandsvorsitzende Karl-Heinz Peters beschreibt die Strategie der Renditesteigerung der neuen Eigentümer_innen der Gehag folgendermaßen: Zuerst wurde der Kaufpreis durch Bestandsveräußerungen refinanziert. Daraufhin eine „Portfoliomaximierung" betrieben, die sich aus Erhöhung der Miete, Reduzierung von Instandsetzungen, aktiver Veränderung zu einer zahlungsfähigeren Mieterstruktur und der Einteilung der Wohnungsbestände in „Halteportfolios" und „Tradingportfolios" zusammensetzte (ebd.: 88ff.).

1998 bis 2007 im Durchschnitt um 31 %, in einzelnen Wohnanlagen sogar um bis zu 67 % (ebd.: 89f.).

Die Gagfah wurde 2004 von der Bundesversicherungsanstalt für Angestellte an das Privat-Equity Unternehmen Fortress verkauft. Nach Ankäufen weiterer Bestände (u.a. aus dem ehemaligen Dresdner kommunalen Wohnungsunternehmen) ging sie 2006 an die Börse (BBSR 2017a: 161). 2015 wurde das Unternehmen von der Deutschen Annington übernommen, welche sich nach dem Zusammenschluss in Vonovia umbenannte (ebd.: 161ff.). Die Mieten der Vonovia (bzw. ihrer Vorläuferunternehmen) stiegen im Zeitraum von 2006 bis 2014 um das Doppelte der allgemeinen Verbraucherpreise (ebd.: 90). Die Gagfah wurde vielerorts für Mietsteigerungen bei Vernachlässigung der Wohnungsbestände kritisiert (AKU 2012: 4). Sowohl die Vonovia als auch die Deutsche Wohnen sind Mitglieder in den Regionalverbänden des GdW.

Der Wandel der ehemals gemeinnützigen Wohnungswirtschaft spiegelte sich auch in der Veränderung ihres Verbandes wider: Der „Gesamtverband der gemeinnützigen Wohnungswirtschaft“ benannte sich nach der Abschaffung des WGG zum „Gesamtverband der Wohnungswirtschaft“ (GdW) um. Er war darum bemüht, „die Familie“ der ehemals gemeinnützigen Wohnungswirtschaft zusammen zu halten und seine Position als deren Repräsentant zu bewahren (Hagemann-Miksits et al. 2000: 218). Er verstand sich nun als „Verbundpartner der unternehmerischen Wohnungswirtschaft“, deren Charakteristika mit dem „Interesse an einer betriebswirtschaftlich notwendigen Rendite mit einem Angebot an dauerhaften, qualitätsvollen und vielfältigen Wohnungen, das zum kontinuierlichen sozialen Frieden beiträgt“ umschrieben wurden (GdW 1993). Die Erfüllung sozialer Zwecke wurde in zeitgemäßer Architektur und der Gestaltung kundenorientierter Wohnungen und Wohnumfelder gesehen (ebd.). 1996 benannte er sich in „Bundesverband deutscher Wohnungsunternehmen“ und 2005 in „Bundesverband deutscher Wohnungs- und Immobilienunternehmen“ um (GdW 2014). Traditionell zeichnete sich der GdW durch eine politische Nähe zur SPD aus. Im Jahr 2011 bekam der Verband mit Axel Gedaschko erstmals einen Präsidenten, der parteipolitisch der CDU nahesteht.[6]

---

6 Gegenwärtig vertritt der GdW ca. 3.000 Unternehmen, der konkurrierende Bundesverband der freien Wohnungsunternehmen (BFW) ca. 1.600. Bis 1990 arbeiteten Kommunen vorrangig mit den Gemeinnützigen zusammen, seitdem kooperieren sie mit Unternehmen verschiedener Verbände (Haber/Hellerforth 2000). Seit 2003 arbeiten GdW, BfW und weitere Verbände in der „Bundesarbeitsgemeinschaft Immobilienwirtschaft Deutschland“ zusammen. 2012 traten sie dem Zentralen Immo-

In der unternehmensgeschichtlichen Forschung wurde das Ende der Wohnungsgemeinnützigkeit als „Emanzipation" der Branche gefeiert (Eichener et al. 2000a: 4). Nach einer langen Zeit der Restriktion könnten nun endlich „unternehmerische Handlungsweisen" entwickelt und ausgebaut werden (ebd.). Es bestand die Erwartung, dass der Übergang der Wohnungswirtschaft von einem staatlich reguliertem zu einem stärker durch Marktstrukturen geprägten Bereich zu einem Bedeutungsgewinn der Wohnungswirtschaftslehre führen würde (ebd.: 2). Tatsächlich verlor dieser Bereich der Wirtschaftswissenschaften jedoch an Bedeutung gegenüber dem in Deutschland seit den 1990er Jahren neu entstehenden Fachbereich der Immobilienwirtschaft (Brauer 2013a: 44ff.; Voigtländer 2017). Während in Lehrbüchern der Wohnungswirtschaft – wenn auch zumeist in Abgrenzung zu marxistischen Theorieansätzen – die sozialen Auswirkungen wohnungswirtschaftlicher Tätigkeit und damit implizit auch der Widerspruch zwischen dem Gebrauchs- und Tauschwert des Wohnens in der kapitalistischen Gesellschaft thematisiert wurde (Jenkis 1996c, 2004; Kühne-Büning et al. 2005), stehen in der Immobilienwirtschaftslehre die „wertschöpfenden Aspekte der Wohnimmobilie" unangefochten im Vordergrund (Rottke et al. 2017: 5).

Die Umbruchsituation der 1990er Jahre stellte für die verbliebenen Akteure der sozialen Wohnungswirtschaft eine Krise der Legitimation und der Rahmenbedingungen ihres Handelns dar: Der Verlust der ideologischen Gewissheiten der Zeit der Wohnungsgemeinnützigkeit ging einher mit der Absage vieler Unternehmen an ihren sozialen Anspruch. Gewinnerzielung setzte sich als vorrangiges wohnungswirtschaftliches Ziel durch. Aufgrund nachlassender staatlicher Förderung nahm der Wettbewerb zwischen den Unternehmen zu. Es stellte sich die Frage, welchen gesellschaftlichen Auftrag die soziale Wohnungswirtschaft in einem weitgehend liberalisierten politisch-ökonomischen Umfeld noch erfüllen könnte und sollte. Die Antwort fand sich innerhalb der, an die Kritik an den Großwohnsiedlungen anschließenden, Debatten um soziale Brennpunkte und damit in einem thematischen Kontext, der – wenn auch unter anderen Vorzeichen und Bedingungen – bereits in der Konstituierungsphase des Feldes im 19. Jahrhundert eine zentrale Rolle gespielt hatten: Segregation und soziale Spaltung in großen Städten (Häußermann 2012).

Ausgehend von Vermarktungsschwierigkeiten bei Wohnungen in deutschen Großwohnsiedlungen gab der GdW eine Studie in Auftrag, die als Hintergrund des Problems „überforderte Nachbarschaften" identifizierte: Der Umbau der

bilienausschuss (ZIA) bei, welcher seit 2006 bereits die Interessen kapitalmarktorientierter Immobilienunternehmen vertritt.

Sozialsysteme, die Polarisierung der Lebensverhältnisse, Konflikte um Zuwanderung und die Kritik am funktionalistischen Städtebau führten zu Problemlagen, deren Bewältigung die Wohnungswirtschaft allein nicht leisten könne (Krings-Heckemeier et al. 1998). „Überfordert" seien sowohl die „einheimischen Bewohner", die „jugendlichen Aussiedler und Ausländer", als auch die Kommunen, das Sozialstaatssystem und die Wohnungsunternehmen (ebd.: 23ff.). Als zentrales Problem wurden die „Bewohner und ihre Zusammensetzung" benannt (ebd.: 105): Ein hoher Anteil von Aussiedler_innen, Ausländer_innen, Arbeitslosen und Alleinerziehenden sei Indikator für sozialräumliche Segregation und bringe soziale und ökonomische Schwierigkeiten mit sich. „Überfordert" seien Nachbarschaften, so der Verbandspräsident des GdW, wenn eine kritische Masse an Personen, die zu den benachteiligten Bevölkerungsgruppen zählten, nicht mehr bereit sei, sich in das wirtschaftliche, politische und kulturelle Leben der „Normalgesellschaft" zu integrieren (Steinert 1998: 4). Die Studie erfuhr hohe öffentliche Aufmerksamkeit und prägte über mehrere Jahre die Debatten im Feld.

Vor dem Hintergrund der „ungelösten Sozialstaatsprobleme" (Steinert 1998: 4) wurden die Schaffung und Erhaltung „funktionierender Nachbarschaften" (ebd.: 5) mit „gemischten Belegungsstrukturen" (Steinert 2000: 335) als Lösungsansätze formuliert, zu deren Realisierung die Wohnungswirtschaft staatliche Unterstützung brauche. Die Politik müsse sich „verstärkt den wohnungs- und gesellschaftspolitischen Aufgaben der Zukunft, also der Bestandserhaltung und der Sicherung funktionierender Nachbarschaften, stellen und zur Bewahrung des sozialen Friedens in unseren Wohnquartieren ihren Beitrag leisten" (Steinert 1998: 5). Der GdW stehe als Bündnispartner bereit, sofern die Politik die Stabilisierung und Aufwertung von Quartieren unterstütze und die Wohnungswirtschaft als gleichberechtigten Partner für dieses Ziel anerkenne (Steinert 2000).

Die rot-grüne Regierungskoalition nahm dieses Angebot am Ende der 1990er Jahre an und setzte es mit der Reform der Sozialen Wohnraumförderung und dem Programm Soziale Stadt um. Mit der „Sozialen Stadt" wurde ein neuer Ansatz der Städtebauförderung eingeführt, welcher sich durch räumliche Fokussierung, ressortübergreifende Arbeitsweise und ein kooperatives Steuerungsmodell auszeichnete. Fördergelder erhielten Maßnahmen zur Verbesserung des Wohnumfeldes, der Lebensbedingungen oder der Beschäftigungsstruktur in bestimmten Quartieren. Das Programm führte somit Themen aus den Bereichen Stadtentwicklung, Wohnungs-, Arbeitsmarkt- und Sozialpolitik integrativ zusammen und galt mit seinen kooperativen Gouvernancestrukturen als innovatives und progressives Politikmodell. Akteure der Zivilgesellschaft, der (Wohnungs-) Wirtschaft und der Politik wurden – zumindest formal – als gleichberechtigte

Partner_innen verstanden. Sozialwissenschaftler_innen wiesen zwar kritisch auf das Spannungsverhältnis zwischen Anspruch, mangelnder finanzieller Ausstattung und bestehenden Machtverhältnissen hin, aber begrüßten den Ansatz insgesamt und würdigten ihn mit hoher Aufmerksamkeit (Häußermann 2012; Güntner/Walther 2013). Wichtiger Bestandteil der Sozialen Stadt war die Aktivierung von Bewohner_innen, die für ihr Wohn- und Lebensumfeld mit-verantwortlich gemacht und zu bürgerschaftlichem Engagement motiviert werden sollten. Dazu wurden in den Programmgebieten auch Einrichtungen Sozialer Arbeit unterstützt oder neu aufgebaut. Die Formen kooperativer Aushandlung zwischen staatlichen und zivilgesellschaftlichen Akteuren sowie sozialen Wohnungsunternehmen gewannen zunehmen den Charakter neuer Schauplätze der Aushandlung im Feld.

Als neue Arbeitsbereiche der sozialen Wohnungswirtschaft etablierten sich Sozialmanagement und Quartiersentwicklung (Beuerle/Petter 2017). Der Begriff des „Sozialmanagements" umfasst eine breite Palette von Instrumenten wie die Ermittlung von Kundenwünschen und die entsprechende Ausrichtung der Serviceleistungen des Unternehmens, die Förderung nachbarschaftlicher Aktivitäten, die Einrichtung eines Beschwerde- oder Konfliktmanagements, Mietschuldnerberatungen, die Zusammenarbeit mit sozialen Institutionen oder auch die gezielte Vermarktung des sozialen unternehmerischen Engagements (ebd.: 698). Unter Quartiersentwicklung wird in der Wohnungswirtschaft die Beteiligung an kooperativen Prozessen mit Bewohner_innen, sozialen oder staatlichen Institutionen und anderen Unternehmen zur Aufwertung des Wohnungsbestandes, des Umfeldes, der sozialen und gewerblichen Infrastruktur oder des Quartiersimage verstanden. Ein erfolgreiches Engagement in diesen Bereichen trage zum wirtschaftlichen Erfolg bei. Mietzahlungsschwierigkeiten könnten verhindert, Leerstand, Instandhaltungskosten und Fluktuation verringert und Sachschäden vermieden werden (ebd.: 74). Diese wirtschaftlichen Erfolge resultierten daraus, dass zufriedene Mieter_innen rücksichtsvoller, freundlicher und sachbezogener mit dem Wohnungsbestand und den Mitarbeiter_innen des Unternehmens umgingen (ebd.: 774). Ehrenamtlich aktive Bewohner_innen zeichneten sich zudem durch eine hohe „Loyalität" aus und könnten als „Botschafter" im Quartier fungieren (ebd.: 706f.). Ausbleibendes Engagement in den Bereichen Sozialmanagement und Quartiersentwicklung leiste dagegen „mafiaähnlichen Verhältnissen", „Rücksichtslosigkeit" und „Zerstörungen" Vorschub (ebd.: 689).

In der neuen Orthodoxie des Feldes nehmen Wohnungsgenossenschaften eine zentrale Rolle ein. Sie gelten als hybride Organisationen im Schnittfeld zwischen Ökonomie und Zivilgesellschaft, die sich aus eigener Motivation und Kraft für soziale Zwecke einsetzen, damit staatliche Institutionen von ihrem Versorgungsauftrag entlasten und einen Beitrag zu einer aktiven Bürgergesellschaft leisten. Nach der Abschaffung des WGG passten sich die meisten großen Genossenschaften zunächst in pragmatischer Weise an das neue politisch-rechtliche und ökonomische Umfeld an, indem sie ihre Bestände modernisierten und nur wenig, aber vorrangig geförderten, Neubau betrieben (Analyse & Konzepte 1997). Neu eingeführt wurde der Status der steuerbefreiten „Vermietungsgenossenschaft", den Genossenschaften annehmen können, deren Geschäftstätigkeit zu mindestens 90 % auf der Vermietung von Wohnungen an die eigenen Mitglieder basiert. Über zwei Drittel entschieden sich nach 1990 damit für die Beibehaltung steuerlicher Begünstigungen bei einer entsprechenden Beschränkung der Geschäftstätigkeit (ebd.: 39). Ab Mitte der 1990er Jahre begannen viele Genossenschaften mit einer Modernisierung der Geschäftsführung und des Managements. Als neue Tätigkeitsfelder wurden die Erschließung neuer Finanzierungsquellen, Marketing und Portfoliomanagement eingeführt (Keßler 2004; Beuerle/Mändle 2005: 87ff.). In Anlehnung an die Kalkulationen profitorientierter Immobilienunternehmen wurde eine systematische „Planung, Steuerung und Kontrolle" der Grundstücke und Gebäude mit dem Ziel, „Erfolgspotenziale aufzubauen", vorgenommen (Beuerle/Mändle 2005: 146). Damit kamen auch Desinvestition, Verkauf und Abriss eine höhere Bedeutung zu (ebd.; Wilde 2009). Die Vermarktung von Wohnungen richtete sich nun verstärkt an Haushalte mit mittlerem Einkommen. Auf staatliche Förderungen wurde dagegen zunehmend verzichtet, um keine Belegungsbindungen eingehen zu müssen (Beetz 2005: 139).

Bei der Einrichtung von Service- und Betreuungsangeboten sowie Nachbarschaftstreffs nahmen Genossenschaften vielfach eine Vorreiterrolle in der Branche ein. Diese Tätigkeiten ließen sich anschließend als spezifische Unternehmensmerkmale vermarkten (Mändle/Mändle 2017). Zugute kam ihnen dabei die inzwischen gesellschaftlich verankerte Vorstellung, dass bürgerschaftliches Engagement in Quartieren Ausdruck originär „genossenschaftlicher Werte" sei:

> „Die Wahrscheinlichkeit, dass sich in Genossenschaften Bewohner finden, die zu einem Einsatz für den Stadtteil bereit sind (...) ist höher als in anderen Mietwohnungen. (...) In vielen Fällen bauen Wohnungsgenossenschaften selber Einrichtungen oder Strukturen auf, die ihre Mitglieder über den Wohnraum hinaus versorgen. Hierzu zählen Serviceeinrichtungen, Selbsthilfeorganisationen oder Kommunikationsangebote" (König 2004: 128-129).

Im Jahr 2002 wurde vom Bundesministerium für Verkehr, Bau- und Wohnungswesen eine „Expertenkommission Wohnungsgenossenschaften" ins Leben gerufen, aus deren Tätigkeit eine Reihe von Publikationen und Empfehlungen hervorgegangen ist (BMVBS 2007; BBSR 2016). Leitende Idee war die Überzeugung, dass „die demokratischen und solidarischen Grundwerte der Genossenschaften die zivilgesellschaftliche Entwicklung positiv beeinflussen" (Hermann 2005: 94). So könne beispielsweise bei Privatisierungen mit der Übernahme durch Genossenschaften die „Sorge der Mieter über die Entwicklung der Mieten oder gar die mögliche Vertreibung (...) zerstreut werden" (BMVBS 2007: 2). Um diese Annahmen zu belegen, wurden eine Reihe von Fallbeispielen untersucht, in denen junge Wohnungsgenossenschaften erfolgreich gegründet, das Serviceangebot großer Genossenschaften erweitert oder kommunale Bestände durch diese übernommen wurden (ebd.). Die Analysen ließen jedoch weitgehend unberücksichtigt, welche Form von Selbsthilfe und -verwaltung in den Genossenschaften praktiziert wird.

Für die Projekte der neuen Genossenschaftsbewegung wirkten sich die Veränderungen nach 1990 ambivalent aus: Für einzelne Wohn- und Hausprojekte veränderte sich in der Praxis zunächst wenig, da sie ihren kulturellen und politischen Charakter durch selbsttätiges Engagement erhielten. In eher günstigen innerstädtischen Lagen fanden Wohnprojekte weiterhin finanziell erschwingliche und/oder politisch durchsetzbare Grundstücke. Projekte und Initiativen, die im Rahmen einer fordistischen Stadtpolitik noch als unbequeme Störenfriede wahrgenommen wurden, wurden nun vielfach als kreative und kulturelle Bereicherung der Stadtteile angesehen (Kuhn 2014: 39ff.). Hervorgehoben wurden insbesondere „zielgruppenorientierte" Projekte wie Frauenwohnen, Mehrgenerationenwohnen, Wohnen für junge Familien oder ökologische Bauprojekte sowie die positive Rolle, die Genossenschaften in der Quartiersentwicklung einnehmen (König 2004; Wegner et al. 2012). Aus staatlicher Perspektive galten gemeinschaftliche Wohnformen nun aus zwei Gründen besonders förderfähig: Sie tragen – so die die Annahmen – zur Schaffung „sozial stabiler Bevölkerungsstrukturen" bei und fördern bürgerschaftliches Engagement, durch welches der Rückgang sozialstaatlicher Leistungen kompensiert werden könne (BMVBS 2007: 24).

Im Kontext dieser Entwicklung wurden Wohnprojekte, die ökonomisch zur Selbsthilfe fähig waren, ebenso wie die regionalen und überregionalen Institutionen der neuen Genossenschaftsbewegung als Akteure im Feld der Sozialen Wohnungswirtschaft anerkannt und integriert. Im Gegensatz dazu wurden jedoch Projekte, die ihre Ziele durch Besetzungen oder Protestaktivitäten durchsetzen wollten, ebenso wie kapitalismuskritische Ansätze und Perspektiven marginalisiert und aus dem Feld ausgeschlossen. Insbesondere Hausbesetzungen wurden immer seltener, bekamen weniger öffentlichen Zuspruch und wurden mit derselben staatlichen Härte bekämpft wie zuvor. Eine Ausnahme stellt das Mietshäusersyndikat dar, dem in den letzten zwanzig Jahren der Aufbau eines Netzwerks von über 140 selbstverwalteten Wohnprojekten jenseits der etablierten Institutionen im Feld der Sozialen Wohnungswirtschaft gelungen ist. Seit dem Anfang der 2010er Jahre kommt dem Syndikat eine zunehmende Aufmerksamkeit als neues Modell sozialer Wohnungswirtschaft zu (Rost 2012b).

Die Transformation der Genossenschaften von fordistischen Versorgungsunternehmen zu postfordistischen Selbsthilfeunternehmen gelang in enger Bezugnahme auf die Konzepte der neuen Genossenschaftsbewegung. Legitimiert wurde diese Erneuerung jedoch nur selten mit einem Bezug auf die Kämpfe der 1980er Jahre, sondern zumeist mit dem Verweis auf originär genossenschaftliche Werte, die bereits im 19. Jahrhundert entwickelt worden seien:

> „In ihrer Geschichte haben sich Wohnungsgenossenschaften (...) immer wieder bewährt. Ende des 19. Jahrhunderts haben sich Genossen zusammengefunden und die Schaffung von Wohnraum selbst in die Hand genommen (...). Aufgrund ihrer Tradition und innovativen Erfahrung haben Wohnungsgenossenschaften das Potenzial, Antworten auf die anstehenden Fragen der Zukunft zu geben" (Hermann 2005: 93).

Mit einer solchen historischen Bezugnahme lassen sich insbesondere Fragen nach der konkreten Praxis heterodoxer Ansätze genossenschaftlicher Selbstverwaltung übergehen. Bei der Reorganisation der Genossenschaften als postfordistische Wohnungsunternehmen spielten Forderungen nach einer Mitbestimmung der Bewohner_innen oder dem Aufbau emanzipatorischer Formen gemeinsamen Wirtschaftens kaum eine Rolle. Mit der Marktorientierung verstärkte sich viel eher die Tendenz zu hauptamtlichen und immobilienwirtschaftlich geschulten Vorständen sowie einer Konzentration der Unternehmensführung bei Vorstand und Aufsichtsrat (Beuerle/Mändle 2005: 75). Es veränderte sich insofern der Begründungszusammenhang für die Professionalisierung der Wohnungsgenossenschaften, der Trend als solcher wurde aber beibehalten.

4.1.6 *Wandel der Kräfteverhältnisse im Kontext der neuen Wohnungsfrage*

Mit der Wirtschafts- und Finanzkrise im Jahr 2008, der Entstehung wohnungspolitischer Proteste und öffentlicher Debatten um die Wohnungsfrage ab dem Anfang der 2010er Jahre kam eine neue Dynamik ins Feld der Sozialen Wohnungswirtschaft. Neu gegründete oder wieder aktive Mieter_innen- und Recht auf Stadt-Initiativen sowie überregionale Netzwerke wohnungspolitischer Institutionen, Initiativen und Wissenschaftler_innen begannen verstärkt Einfluss auf die hier ablaufenden Auseinandersetzungen zu nehmen.[7] Damit bekamen heterodoxe Forderungen nach einer gebrauchswertorientierten und selbstbestimmten Wohnungsversorgung wieder ein höheres Gewicht als in den Jahren zuvor. Indem die regierende Politik und die Wohnungswirtschaft auf die Forderungen dieser neuen Bewegung reagierte, öffnete sich das Feld den neuen inhaltlichen Einflüssen. Anhand der Debatten um eine neue Wohnungsgemeinnützigkeit und anderer Auseinandersetzungen zeigt sich, inwiefern heterodoxe Konzepte und Forderungen wieder ins Feld eingebracht wurden, die in der vorangegangenen Phase marginalisiert waren. Bisher bleiben jedoch eine immobilienwirtschaftliche Betrachtung des Wirtschaftsgutes Wohnung sowie das Konzept der sozialen Mischung die zentralen Bezugspunkte der mächtigen Akteure im Feld. Die Orthodoxie funktionierender Nachbarschaften und gemischter Quartiere behält bisher ihren Status als herrschende Überzeugung, so dass sich kaum von einer postneoliberalen Wende sprechen lässt. Infolge von Kritik und Protest öffnen sich jedoch mehr und mehr Möglichkeitsräume alternativer Ansätze im Feld.

Die gesetzliche Gemeinnützigkeit in der Wohnungsversorgung war seit der Mitte der 1990er Jahre kaum noch Thema politischer oder öffentlicher Debatten. Im Jahr 2015 gaben die Bundestagsfraktionen der Linken und der Grünen zwei wissenschaftliche Studien dazu in Auftrag. Beide Studien kommen zu dem Ergebnis, dass eine neue Wohnungsgemeinnützigkeit erheblich zur Lösung der Versorgungsprobleme in großen und mittleren Städten beitragen könne. Sie riefen positive Reaktionen der auftraggebenden Parteien, der Mieterverbände, des deutschen Städtetags, vieler zivilgesellschaftlicher Initiativen sowie von Teilen der SPD hervor (Holm et al. 2017; Kuhnert/Leps 2017). Die entwickelten Konzepte lehnen sich an die Bestimmungen des WGG an und ergänzen diese um neue Schwerpunkte. So soll der Bedarf einkommensschwacher Haushalte stärker im Fokus stehen und der Mitbestimmung von Mieter_innen eine größere Rolle zukommen. Aus einem revolvierenden Fonds, in den Überschüsse sozialer Wohnungsunternehmen eingezahlt werden, sollen zukünftig neue Unternehmen gegründet und Wohnungen finanziert werden. Die wohnungs- und immobilienwirtschaftlichen Verbände lehnen die Wiedereinführung der Gemeinnützigkeit jedoch ebenso ab, wie CDU, FDP und Teile der SPD. Bisher haben die Konzepte

7 So wurde von Mietervereinen und anderen Akteuren im Jahr 2015 das bundesweite „Netzwerk Mieten und Wohnen" als Plattform für Debatten und Ansätze alternativer Miet- und Wohnungspolitik gegründet. Im Netzwerk „Immovielien" schließen sich seit 2018 Akteure zusammen, die sich für mehr Gemeinwohlorientierung in der Immobilien- und Quartiersentwicklung einsetzen.

daher noch keinen Einzug in Regierungsprogramme des Bundes oder der Länder gefunden.

Auch wenn sich bisher kein Paradigmenwechsel im Sinne einer Abkehr von marktorientierten Ansätzen in der Wohnungspolitik feststellen lässt, findet ein bemerkenswerter Umschwung in der öffentlichen und politischen Debatte statt (Schönig et al. 2017b). Mehrere deutsche Städte entwerfen neue wohnungspolitische Konzepte und reaktivieren Instrumente zur Regulierung des Wohnungsmarktes. Zentrales Ziel ist dabei zumeist die Intensivierung des Neubaus, flankiert durch eine Wiedereinführung oder Erhöhung von Fördermitteln für den Sozialen Wohnungsbau (ebd.). Darüber hinaus kommen Regelungen zur Zweckentfremdung von Wohnraum, zur Umwandlung von Miet- in Eigentumswohnungen oder Auflagen für eine soziale Bodennutzung zum Einsatz (ebd.). Besonders deutlich zeigen sich die aktuellen Veränderungen hinsichtlich der Bedeutung, die kommunalen Wohnungsunternehmen zugesprochen wird. Bis zum Jahr 2008 dominierte hier der Trend zur Privatisierung. Im öffentlichen Diskurs herrschte die Überzeugung vor, dass private Unternehmen effizienter arbeiten als kommunale und der Verkauf von Wohnungen daher sowohl den städtischen Haushalten als auch den Mieter_innen zugute komme. Unter dem Eindruck der Wirtschafts- und Finanzkrise, Kritik an börsennotierten Unternehmen und der Erkenntnis, dass kommunale Wohnungsunternehmen ein wichtiges Instrument zur Verhinderung von Versorgungsengpässen darstellen, wird die Privatisierungswelle von den Verantwortlichen inzwischen vielfach bereut (Probst 2018). In einigen Städten wie Dresden oder Kiel, in denen eine nahezu vollständige Privatisierung erfolgte, wird mit dem Wiederaufbau eines Bestandes kommunaler Wohnungen begonnen. Lediglich Privatisierungen, bei denen Wohnungen an Genossenschaften verkauft wurden, gelten weiterhin als sinnvoll (ebd.).

Bisher beförderten vorrangig lokale Proteste von Mieter_innen und Stadtteilinitiativen in einzelnen Städten den Wandel in der wohnungspolitischen Debatte (Vogelpohl et al. 2017). Diese Proteste gingen häufig von einer Kritik an stadtteilbezogenen Gentrifizierungsprozessen aus und haben ihr Themenspektrum sukzessive auf die gesamtstädtische Wohnungsknappheit erweitert. Vor dem Hintergrund unterschiedlicher Versorgungslagen mit Wohnraum unterscheiden sich die Auseinandersetzungen von Stadt zu Stadt. Eine besonders intensive Entwicklung zeigt sich in Berlin. Hier wurden ab Mitte der 2000er Jahre eine Vielzahl von Initiativen aktiv, welche sich ab dem Jahr 2010 berlinweit koordinierten und zu einer breiten sozialen Bewegung wurden (Dieselhorst 2018; Vollmer 2019: 98ff.). Die Bewegung bildet kein einheitliches Netzwerk, hat sich aber durch erfolgreiche Interventionen in die öffentliche

Debatte als neuer stadtpolitischer Akteur etabliert. So wurde im Jahr 2015 die Initiative zu einem Mietenvolksentscheid ergriffen. Ziel des Volksentscheides war es, ein von der Initiative formuliertes „Wohnraumversorgungsgesetz" in der Landesgesetzgebung zu implementieren (Diesselhorst 2018). Das Gesetz sollte die privaten Rechtsformen der städtischen Wohnungsunternehmen in Anstalten öffentlichen Rechts (AöR) umwandeln, durch Richtsatzmieten eine Senkung der Mieten in öffentlich geförderten Wohnungen erreichen und den sozialen Wohnungsbau durch einen Wohnraumfonds fördern, aus dem Neubau, Modernisierung und Ankauf von Wohnungen finanziert werden könne (ebd.: 269f.). Angesichts des sich abzeichnenden Erfolgs der Initiative nahm der Senat frühzeitig Verhandlungen auf, infolgedessen der Volksentscheid gestoppt und ein Kompromiss ausgehandelt wurde (ebd.: 274). Im Ergebnis wurde im Herbst 2015 das „Wohnraumversorgungsgesetz Berlin" verabschiedet, welches zwar nicht alle Forderungen aus dem Volksentscheid erfüllt, aber die Situation der Mieter_innen verbessert.[8]

Seit 2019 läuft in Berlin ein Volksbegehren mit dem Ziel, die Bestände privater Wohnungsgesellschaften, welche mehr als 3.000 Wohnungen besitzen, zu enteignen und in Gemeineigentum zu überführen. Die betroffenen Unternehmen sollen deutlich unter Marktwert entschädigt werden. Zur Verwaltung der Bestände soll wiederum eine AöR geschaffen werden, laut deren Satzung die Wohnungen nicht wieder privatisiert werden dürfen. Die Verwaltung soll unter demokratischer Beteiligung von Stadtgesellschaft und Mieter_innen stattfinden. Die Kampagne für den Volksentscheid hat deutschlandweit eine intensive Debatte um Enteignung als Instrument der Wohnungspolitik ausgelöst und damit einen Ansatz in die Diskussion gebracht, welcher seit den 1920er Jahren kaum mehr öffentlich verhandelt wurde.

Auch die wohnungs- und immobilienwirtschaftlichen Verbände reagieren inzwischen auf den politischen Druck, indem sie die Forderungen ablehnen und versuchen, sie zu diffamieren. So wird eine mögliche Enteignung von Woh-

8 So wurde der Rechtsanspruch auf Mietzuschuss ausgeweitet und der Sozialwohnungsanteil beim Neubau der landeseigenen Wohnungsbaugesellschaften festgelegt. Darüber hinaus wurde ein maximaler Prozentsatz bei Mieterhöhungen und der Umlage von Modernisierungskosten bestimmt. Es wurde ein Sondervermögen zur Förderung des sozialen Wohnungsbaus geschaffen und die Beteiligungssrechte der Mieter_innen der städtischen Wohnungsbaugesellschaften gestärkt (Diesselhorst 2018: 275f.). Schließlich wurde mit der „Wohnraumversorgung Berlin – AöR" ein Gremium eingeführt, welches durch Beratungstätigkeit auf die Geschäftsführung der kommunalen Wohnungsbaugesellschaften einwirken kann (ebd.: 277).

nungsbeständen als „realitätsfern“ und „unsozial“ bezeichnet (GdW 2019). Der GdW argumentiert, dass die „ausgewogene Mischung aus kommunalen, genossenschaftlichen, kirchlichen und eben auch privaten Vermietern“ den deutschen Wohnungsmarkt im Vergleich zu anderen Ländern besonders „solide“ mache (ebd.). Die Diversität der Anbieter von Wohnungen sei durch Enteignungen gefährdet. Zur Entspannung der Marktlage müsse statt dessen das Angebot an Wohnungen durch Neubau erhöht sowie Baukosten durch seriellen Wohnungsbau reduziert werden.

Im Gegensatz zur Enteignungsdebatte nimmt der GdW beim Thema der neuen Wohnungsgemeinnützigkeit eine differenziertere Haltung ein. Der Referent des Verbandes für Stadtentwicklung und Wohnungsbau, Bernd Hunger, betont, dass die wohnungswirtschaftliche Tätigkeit innerhalb der Regelungen des alten WGG und insbesondere im Wiederaufbau nach 1945 eine „Erfolgsbilanz“ darstelle (2017: 154). Die positive Entwicklung der Wohnungswirtschaft seit der Abschaffung im Jahr 1990 spreche heute jedoch gegen eine Wiedereinführung. Erst die daraus resultierende Wettbewerbssituation habe dafür gesorgt, dass sich die verbliebenen sozialen Wohnungsunternehmen den „komplexen Anforderungen der Stadtentwicklung“ gewidmet haben (ebd.: 155). Vor diesem Hintergrund befürchtet der Verbandssprecher negative Auswirkungen einer neuen Gemeinnützigkeit auf den „Zusammenhalt der Nachbarschaften“ und die „soziale Mischung“ in den Quartieren (ebd.: 156). Eine Ausrichtung der Geschäftstätigkeit auf einkommensschwache Mieter_innen würde zur Entstehung eines „Image von Billig-Anbietern“ und neuer sozialer Brennpunkte führen (ebd.: 160f.): „Vieles mühsam durch Quartiersmanagement und Sozialarbeit Erreichte wäre bei einer Abkehr von einer die Belastbarkeit der Nachbarschaften berücksichtigenden Belegungspolitik gefährdet“ (ebd.: 161). Schließlich verweist der Sprecher darauf, dass es mit den kommunalen Unternehmen und den Genossenschaften ja „faktisch eine leistungsfähige ‘gemeinnützige’ Wohnungswirtschaft“ gäbe (ebd.: 163). Die Wiedereinführung einer gesetzlichen Wohnungsgemeinnützigkeit sei von daher nicht notwendig.

Genossenschaften gelten in den aktuellen Auseinandersetzungen weiterhin als Vorbild sozialer wohnungswirtschaftlicher Tätigkeit. Über das Engagement in den Bereichen Sozialmanagement, Wohndienstleistungen und Quartiersentwicklung hinaus wird seit Beginn der 2010er Jahre verstärkt auf ihre Möglichkeiten Bezug genommen, dem Trend steigender Mieten und Wohnungspreise entgegen zu wirken. So betont das Bundesinstitut für Bau, Stadt- und Raumforschung in einer Studie, dass „Wohnungsgenossenschaften vielerorts bezahlbare Wohnungen anbieten und auch neu bauen“ und daher wichtige Partner der Kommunen bei der Wohnungsversorgung seien (BBSR 2016: 5). Eine besondere Attraktivität für die Bewohner_innen habe das „Organisations- und Geschäftsmodell, das nicht auf Gewinnmaximierung zielt“ (ebd.). Genossenschaften, so der Präsident des GdW, „erinnern daran, dass es möglich ist, sowohl nach wirtschaftlicher Rentabilität als auch nach sozialer Verantwortung zu streben“ (Gedaschko 2013). Eine kontroverse Position zu dieser dominanten Perspektive nehmen lediglich die 2008 in Berlin und 2017 in Hamburg gegründeten Initiativen „Genossenschaft-von-unten“ ein, in denen sich Mitglieder großer Genossenschaften organisieren, um auf eine Demokratisierung der Mitbestimmungsmöglichkeiten und eine Senkung der Mietpreise Einfluss zu nehmen.

Auch kleine Genossenschaften und Wohnprojekte genießen weiterhin hohe öffentliche Aufmerksamkeit und werden inzwischen in mehreren Bundesländern in staatliche Förderprogramme eingebunden (Vollmer/Spellerberg 2018). Als Förderungswürdig gelten sie aus denselben Gründen, wie bereits in den vergangenen Jahren: Sie beleben das zivilgesellschaftliche Engagement und stabilisieren dadurch den sozialen Zusammenhalt in den Quartieren (Töllner 2016). Im Kontext der neuen Wohnungsfrage steigt jedoch auch das Interesse am Potenzial kollektiven und selbstorganisierten Wohnens zur Bereitstellung bezahlbaren Wohnraums sowie der Überwindung von Marktlogiken, in die das Wohnen in der kapitalistischen Gesellschaft eingebunden ist (Balmer/Bernet 2017; Metzger 2016). Selbstverwaltete Projekte kooperieren inzwischen teilweise mit Kommunen, großen Genossenschaften oder in Netzwerken wie dem Mietshäusersyndikat, um eine Wohnungsversorgung im größeren Maßstab – das heißt über einzelne Hausprojekte hinaus – zu realisieren (Metzger i.E.).

Die skizzierten Entwicklungen zeigen, dass das Feld der Sozialen Wohnungswirtschaft derzeit in Bewegung ist und neue Akteure mit ihren Forderungen auf die etablierten Kräfteverhältnisse und Überzeugungen einwirken. Die Orthodoxie der funktionierenden Nachbarschaften und gemischten Quartiere erweist sich dabei bisher als weitgehend stabil. In der Konfrontation mit dem Anspruch auf eine soziale Wohnungsversorgung gerät die Überzeugungskraft des Konzepts der sozialen Mischung jedoch an seine Grenzen. Dadurch wird die Verflechtung immobilienwirtschaftlicher und sozialwissenschaftlicher Argumentationsstränge in der Orthodoxie offengelegt und der Kritik zugänglich. Am Beispiel von Hamburg zeige ich in den folgenden Kapiteln, wie sich die neoliberale Orthodoxie dort etablieren konnte, durch welche Entwicklungen sie aktuell in Frage gestellt wird und durch welche Strategien und Einsätze der herrschenden Akteure sie bisher stabil bleibt. Wohnungsgenossenschaften kommt dabei eine zentrale Rolle als spezifischer Einsatz im Feld zu.

4.2 „Das Genossenschaftliche" als Einsatz im Feld

Wohnungsgenossenschaften haben in den historischen Entwicklungsphasen des Feldes der Sozialen Wohnungswirtschaft unterschiedliche Rollen eingenommen. Im 19. Jahrhundert galten sie als geeignete Organisationsform für die gesellschaftliche Integration und Erziehung der Arbeiterklasse. Im Fordismus wurde ihnen eine untergeordnete Rolle im Feld attestiert, da sie im Vergleich zu gemeinnützigen Kapitalgesellschaften nur eine geringere Anzahl von Bewohner_innen versorgen, weniger Neubau betreiben und weniger Skaleneffekte in der Kostenkalkulation nutzen konnten. Nach dem Ausstieg der meisten gemeinnützigen Kapitalgesellschaften und des Wertewandels im Feld kommt den Genossenschaften im Postfordismus eine herausragende Rolle als Selbsthilfeunternehmen zu, deren Organisationsform in besonderem Maße zur Aktivierung der Bewohner_innen in der Quartiersentwicklung geeignet ist. In Zeiten gesellschaftlicher Kämpfe um eine Neuordnung des Feldes kam und kommt den Genossenschaften eine wichtige Rolle als Organisationsform für Wohnungssuchende aus den unteren und mittleren Einkommensschichten zu. Dabei spielten die Prinzipien der Selbsthilfe und Selbstverwaltung insbesondere für diejenigen Akteure eine wichtige Rolle, die mit dem Ansatz einer eigenständigen Versorgung mit Wohnraum emanzipatorische Ziele verfolgten. Vor dem Hintergrund dieser historischen Entwicklung stellt die Organisationsform der Genossenschaft in den Begriffen von Bourdieus Theorie der Praxis einen Einsatz im Feld dar, um den gerungen wird und der gleichzeitig als strategisches Mittel genutzt werden kann. Das Genossenschaftliche ist heute mit einer Vielzahl von Bedeutungen aufgeladen und kann daher zur gleichen Zeit mehrere und auch kontroverse Botschaften, Kontexte und ideelle Anknüpfungspunkte transportieren. Wie ich in Kapitel 6 zeige, hat die genossenschaftliche Idee bzw. der „Genossenschaftsgedanke" daher in der Gegenwart den Charakter des symbolischen Kapitals des Feldes angenommen. In seiner orthodoxen Variante ist der Genossenschaftsgedanke heutzutage ein Einsatz, in dessen Wirkungsweise sich die symbolische Gewalt des Feldes ausdrückt und auswirkt.

4.2.1 Genossenschaftsgesetz und -gedanke

Wichtigster Bezugspunkt der Debatten um den Genossenschaftsgedanken ist das Genossenschaftsgesetz (GenG), in dem bestimmte Aspekte der Organisationsform und Geschäftsführung kodifiziert sind. Bezüglich der Selbstverwaltungsstrukturen ist hier geregelt, dass jede Genossenschaft die drei Organe Generalversammlung, Aufsichtsrat und Vorstand bilden muss (GenG § 24-52). Dabei wählen die Mitglieder den Aufsichtsrat, welcher den Vorstand bestellt, dessen

Arbeit er kontrolliert. In großen Genossenschaften mit über 1.500 Mitgliedern kann die Generalversammlung durch eine Vertreterversammlung ersetzt werden. Seit der Gesetzesnovelle von 1973 vertritt der Vorstand die Genossenschaft in „eigener Verantwortung“ und muss daher keine Weisungen von anderen Organen mehr entgegennehmen (GenG § 27; vgl. Beuthien 1975). Seiner Leitungsmacht sind nur durch den spezifischen Förderzweck (§ 1 GenG) und den in der Satzung festgelegten Unternehmensgegenstand (§ 6 GenG) Grenzen gesetzt (Beuthien 1975; Beuthien et al. 2008). Damit kommt dem Förderzweck und der Satzung eine entscheidende Bedeutung bei der Bestimmung des spezifischen genossenschaftlichen Handelns zu. Die Satzungen großer Wohnungsgenossenschaften orientieren sich üblicherweise an der Mustersatzung des GdW, welche als Unternehmensgegenstand von Wohnungsgenossenschaften „die Förderung ihrer Mitglieder durch eine qualitativ gute und sichere Wohnungsversorgung“ vorsieht (Mändle/Mändle 2017: 641).

Die Mitglieder der Genossenschaft üben ihren Einfluss insbesondere in der zumeist einmal jährlich stattfindenden General- bzw. Vertreterversammlung aus. Auf dieser Versammlung beschließen sie den Jahresabschluss und die Gewinnverteilung bzw. die Deckung des Verlustes nach Vorlage des Geschäftsberichts durch Vorstand und Aufsichtsrat. Damit kommt den Mitgliedern eine zentrale, jedoch nur nachträglich wirksame Kontrollfunktion zu (Keßler 2007b). Um zu gewährleisten, dass Vorstände auch ohne die direkte Kontrolle durch die Mitglieder deren Bedürfnisse kennen und somit in deren Interesse handeln können, besteht die in GenG § 9 festgelegte Selbstorganschaft, welche besagt, dass Vorstand und Aufsichtsrat gleichzeitig Mitglieder der Genossenschaft sein müssen (Beuthien et al. 2008: 39). Nach der Novelle von 1973 kam es zuletzt im Jahr 2006 zu einer Reform des Genossenschaftsgesetzes. Die wichtigsten Änderungen bezogen sich auf die Einführung neuer Finanzierungsmöglichkeiten durch die Aufnahme „investierender“ Mitglieder, einer Erleichterung der Gründung sehr kleiner Genossenschaften sowie eine Erweiterung der Zwecke, zu denen eine Genossenschaft gegründet werden kann (Keßler 2007a). Neben wirtschaftlichen Zwecken listet der § 1 des GenG nun auch kulturelle und soziale auf. Darüber hinaus wurde der Begriff des „Genossen“ im Gesetz durch den des „Mitglieds“ ersetzt (ebd.: 13).

Auch wenn mit dem GenG enge Strukturvorgaben gegeben sind, besteht in der Auslegung dieser Vorgaben und somit in der Genossenschaftspraxis erheblicher Spielraum für verschiedene Formen genossenschaftlicher Wohnungsversorgung. In der genossenschaftswissenschaftlichen Debatte wird darüber hinaus betont, dass zwischen der Rechtsform der deutschen eingetragenen Genossenschaft (eG) und dem soziologischen und ökonomischen Begriff der Genossenschaft unterschieden werden müsse: Die Rechtsform eG gibt es nur in der einen vorliegenden Form und den sich daraus ergebenden Möglichkeiten und Beschränkungen. Die Genossenschaft als soziale und ökonomische Form kann dagegen in verschiedener oder auch ohne jede Rechtsform praktiziert werden (Engelhardt 1985: 14f; Jenkis 1986: 40; Beuthien et al. 2008: 9f.).

In der genossenschaftswissenschaftlichen Literatur wird die Bedeutung des Genossenschaftsgedankens mit den sogenannten genossenschaftlichen Prinzipien bestimmt. Zentrale Prinzipien sind das Förderprinzip, das Identitätsprinzip und das Prinzip der Selbstverwaltung (Mersmann 1985; Novy 1985; Münkner 1992, 2014; Flieger 2006; Ringle 2011; Notz 2014; Mändle/Mändle 2017). Diese drei Prinzipien verweisen aufeinander und drücken in ihrem Zusammenhang die Besonderheit genossenschaftlicher Wirtschaftsweise aus: Genossenschaften *fördern* ihre Mitglieder und zielen dabei nicht (in erster Linie) auf einen Gewinn ab. Es besteht eine *Identität* von Nutzer_innen und Eigentümer_innen, die ihre Entscheidungen selbstbestimmt und gleichberechtigt treffen und sich auf diesem Wege *selbst verwalten*. Die konkrete Bedeutung der einzelnen Prinzipien sowie ihr Verhältnis zueinander sind zwischen Autor_innen verschiedener wissenschaftlicher und politisch-kultureller Strömungen der Genossenschaftsbewegung jedoch umstritten.[9]

Besonders intensive Debatten um den Genossenschaftsgedanken fanden im Kontext der Kämpfe um das Verhältnis von Staat, Markt und Selbstbestimmung in den 1980er Jahren statt. Dabei lassen sich drei grundsätzliche Positionen unterscheiden: Erstens die einer *Gemeinwohlorientierung* nach der Genossenschaften einen gesellschaftlichen Auftrag zur sozialen Versorgung hätten; zweitens die der Genossenschaft als *Selbsthilfeeinrichtung*, die in erster Linie der Verbesserung der Lebenssituation ihrer Mitglieder diene und drittens der Genossenschaft als selbstverwalteter *Ökonomie der Solidarität*, die einer Transformation oder Überwindung kapitalistischer Verhältnisse dienen könne.

Die Vertreter_innen einer Gemeinwohlorientierung sahen Genossenschaften vorwiegend als sozialpolitisch orientierte Versorgungseinrichtungen, deren Leis-

---

9 In der Literatur werden teilweise weitere nachgeordnete Prinzipien aufgeführt, deren Bedeutung im Verhältnis zu den grundsätzlichen Prinzipien umstritten ist. Dazu zählen beispielsweise die Prinzipien der „wirtschaftlichen Effizienz", der „Förderung der Mitgliederausbildung" (Münkner 1992: 510) oder das „Regionalprinzip", welches besagt, dass die Tätigkeit einer Genossenschaft „gewöhnlich auf eine Gemeinde, einen Stadtteil oder eine abgegrenzte Region gerichtet ist" (Mändle/Mändle 2017: 612).

tungen umso mehr Menschen zur Verfügung gestellt werden können, je größer die Unternehmen sind. Hier stand das Förderprinzip im Vordergrund (Stöcker 1976; Jenkis 1985, 1986; Hirsch-Borst/Krätke 1981; Krätke 1985, 1988a). Für Vertreter_innen der Genossenschaft als Selbsthilfeeinrichtung stand dagegen die durch Kooperation gestärkte ökonomische Selbsthilfe der Genoss_innen im Vordergrund. Sie betonten je nach politischer Ausrichtung das Identitätsprinzip oder die Selbstverwaltung (Engelhardt 1985; Boettcher 1988; Münkner 1992). In der transformationsorientierten Perspektive einer selbstverwalteten Ökonomie der Solidarität wurden das Förderprinzip, das Identitätsprinzip und das Prinzip der Selbstverwaltung als eng miteinander zusammenhängende Konzepte begriffen, aus deren Zusammenwirken sich die eigentliche Besonderheit genossenschaftlicher Wirtschaftsweise im Gegensatz zu „normalen" kapitalistischen Unternehmen ergäbe. Die in Kapitel 2 dargestellte alternative Genossenschaftskonzeption nach Klaus Novy, innerhalb der die genossenschaftliche Organisationsform eine Aufhebung des Widerspruchs zwischen dem Gebrauchs- und Tauschwert des Wohnens praktisch möglich macht, basiert auf dem engen Zusammenspiel der drei grundlegenden Genossenschaftsprinzipien. In dieser Genossenschaftskonzeption ergibt sich der konkrete Förderzweck aus der selbstbestimmten Ermittlung der Bedürfnisse der Mitglieder und ihre Identifikation mit der Genossenschaft erst durch die Erfüllung ihrer Bedürfnisse mittels des gemeinschaftlichen und selbstverwalteten Geschäftsbetriebs (Novy 1983; Novy/Prinz 1985; Mersmann 1985). Die Position einer Gemeinwohlorientierung zielte in den Auseinandersetzungen im Feld der Sozialen Wohnungswirtschaft der 1980er Jahre insbesondere auf die Dekommodifizierung von Wohnraum ab, während die Position der Genossenschaften als Selbsthilfeeinrichtungen zumeist zugunsten einer Stärkung der Logik der Kommodifizierung eingesetzt wurde. Im Ansatz einer Ökonomie der Solidarität fand sich dagegen über die Dekommodifizierung von Wohnraum hinaus auch der Wunsch nach einem Herauslösen des Wohnens aus den allgemeinen Marktzwängen wieder.

Im Laufe der 1990er und 2000er Jahre hat sich die Diversität der genossenschaftswissenschaftlichen Debatte verringert und das Kräfteverhältnis zwischen den inhaltlichen Positionen verschoben: Im Mainstream werden Genossenschaften heute als Selbsthilfeeinrichtungen mit sozialen Werten angesehen (Ringle/Göler von Ravensburg 2010; Ringle 2011; Reichel 2011; Münkner 2014). In sozialwissenschaftlich orientierten Beiträgen wird teilweise auf die Positionen der Gemeinwohlorientierung und der Solidarität Bezug genommen (Flieger 2006; Notz 2014), in betriebswirtschaftlichen und juristischen Beiträgen wird dagegen teilweise die Position vertreten, Genossenschaften dienten lediglich dazu, rational kalkulierenden Individuen eine kooperative Unternehmensform zur Verfügung zu stellen. In dieser Perspektive wird die Genossenschaft als „klassische" Unternehmensform angesehen und jeglicher gesellschaftspolitischer Anspruch an genossenschaftliches Handeln zurückgewiesen (Glenk 2013: X). Die vormals dominierende Gemeinwohlorientierung ist seit dem Ende der 1990er Jahre so gut wie verschwunden. Die Debatte um eine Neue Wohnungsgemeinnützigkeit hat noch keinen Einzug in die Genossenschaftswissenschaft erhalten.

4.2.2 Genossenschaftliche Prinzipien und Leitungsmacht in der Wohnungswirtschaft

In der Literatur zu großen Wohnungsgenossenschaften dominiert aktuell eine Perspektive, in der Genossenschaften als marktwirtschaftliche Unternehmen betrachtet werden, deren Leitung durch das Management in Form von Vorstand und Aufsichtsrat vorgenommen wird. Dieser Perspektive kommt eine orthodoxe Position zu, gegenüber der andere Positionen, welche die Mitglieder im Zentrum der genossenschaftlichen Tätigkeit sehen, untergeordnet und marginalisiert sind. Alternative Sichtweisen auf die Rolle von Wohnungsgenossenschaften finden sich nur im Bereich von Beiträgen, die sich auf die Geschäftsführung und Organisationspraxis von kleinen Genossenschaften beziehen (Wohnbund 2012) oder in allgemein gehaltenen Beiträgen, die Aussagen über Genossenschaften „an sich", d.h. unabhängig von bestimmten Branchen treffen. Die Kräfteverhältnisse in den Genossenschaftswissenschaften wirken sich auch auf lokale Kämpfe im Feld der Sozialen Wohnungswirtschaft in Hamburg aus. Die herrschende Lehrmeinung fungiert dabei als Einsatz im Ringen um symbolische Macht und Herrschaft in großen Genossenschaften.

So sprechen beispielsweise die Expert_innen für die wohnungsgenossenschaftliche Betriebswirtschaftslehre, Markus Mändle und Iris Beuerle, nur dem Förderprinzip den Charakter eines „Wesensprinzips" zu, während andere Prinzipien „zeit- und standortabhängig" seien (Mändle/Mändle 2017: 609f.). Die Förderung der Mitglieder zu gewährleisten sei Aufgabe der Geschäftsführung, liege damit in der Verantwortung des Vorstandes und müsse als „Managementaufgabe" betrachtet werden (Beuerle/Mändle 2005; Beuerle 2014). Die Umsetzung weiterer Prinzipien wie dem Identitätsprinzip und der Selbstverwaltung wird als Teil der „Serviceleistungen" von Genossenschaften angesehen, welche je nach Marktlage zur Angebotsdiversifikation oder zur Verbesserung des Unternehmensimages herausgestellt werden können. Diese Position wird vom Rechtsexperten Jürgen Keßler gestützt. Keßler fordert, „im Lichte der realen Gegebenheiten", das Genossenschaftsrecht weiter zugunsten der Leitungsmacht des Managements zu verändern (2007b: 41). Er spricht sich dafür aus, das Recht zur Festlegung des Jahresabschlusses von der General- bzw. Vertreterversammlung auf Vorstand und Aufsichtsrat übergehen zu lassen und das Prinzip der Selbstorganschaft in Frage zu stellen. Er sieht bei einer Übertragung der Verantwortung für den Jahresabschluss auf Vorstand und Aufsichtsrat keinen Kompetenzverlust für die Mitglieder, da diese in der Praxis schon jetzt üblicherweise gar keinen Einfluss darauf nehmen könnten oder wollten (ebd.). Hinsichtlich der Selbstorganschaft sieht er eine „Kluft zwischen normativem Idealbild und der gelebten Wirklichkeit marktorientierter Genossenschaften" (Keßler 2014b). Aufgrund der fachlichen Anforderungen würden Vorstände längst nicht mehr aus der bestehenden Mitgliederschaft, sondern auf dem „Arbeitsmarkt für Führungskräfte" rekrutiert werden (Keßler 2007b: 42). Um dieser Praxis auch rechtlich zu entsprechen, fordert er, „den Grundsatz der Selbstorganschaft zur Disposition abweichender Satzungsregelungen zu stellen" (Keßler 2014b: 98).

Dagegen weist der Genossenschaftswissenschaftler Günther Ringle daraufhin, dass Vorstände sich regelmäßig bei ihren Mitgliedern informieren sollten, inwiefern diese den Förderauftrag als erfüllt ansehen (2010). Kleine Genossenschaften zeichneten sich dabei im Gegensatz zu großen häufig durch eine „klare Förderorientierung (...) und Identifikation der Mitglieder mit der Genossenschaft" aus (ebd.: 21). Die Rechtsexperten Volker Beuthien, Stefan Dierkes und Michael Wehrheim betonen im Gegensatz zu Keßler die Bedeutung der Selbstorganschaft für die Praxis der Selbstverwaltung. Der „eigens genossenschaftliche Sinn" des Selbstverwaltungsgrundsatzes ziele darauf ab,

> „dass die Mitglieder möglichst weitgehend an der Genossenschaftsverwaltung beteiligt sein sollen. Dies wiederum erklärt sich aus der Eigenart des genossenschaftlichen Wirtschaftens. Denn diese soll die Wirtschaftsergebnisse aller einzelnen Genossen verbessern helfen. Deshalb muss die eG organisationsrechtlich so strukturiert werden, dass das Führungshandeln von Vorstand und Aufsichtsrat ständig durch die Mitglieder legitimiert wird" (2008: 10).

Da in großen Genossenschaften jedoch nicht alle Mitglieder an der Geschäftsführung beteiligt sein können, müsse das Prinzip der Selbstorganschaft die Garantie dafür leisten, dass die Vorstände als „genossenschaftliche Selbstbetroffene" im Sinne der Mitglieder handeln (ebd.: 39).

5. Das Feld der Sozialen Wohnungswirtschaft in Hamburg

In der Hochphase des Fordismus am Ende der 1960er Jahre galt Hamburg als eine Stadt der Gemeinwirtschaft. Mit dem Firmensitz der Neuen Heimat, vier kommunalen Wohnungsunternehmen, vierzig Genossenschaften sowie weiteren gemeinnützigen Unternehmen traf dies insbesondere auch im Bereich der Wohnungswirtschaft zu. Bis zum Beginn des 21. Jahrhunderts entwickelte sich Hamburg dagegen zum paradigmatischen Beispiel einer unternehmerischen Stadt. Dieser Wandel ist das Ergebnis einer umkämpften Geschichte der Hamburger Wohnungspolitik und -wirtschaft. Ich analysiere diese Entwicklung als Auseinandersetzung um die Kräfteverhältnisse und Überzeugungen im Feld der Sozialen Wohnungswirtschaft zwischen Fordismus und Gegenwart. Ausgangspunkt der Rekonstruktion ist die in der Einleitung aufgeworfene und in der Stadtforschung umstrittene Frage, inwieweit sich mit der neuen Bündnispolitik für das Wohnen ein Paradigmenwechsel eingestellt hat. In der Forschung wird teilweise die These vertreten, dass der Regierungswechsel in Hamburg von 2011 mit einem Übergang zu postneoliberalen Politikansätzen einhergegangen wäre (Ginski et al. 2012; Vogelpohl/Buchholz 2017). Diese These deckt sich mit der Selbstwahrnehmung des Senats, welcher für sich in Anspruch nimmt, eine neue und sozialpolitisch begründete Wohnungspolitik eingeführt zu haben.

Ich zeige dagegen, dass seit den 1970er Jahren eine fortschreitende Tendenz der Neoliberalisierung besteht, die sich in der Gegenwart fortsetzt. Dieser Trend war bis in die 1990er Jahre umkämpft und keineswegs vorprogrammiert. Die Hamburger Wohnungspolitik hat zwischen den 1970er und 90er Jahren markante Konjunkturen erlebt, in denen sich zwar eine Abkehr von fordistischen Überzeugungen abgezeichnet hat, aber dennoch an einer grundsätzlich sozialpolitisch begründeten und auf Dekommodifizierung abzielenden Wohnungspolitik festgehalten wurde. Erst in den 1990er Jahren setzte sich ein neoliberaler Politikansatz durch, der in den 2000er Jahren intensiviert und nach 2011 beibehalten wurde. Infolge der Proteste seit dem Jahr 2008 stehen die Symptome neoliberaler Wohnungs- und Stadtentwicklungspolitik – wie steigende Mieten und Wohnungspreise sowie damit einhergehende Verdrängungstendenzen – öffentlich wieder in der Kritik. Die in Kooperation zwischen regierender Politik und Wohnungswirtschaft erlassenen Maßnahmen und Instrumente machen jedoch deutlich, dass das Handeln der etablierten Akteure nach wie vor von neoliberalen Überzeugungen bestimmt ist. Den großen Genossenschaften kommt dabei eine wichtige Rolle zur Stabilisierung der herrschenden Kräfteverhältnisse und Überzeugungen zu.

Mit meiner Darstellung knüpfe ich an Arbeiten der kritischen Stadtforschung an, die auf die Bedeutung der Krise des Fordismus zur Durchsetzung des Paradigmas der unternehmerischen Stadt in Hamburg hinweisen (Dangschat/Wüst 1996; Bauriedl 2007; Rinn 2016). Gleichzeitig möchte ich diese Arbeiten ergänzen und differenzieren, indem ich die spezifischen Entwicklungen im lokalen Feld der Sozialen Wohnungswirtschaft herausarbeite. Zentrale Erkenntnis ist dabei, dass der Prozess der Neoliberalisierung und der daraus folgenden Kommodifizierung der Wohnungsversorgung keinen linearen Verlauf aufweist, sondern von Konjunkturen und Brüchen gekennzeichnet ist. Dabei zeigt sich eine bemerkenswerte Beharrungskraft fordistischer Elemente innerhalb des lokalen Staates sowie eine Stärke emanzipatorischer Akteure, die das Wohnen zum Ausgangspunkt sozialer Kämpfe gemacht haben. Der entscheidende Wandel vollzieht sich im Laufe der 1990er Jahre, in denen die fordistischen Beharrungskräfte von einem – im Bourdieuschen Sinne – strategischen Zusammenspiel neoliberaler und linker Kräfte gebrochen werden: Die zwei stadtentwicklungspolitischen Ansätze der vorwiegend von neoliberalen Akteuren getragenen *unternehmerischen Stadt* und der vorwiegend von linken Akteuren getragenen *sozialen Stadt* fügen sich in den 1990er Jahren zur neoliberalen Orthodoxie der *funktionierenden Nachbarschaften und gemischten Quartiere* zusammen. Genossenschaften nehmen in diesem Wandel sowohl als Organisationsform von Protestbewegungen als auch von etablierten Wohnungsunternehmen eine wichtige Rolle ein. Sie dienen der Rechtfertigung zurückgehender staatlicher Interventionen in den Wohnungsmarkt sowie als Symbol zivilgesellschaftlicher Selbsthilfe. Im Übergang von einer fordistischen zu einer neoliberalen Wohnungspolitik emanzipieren sich die Genossenschaften von einem Ausführungsorgan staatlicher Politik zu einem selbstständigen Akteur auf dem Wohnungsmarkt – dessen Handeln in der Gegenwart maßgeblich durch die Rahmenbedingungen eben dieses Marktes bestimmt ist.

Mit meiner Analyse der neuen Bündnispolitik für das Wohnen zeige ich auf, dass diese in der Kontinuität neoliberaler stadtentwicklungspolitischer Ansätze zur Herstellung einer bestimmten Bevölkerungsmischung – und zwar einer Erhöhung des Anteils an Mittelschichtsbevölkerung, insbesondere in den als problematisch angesehenen Teilen der Stadt – abzielt. In den 1990er und 2000er Jahren wurde die Mittelschicht als verhältnismäßig einkommensstarker Teil der Bevölkerung umworben und mit hochwertigen Wohnangeboten zu einem

Leben in der Stadt motiviert. In der Gegenwart wird die mittelschichtsorientierte Wohnungspolitik von den herrschenden Akteuren im Feld dagegen als eine Form der Bevölkerungspolitik für „alle" gesellschaftlichen Schichten bezeichnet und damit in einer Weise symbolisch überhöht, die nicht ihren materiellen Effekten entspricht. Dennoch verfängt diese Legitimierungsstrategie teilweise selbst bei kritischen Akteuren insoweit diese von den politischen Maßnahmen materiell und/oder symbolisch profitieren. Darüber hinaus zeige ich, dass die enge Zusammenarbeit der politischen und ökonomischen Akteure im Bündnis für das Wohnen zu einer zunehmenden Kongruenz unter den Wohnungsunternehmen verschiedener Verbände führt. Die damit verbundene Auflösung der tradierten Gegensätze zwischen sozialen und profitorientierten Unternehmen wird von den herrschenden Akteuren im Feld als positive Entwicklung angesehen, während sie von oppositionellen Akteuren – bisher – kaum wahrgenommen wird.[1]

5.1 Soziale Wohnungswirtschaft im fordistischen Hamburg

Bereits Ende des 19. Jahrhunderts galt Hamburg als sozialdemokratische Hochburg mit einer starken Gewerkschafts- und Genossenschaftsbewegung, welche zunehmend Einfluss auf die – bis dahin von bürgerlichen Kaufleuten dominierte – Stadtpolitik nahm (Erdmann 2000). Die ersten freien Bürgerschaftswahlen gewann die SPD 1919 mit absoluter Mehrheit. Dennoch ging sie eine Koalition mit den sozialliberalen Teilen des Bürgertums ein und verstand ihre Regierungsverantwortung als eine für den Stadtstaat und seine bürgerlich dominierte Ökonomie. Diese Form der Regierungsarbeit bekam nach 1945 den Charakter einer

---

1 Die im Folgenden dargestellten Kämpfe um die Wohnungspolitik in Hamburg stehen in einem wechselvollen Verhältnis zur Bundespolitik: Seit dem Ende des Zweiten Weltkriegs regierte die SPD in Hamburg bis 2001 mit lediglich zwei kurzen Unterbrechungen. Sie koalierte dabei zumeist mit der FDP und später der Grün-Alternativen Liste (GAL) bzw. den Hamburger Grünen. Die Wohnungspolitik wurde zunächst als Gegenmodell zur konservativ-liberalen Politik auf Bundesebene konzipiert. Mit der sozial-liberalen Koalition der 1970er Jahre auf Bundesebene bestand dagegen eine enge Verbindung. In diese Zeitspanne fällt in Hamburg der Beginn der wohnungspolitischen Neoliberalisierung. Ab der Mitte der 1980er Jahre positionierte sich der Senat gegenüber der konservativ-liberalen Bundespolitik dagegen wieder als Bewahrer einer sozialpolitisch ausgerichteten Wohnungspolitik. Der von der rot-grünen Bundesregierung in den 1990er Jahren vollzogene Paradigmenwechsel zu einer Wohnungs*markt*politik steht wiederum in enger Verbindung zur Durchsetzung neoliberaler Stadtentwicklungspolitiken und der Beendigung einer sozialen Wohnungspolitik in Hamburg.

Tradition: Die SPD-geführten Senate profilierten sich mit sozialen Errungenschaften zugunsten der arbeitenden Bevölkerung und tasteten die grundlegenden Strukturen kapitalistischer Ökonomie explizit nicht an. Gegen liberale, konservative und linke Kritik verteidigten sie diesen Ansatz als pragmatischen Ausgleich zwischen bürgerlichen und proletarischen Interessen (Lohalm 1996). In diesem Kontext entwickelte sich Hamburg zu einer „Stadt der Gemeinwirtschaft", in der eine Vielzahl gemeinnütziger Unternehmen und Genossenschaften das gesellschaftliche Leben mitbestimmten (Peter 2011). Eine wichtige Rolle nahmen dabei kommunale und genossenschaftliche Wohnungsunternehmen sowie die Neue Heimat ein. Diese Soziale Wohnungswirtschaft zeichnete sich durch eine materielle Dekommodifizierung von Wohnraum aus, die auf der symbolischen Ebene jedoch eng mit dem Staatshandeln verknüpft war. Eine umfassende Herauslösung des Wohnens aus Marktlogiken war dabei nicht das Ziel. Es ging viel eher darum, die reibungslose Verwertung und Reproduktion der Arbeitskraft der Bevölkerung zu gewährleisten und den sozialen Frieden zu sichern.

Am Ende des Zweiten Weltkriegs waren in Hamburg ca. 300.000 Wohnungen zerstört und mehrere Stadtteile, insbesondere im Osten der Stadt, kaum bewohnbar. Der Wiederaufbau fand in einem Spannungsverhältnis zwischen der Beseitigung von Wohnungsnot und der Neugestaltung städtebaulicher Strukturen statt. In konzeptueller Hinsicht wurde dabei von verschiedenen Akteuren – den alten und neuen Regierungsverantwortlichen sowie der Besatzungsmacht – die Hoffnung geteilt, dass die umfassende Zerstörung dazu genutzt werden könne, städtebauliche Aspekte der Wohnungsfrage endlich zu lösen (Schubert 1997b: 410f.). Dazu zählten die Sanierung der Altbauviertel, die Auflockerung alter Stadtstrukturen und eine funktionale Trennung im Wiederaufbau, d.h. insbesondere eine Entmischung von Wohnen und Arbeiten. Inhaltlich knüpften die Neugestaltungspläne nach 1945 an diejenigen aus der Zeit des Nationalsozialismus an, wobei die Terminologie „entnazifiziert" wurde (ebd.: 412).[2] Dennoch bestand die Hoffnung, mit der Neubebauung auch eine „neue Weltanschauung" zu vermitteln (ebd.: 410). Der Erste Bürgermeister Max Brauer proklamierte den Aufbau eines „demokratisch-sozialistischen Volksstaates" und erteilte da-

2 Dirk Schubert weist darauf hin, dass aufgrund der personellen Kontinuität in der Hamburger Wohnungsbau- und Stadtplanung vom Nationalsozialismus in die Bundesrepublik keine Rede von einer „Stunde Null" sein kann. Viel eher wurden eine Vielzahl von Verwaltungsbeamten und Architekten, auch in leitender Funktion, weiter- bzw. nach kurzem Aussetzen wieder beschäftigt (Schubert 1997b: 412f.). Die Pläne für eine Neugestaltung der Stadtstruktur nach 1945 basierten in großen Teilen auf Ansätzen, die bereits in den Jahren 1940 bis 1944 entwickelt wurden.

mit sowohl der „sogenannten freien Wirtschaft“ als auch der kriegsbedingten „Zwangswirtschaft“ eine Absage (1952: 60 und 44). Richtfeste wurden regelmäßig als Gelegenheit genutzt, um die Aufbau- und Versorgungsleistung im Wohnungsbau hervorzuheben. Anlässlich der Feier für die 300.000ste nach dem Krieg erbaute Wohnung im Jahr 1960 wurden alle öffentlichen Gebäude beflaggt (Nevermann 1977: 46). Hamburg hatte zu diesem Zeitpunkt eine Bevölkerung von 1,8 Millionen Menschen, prognostiziert wurde eine Zunahme bis auf 2,2 Millionen Bewohner_innen. Aufgrund der weiterhin bestehenden Behelfsheime, in denen mehrere zehntausend Menschen wohnten, der mangelhaften Substanz der Altbauten und der kontinuierlich steigenden Bevölkerungszahl wurde im selben Jahr noch mit einem zukünftigen Bedarf von Wohnraum für eine weitere halbe Millionen Menschen gerechnet (Schmidt-Eichberg/Schüler 1969).

Leitlinie der Stadtentwicklungsplanung der ersten Nachkriegsjahrzehnte war zunächst die „gegliederte und aufgelockerte Stadt“ im Sinne der Charta von Athen (Schubert 1997a: 32). In den 1960er Jahren wurde sich zunehmend am Konzept der „Urbanität durch Dichte“ orientiert und eine Reihe von Großwohnsiedlungen geplant und gebaut (ebd.: 35). In diesem Jahrzehnt setzte sich die fordistische Vorstellung der Steuerbarkeit gesellschaftlich-räumlicher Prozesse weitgehend durch. Ihren markantesten Ausdruck fand die Planungseuphorie in Hamburg in den nicht umgesetzten Entwürfen der Neuen Heimat zum vollständigen Abriss des Stadtteils St. Georg zugunsten eines sogenannten Alsterzentrums (Harlander 1999: 329) sowie der Planung eines neuen Stadtteils für knapp 80.000 Einwohner_innen in Allermöhe (Schubert 1997a: 36). Im Jahr 1967 wurde die 400.000te Wohnung nach dem Krieg in der Großwohnsiedlung Osdorfer Born eingeweiht (Brohm 1969: 393). Durchschnittlich wurden in den 1950er Jahren „rund 70 % der neu erstellten Wohnungen öffentlich gefördert, während der freifinanzierte Wohnungsbau nur einen geringen Anteil an der Wohnungsbauproduktion hatte“ (Stapelfeldt 1993: 34).

Mit Brauer wurde Hamburg ab 1946 von einem Ersten Bürgermeister regiert, der sich bereits in der Weimarer Republik als Fürsprecher der Gemeinwirtschaft profiliert hatte. Er hatte in den 1920er Jahren als Altonaer Bürgermeister die SAGA gegründet und eine aktive Bodenpolitik betrieben. Auch nach 1945 sah er die Wohnungsfrage als „eines der größten sozialen Probleme unserer Zeit“ an, deren Problemstellung seit dem Ende des 19. Jahrhunderts im Prinzip unverändert geblieben sei (Brauer 1952: 175). In einem Vortrag auf dem Deutschen Städtetag formulierte er 1951, dass es „nicht nur primitiv, sondern frivol [sei], zu behaupten, dass die freie Wohnungswirtschaft bei freien Mieten und freien Bodenpreisen am raschesten die Wohnungsnot überwinden könne. Schließlich hat uns die freie

Wohnungs- und Bodenwirtschaft Bodenspekulation und Verhundertfachung von Grundstücken und Bodenpreis (...) im Ablauf weniger Jahrzehnte beschert" (ebd.: 269-270).

Der Begriff der Gemeinwirtschaft beinhaltete bei Brauer zu diesem Zeitpunkt jedoch nicht mehr die in den 1920er Jahren diskutierte Sozialisierung ganzer Wirtschaftsbranchen, sondern die Förderung von nicht-profitorientierten Unternehmen, die unter öffentlicher Aufsicht als Marktregulativ wirken und dafür sorgen sollten, dass ein möglichst großes Sozialprodukt möglichst „gerecht" verteilt würde (ebd.: 255).[3] Mit Ausnahme der Jahre 1953 bis 1957, in denen der Senat von einer Koalition bürgerlicher Parteien besetzt wurde, regierte Brauer in Hamburg bis 1960. Er wurde abgelöst von Paul Nevermann, welcher zuvor Sozial- und Bausenator gewesen war und nach seiner Amtszeit Präsident des deutschen Mieterbundes wurde. Öffentliche Diskussionen löste Nevermann u.a. mit dem Vorschlag aus, die Mieten sozialer Wohnungsunternehmen am Einkommen der Bewohner_innen auszurichten und Finanzierungslücken zur Kostenmiete staatlich zu subventionieren (Nevermann 1977: 209ff.). Auf Nevermann folgte 1965 Herbert Weichmann, welcher nicht mehr wie seine Vorgänger als besonderer Anwalt von Mieterinteressen galt. Dennoch behielt die Wohnungspolitik auch in seiner Amtszeit hohe Bedeutung und wurde mit Caesar Meister von einem Bausenator verantwortet, welcher vor und nach seiner politischen Karriere Vorstand einer großen Wohnungsgenossenschaft war. Weichmann führte nach den Bürgerschaftswahlen 1966 einen ausschließlich mit SPD-Senatoren besetzten Senat, betonte jedoch, dass „politische Bündnis von Arbeitnehmerschaft und Unternehmertum" weiter zu führen (Schildt 1996: 83).

Die Wohnungsversorgung breiter Schichten der Bevölkerung galt im fordistischen Hamburg als „Kernfrage der Sozialpolitik" (Stapelfeldt 1993: Einleitung). Das Handeln der Politik und der sozialen Wohnungsunternehmen wurde von

---

3 Dieses Konzept entsprach der Lehrmeinung der 1952 in Hamburg gegründeten Akademie für Gemeinwirtschaft. Hier wurde Gemeinwirtschaft als praktische Aufgabe öffentlicher, gewerkschaftlicher und genossenschaftlicher Unternehmen im Rahmen einer „gelenkten Marktwirtschaft" verstanden (Ortlieb 1952: 18). Die Unternehmen hätten die Aufgabe, „sowohl dem Ganzen der Gemeinschaft, als auch den berechtigten Ansprüchen der einzelnen" zu dienen (ebd.). Eine Sozialisierung ganzer Branchen oder die Einführung einer Planwirtschaft wurde dagegen abgelehnt (ebd.: 18ff.). Die Akademie fungierte als Ausbildungsstätte für den Nachwuchs gemeinwirtschaftlicher Unternehmen. Sie wurde 1961 in Akademie für Wirtschaft und Politik umbenannt, 2005 als eigenständiges Departement in die Universität Hamburg eingegliedert und ging 2009 im Fachbereich Sozialökonomie auf.

der Vorstellung geleitet, dass der freie Markt vergangener Epochen zu einer dauerhaften Knappheit und daher zu gesellschaftlichen Konflikten geführt habe. In der Konsequenz wurde Wohnen nicht als „normale“ Ware angesehen und eine staatliche Regulierung inklusive einer Begrenzung der Profite für notwendig erachtet. So formulierte Nevermann im Jahr 1967 in einer Bürgerschaftsdebatte:

> „[D]ie Wohnung als Ware [eignet sich] nicht zu einer normalen Marktwirtschaft. Wir werden immer in Deutschland (…) mit einer Wohnungssituation rechnen müssen, in der die Verantwortung für die Wohnungsversorgung beim Staat bleibt. [I]n allen Industrienationen wird eingesehen, dass man dieses wertvolle Gut Wohnung nicht einfach verhandeln kann wie einen Sack Kartoffeln auf dem Gemüsemarkt“ (Bürgerschaft FHH 1967: 659).

In dieser Haltung wurde ihm von der oppositionellen CDU beigepflichtet. Die sozialpolitischen Eingriffe in den Wohnungsmarkt zielten in ideologischer Kontinuität bürgerlicher Antworten auf die Wohnungsfrage auf die Erstellung von „familiengerechten Wohnungen“ ab (Schubert 1997a: 31).

Der Wiederaufbau nach 1945 sowie die großen Stadterweiterungsvorhaben in den 1960er Jahren wurden vorrangig von gemeinnützigen Wohnungsunternehmen durchgeführt (Grüttner 1976). Diese Unternehmen profitierten besonders von der intensiven Förderung des Sozialen Wohnungsbaus und errichteten in den Großwohnsiedlungen Mümmelmannsberg, Steilshoop oder Osdorfer Born ebenso wie in den innerstädtischen Sanierungsgebieten tausende von Wohnungen (Schubert 1997a). In der Perspektive der regierenden SPD war die Bevorzugung dieser Unternehmen gerechtfertigt. So argumentierte der SPD-Abgeordnete Brandes: „Die Spekulation mit Grund und Boden und Wohnungen im privaten Eigentum (…) beweisen, dass die Sozialbindung des Eigentums ausnahmslos – ich sage ausdrücklich: ausnahmslos – nur gewährleistet ist seitens der gemeinnützigen Unternehmen“ (Bürgerschaft FHH 1973a: 4814).

Der Verband der norddeutschen Wohnungswirtschaft verstand sich als „Organ der staatlichen Wohnungspolitik“ (VNW 1960). In seiner Jubiläumsschrift aus dem Jahr 1975 beschreibt er den Wohnungsmarkt als grundsätzlich „unvollkommen“ und staatliche Lenkung daher als notwendig (VNW 1975: 19). Die Miete sei der Preis für ein „soziales Gut“, dessen Höhe volkswirtschaftlich gerechtfertigt sein müsse (ebd.: 21). Als Ziele bestimmte er die „einwandfreie und zugleich erschwingliche Kleinwohnung für breite Schichten der Bevölkerung“ (ebd.: 100).

In den 1960er Jahren vollzog sich der Übergang vom Wiederaufbau zu einer Phase wirtschaftlicher und sozialer Prosperität (Schildt 1996). Mit der Verbreitung des Autos wurde Suburbanisierung und die Ausrichtung auf Pendler ein zentraler Trend der Stadtentwicklung. Erstmals seit dem Zweiten Weltkrieg ging es um die „Planung von Zukunftsinvestitionen, die aus vollen Kassen bezahlt werden" konnten (ebd.: 77). Im Wohnungsbau ging man zur Planung von Großwohnsiedlungen über, mittels denen die weiterhin bestehende Wohnungsknappheit endgültig gelöst werden sollte. In diesem Kontext setzte sich die Überzeugung, dass zur angemessenen Versorgung der Bevölkerung große und rationell geführte Wohnungsunternehmen erforderlich seien, voll durch. In der Bürgerschaft zeigte sich dies u.a. in der Einigkeit über die Fusion der vier städtischen Wohnungsunternehmen unter dem Dach der SAGA im Jahr 1972 (Bürgerschaft FHH 1971). Die SAGA wurde damit ein Unternehmen mit 85.000 Mietparteien und nahezu 1000 Mitarbeiter_innen (Bürgerschaft FHH 1973a: 4813). Die Vorteile der Fusion wurden darin gesehen, dass durch eine Aufgaben- und Verwaltungskonzentration Kosten gespart werden könnten, Bauvorhaben in größerem Maßstab möglich seien und sich ein Wettbewerb zwischen kommunalen Gesellschaften vermeiden ließe. Darüber hinaus könne, so hob ein Abgeordneter der CDU positiv hervor, „mit einer so großen Zahl von Wohnungen in einer Wohnungsgesellschaft ein starker Einfluss der Stadt – und damit, wenn Sie wollen, auch des Parlaments – auf die Wohnungspolitik in Hamburg ausgeübt werden" (Bürgerschaft FHH 1971: 2568). Kontroversen bestanden lediglich hinsichtlich der Informationspolitik des Senats sowie der Frage, ob und in welcher Form die Mieter_innen an der Geschäftsführung beteiligt werden sollten. Die SPD brachte zunächst selbst die Idee von Mieterräten und deren Beteiligung im Aufsichtsrat ein. Später wurden Beteiligungsansätze von der CDU gefordert, von der SPD aber mit dem Verweis auf die notwendige Professionalität bei der Leitung eines Wohnungsunternehmens zurückgewiesen (Bürgerschaft FHH 1973a: 4815).

Auch die Hamburger Wohnungsgenossenschaften erhöhten ihre Bestände in den 1950er und 60er Jahren deutlich und wuchsen zu mittleren und großen Unternehmen heran (Schmidt/Wigger 1997: 36ff.). Sie wurden dabei sowohl von dem Motiv getragen, durch Zentralisierung und Rationalisierung zur Wohnungsversorgung beizutragen, als auch von der im Wohnungsgemeinnützigkeitsgesetz (WGG) enthaltenen Möglichkeit der Zwangsfusion angetrieben (ebd.: 102f.). Die Anzahl der Wohnungsgenossenschaften verringerte sich von 67 im Jahr 1959 auf 40 im Jahr 1974 (VNW 1960: 44, 1975: 61).[4] Unter dem Eindruck der Fu-

4 Im Jahr 1938 waren es noch 113 Genossenschaften (VNW 1975: 55). Nach dem zweiten Weltkrieg wurden am Ende der 1940er Jahre 17 neue Genossenschaften gegründet (ebd.: 1975: 60). In den herangezogenen Publikationen sind weder Zahlen

sion der SAGA kamen kurzzeitig Überlegungen auf, auch die Genossenschaften stärker zusammenzuschließen und als einen einzelnen Akteur im Wohnungsbau auftreten zu lassen, welche jedoch nicht umgesetzt wurden (Grüttner 1976: 105).

Die Planungseuphorie der 1960er Jahre drückte sich insbesondere in den großmaßstäbig angelegten Entwürfen zur Stadtsanierung und der Großwohnsiedlungen aus (Schubert 1997a: 35f.). Ab der Mitte des Jahrzehnts begann sich dagegen ein öffentlichkeitswirksamer Protest von Mieter_innen und Stadtteilinitiativen zu artikulieren. Zugleich nahm die Bevölkerungszahl Hamburgs erstmals seit 1945 wieder ab. Diese beiden Entwicklungsstränge wurden in der folgenden Zeit in der Bürgerschaft immer wieder unter dem Stichwort der „Sanierung" diskutiert. Es wurde darum gestritten, ob die zukünftige Stadtentwicklungs- und Wohnungspolitik vorrangig durch Neubau oder mittels Sanierung der Althausbestände in den innerstädtischen Bereichen gestaltet werden solle. Der Protest von Anwohner_innen wurde von Abgeordneten der CDU in verschiedenen Debatten aufgegriffen: „Die Leute wollen (...) eben nicht auf der grünen Wiese, in seelenlosen Betonsilos leben. Das weiß jeder, der sich wirklich mit Bürgern unterhält" (Bürgerschaft FHH 1973b: 6165). Die SPD wies diese Kritik bis zum Beginn der 1970er Jahre mit dem Verweis auf die Errungenschaften des fordistischen Wohnungsbaus zurück. So formulierte Bausenator Meister in einer Debatte im Jahr 1973:

> „Eine Neubebauung wird auch dadurch verzögert, wenn nicht verhindert, dass im Bewusstsein der Bevölkerung Abrisse immer mehr abgelehnt werden. (...) Diejenigen, die sich ganz besonders gegen jeglichen Abriss (...) wehren, bezeichnen sich oft als Sozialisten der reinen Ideologie. Ich habe schon in einer früheren Bürgerschaftssitzung gesagt, dass ich diesen Standpunkt nicht teilen kann. Denn wenn wir uns heute über die Stadterneuerung und -sanierung unterhalten, dann geht es vor allen Dingen um die Beseitigung menschenunwürdiger Wohnverhältnisse, die im Zeitalter des Frühkapitalismus und des Kapitalismus entstanden sind (...).
>
> Meine Damen und Herren! Gehen wir doch einmal wirklich durch die überalterten Gebiete von Ottensen, St. Pauli oder St. Georg. Man darf sich nicht nur allein von auch hier noch vorhandenen sehr schönen Fassaden täuschen lassen. Schauen wir doch einmal in die Höfe hinein. (...) Da scheint auch heute weder Sonne noch Mond in die Erdgeschosswohnungen hinein. Da gibt es keine Kinderspielplätze, da fehlt Menschlichkeit. Hier zeigt sich wirklich die ganze Fratze kapitalistischer Bauweise. Und dies müssen wir sehen, anprangern und die Zustände verändern" (ebd.: 6161).

---

zu den Zwangsfusionen und Liquidationen nach 1938 noch zur Anzahl der Genossenschaften im Jahr 1945 enthalten. Eindeutig ist aber der über den Zusammenbruch des Nationalsozialismus hinauswirkende Trend der Zentralisierung, welcher nur von einer kurzen Phase neuer Gründungen nach dem Krieg unterbrochen wurde.

Sein Verweis auf die „Sozialisten der reinen Ideologie" bezog sich auf die Hausbesetzung eines von der Neuen Heimat zum Abriss bestimmten Hauses in der Ekhofstraße unweit der Zentrale des Konzerns (Grüttner 1976: 171ff.). Die Hausbesetzer_innen setzten sich dafür ein, den Abriss bezahlbaren Wohnraums zu verhindern und die Nachbarschaft politisch zu organisieren. Die Besetzung wurde gewaltsam geräumt und endete für mehrere Beteiligte mit mehrjährigen Haftstrafen (ebd.: 178). Die Vorstellung, gesellschaftliche Konflikte um die Wohnungsversorgung mittels Abriss und großmaßstäbigen Neubau lösen zu können, wurde dennoch in den folgenden Jahren zunehmend brüchig. Die in großen Dimensionen angesetzten Projekte der gemeinnützigen Wohnungsunternehmen stießen zunehmend auf den Widerstand der Stadtbewohner_innen. Die SPD und mit ihr die gemeinnützigen Unternehmen gerieten dadurch mehr und mehr in eine Auseinandersetzung, in der sie sich sowohl einer rechten und wirtschaftsliberalen als auch einer linken Opposition gegenübergestellt sahen, die die Großwohnsiedlungen als „organisiertes Elend" und die gemeinnützigen Unternehmen als mit dem Staatsapparat verflochtene Vollstrecker der Kahlschlagsanierung ansahen (ebd.). Die gemeinnützige Wohnungswirtschaft, so der Vorwurf, beteilige sich maßgeblich an der Zerstörung von Nachbarschaften und verhalte sich „in der Praxis wie jedes andere kapitalistische Unternehmen" auch (ebd.: 8).

5.2 Umkämpfter Wandel der Wohnungspolitik

Ab dem Ende der 1960er Jahren war Hamburg mit den Auswirkungen einer fortschreitenden Suburbanisierung konfrontiert. Gegenüber dem Bevölkerungshöchststand von 1,86 Mio. im Jahr 1964 verlor die Stadt bis zum Ende der 1980er Jahre ca. 300.000 Einwohner_innen, danach nahm die Bevölkerungszahl wieder zu (Dangschat/Wüst 1996). Gleichzeitig kam es infolge des postfordistischen Strukturwandels zu wirtschaftlichen Problemen, die mit Arbeitsplatzverlusten im industriellen Bereich einhergingen: Im Jahr 1970 lag die Arbeitslosenquote bei 0,4 %; bis 1987 stieg sie auf 13,9 % (ebd.: 165). Zunächst begegnete Hamburg diesen Herausforderungen mit einer keynesianischen Investitions- und Industriepolitik, wobei erhebliche Mittel gebunden und ökologische Risiken eingegangen wurden (Dangschat/Oßenbrügge 1990: 92ff.). In den 1980er und 90er Jahren setzte sich dann eine postfordistische Krisenlösungsstrategie durch. Vom Ende des Ost-West-Konflikts profitierte Hamburg mit einem wirtschaftlichen Wachstum, welches zunehmend auf dem tertiären Sektor beruhte (Dangschat/Wüst 1996; Oßenbrügge 2011).

Ihren markanten Ausdruck fand die stadtpolitische Wende in der mit dem Titel „Unternehmen Hamburg" versehenen Rede des Ersten Bürgermeisters Klaus von Dohnanyi aus dem Jahr 1983. Dohnanyi fasste die schwache Wirtschaftsleistung, steigende Arbeitslosigkeit und Ausgaben für Sozialhilfe als Probleme zusammen, die eine „neue Hamburg-Politik" erforderten (1983). Die neue Politik umriss er mit den Zielen der „Gewinnung kreativer Menschen", einem Wettbewerb „gegenüber anderen Städten auf dem Kontinent" und der Stärkung wirtschaftlicher Potenziale „auf dem Lande" (ebd.). Damit war eine Absage an die bis dato dominante Hafen- und Handelspolitik zugunsten von dienstleistungsorientierten und kreativen Wirtschaftsbereichen ausgesprochen (Dangschat/Oßenbrügge 1990; Schubert 1996: 152). Zur Stadtentwicklungs- und Wohnungspolitik hob Dohnanyi hervor, dass sich Hamburg „nicht in eine Stadt verwandeln [dürfe], in der (...) die Besserverdienenden, das heißt die kräftigeren Steuerzahler, sich abgewiesen fühlen" (1983). In der Forschung wird die Rede vielfach als Vorbild unternehmerischer Stadtkonzepte herangezogen (Dangschat/Wüst 1996; Bauriedl 2007; Rinn 2016). Dohnanyi selbst stellte rückblickend heraus, wie umkämpft seine Vorschläge gerade auch innerhalb der SPD waren und wie sie gegen den linken Flügel der Partei durchgesetzt werden mussten. Erst zum Ende der 1990er Jahre setzten sich Standort- und Wettbewerbspolitik als „allgemein akzeptierte Notwendigkeit" durch (Dohnanyi 2000).

Auf sozialpolitischer Ebene kam es im Laufe der 1980er Jahre zur Entdeckung „neuer" Armutstendenzen, die als Resultat veränderter sozialstaatlicher Praxis vom Fordismus zum Postfordismus begriffen wurden (Alisch/Dangschat 1993, 1998). In der stadtpolitischen Diskussion wurde diese neue Armut im Kontext abnehmender Verteilungsgerechtigkeit eingeordnet und die mit ihr einhergehenden Probleme räumlich an bestimmten Orten lokalisiert: den sogenannten sozialen Brennpunkten. In seinem Beitrag zur „Großstadt als sozialem Brennpunkt" besprach der Erste Bürgermeister Henning Voscherau zu Beginn der 1990er Jahre explizit St. Georg und Wilhelmsburg als problematische Stadtteile, aus denen „sozial stabile Familien" abwandern und sich dagegen „Arme, Arbeits- und Wohnungslose, Ausländer, Asylbewerber" sowie Alte und Alleinerziehende festsetzen (1994: 84ff.). Mit seinen Beispielen bestimmte er Altbauquartiere, in denen wenig in Immobilien investiert wurde, sowie Wohnquartiere der 1950er bis 70er Jahre als Teile der Stadt, in denen sich der „soziale und (...) demokratische Sprengstoff" jederzeit „explosiv" entladen könne (ebd.: 89). Voscheraus Formulierungen standen im Kontext der Wahlerfolge rechter Parteien in traditionellen SPD-Wahlhochburgen bei den Bürgerschaftswahlen 1991 und 1993 (Alisch/Dangschat 1993: 161). Er wandte sich dabei zwar explizit gegen „rechtsradikale Parolen“ und „Gewalt gegen Ausländer“, zog aber selbst durchgängig „Ausländer“ als Indikator für problematische Verhältnisse heran und bediente damit rassistische Vorbehalte (Voscherau 1994: 79ff.). Während die meisten Altbauquartiere im Zuge von Aufwertungsprozessen in den 1990er Jahren in der öffentlichen Diskussion ihren Status als Problemquartiere verloren, fokussierte sich die Aufmerksamkeit umso stärker auf die Großwohnsiedlungen (Schubert 1997a). Die Debatte um Brennpunkte führte zur Entwicklung von Strategien quartiersbezogener Sozialpolitik. In Hamburg gipfelte dies in der Entwicklung eines Senatsprogramms zur „Sozialen Stadtteilentwicklung“, welches einen Vorläufer des 1999 bundesweit eingeführten Programms „Stadtteile mit besonderem Entwicklungsbedarf – soziale Stadt“ darstellt (Bürgerschaft FHH 1998a).

Die zwei Entwicklungsstränge der unternehmerischen Stadt und der quartiersbezogenen Stadtteilentwicklung sind in der kritischen Stadtforschung unterschiedlich thematisiert worden. Die unternehmerische Stadt wurde und wird dafür kritisiert, systematisch die Interessen unterprivilegierter Bevölkerungsschichten zu vernachlässigen und soziale Spaltung zu verstärken (Alisch/Dangschat 1993; Schubert 1994; Bauriedl 2007; Rinn 2016). Quartiersbezogene Sozialpolitiken erfahren dagegen unterschiedliche Einschätzungen. In den 1990er Jahren wurden sie als Ausgleichstrategie begriffen, die „gezielt die sozial Schwächeren unterstützen“ könne (Schubert 1994: 38). Dabei wurde ihr Potenzial als Handlungsfeld des lokalen Staates hervorgehoben (Alisch/Dangschat 1993). So forderten die Soziolog_innen Monika Alisch und Jens Dangschat, dass Quartiere „als Lebensmittelpunkt der Menschen erkannt und gefördert werden [müssen], um eine beeinflussbare Instanz sozialer Integration zu entwickeln, die vor dem Hintergrund der schwindenden Integrationskraft des Arbeitsmarktes und entgegen immer feindseligeren Konflikten sozialer Gruppen immer notwendiger erscheint“ (1998: 7-8).

Die Begrenztheit quartiersbezogener Ansätze gegenüber den Folgen des wirtschaftlichen Strukturwandels wurde dabei von Anfang an als Problem wahrgenommen, zu dessen Überwindung das Selbsthilfepotenzial von Anwohner_innen beitragen könne (Alisch/Dangschat 1993, 1998). Damit bekamen Ansätze, die auf der symbolischen Ebene auf eine Dekommodifizierung des Wohnens abzielten, Eingang in die öffentliche Debatte. Im Kontext nachlassender finanzieller Ausstattung in den 2000er Jahren erhielt die auf Problemviertel fokussierte Sozialpolitik jedoch zunehmend den Charakter einer Legitimationsmaßnahme für den dominanten Trend stadtpolitischer Neoliberalisierung (Alisch 2004; Bauriedl 2007). Zuletzt wurde von Moritz Rinn herausgearbeitet, dass die Strategien der unternehmerischen Stadt und der quartiersbezogenen Sozialpolitik zunehmend von einer gemeinsamen Logik geleitet werden: Beide Ansätze lassen sich heute als mittelschichtsorientierte Bevölkerungspolitik verstehen, die darauf abzielt, eine bestimmte „soziale Mischung" herzustellen (Rinn 2016: 153). Die Realisierung der Mischung findet in Form politischer „Verbürgerlichungsstrategien" statt, wodurch eine ausgrenzende Wirkung gegenüber marginalisierten Bevölkerungsgruppen vorprogrammiert ist (Rinn 2018: 10). Im Konzept der sozialen Mischung werden Ansätze einer Dekommodifizierung des Wohnens im Rahmen selbstorganisierter Quartiersentwicklung nicht mehr thematisiert.

Im Vergleich zur Stadtentwicklungspolitik erfuhr die Hamburger Wohnungspolitik von Seiten kritischer Stadtforschung in den vergangenen zwei Jahrzehnten wenig Aufmerksamkeit. Noch zu Beginn der 1990er Jahre wurde intensiv über die Wohnungspolitik diskutiert (AHH 1989; Alisch/Dangschat 1993; Schubert 1994; Becker 1997). Ab dem Ende der 1990er Jahre wurde sie dann zunehmend der Stadtentwicklung untergeordnet (Alisch/Dangschat 1998: 221; Bauriedl 2007; Rinn 2016). Damit kam auch die Auseinandersetzung um die Bedeutung der Warenform des Wohnens weitgehend zum Erliegen. Erst mit dem Aufkommen der neuen Wohnungsfrage findet hierüber wieder eine Debatte statt (Metzger/Schipper 2017; Vogelpohl/Buchholz 2017; Rinn 2018; Kuschinski 2019).

5.2.1 Konjunkturen der Wohnungspolitik

Im Jahr 1956 wurden in Hamburg über 26.000 Wohnungen gebaut, davon 76 % gefördert (Brohm 1969). 1968 waren es noch über 18.000 Wohnungen, davon 52 % gefördert (Brohm 1984). In den darauffolgenden Jahren schwankten die Wohnungsbauzahlen erheblich und sanken langfristig auf 5.400 im Jahr 1978, davon 38 % gefördert (ebd.). Auf diesem Niveau verharrten sie mit leichten Schwankungen, bis sie 1988 einen Tiefpunkt mit nur 2.700 neuen Wohnungen erreichten, davon 307 gefördert (Schubert 1992: 23). In den 1990er Jahren stiegen die Bauzahlen u.a. infolge einer Ausweitung der Förderung, um Anfang der 2000er Jahre erneut auf einen Tiefstand zu sinken. Diesem rückblickend eindeutigen Trend abnehmender staatlicher Intervention in den Markt lag eine wechselhafte und umkämpfte Aushandlung der Wohnungs- und Stadtentwicklungspolitik zugrunde.

Bei der Bürgerschaftswahl im Jahr 1974 verlor die SPD die absolute Mehrheit und setzte ihre seit 1970 bestehende Koalition mit einer gestärkten FDP fort. Rolf Bialas von der FDP übernahm die Baubehörde von Caesar Meister. In seiner Amtszeit wurde der Mietenspiegel eingeführt, die Begrenzung der Altbaumieten aufgehoben, die Förderung von Sozialwohnungen reduziert, im Neubau niedrigere Geschosszahlen und ein höherer Anteil größerer Wohnungen vorgesehen, der Stadterneuerung stärkere Bedeutung zugemessen sowie ein Programm zur Förderung von Eigenheimen aufgelegt (Bialas 2002).[5] Gerechtfertigt wurde diese Neuausrichtung mit dem Bedürfnis der Bürger_innen nach Stadterhaltung und Eigentumsbildung sowie der Verhinderung räumlicher Ballung von „ausländischen Arbeitnehmern" (HA 1974b). Der Soziale Wohnungsbau sollte sich zukünftig auf „sozial Schwache" begrenzen (ebd.). Als Legitimation diente die These, dass der städtische Wohnungsmarkt weitgehend „ausgeglichen" sei – auch wenn Mieterinitiativen und kritische Sozialwissenschaftler_innen dieser Einschätzung widersprachen und auch der Bausenator rückblickend feststellte, dass der Wohnungsmangel in Hamburg zu diesem Zeitpunkt „noch nicht gedeckt" war (Grüttner 1976: 116ff; Hamburger Mieterinitiativen 1978: 19; Bialas 2002: 275).

1978 gewann die SPD die absolute Mehrheit zurück. Der SPD-Bausenator Volker Lange erklärte den „Bau von mehr Sozialwohnungen und mehr Gerechtigkeit bei den sozialen Mieten" wieder zu einem Schwerpunkt seiner Arbeit (HA 1978). Der Neubau stieg leicht an, der Anteil geförderter Wohnungen lag jedoch niedriger als in den Jahren zuvor. Die Programme verstärkter Modernisierung und Eigentumsbildung wurden beibehalten, die Behauptung eines „ausgeglichenen" Zustandes auf dem Wohnungsmarkt aber mit Verweis auf die Wartelisten bei gemeinnützigen Wohnungsunternehmen relativiert (ebd.). Ab 1979 kam eine Debatte über eine „neue Wohnungsnot" auf, in der Mieterinitiativen insbesondere den Leerstand von Altbauten bei gleichzeitig hoher Nachfrage nach Wohnraum problematisierten (Hamburger Mieterinitiativen 1981). 1980 gründete sich der

---

5 Die Begrenzung der Altbaumieten und die steigenden Kostenmieten des Sozialen Wohnungsbau hatten in den 1970er Jahren zu Verwerfungen geführt (Becker 1997: 81; Harlander 2008: 837ff.): Der Grundeigentümerverband kritisierte, dass die niedrigen Erträge aus Altbauwohnungen die Investitionsbereitschaft unterminieren. Darüber hinaus entstand ein Legitimationsproblem für den verhältnismäßig teuren geförderten Wohnungsbau. Die Überführung Hamburgs von einem „grauen Kreis", in dem Altbaumieten begrenzt waren, in einen „weißen Kreis", in dem diese weitgehend frei bestimmt werden konnten, fand (wie in München) ca. zehn Jahre später als im Rest der Bundesrepublik statt (GEWOS 1990: 156ff.). Einzig in Berlin galten Mietbegrenzungen in abgeschwächter Form noch bis 1990 (ebd.). Zur Verhinderung starker Mietsteigerungen wurde 1976 das Vergleichssystem des Mietenspiegels eingeführt, über dessen konkrete Ausgestaltung Baubehörde, Mieterverein und Grundeigentümerverband mehrere Jahre stritten. Trotz kontinuierlich steigender Mieten monierten die Grundeigentümer dabei regelmäßig das (zu) mieterfreundliche Verhalten des Senats (HA 1974a, 1977, 1979, 1980a).

alternative Verein Mieter helfen Mietern, welcher sich bis in die Gegenwart als wohnungspolitischer Akteur etablierte (HA 1980b). In der folgenden Zeit kam es in Hamburg wie bundesweit zu einer Welle von Hausbesetzungen, die von der Öffentlichkeit vielfach positiv aufgenommen wurden (amantine 2012: 18ff.).

Mitte der 1980er Jahre wurde von offizieller Seite davon ausgegangen, dass sich die Wohnungsnot „abgebaut" habe und „Neubau im bisherigen Umfang nicht mehr erforderlich" sei (Brohm 1984: 408). Anstelle von großmaßstäbigem Wohnungsbau wurde in zunehmenden Maße auf innerstädtische Erneuerungsmaßnahmen gesetzt (ebd.: 409). Der Wandel im Umgang mit großen Bauvorhaben lässt sich anhand des Stadtteils Allermöhe verdeutlichen: In den ersten Planungen zu Beginn der 1970er Jahre sollten 28.000 Wohnungen für 80.000 Einwohner_innen und Gewerbeflächen für 40.000 Arbeitsplätze entstehen (Stadtentwicklungsbehörde 2000: 7). Infolge öffentlicher Kritik wurden die Planungen eingestellt und erst am Ende des Jahrzehnts in veränderter Form wieder aufgegriffen (ebd.: 8). Nun sollten 3.750 Wohnungen entstehen, davon 2.000 als sozialer Mietwohnungsbau in „kleinen überschaubaren Einheiten", Eigentumswohnungen, sowie 1.400 Einfamilienhäuser (Baubehörde 1984: 5ff.). In der Werbebroschüre der Baubehörde spielten nun die Begriffe „fußgängerfreundlich", „ökologisch" und „attraktiv" eine zentrale Rolle (ebd.).

Das Plädoyer Dohnanyis aus dem Jahr 1983, zukünftig stärker auf die Förderung der „Besserverdienenden" zu setzen, stellte in der Hamburger Wohnungspolitik insofern eher eine Bekräftigung als einen Wechsel des Kurses dar. Das Neue an der Rede lag weniger in den Aussagen zur Wohnungspolitik als in der Absage an die bis dato noch von großen Teilen der SPD befürwortete keynesianische Wirtschaftspolitik (Dangschat/Oßenbrügge 1990). In den folgenden zwei Jahrzehnten wurde die Wohnungspolitik maßgeblich vom SPD-Bausenator Eugen Wagner geprägt. Dieser wurde 1983 als Vertreter des rechten Parteiflügels in den Senat geholt (HA 1989b). Aufgrund seines Politikstils und seiner Resistenz gegen Versuche, ihn abzusetzen, galt er bereits in den 1980er Jahren als „Beton-Senator" (Lagemann 2000). Unter dem Eindruck der Haushaltskrise stellte die Politik Wagners zunächst eine Fortführung der Ansätze aus den 1970er Jahren dar: Stadterneuerung und -sanierung behielten ihren Stellenwert, während die Wohnungsbauförderung weiter reduziert wurde (HA 1985a). Im Kontext der Abschaffung der Wohnungsgemeinnützigkeit positionierte sich Wagner dagegen deutlich als Bewahrer sozialpolitischer Elemente der Wohnungspolitik und behielt diese Haltung auch in den 1990er Jahren bei.

Gegenüber linker Kritik stützte sich die SPD in den 1980er Jahren vorrangig auf Errungenschaften der Vergangenheit: In der Zeit vom Ende des Zweiten Weltkriegs bis 1987 wurden in Hamburg 329.000 Wohnungen gefördert (Kreibaum/Mutschler 1989: 28). Die 1985 noch bestehenden 280.500 Sozialwohnungen entsprachen einem Anteil am Mietwohnungsbestand von 35 % (ebd.)[6]. Gegenüber den zunehmend marktradikalen Forderungen der CDU, welche u.a die Abschaffung der Baubehörde und den Abriss von Wohnungen in Großwohnsiedlungen forderte, konnte sich die SPD ohne Weiteres als sozialpolitische Alternative profilieren (HA 1984, 1985c). Der Skandal um die Neue Heimat, die Debatte über den Reformbedarf der gemeinnützigen Wohnungswirtschaft und die Beendigung des sozialen Wohnungsbaus auf Bundesebene gaben der konservativen und liberalen Opposition in wohnungspolitischen Themen dann zunächst Aufwind.

Im Jahr 1989 kam jedoch erneut eine intensive öffentliche und parlamentarische Debatte über eine „neue Wohnungsnot" auf, die bis in die 1990er Jahre anhielt (HA 1989a; Bürgerschaft FHH 1999). Die akute Knappheit wurde vielfach dem „unvorhersehbaren Zustrom von Aus- und Übersiedlern" angelastet, die dahinter liegenden Ursachen blieben dagegen stark umstritten (HA 1989c). Der wenige Jahre zuvor gegründete „Arbeitskreis Wohnungsversorgung", welchem u.a. Einrichtungen sozialer Arbeit, Mieter helfen Mietern, die Patriotische Gesellschaft und Wissenschaftler_innen angehören, kritisierte die marktorientierte Wohnungspolitik des Senats grundsätzlich (AHH 1989). Er warf der Stadt vor, ihre „Bautradition im sozialen Wohnungsbau" zu verschleudern und befürchtete eine dramatische Polarisierung der Wohnungsversorgung infolge der bevorstehenden Abschaffung der Wohnungsgemeinnützigkeit (Pickert/Schroeders 1989: 8). Es wurden Vorschläge für eine progressive kommunale Wohnungspolitik entwickelt: Priorität sollte die Sicherung und Erweiterung preiswerter Wohnungsbestände bekommen und die Finanzierung des Sozialen Wohnungsbau umgestellt werden. Die SAGA sollte nicht weiter nach „betriebswirtschaftlichen" Kriterien verwaltet und neue Trägerstrukturen sozialer Wohnungsversorgung gefördert werden (Pickert/Schroeders 1989: 11; Kreibaum/Mutschler 1989: 35ff.). Konkret wurde die Stadt u.a. dazu aufgefordert, eine soziale Bodenpolitik zu verfolgen, Fördermittel nur an Träger zu vergeben, die langfristige Preisbindungen garantieren, unverzinste Finanzierungen zu ermöglichen, kommunale Wohnungsbestände zu dezentralisieren und auf Kostenmieten basieren zu lassen, sowie Mietermitbestimmung zu ermöglichen (Kreibaum/Mutschler 1989: 35ff.).

Die erste Hälfte der 1990er Jahre war weiterhin von intensiven Auseinandersetzungen um die Wohnungsversorgung gekennzeichnet. Mieterinitiativen wur-

---

6 Was im westdeutschen Vergleich von keiner anderen Stadt erreicht wurde. In Frankfurt lag der Anteil bei 30 %, in München bei 22 % (Kreibaum/Mutschler 1989: 28).

den verstärkt aktiv und es kam zur Gründung neuer Genossenschaften, teilweise mit mehreren tausend Mitgliedern. Auch der Neubau von Wohnungen wurde intensiviert. Diese Entwicklung entsprach in der Tendenz der bundesweiten, war in Hamburg aber ausgeprägter: Während sich die Neubauzahlen in den alten Bundesländern von 208.600 Fertigstellungen im Jahr 1988 auf 505.100 im Jahr 1994 mehr als verdoppelten, vervierfachten sie sich in Hamburg nahezu von 2.736 Wohnungen im Jahr 1988 auf 9.750 im Jahr 1995 (Destatis 2015). Von 1992 bis 1995 wurden jährlich ca. 5.100 öffentlich geförderte Wohnungen gebaut (Stadtentwicklungsbehörde 2000: 15). In diesem Kontext erfolgte eine Wiederaufnahme der Planungen zu einem weiteren Bauabschnitt in Allermöhe. Ab 1992 entstanden in Allermöhe-West 5.600 Wohnungen, wobei stärker verdichtet gebaut wurde als im östlichen Abschnitt (ebd.: 8ff.). Von Mieterinitiativen und Sozialwissenschaftler_innen wurde die Baubehörde dennoch dafür kritisiert, vorwiegend traditionelle Ansätze neu aufzulegen. Eine Erhöhung der Wohnungsbaufördermittel ohne strukturelle Änderungen an der Vergabepraxis diene lediglich der „Mobilisierung privaten Kapitals“ mit begrenzter sozialer Wirkung (Schubert 1992; Becker 1997). Progressive Vorschläge greife die Stadt dagegen nicht auf. Von Behördenseite wurde insbesondere die Rolle der SAGA als lokalstaatliches Handlungsinstrument positiv hervorgehoben (Gustafsson 1992).

Die Debatte um die Wohnungsnot fand mit einem bemerkenswerten Ereignis ihr Ende: Der seit 22 Jahren in Hamburg angewendete Mietenspiegel sank im Jahr 1999 zum ersten (und bislang letzten) Mal. Die SPD nutzte den Anlass, um die sozialen Errungenschaften ihrer Politik hervorzuheben: „Zu dem Protest der Vermieter, die behaupten, der Mietenspiegel ist (...) enttäuschend und bietet keine Möglichkeit, die Mieten künftig den wirtschaftlichen Erfordernissen anzupassen, kann man nur sagen: Dieser Protest ist auch ein Indiz dafür, dass die SPD-Wohnungspolitik seit langem auf dem richtigen Weg ist“ (Bürgerschaft FHH 1999: 2905). In der Bürgerschaft fand die Freude über den sinkenden Mietenspiegel allgemeine Zustimmung. Dennoch wurde weiterhin intensiv über die Frage gestritten, welche Form der Staatsinterventionen für eine soziale Wohnungspolitik angemessen sei. Während die CDU auf die Notwendigkeit der Mobilisierung privaten Kapitals verwies – und dafür keinen Widerspruch erntete – hoben Vertreter_innen von SPD und GAL die Bedeutung der Wohnungsbauförderung und der kommunalem Wohnungsunternehmen hervor. Im Kontext der bundesweiten Privatisierungen in den 1990er Jahren war der Erhalt der SAGA im Besitz der Stadt keine Selbstverständlichkeit mehr.

Im Hinblick auf die weitere Ausgestaltung sozialer Wohnungspolitik erwies sich der sinkende Mietenspiegel jedoch als ambivalenter Erfolg. Einen Rückgang der Durchschnittsmieten verzeichneten insbesondere die Wohnungsbestände, die seit 1948 – also zum größten Teil von ehemals gemeinnützigen Unternehmen – gebaut wurden, während die Mieten der Altbauten weiterhin stiegen. Damit drückte sich eine ungleich verteilte Nachfrage auf dem Hamburger Wohnungsmarkt aus: Während SAGA und Genossenschaften Leerstände verbuchten, wurden Altbauten im privaten Besitz stark nachgefragt. Ein Zustand, den die ehemals gemeinnützigen Unternehmen als nicht tragbar ansahen und dessen Problematik auch der Baubehörde bewusst war. Ab dem Ende der 1990er Jahre kam es daher zu einem deutlichen Umschwung in der Wahrnehmung der Wohnungsfrage. Zunehmend waren sich die politischen Parteien mit den verschiedenen Fraktionen der Wohnungswirtschaft einig, dass der Wohnungsmarkt eine ausgeglichene Situation erreicht habe und Wohnungsbauförderung im vergangenen Umfang nicht mehr erforderlich sei (WK 2013: 43).

5.2.2 Kämpfe um Stadtentwicklung

In den 1980er Jahren galten innenstadtnahe Altbauquartiere wie St. Pauli, St. Georg, Altona und Ottensen als heruntergekommene Viertel, zu deren Sanierung vorwiegend Abriss und Neubau in Betracht gezogen wurde. Die Zusammensetzung der Bewohner_innen zeichnete sich durch einen hohen Anteil von Menschen mit geringem Einkommen, proletarischem Hintergrund und Migrationserfahrungen aus. Zusätzlich zogen immer mehr junge Menschen her, die Raum für alternative Lebensweisen fanden. Es gründen sich Wohngemeinschaften; Leerstand und Freiflächen wurden für selbstbestimmte Aktivitäten angeeignet. Es kam zu Besetzungen, die auf die langfristige Nutzung der zum Abriss vorgesehenen Häuser abzielten. Innen- und Baubehörde gingen dagegen brachial vor, trafen aber zunehmend auf Widerstand aus unterschiedlichen gesellschaftlichen Milieus. Besondere Bedeutung erlangte der Kampf um die ab 1981 besetzten Häuser in der Hafenstraße, welcher zum Sinnbild des Widerstandes gegen staatliche Abrisspolitik sowie einer breiten Solidarität zwischen autonomer Bewegung, alternativer Szene und links-liberaler Zivilgesellschaft wurde. Den „Barrikadentagen" im Jahr 1987 kommt dabei die Rolle eines Schlüsselereignisses zu: Angesichts einer anstehenden Räumung waren Bewohner_innen und Unterstützer_innen entschlossen, militanten Widerstand zu leisten. Während die rechten Fraktionen in der SPD aus der Innen- und der Baubehörde auf eine Räumung um jeden Preis drängten, ließ sich der Erste Bürgermeister Dohnanyi von zivilgesellschaftlichen Unterstützer_innen der Hafenstraße dazu bringen, den Besetzer_innen eine akzeptable friedliche Lösung des Konflikts anzubieten.

Nach weiteren Jahren der Auseinandersetzung wurden die Häuser schließlich 1996 in Form der Genossenschaft „Alternativen am Elbufer" langfristig in Selbstverwaltung überführt (Baer/Dellwo 2013; Rinn 2016: 60ff.).

Die Bedeutung der Hafenstraße ist im Kontext der umfassenden Kämpfe um die Neuorientierung der Stadtentwicklung zu sehen: Während konservative Teile des lokalen Staates mit autoritärer Politik funktionalistische Leitbilder verfolgten, wurde die Neu-Orientierung auf eine behutsame innerstädtische Entwicklung von linken und liberalen Kräften gegen deren Hegemonie durchgesetzt. In den Kämpfen um die Veränderung der Stadtpolitik verschoben sich somit die Frontlinien innerhalb des lokalen Staates. Die klassischen Auseinandersetzungen zwischen linken und rechten Parteien wurden durch neue Konfliktlinien ergänzt und teilweise durchkreuzt. Der zunächst rechts verortete Klaus von Dohnanyi entwickelte sich zu einem als links-liberal angesehenen Politiker (Dangschat/Oßenbrügge 1990: 91), verschiedene links-alternative bzw. grüne Akteure der Stadterneuerung nahmen im Zuge ihrer Integration in den lokalen Staat neoliberale Positionen ein (Rinn 2016: 107ff.), während der Bausenator als Rechter galt, hoben Mietervereine auch seine Verdienste für die einkommensschwachen Stadtbewohner_innen hervor (Lagemann 2000).

Die Aufwertung der innerstädtischen Altbauquartiere und damit einhergehende Veränderungen der Sozialstruktur wurden ab dem Ende der 1980er Jahre von kritischen Sozialwissenschaftler_innen als Anzeichen von Gentrifizierung analysiert und im Laufe der 1990er Jahre von engagierten Anwohner_innen als „Yuppisierung" und „Kommerzialisierung" kritisiert (Rinn 2016: 120ff.). Als Instrument zur „Abwehr von Verdrängungsprozessen und sozialer Segregation" erließ die Stadt Mitte der 1990er Jahre in den drei Gebieten Eimsbüttel-Nord/Hoheluft-West, Barmbek-Süd/Uhlenhorst und südliche Neustadt erstmals Soziale Erhaltungsverordnungen (Bürgerschaft FHH 1998a: 6). In der Folge wurden hier außergewöhnliche Modernisierungsmaßnahmen genehmigungspflichtig, ein Vorkaufsrecht der Stadt bei Immobilienveräußerungen eingeführt und die Umwandlung von Miet- in Eigentumswohnungen erschwert. In der Auseinandersetzung um Sanierung und Aufwertung der Altbauquartiere spielten die sogenannten Alternativen Baubetreuer eine wichtige Rolle. 1984 wurde auf Initiative „reformorientierter" SPD-Mitglieder ein mit finanziellen Mitteln ausgestattetes Programm alternativer Baubetreuung aufgelegt, welches es ermöglichte, Besetzer_innen und Mietergruppen bei selbsttätiger Sanierung ihrer Wohnhäuser zu unterstützen (Stattbau Hamburg 2016: 18ff.). Getragen wurde das Programm von der – von linken Teilen der Sozialdemokratie bestimmten – Sozialbehörde (ebd.). Als Träger solcher Baubetreuungen wurde aus der alternativen Szene heraus 1984 Stattbau gegründet (ebd.), 1986 von der Hamburger Bürgerschaft die Lawaetz-Stiftung (Schmalriede/Mirbach 1999), sowie 1989 vom Senat die „steg", Stadterneuerungs- und Stadtentwicklungsgesellschaft Hamburg mbH (Brinkmann/Seeringer 2014).

Besonders deutlich zeigten sich die politischen Verschiebungen innerhalb des lokalen Staates im Prozess der Etablierung der Stadtentwicklungsbehörde ab 1991. Die Leitung dieser neu eingerichteten Behörde wurde mit Traute Müller an eine linke SPD-Senatorin vergeben. Im Konflikt um die Aufteilung der Ressorts zwischen Bau- und Stadtentwicklungsbehörde wurde die neue Senatorin in den Medien als Idealistin dargestellt, deren Ziel die Umgestaltung der ganzen politischen Kultur zu mehr Dialogbereitschaft sei (HA 1991d). Der Wille zur Macht und Durchsetzungsfähigkeit wurden ihr dagegen abgesprochen (HA 1991a). Die Ressortaufteilung endete mit einem Kompromiss, bei dem die Zuständigkeit für Planungsaufgaben und Großprojekte der Stadtentwicklung zugeordnet wurden, während Bebauungspläne und Wohnungsbau in der alten Behörde verblieben (HA 1991b, 1991c). Um mehr Eigenständigkeit zu erlangen, wechselte der Oberbaudirektor Kossak in die neue Behörde (HA 1992a, 1992b; taz 1999).

Mit und in der neuen Behörde kam es zu einer Öffnung gegenüber Forderungen nach ressortübergreifend-integrativen Politikansätzen sowie der Beteiligung kritischer Öffentlichkeit an politischen Prozessen (Müller 1994). In der Folge kam es zu einer stärkeren Zusammenarbeit des lokalen Staates mit neuen Sozialen Bewegungen und damit auch einer fortschreitenden Integration vormals kritischer Akteure in das institutionelle Gefüge integrierter Stadtteilentwicklung (Rinn 2016: 126ff.). Beispielhaft standen dafür die Soziolog_innen Alisch und Dangschat, die Gutachten zu sozialer Stadtentwicklung verfassten und ein Leitbild für eine „solidarische Stadt" entwickelten (1993). Die praktische Umsetzung ihres Leitbildes sahen sie in einer sozial orientierten Quartierspolitik (Alisch/Dangschat 1998: 7-8). Alisch wurde 1994 Mitarbeiterin in der Stadtentwicklungsbehörde und dort zuständig für die Konzeption eines Programms zur Armutsbekämpfung (ebd.: 8). Das Senatsprogramm „Soziale Stadtteilentwicklung" von 1998 ist Ausdruck dieser Politik (Bürgerschaft FHH 1998a; Rinn 2016: 119ff.). Unter den neuen politischen Rahmenbedingungen wurden immer mehr selbstorganisierte Wohnprojekte realisiert, überwiegend in Kooperation mit den Alternativen Baubetreuern. Die Politik der neuen Behörde löste jedoch auch Kritik an Scheinbeteiligung und damit einhergehende Vereinnahmung sowie eine Suche nach weitergehender Autonomie von Seiten linker Projekte aus (Stadtteilinitiativen 1994).

Müller verließ das Amt als Senatorin nachdem gegen ihren Mann der Vorwurf erhoben wurde, für die Stasi geheimdienstlich tätig gewesen zu sein (taz 1993). In der folgenden Legislaturperiode übernahm der SPD-Senator Thomas Mirow die Behörde, 1997 ging diese mit Willfried Maier an einen Senator der GAL. Dieser wies zwar eine linke Vergangenheit auf, nahm im Laufe seiner Karriere jedoch eine liberal-konservative Wende ein, lehnte den „Politikstil einer radikalgrünen Protestpartei" ab und befürwortet Bündnisse mit der CDU (Maier 2001a; HA 2006a, 2013a). In den Publikationen der Stadtentwicklungsbehörde zum Thema Wohnungsbau nahmen die Themen der „inneren Verdichtung", der Schaffung von „Lebensqualität" und der Entwicklung „gemischter Quartiere" in den 1990er Jahren eine zentrale Rolle ein, wobei den bereits gentrifizierten Stadtteilen wie Eppendorf, Winterhude oder Ottensen eine Vorbild-Rolle zugesprochen wurde (Mirow 1997). Dabei erschienen Stadtteile, die sich in einem Aufwertungsprozess befanden, als Hoffnungsschimmer gegen die weiterhin drohende Abwanderung einkommensstarker Haushalte ins Umland.

Der konservativ-liberalen Opposition gelang es mittels des Themas der Abwanderung von Mittelschichthaushalten immer wieder, die rot-grüne Stadtregierung vor sich her zu treiben. So fragte die CDU in einer Bürgerschaftsdebatte zur Abwanderung nach den Kosten, die diese für die Stadt produziert und fand sie insbesondere in der „Verschlechterung der sozialen Struktur" (Bürgerschaft FHH 2000: 4123). Eine Kritik, der weder SDP noch GAL grundsätzlich widersprachen. Die SPD stimmte viel eher zu, dass es sich lohne, um den Verbleib von einkommensstarken Haushalten zu „ringen" und dafür zusätzliche Mittel für die Eigentumsförderung zur Verfügung zu stellen (ebd.: 4124). Der Stadtentwicklungssenator betonte, dass es darauf ankomme, neue Wohnformen zu fördern, die „durchaus privat sein können" und unterlegte dieses Argument mit den ökologischen Vorteilen urbanen Wohnens (ebd.: 4126). In einer Publikation der Stadtentwicklungsbehörde zum Wohnungsbau der 1990er Jahre wertet es der seit 1999 als neuer Oberbaudirektor tätige Jörn Walter als besonderen Erfolg, dass „die Gruppe jener (...) Haushalte, die im Grunde offen für einen neuen Wohnstandort in Hamburg oder aber im Umland waren", zu großen Teilen in der Stadt gehalten werden konnten (2001: 8). Im Rahmen des Abwanderungs-Diskurses wurden selbstorganisierte und alternative Wohnprojekte somit zunehmend als eine Variante unter die „Vielfalt der Wohnformen" subsumiert, die eine Stadt bereithalten müsse, um attraktiv für besserverdienende Haushalte zu sein (Maier 2001b). Eine andere und quantitativ bedeutendere Variante stellte die Eigentumsförderung dar (Maier 2001b; Bürgerschaft FHH 2000: 26). Stadtentwicklung setzte sich insofern als Resultat linker und emanzipatorischer Kämpfe als eigenständiger Politikbereich im lokalen Staat durch. Mit zunehmender Etablierung verloren dabei jedoch Ansätze, die eine Dekommodifizierung des Wohnens verfolgten, an Bedeutung gegenüber solchen, die das Wohnen im Rahmen postfordistischer Bevölkerungspolitik als Ware entfalteten.

5.2.3 Kämpfe um soziale Wohnungsversorgung

In der zitierten Bürgerschaftsdebatte zur Abwanderung warf Bausenator Wagner der CDU vor, einen „Fetisch" mit dem Eigentum zu haben und den „sozialen Gedanken" im Wohnungsbau zerstören zu wollen (Bürgerschaft FHH 2000: 4132f.). Es gelang ihm jedoch kaum, inhaltlich davon abweichende Deutungen anzubieten. Zur Rechtfertigung verwies er viel eher selbst auf bestehende Eigentumsförderungsmaßnahmen und verteidigte seine Politik als Beitrag zur Aufrechterhaltung des sozialen Friedens: Als Metropole müssen wir „natürlich auch als Anziehungspunkt sozial schwächerer Zuwanderer vorausschauend dafür sorgen (...), dass die sozialen Spannungen sich auf ein vernünftiges Maß beschränken oder gar nicht eintreten" (ebd.: 4133). Nach dem Rückgang der Wohnungsbauförderung in den Zeiten angespannter Haushaltslage der 1980er Jahre wurde diese im Kontext der Erholung der wirtschaftlichen Konjunktur und zunehmender Wohnungsknappheit ab dem Ende des Jahrzehnts wieder intensiviert. Dies stand auch im Zusammenhang mit der bundespolitischen Liberalisierung der Wohnungspolitik, die von Wagner kritisiert wurde (WK 1993).

Die Folgen der Abschaffung der gesetzlichen Wohnungsgemeinnützigkeit wurden in der Baubehörde als ernstes Problem für die Wohnungsversorgung einkommensschwacher Bevölkerungsteile angesehen (Gustafsson 1992). Wagner wendete sich aus „Gründen der Vermögensbindung und der Sozialpflichtigkeit" gegen die Abschaffung des WGG (HA 1985b, 1989a). Auch bezüglich der Zukunft der Bestände der in der Krise befindlichen Neuen Heimat setzte er sich für eine sozialverträgliche Lösung ein. Der Verlauf der Verhandlungen zwischen der Stadt und der Beteiligungsgesellschaft der Gewerkschaften verlief jedoch konflikthaft (Kunz 2003: 322ff.). Nachdem in der ersten Jahreshälfte 1987 eine Übernahmevereinbarung beschlossen wurde, geriet der Verhandlungsprozess durch den – infolge des Scheiterns von Koalitionsverhandlungen – in der Mitte des Jahres erneut stattfindenden Wahlkampf ins Stocken (ebd.: 324f.). In diesem und den darauffolgenden Koalitionsverhandlungen mit der FDP wurden die Neue-Heimat-Bestände zum Politikum. Schlussendlich übernahm die Stadt 1989 ca. 45.000 Wohnungen.[7] Zunächst mit dem Vorhaben, davon größere Teile zu

7 Dies jedoch zu Konditionen, die von den Gewerkschaften als betriebswirtschaftliches Desaster angesehen wurden (Kunz 2003: 332ff.). Dieser „Sieg der Politik" ließ

privatisieren. Auf Druck von organisierten Mieter_innen wurde davon jedoch Abstand genommen (Gustafsson 1992; Woens 1992). Für die Übernahme wurden zwei neue städtische Wohnungsunternehmen gegründet: Die Gemeinnützige Wohnungsgesellschaft (GWG) existierte als eigenständiges Unternehmen bis zu ihrer Fusion mit der SAGA 1999, während die Wohnungsverwaltungsgesellschaft Nord (WVN) 1992 wieder aufgelöst wurde (GWG 1993).

Von politischen Gegnern wurde die Baubehörde regelmäßig kritisiert. Die CDU monierte ihre „Starrheit" und „Unbeweglichkeit" und bezeichnete die Ausgaben zur Förderung des Mietwohnungsbaus als „ideologisch" motiviert (Bürgerschaft FHH 1998b: 692f.). Sowohl das Volumen als auch der Umgang der Behörde mit Haushaltsmitteln wurde als verschwenderisch kritisiert (ebd.). Diese Angriffe reihten sich in den Vorwurf ein, die Hamburger SPD wäre „verfilzt". Dieser betraf zwar auch andere Bereiche des Stadtstaates; die Bestände der Neuen Heimat und die Vergabe von Vorstandsposten in (ehemals) gemeinnützigen Wohnungsunternehmen nahmen in Medienberichten jedoch eine prominente Rolle ein (Die Zeit 1988; Spiegel 1998). Von linker Seite wurde Wagner ein autoritärer Führungsstil, eine repressive Haltung gegenüber selbstständigen Mieter_innen und eine Vorliebe für den funktionalistischen Wohnungsbau vorgeworfen (Lagemann 2000). Etwas spöttisch formulierte Mieter helfen Mietern, Wagner habe nie Verständnis dafür aufbringen können, dass Menschen „lieber in ihren Altbauten wohnen bleiben" und sich nicht für seine „trockenen und normgerechten Neubauten am Stadtrand begeistern" (ebd.). Gleichzeitig wurde der Ankauf der Neue-Heimat-Wohnungen und die relativ hohe Aufmerksamkeit für die Bedürfnisse einkommensschwacher Mieter_innen positiv gewürdigt (ebd.).

Von der Behörde wurde die Übernahme der Neue-Heimat-Bestände als „unabdingbar im Sinne einer sozialpolitisch verantwortlichen Wohnungspolitik" dargestellt (Gustafsson 1992: 129). Die damit erfolgte Vergrößerung des kommunalen Wohnungsbestandes stelle einen „Struktursprung" dar, mit dem der „schleichenden Aushöhlung des gebundenen Mietwohnungsbestandes" ein preiskontrollierter Wohnungsbestand gegenübergestellt werden könne (ebd.). Auf Druck von organisierten Mieter_innen entstanden aus den übernommenen Beständen Anfang der 1990er Jahre mit den Falkenried-Terassen, der Kurt-Schumacher-Siedlung und der Gartenstadt Farmsen mehrere selbstständige

---

sich durchsetzen, da die Gewerkschaften aufgrund des bereits bestehenden öffentlichen Vertrauensverlusts sich nicht die zusätzliche Blöße geben wollen, ihre ehemals gemeinnützigen Wohnungsbestände auf dem freien Markt zu versilbern (ebd.: 322 und 335f.).

Genossenschaften (Osório 1992; Brunhöver 1992; Gustafsson 1992). Damit gelang die Durchsetzung einer Selbstverwaltung der Bewohner_innen, was für die beteiligten Initiativen einen herausragenden Erfolg bedeutete – auch wenn die Stadt ähnliche Bestrebungen in weiteren Siedlungen unterband (Lehmpfuhl 1992; Woens 1992).

Infolge der wohnungspolitischen Liberalisierungen auf Bundesebene und den auslaufenden Sozialbindungen im Bestand befürchtete die Baubehörde Anfang der 1990er Jahre drohende Probleme der Wohnungsversorgung in der Zukunft. Angesichts der Einschätzung, dass die städtischen Wohnungsunternehmen die „Hauptanpassungslasten des Fortfalls des WGG“ tragen würden, ging der Appell an die ehemals gemeinnützige Wohnungswirtschaft, sich „deutlich und unmissverständlich zu ihrer gemeinnützigkeitsrechtlichen Selbstbindung“ zu bekennen (Gustafsson 1992: 130). In diesem Sinne wandte sich der Leiter des Amtes für Wohnungswesen, Horst-Michael Pelikahn, 1998 in einem Vortrag an die ehemals gemeinnützige Wohnungswirtschaft und lud insbesondere die großen Genossenschaften ein, Teil einer neu zu bestimmenden Sozialen Wohnungswirtschaft zu werden. Seine Vorschläge orientieren sich stark an den Regelungen des alten WGG. Ziel sei es, einen politischen Rahmen mit Vorteilen und Verpflichtungen zu schaffen, dem sich Wohnungsunternehmen freiwillig unterwerfen. Insbesondere zwei der von Pelikahn angesprochenen Themen waren dabei bemerkenswert: Er betonte den Beitrag der Wohnungsunternehmen zur „Förderung des sozialen Friedens“ durch Mitwirkung an der Schaffung von Arbeitsangeboten, der Kinder-, Jugend- und Altenarbeit sowie der Zusammenarbeit mit sozialen Trägern – also einer Einbindung in Konzepte, wie sie im Rahmen der sozialen Stadtteilentwicklung diskutiert wurden (Pelikahn 1998: 8). Ein zweites Kernanliegen bestand darin, dass sich die soziale Wohnungswirtschaft bereit erkläre, „mindestens 50 % ihres ungebundenen Wohnungsbestandes für die Vermietung an von der Kommune benannte Wohnungssuchende zur Verfügung“ zu stellen, um zum Erhalt der auslaufenden Belegungsbindungen beizutragen (ebd.: 10). Von der ehemals gemeinnützigen Wohnungswirtschaft wurde der Vorschlag zurückgewiesen. So formulierte der Arbeitskreis der Hamburger Genossenschaften, dass es „keinen Bedarf an grundlegenden neuen gesetzlichen Regelungen“ gebe, da die Unternehmen aus eigenem Antrieb heraus bereits eine „sozial verantwortbare Wohnungspolitik“ betreiben (AK WoBauG 1998). Die Genossenschaften wollten die Zusammensetzung ihrer Mitglieder stärker selbstständig bestimmen. Als Argument führten sie an, dass der soziale Frieden in den Wohnanlagen insbesondere durch Prozesse der „soziale[n] Entmischung“ gefährdet sei (ebd.).

Die Änderung der Förderbedingungen und die nachlassende Nachfrage in den Beständen der Nachkriegsjahrzehnte machten es für ehemals gemeinnützige Unternehmen zunehmend unattraktiv, sich im geförderten Wohnungsbau zu engagieren. Genossenschaften bauten bis zur Mitte der 1990er Jahre noch zu 40 % im ersten Förderweg und gingen zunehmend zu einer „Mischung der Förderwege“ über (Roscher 1997: 15). Die städtischen Unternehmen bauten noch zu 60 % im ersten Förderweg (ebd.). Mit diesen Quoten hoben sich die ehemals gemeinnützigen Unternehmen zwar von anderen Bauherren ab, waren aber selbst bereits weit entfernt von den Quoten der 1960er und 70er Jahre. Ihr Engagement nahm in den folgenden Jahren weiter ab. So betrug der Anteil der von Genossenschaften neu errichteten Sozialwohnungen in Hamburg im ersten Förderweg in den Jahren 2001 und 2002 je 12 % bzw. 24 % bei insgesamt nur 711 bzw. 965 Wohnungen (WK 2003: 68). SAGA und GWG errichteten im gleichen Zeitraum 18 % bzw. 21 %, womit ein großer Teil des Neubaus an Sozialwohnungen auf private Bauherren und Kapitalgesellschaften entfiel (ebd.). Der Gesamtbestand der Sozialwohnungen betrug im Jahr 2002 noch 152.000 Wohnungen, von denen die Genossenschaften rund 30 % und SAGA und GWG zusammen ca. 46 % hielten (WK 2004: 24).

Während Elemente sozialer Wohnungsversorgung in den 1990er Jahren unter dem Eindruck zunehmender Bevölkerung, der Knappheit des Wohnungsangebots und intensivem Protest von Mieterinitiativen noch als politisch relevant galten, veränderte sich dies am Ende des Jahrzehnts innerhalb kurzer Zeit deutlich. Dieser Wandel wirkte sich auch auf die Arbeit der Baubehörde aus. Die Dokumentation eines Workshops des Amts für Wohnungswesen aus dem Jahr 1999 macht die maßgeblichen Veränderungen nachvollziehbar (Baubehörde et al. 2000). Zentrales Thema des Workshops war die „Überforderung der Nachbarschaften“, insbesondere in Großwohnsiedlungen und die Frage, wie eine „soziale Durchmischung“ gelingen könne (ebd.: 1). Beteiligt waren Behördenmitarbeiter_innen aus Hamburg und anderen Städten, Wissenschaftler_innen sowie Vertreter der ehemals gemeinnützigen Wohnungswirtschaft. Die behandelten Fragen und Antworten wurden im Kontext einer Tendenz zum „Mietermarkt“ gesehen, auf dem unattraktiven Wohnungsbeständen zunehmend „Absatzschwierigkeiten“ bevorstünden (ebd.: 11). Hierdurch ergäben sich insbesondere in Großwohnsiedlungen spezifische Probleme, die als soziale Mischung zu thematisieren und zu lösen seien. Die dokumentierten Diskussionen geben eine rege Auseinandersetzung wieder: Es wurde festgestellt, dass sich die „Schere zwischen Arm und Reich“ mit entsprechenden Konsequenzen für soziale Strukturen aller Voraussicht nach weiter öffnen wird. Die beteiligten Wohnungsunternehmen und

Behördenmitarbeiter_innen betonten zwar ihre Verantwortung für einkommensschwache Personenkreise, waren aber bestrebt, deren stadträumliche Verteilung durch eine aktive Mischungspolitik, in dem Maße (mit) zu gestalten, dass eine Entstehung von „Problemgebieten" verhindert oder abgemildert würde (ebd.: 13). Als problematisch wurden vorrangig die bekannten A-Gruppen angesprochen, namentlich „Ausländer" oder „Asoziale" – wobei sich diese Wortwahl nicht selbst zu eigen gemacht, sondern als Außenwahrnehmung von Gebieten dargestellt wurde (ebd.). Die Probleme der Wohnungseigentümer_innen bestünden insbesondere in Abnutzung, Zerstörung, Fluktuation und Mietrückständen (ebd.: 6). Sie befürchteten, dass „ein schwieriger werdendes Umfeld insgesamt jene Mieter vertreibt, die sie gerne halten möchten" (ebd.). Vorbilder von Gebieten mit einer „gesunden" sozialen Mischung stellten die „positiv bewerteten (durch Sanierung aufgewerteten) Altbauquartiere" dar (ebd.: 13).

Anlass und Verlauf der Debatte waren stark bestimmt von der seit den 1980er Jahren anhaltenden Kritik an den Großwohnsiedlungen und des in diesen Gebieten verorteten „Brennpunkt"-Diskurses (Schubert 1997a). Mit der nachlassenden Nachfrage nach Wohnungen ab dem Ende der 1990er Jahre erhielt der Vorwurf, dass Städtebau als reine Neubaupolitik keine sozialen Probleme lösen könne, immer stärkere Überzeugungskraft (Maier 1998). Vor diesem Hintergrund sah sich auch die Hamburger Baubehörde zu einer Neuorientierung aufgefordert:

> „Über soziale Entmischung in Großwohnanlagen reden viele Fachleute (...) – und jetzt auch wir, als ob wir einer Mode folgen. (...) Warum reden *wir* jetzt über dieses Thema? (...) Nicht jeder ist ständig in allen Bereichen auf dem neusten Stand. [Dieser Workshop] ist aus unserer Sicht auch eine Maßnahme der amtsinternen Diskussion, der Meinungsbildung und des Vorankommens. (...) Soziale Stadt und soziale Stadtentwicklung sind Themen, die Hamburg schon lange beschäftigen. (...) Es geht darum, dass wir unsere Hausarbeiten machen, dass wir versuchen, den wohnungspolitischen Beitrag und den Beitrag der Wohnungswirtschaft zum Thema soziale Entwicklung in Großwohnanlagen zu formulieren" (Baubehörde et al. 2000: 27; Herv. Im Original).[8]

Die Wohnungspolitik der SPD-geführten Baubehörde war – trotz deutlicher Veränderungen der sozialpolitischen Elemente – bis zum Ende der 1990er Jahre

---

8 Die Sorge vor zunehmenden Tendenzen einer „Entmischung" der Wohnquartiere infolge zurückgehender Lohneinkommen, abnehmender Wohnungsbaufördermittel und Segregation bewegte die Hamburger städtischen Wohnungsunternehmen bereits seit Anfang der 1990er Jahre (GWG 1993: 6f.). Die Dringlichkeit des angenommenen Handlungsbedarfs nahm jedoch im Laufe des Jahrzehnts deutlich zu (Hoppenstedt 1998).

insgesamt davon geprägt, die soziale Reproduktion breiter Schichten der Bevölkerung durch eine partielle Dekommodifizierung von Wohnraum zu garantieren. Auch in Zeiten nachlassender Wohnungsnachfrage und angespannter Haushaltslage wurde eine staatliche Wohnungsbauförderung beibehalten. Diese Politik stand nun zur Disposition. Die von Pelikahn angekündigte Neujustierung wurde jedoch nicht mehr von der Baubehörde vorgenommen. Unter den CDU-Senaten der 2000er Jahre wurden deren Aufgabenbereiche anderen Behörden untergeordnet. Der noch Ende der 1980er Jahre außergewöhnlich hohe Anteil sozial gebundener Wohnungen in Hamburg schmolz von 26,1 % im Jahr 1993 auf 17,8 % in 1999 ab (Brinkmann/Seeringer 2014: 326). Diese Tendenz setzt sich bis in die Gegenwart fort. Im Jahr 2005 betrug der Anteil 14,9 % und im Jahr 2011 noch 11,0 % (ebd.).

5.2.4 HafenCity und die soziale Mischung

Das große Bauvorhaben Hamburgs, welches die 2000er Jahre maßgeblich prägte, unterlag bereits in der Planungsphase nicht mehr der Baubehörde. Im Mai 1997 verkündete der Erste Bürgermeister Voscherau in einer Rede vor dem Überseeclub, eine HafenCity im Freihafengebiet rund um die Speicherstadt verwirklichen zu wollen (Kähler 2016: 57). Das Projekt wurde unter Ausschluss der Öffentlichkeit seit Anfang der 1990er Jahre vorbereitet, indem die Hamburger Hafen und Logistik AG (HHLA, bis 2005 „Hamburger Hafen- und Lagerhaus-Aktiengesellschaft") mit der Gesellschaft für Hafen- und Standortentwicklung (GHS) eine Tochtergesellschaft gründete, welche als Trägerin eines Sondervermögens die Grundstücke im vorgesehenen Gebiet aufkaufte (Tiedemann 1999). Das Vorhaben stellte einen Deal zwischen Stadtentwicklungs- und Hafeninteressen dar: Die Erlöse aus dem Verkauf der Grundstücke sollten den Ausbau eines neuen Containerterminals in Altenwerder finanzieren (Kähler 2016: 16ff.). Auf diesem Wege wurden die lange vom Hafen blockierten Visionen einer Entwicklung der „citynahen Hafenflächen" zu einem innerstädtischen Wohn- und Gewerbeviertel möglich (Kossak 1999). Bestätigt wurde das Vorgehen durch Beschlüsse des Senats und der Bürgerschaft kurz vor der Bürgerschaftswahl 1997 (Kähler 2016: 235). Nach der Wahl wurde die Vorbereitung von Wirtschafts- und Stadtentwicklungsbehörde sowie der GHS vorangetrieben (ebd.: 236ff.). Die „strategische Bedeutung" der HafenCity wurde insbesondere in Investitions- und Nachfragepotenzialen für Immobilienkapital gesehen (Mirow 1999: 13). Als Wohnort sollte sie Raum für „kreative, unternehmende und unternehmerische Menschen" schaffen (ebd.). Ausdrücklich betont wurde immer wieder die „Mischung", die hier realisiert werden sollte. Dabei ging es um ein „kontrastreiches Nebeneinander“ von öffentlichen und privaten Flächen (Maier 1999: 27) sowie die Mischung von Funktionen und Bevölkerung (Menzel et al. 2011).[9]

Eine Auftragsstudie zur HafenCity als Wohnstandort stellte die Entwicklung des Gebiets ausdrücklich in den Kontext der Abwanderungsdiskurse: Seit über einem Jahrhundert verliere die Innenstadt an Bevölkerung (Menzel et al. 2011: 24). Demgegenüber wolle man mit der HafenCity hochwertigen Wohnraum „für Bewohner der 'mittleren und gehobenen Bürgerschaft'“ schaffen, da genau diese Bevölkerungsteile in den innerstädtischen Vierteln fehlten (ebd.: 36). Damit schaffe das Projekt einen Beitrag zur sozialen Mischung (ebd.: 35ff.). Zwar wurde eingeräumt, dass sich diese Mischung nicht aus unterschiedlichen „Klassen“ ergäbe, dem aber gegenübergestellt, dass sich „voraussichtlich viele sehr unterschiedliche soziokulturelle Milieus in der HafenCity ansiedeln werden“, was den Mangel fehlender unterer Einkommensschichten aus soziologischer Sicht ausgleiche (ebd.: 36). Positiv wurde hervorgehoben, dass mit dem neuen Wohnstandort *keine* Gated-Community entstehe, in der sich der wohlhabende Teil der Bevölkerung abschottet (ebd.). Einen weiteren Beitrag zur Mischung im Stadtteil stelle die Diversität der Bauträger dar. So entstünden neben Eigentumsmaßnahmen und „wenigen Vorhaben im Luxussegment“ auch Genossenschafts- und Baugemeinschaftswohnungen (ebd.: 7). Die Genossenschaften selbst wiesen jedoch darauf hin, dass die Wohnungen in der HafenCity nicht für ihre durchschnittlichen Mitglieder, sondern für die „ca. 5 % besserverdienenden Mitglieder“ konzipiert werden (ebd.: 36). Die Bauvorhaben in der HafenCity könnten somit auch darauf aufmerksam machen, dass der Ruf, Genossenschaften würden nur für Arme bauen, „schlicht falsch“ sei (ebd.). Im Jahr 2013, in dem bereits 1.900 der angestrebten Zielzahl von 12.000 Menschen in der HafenCity wohnten, lag das durchschnittliche Einkommen je Steuerpflichtiger/m mit 93.206 Euro pro Jahr 3,5 mal höher als die 26.041 Euro, welche der Durchschnitt

9 Bereits in den 1980er Jahren wurde zwischen der Baubehörde und der Hafenverwaltung um die Nutzung und Gestaltung der hafennahen Flächen gerungen. 1985 wurde vom Oberbaudirektor ein Bauforum zum Thema „Stadt am Hafen“ organisiert, aus dem heraus Ideen für eine Umgestaltung und Umnutzung von Flächen am nördlichen Elbufer entwickelt wurden (Schubert 1996: 140). Die in den folgenden Jahren als „Perlenkette an der Elbe“ entstandenen hochpreisigen Büro- und Wohngebäude trugen zur Aufwertung der umliegenden Quartiere bei (ebd.: 152f.). Auch Überlegungen zu Verkauf und Umnutzung der Speicherstadt wurden angestellt, deren Umsetzung aber erst mit dem Projekt der HafenCity Ende der 1990er Jahre erfolgte.

der Steuerpflichtigen im gesamten Bezirk Mitte verdiente (Statistisches Amt 2014: 24, 2018b: 25). Gleichzeitig wohnten mehr Kinder, weniger Menschen mit Migrationshintergrund und weniger Arbeitslose im neuen Stadtteil (Statistisches Amt 2018b: 24). Damit stellt die HafenCity – soweit sie heute besteht – gewissermaßen die Materialisierung eines „positiven" Gegenbildes sozialer Mischung zu den Brennpunkten der 1990er Jahre dar.[10]

5.3 Wechselnde Verhältnisse in der „Wachsenden Stadt"

Die Parallelität der zwei Behörden für Stadtentwicklungs- und Wohnungspolitik fand 2001 mit der Abwahl des rot-grünen Senats ein Ende. Nach einem vom Thema der inneren Sicherheit dominierten Wahlkampf wurde die neue Mehrheit in der Hamburger Bürgerschaft von der CDU, der rechten Partei Rechtsstaatlicher Offensiver (PRO, umgangssprachlich als Schill-Partei bezeichnet) und der FDP gestellt (Oßenbrügge 2011: 38f.). Nach dem Bruch dieser Koalition und einer vorgezogenen Wahl im Jahr 2004 regierte die CDU für eine Legislaturperiode allein, von 2008 bis 2010 dann in einer Koalition mit der GAL. Alle drei Senate dieser Zeit wurden mit Ole von Beust von einem Ersten Bürgermeister der CDU geführt. Die Regierungswechsel in den 2000er Jahren gingen im Bereich der Stadtentwicklungs- und Wohnungspolitik mit formalen Wechseln einher, die jedoch inhaltlich von einer neoliberalen Kontinuität gekennzeichnet waren. 2001 wurde die vormals grüne Stadtentwicklungsbehörde aufgelöst und – so die Berichterstattung in der taz – zum „Wurmfortsatz" der Bau- und Verkehrsbehörde degradiert, welche mit Mario Mettbach von einem Senator der PRO übernommen wurde (taz 2001). Eine ausgesprochen freundliche Übernahme fand dagegen in der Wirtschaftsbehörde statt, in der an vorangegangene Erfolge angeknüpft werden sollte (ebd.). 2004 wurde die Bau- und Verkehrsbehörde aufgelöst und erneut eine Behörde für Stadtentwicklung und Umwelt (BSU) eingerichtet. Diese wurde erst mit Michael Freytag und später mit Axel Gedaschko mit CDU-Senatoren besetzt, die beide nachfolgend in andere Behörden – Finanzen, respektive Wirtschaft – wechselten. Gedaschko wurde 2011 Präsident des Bundesverbandes

10 Die Grundstücks- und Wohnungspolitik der HafenCity änderte sich im Laufe der Zeit: Grundstücke wurden zunächst zum Höchstgebot vergeben, ab 2003 galten Festpreise, um die Baukosten für Investor_innen zu verringern (Menzel et al. 2011: 7). Ab 2009 wurde für die noch kommenden Bauabschnitte in den westlichen und zentralen Teilen des Gebiets ein Anteil von 20 % gefördertem Wohnungsbau festgelegt (ebd.: 36).

deutscher Wohnungs- und Immobilienunternehmen (GdW). 2008 wurde die Behörde beibehalten und mit der innerhalb des Parteienspektrums links verorteten GAL-Senatorin Anja Hajduk besetzt.

Aufsehen erregte die rechts-bürgerliche Regierungskoalition 2002 durch die Vorlage eines neuen stadtpolitischen Leitbildes. Mit dem Papier „Metropole Hamburg – Wachsende Stadt" wurde dem Diskurs der Abwanderung eine gleichermaßen prägnante wie einfache Strategie entgegengesetzt: Die Stadtpolitik solle sich ausschließlich am ökonomischen Wachstum orientieren, wofür eine ebenfalls wachstumsorientierte Bevölkerungspolitik notwendig sei (Altrock 2004). Diese zielte explizit auf Familien und besserverdienende Haushalte ab. Besonders deutlich zeigte sich dies in der Kosten-Nutzen-Rechnung der Wanderungsbewegungen (FHH 2002: 11ff.): Eine Zuwanderung von Menschen, die Kosten verursachen, indem sie Sozialhilfe, Hilfen zur Erziehung oder Wohngeld beanspruchen, sollte zukünftig vermieden werden: „Aufgrund der zielgruppenorientierten Strategie wird sich (...) die Einwohnerstruktur Hamburgs insoweit verändern, als von einem unterdurchschnittlichen Anteil dieser Personengruppe an den Zuziehenden auszugehen ist" (ebd.: 12). Die neue Stadtpolitik unterschied sich weniger durch die Betonung unternehmerischer Elemente von den Vorgängersenaten als in der expliziten Vernachlässigung sozial ausgleichender Politik.[11]

Das Leitbild der wachsenden Stadt wurde in der sozialwissenschaftlichen Forschung überwiegend sehr kritisch betrachtet (Altrock/Schubert 2004; Bauriedl 2007), erfuhr jedoch in Teilen der stadtplanerischer Diskussionen auch Anerkennung als „Signal des Aufbruchs" gegenüber den Schrumpfungstendenzen der 1990er Jahre (Menzel 2012: 304). Ergänzt wurde es durch die Debatte um die „kreative Stadt", welche in Hamburg zunächst von der GAL vorangetrieben, aber schon nach kurzer Zeit von der CDU aufgenommen wurde (Oßenbrügge 2011: 39). Während die Grünen sich dabei an die von Richard Florida geprägten Begriffe „Technologie, Talent und Toleranz" stützen, betonte die CDU die positive Rolle technisch-wissenschaftlicher Arbeitskräfte für eine erfolgreiche Standortpolitik (ebd.). Trotz dieser unterschiedlichen Schwerpunktsetzung stellte die Förderung

---

11 Der Fokus auf wirtschaftsliberale Reformen, Privatisierung und eine gegen jegliche Art von „Randgruppen" gerichtete Politik der inneren Sicherheit löste Proteste aus. Auslöser für eine über Monate anhaltende Protestbewegung, auf deren Höhepunkt bis zu 15.000 Menschen auf die Straße gingen, war die Räumung des Bauwagenplatzes Bambule im Karolinenviertel (Birke 2014: 94). Die Proteste erzeugten Druck auf die von Anfang an labile Regierungskoalition und erhöhten die Spannungen zwischen der verhältnismäßig liberalen CDU unter von Beust und ihrem in Teilen rechtsextremen Koalitionspartner PRO (ebd.).

der Kreativwirtschaft die „tragende Verbindung" des schwarz-grünen Senats von 2008 bis 2010 dar (ebd.: 40). Der grüne Einfluss auf das stadtpolitische Leitbild kam in dem Zusatz „Wachsende Stadt mit Weitsicht" zum Ausdruck, der dem Slogan hinzugefügt wurde.

5.3.1 Wohnungspolitik für die Wachsende Stadt

Die Wohnungspolitik der 2000er Jahre orientierte sich an der allgemeinen Wachstums- und Bevölkerungsstrategie: Es wurde ein Sofortprogramm für den Einfamilienhausbau und die Wohneigentumsbildung aufgelegt und die Eigentumsförderung auf Bestandsobjekte ausgeweitet (BBSR 2012: 32). Das Ziel einer Steigerung der Wohnungsbauzahlen wurde damit jedoch nicht erreicht, das Jahrzehnt zeichnete sich viel eher durch eine äußerst geringe Neubautätigkeit aus. Die Förderung des Mietwohnungsbaus blieb zunächst auf niedrigem Niveau stabil und sank dann zu Zeiten der CDU-Alleinregierung auf einen historischen Tiefstand von nur 286 Wohnungen im Jahr 2005 (WK 2007: 88). Danach stieg das Fördervolumen wieder an und überschritt zum Ende des Jahrzehnts die Zahl von 1.000 Mietwohnungen pro Jahr (IFB 2015: 26). Der Anteil günstiger Wohnungen, die eine Netto-Kalt-Miete von unter 6 Euro pro qm aufwiesen, sank von 58 % im Jahr 2000 auf 32,7 % in 2011, während das Neubaugeschehen von großen und hochwertigen Wohnungen geprägt war (Güntner 2013: 41). 2004 wurden zwei der drei Sozialen Erhaltungsverordnungen zurückgenommen (Vogelpohl 2013). Die SAGA-GWG wurde zwar nicht – wie von der CDU als Oppositionspartei teilweise gefordert – als Ganzes privatisiert aber ökonomisch „optimiert" (Bürgerschaft FHH 2014a). Im Jahr 2002 wurde ein Privatisierungsprogramm aufgelegt, in dem Wohnungen an Mieter_innen und Selbstnutzer_innen verkauft wurden (Bürgerschaft FHH 2017b).

Im Jahr 2003 wurde eine „Agentur für Baugemeinschaften" eingerichtet, die mit der Förderung von Wohnprojekten im genossenschaftlichen oder Individualeigentum „für junge Familien eine interessante Alternative [schaffen will,] um das Wohnen in der Stadt zu realisieren" (WK 2004: 44). Das von der Baubehörde zuvor eher skeptisch betrachtete gemeinschaftliche Wohnen fand somit als Alternative zur Abwanderung ins Umland eine unerwartet hohe Aufmerksamkeit durch die rechts-bürgerliche Regierung (Bura/Mettbach 2002; Walter 2003). Die Alternativen Baubetreuer nahmen diese Aufwertung zwar mit Skepsis, aber dankbar an. Kritisiert wurde die Ausgestaltung der Baugemeinschaftsförderung, welche Projekte im Eigentum gegenüber Genossenschaften bevorzugte (Bura 2002). Eine für die Beziehung zwischen alter und neuer Genossenschaftsbewegung wichtige Veränderung ergab sich durch die Möglichkeit, dass auch große Genossenschaften die Förderangebote für Baugemeinschaften in Anspruch nehmen können, sofern sie diese als Gruppen mit besonderer Eigenständigkeit in die bestehende Genossenschaft integrieren (Karthaus 2003). In den Jahren 1990 bis 2001 wurden von insgesamt 600 von Baugemeinschaften errichteten Wohnungen noch gut 60 % in kleingenossenschaftlicher Form, fast 40 % durch Eigentümergemeinschaften und Investoren und nur ein geringer Teil von 15 Wohnungen durch große Genossenschaften gebaut. Im Zeitraum zwischen 2003 und 2008 wurden dagegen insgesamt 704 Wohnungen gebaut, davon ca. 42 % durch Eigentümergemeinschaften, 33 % durch kleine Genossenschaften und bereits 25 % durch große Genossenschaften (Bürgerschaft FHH 2009: 33). Während also Elemente einer sozialen Wohnungsversorgung, die von der Baubehörde vor 2001 noch aufrechterhalten wurden, liberalisiert wurden, erfuhr die Förderung gemeinschaftlichen Wohnens eine deutliche Aufwertung.

5.3.2 *Kämpfe um Gentrifizierung und die Wiederkehr der Wohnungsfrage*

Ein zentrales Projekt im Rahmen der Wachsenden Stadt stellte der „Sprung über die Elbe" dar, mit dem die „Elbinseln und die südlichen Stadtviertel (...) gezielt aufgewertet und enger an den gewachsenen Stadtkern nördlich der Elbe angebunden" werden sollten (BSU 2006: 3). Die Stadtentwicklungsbehörde erhielt ein neues Gebäude in Wilhelmsburg. Im Jahr 2013 fanden dort die Internationale Bauausstellung sowie die Internationale Gartenschau statt, wodurch es im Zeitraum von 2007 bis 2013 gelang, eine Milliarde Euro Investitionen in den Stadtteil zu lenken, von denen nur ein Drittel aus öffentlichen Mitteln stammten (HA 2017d). Während dem Stadtteil attestiert wurde, ein „Ghetto" darzustellen, sollte er zukünftig für Bürger_innen einer „neuen Weltklasse" attraktiv werden (Gatermann/Habermann 2013: 28ff.). Ein möglicherweise damit einhergehender Bevölkerungsaustausch wurde mit dem Verweis auf die soziale Mischung gerechtfertigt (ebd.: 37). Die Mietenentwicklung Wilhelmsburgs schloss innerhalb weniger Jahre an die der innenstadtnahen Stadtteile an (Hohenstatt/Rinn 2013).

Der Politik der wachsenden Stadt kam zugute, dass sich das ab dem Ende der 1980er Jahre einsetzende Bevölkerungswachstum entgegen anderslautender Prognosen nicht abschwächte, sondern fortsetzte (Menzel 2012). Es kam zu Reurbanisierungstendenzen, die sich insbesondere in der inneren Stadt bemerkbar machten:

> „Zu den gravierendsten (...) Effekten zählt, dass die [vom Senat] umworbenen Personengruppen insbesondere in die ohnehin bereits stark nachgefragten urbanen

> Quartiere der inneren Stadt drängen, was zu steigenden Preisen auf dem Wohnungsmarkt, zu Aufwertungs- und Verdrängungsprozessen und letztlich zu einer immer sichtbarer werdenden sozialräumlichen Polarisierung führt" (ebd.: 305).

Im Laufe der 2000er Jahre veränderte sich der Diskurs um Stadtentwicklung und Wohnen. Während Neubau- und Aufwertungsvorhaben zunächst noch weitgehend ohne öffentliche Aufmerksamkeit vonstatten gingen, änderte sich dies in verschiedenen Stadtteilen am Ende des Jahrzehnts deutlich (BBSR 2012: 32). Neben Wilhelmsburg standen dabei insbesondere die aus der Zeit der Häuserkämpfe bekannten Viertel Sternschanze, Altona und St. Pauli im Fokus. Das Gelände der ehemaligen Bavaria-Brauerei auf St. Pauli wurde Mitte der 2000er Jahre noch mit Gewerbe und Wohnungen neu bebaut, ohne dass damit größere Proteste einhergingen. Das Investitionsvolumen des sogenannten „Brauquartiers" wurde mit 350 Mio. Euro angegeben (HA 2006b). Das hier errichtete und städtebaulich sehr auffällige Hochhaus „Empire Riverside" entwickelte sich jedoch binnen kürzerer Zeit zu einem „Hassobjekt" im Stadtteil, welches die Macht des und Bedrohung durch das Immobilienkapital visualisierte (Wischmann 2016: 230). Die von großen Genossenschaften errichteten Wohnneubauten erfuhren dagegen kaum Kritik. So berichtet einer der verantwortlichen Vorstände im Interview zwar von Diskussionen um Gentrifizierung, die sich an den dort von der Genossenschaft errichteten frei finanzierten Wohnungen zu Mietpreisen von 9,50 Euro/m^2 bis 12,50 Euro/m^2 entzündeten (E2; vgl. HA 2006b). Auf Nachbarschaftsfesten und im Kontakt mit der Bezirkspolitik konnten die Genossenschaftsbewohner_innen den Vorwurf der Stadtteilaufwertung jedoch mit dem Hinweis auf die besondere Organisationsform der Genossenschaft entkräften (E2). Dennoch trugen auch die Neubauten im Brauquartier im Kontext weiterer Veränderungen auf St. Pauli zum Wiederaufkommen der wohnungspolitischen Debatte in Hamburg bei (Jörg/Schuster 2014; Wischmann 2016: 52ff.).

Ein von Reurbanisierung und gleichzeitiger Deregulierung der Wohnungspolitik geprägtes Jahrzehnt hinterließ deutliche Spuren auf dem Wohnungsmarkt: Nachdem die Mietpreise ab dem Ende der 1990er Jahre zunächst nur gering stiegen, entwickelte sich der Wohnungsmarkt ab 2005 äußerst dynamisch (HA 2011b). Die Mietpreise stiegen laut Mietenspiegel von 6,26 Euro/m^2 netto kalt im Jahr 2005 auf 7,15 Euro/m^2 im Jahr 2011 und damit um 14,2 % (Mieterverein o.J.). Die Preise für Eigentumswohnungen erhöhten sich im Durchschnitt der ganzen Stadt sogar von 2.042 Euro/m^2 im Jahr 2005 auf 2.704 Euro/m^2 im Jahr 2011 und damit um 32,4 % (Statistisches Amt 2006; LBS Bausparkasse 2012: 4). Protest gegen diese Entwicklung entzündete sich zunächst vorrangig an Aufwertung und Verdrängung in einzelnen Stadtteilen. Ab dem Jahr 2009 wurde die Wohnungsfrage dann zunehmend als stadtweite soziale Frage thematisiert. Öffentlichkeitswirksamer Ausdruck davon waren die Aktivitäten verschiedener Initiativen, die sich 2009 zum Netzwerk Recht-auf-Stadt zusammenschlossen (Füllner/Templin 2011; Rinn 2016). Im Oktober 2010 kam es zur größten Demonstration für bezahlbaren Wohnraum seit dem Anfang der 1990er Jahre.

In Reaktion auf zahlreiche Demonstrationen, Kampagnen und Hausbesetzungen wurde auch in der Hamburger Bürgerschaft das Thema Wohnen wieder stärker diskutiert. Dabei kritisierten vor allem die Oppositionsparteien SPD und Linke die regierende grün-bürgerliche Koalition aus CDU und GAL vehement für ihre verfehlte Wohnungspolitik. In der Bürgerschaftsdebatte, die anlässlich der Demonstration im Oktober 2010 geführt wurde, formulierte ein Politiker der SPD:

> „Am Samstag haben mehrere Tausend Menschen gegen die Wohnungspolitik des Senats demonstriert (...). Es ist nichts Alltägliches, wenn Menschen gegen Wohnungsnot demonstrieren. Das gab es in Hamburg seit Jahrzehnten nicht mehr. (...) Die Unzufriedenheit, die die Menschen auf die Straße treibt, ist verständlich. Wir erleben eine Zuspitzung auf dem Wohnungsmarkt, wie es sie lange Zeit, wahrscheinlich überhaupt noch nie, gegeben hat" (Bürgerschaft FHH 2010b: 3971).

In ihrer Rolle als Oppositionspartei betonte die SPD den epochalen Charakter der Situation. Die zu diesem Zeitpunkt regierende schwarz-grüne Koalition versuchte auf den Stimmungswandel zu reagieren, in dem sie – im Verhältnis zu den vorangegangenen Jahren – ungewöhnliche Maßnahmen ergriff: Die Besetzung des Gängeviertels wurde toleriert und schließlich in Form eines Kooperationsvertrages legalisiert (Rinn 2016: 162ff.). Im Kontext von Politiken der „kreativen Stadt" gelang es den Akteuren der städtischen Bewegungen damit überraschender Weise, eine lange Zeit ausschließlich mit Repressionen überzogene Aktionsform zu reaktivieren.

Im Jahr 2009 legte die BSU einen „Wohnungsbauentwicklungsplan" vor, mit dem eine Richtungsänderung angekündigt wurde: Es wurde eine Zielzahl von 5-6.000 neuen Wohnungen pro Jahr formuliert, zu deren Realisierung verstärkt städtische Grundstücke mobilisiert werden sollten (Bürgerschaft FHH 2009: 37ff.). Die Stelle eines Wohnungsbaukoordinators wurde eingerichtet, welcher zwischen den am Wohnungsbau beteiligten Akteuren vermitteln und die Erteilung von Baugenehmigungen intensivieren sollte (Sachs 2010). Für die Grundstücksvergabe wurde ein Konzeptverfahren entwickelt, welches qualitative Kriterien im Wohnungsbau stärker berücksichtigt, als den Verkaufserlös für die Stadt (Bürgerschaft FHH 2009: 47ff.). Die Wohnungsbaufördermittel wurden von 100 auf 120 Mio. Euro aufgestockt, wobei der zusätzliche Teil ausschließlich dem Mietwohnungsbau zugute kam (ebd.: 11ff.). Auch der Beitrag der SAGA-GWG zum Neubau sollte erhöht werden (ebd.: 15). Baugemeinschaften wurden weiterhin gefördert und mit der Einführung eines „Baugemeinschaftspreises" für besonders gelungene Praxisbeispiele öffentlich gewürdigt (ebd.: 32). Der Kurswechsel in der Stadtentwicklungs- und Wohnungspolitik kam jedoch zu spät. Im von wohnungspolitischen Themen geprägten Wahlkampf 2011 wurde die schwarz-grüne Koalition abgewählt.

5.4 Neue Bündnispolitik für das Wohnen in Hamburg

Seit März 2011 stellt die SPD in der Bürgerschaft wieder die stärkste Fraktion und bildet, seit 2015 in einer Koalition mit den Grünen, den Senat. In seiner Regierungserklärung hob der neue Erste Bürgermeister Olaf Scholz hervor, seine Regierung werde dafür sorgen, „dass sich alle das Leben in Hamburg leisten können" (Bürgerschaft FHH 2011: 36). Dafür wolle er die Politikbereiche Wohnen und Stadtentwicklung „ins Zentrum der Senatspolitik" stellen (ebd.). Wichtigste Maßnahme sei die Forcierung des Neubaus, von dem ein Drittel im geförderten Wohnungsbau erstellt werde. Zur Umsetzung würde mit der Immobilienwirtschaft ein „Pakt für das Wohnen" geschlossen (ebd.: 37).

Die Ankündigung einer neuen Wohnungspolitik bedeutete jedoch keine Abkehr von bisherigen stadtpolitischen Konzepten: „Idee und Philosophie der 'Wachsenden Stadt'", so betonte Scholz, stehe er ebenso wie sein Wirtschaftssenator positiv gegenüber (HA 2011a). Die SPD selbst habe das Leitbild vor dem Jahr 2001 vorbereitet und sei eigentliche Urheberin der Idee. Der Begriff bringe das „Handeln der sozialdemokratisch geführten Senate auf den Punkt" (ebd.). Im Gegensatz zur CDU sah die SPD jedoch im bisher vernachlässigten Wohnungsbau eine zentrale Branche für die wirtschaftliche Entwicklung der Stadt. Auf der Handelsblatt-Jahrestagung der Immobilienwirtschaft im Jahr 2013 forderte der Erste Bürgermeister die Teilnehmer_innen auf: „Investieren Sie!" (Scholz 2013: 4). Die neue Wohnungspolitik schaffe ein investitionsfreundliches Umfeld. Potenzial für private Investitionen sei reichlich vorhanden:

> „Hamburg besitzt viele attraktive Flächen, die wir bislang noch nicht ausreichend städtisch erschlossen haben. Dazu zählt (...) Wilhelmsburg, die nach Manhattan zweitgrößte Flußinsel der Welt, aber auch Hamm, Horn, Rothenburgsort im Osten der Stadt, Harburgs Binnenhafen im Süden und viele weitere Stadtteile, in denen wir vitale, innerstädtische Quartiere entwickeln" (ebd.).

Als wichtigste Innovation der neuen Wohnungspolitik galt und gilt das „Bündnis für das Wohnen" (FHH 2011). Bündnispartner sind der Senat in Form verschiedener Fachbehörden, die Bezirke, der Verband norddeutscher Wohnungsunternehmen (VNW), dessen Hamburger Landesverband, der Bundesverband freier Immobilien- und Wohnungsunternehmen Nord (BFW-Nord), der Immobilienverband Deutschland Region Nord (IvD-Nord), der Grundeigentümerverband sowie die SAGA.[12] Der Mieterverein zu Hamburg und Mieter helfen Mietern nehmen beratend am Bündnis teil.[13] Gemeinsame Ziele will man mit einem kooperativen Politikansatz erreichen, bei dem die Wirtschaftsverbände „bei allen wohnungspolitischen Entscheidungen" beteiligt werden (FHH 2016a: 3).

Die konkreten Verabredungen des Bündnisses für das Wohnen beinhalten insbesondere eine Zielgrößenbestimmung im Neubau, die 2011 auf 6.000 Wohnungen pro Jahr festgelegt und 2016 auf 10.000 Wohnungen erhöht wurde (FHH 2016a). Darüber hinaus wurden weitere wohnungspolitische Maßnahmen angekündigt. Um die behördlichen Voraussetzungen für den Neubau zu schaffen, schloss der Senat einen weiteren Vertrag mit den Bezirken, in dem diese sich verpflichten, die notwendigen Grundstücke auszuweisen und Baugenehmigungen zu erteilen (FHH 2016b). Der Zuschnitt der BSU wurde 2011 vom Vorgängersenat weitgehend übernommen und mit der SPD-Senatorin Jutta Blankau besetzt. Im Jahr 2015 wurde die Bündnispolitik für das Wohnen in einer Koalition mit den Grünen fortgeführt, die zuständige Behörde mit den Bereichen Stadtentwicklung

12 Der Hamburger Grundeigentümerverband vertritt mehr als 30.000 Mitglieder, darunter Eigenheim- und Wohnungsbesitzer_innen sowie Wohnungsunternehmen (FHH 2017). Der BFW-Nord sieht sich mit seinen 220 Mitgliedsunternehmen in den Bundesländern Schleswig-Holstein, Mecklenburg-Vorpommern und Hamburg als Vertretung der mittelständischen Immobilienwirtschaft (BFW-Nord 2017: 3). Der IvD-Nord vertritt die Interessen von Makler_innen, Verwalter_innen und Sachverständigen (IvD-Nord 2016). Der VNW ist Mitgliedsverband im GdW. In ihm sind neben der SAGA und der Sprinkenhof GmbH (städtische Gewerbeimmobilienverwaltung) alle großen und viele kleine Wohnungsgenossenschaften, weitere Unternehmen mit einem sozialen Anspruch wie die evangelische Wichernbaugesellschaft und die Meravis GmbH als Tochtergesellschaft des Sozialverbands Deutschland sowie die Vonovia als börsennotiertes Unternehmen organisiert. Die SAGA ist als einziges Einzelunternehmen im Bündnis vertreten. Von den rund 720.000 Wohnungen im Hamburger Geschosswohnungsbau im Jahr 2016 verfügten die SAGA sowie die weiteren Mitgliedsunternehmen des VNW über jeweils rund 130.000, die des BFW über 110.000 und die des IvD über 120.000 (FHH 2016a).

13 Der Mieterverein steht in der Kontinuität des ersten Hamburger Mietervereins von 1890 und ist Teil des Deutschen Mieterbundes. „Mieter helfen Mietern" wurde in den 1980er Jahren als alternativer Mieterverein gegründet. Neben diesen beiden existieren weitere kleinere Mietervereine, die in der wohnungspolitischen Debatte jedoch kaum eine Rolle spielen und in den Medien wenig thematisiert werden.

und Wohnen (BSW) betraut und mit Dorothee Stapelfeld wieder mit einer SPD-Senatorin besetzt.

Die neue Wohnungspolitik wird konzeptuell in die bewährten Ansätze der Stadtentwicklung zur Förderung urbaner und sozial gemischter Quartiere eingebettet: Als Orientierungsgröße gelten die „Quartiere aus der Gründerzeit", welche für ein „urbanes Lebensgefühl" stehen (BSU 2013: 6ff.). Wohnungsbauprojekte sollen die soziale Mischung der Bewohner_innen sowie Nutzungsmischungen von Wohnen, Arbeit, Bildung und Freizeit „bereichern" (ebd.: 8). Als Herausforderung wird die Entwicklung der bisher „weniger wahrgenommenen Stadtteile" im Süden und Osten Hamburgs bestimmt (BSU 2014b: 3). Von den urbanen Quartieren sollen Impulse für die Entwicklung anderer Gebiete ausgehen. Als zugrundeliegendes Ziel wird die Schaffung „sozial gemischter Strukturen mit guter Infrastruktur und stabilen Nachbarschaften" genannt (ebd.: 28). Während die vorhandene wirtschaftliche Dynamik in zentralen Lagen „behutsam" genutzt werden soll, sollen Stadtteile, die bisher wenig Aufmerksamkeit erhalten, durch das Engagement von „privaten Wohnungsunternehmen, (...) Eigentümer[n] und Geschäftstreibenden" gestärkt werden (ebd.: 29). Ziel zukünftiger Entwicklungen sei es, allen Bürger_innen den Verbleib in der Stadt bei hoher Lebensqualität zu ermöglichen (ebd.: 25). Dies gelte insbesondere für Familien (ebd.). Darüber hinaus seien Maßnahmen notwendig, um diejenigen Bewohner_innen, die angesichts der Marktdynamiken mit „Problemen und Nachteilen" zu kämpfen haben, vor Verdrängung zu schützen (ebd.).

Mit dem Bündnis für das Wohnen wurden 2011 die wichtigsten Akteure der gegenwärtigen Hamburger Wohnungspolitik sowie ihre Beziehungen zueinander bestimmt: Senat und Fachbehörden sowie die organisierte Wohnungs- und Immobilienwirtschaft stellen den Kern des Bündnisses dar, während die Mietervereine lediglich beratend vertreten sind. Das Bündnis ist jedoch nicht mit dem Feld der Sozialen Wohnungswirtschaft als Ganzes gleich zu setzen, da die Akteure, die den Anlass zur Neuorganisation der Wohnungspolitik gegeben haben – Wohnungssuchende, Stadtteilinitiativen sowie die etablierte Zivilgesellschaft – gar nicht vertreten sind. Das Bündnis kann von daher als Strategie der herrschenden Akteure verstanden werden, um im Feld bestimmte Effekte der Legitimation sowie den Ein- und Ausschluss von Akteuren und Themen zu bewirken. Die positive Rezeption der neuen Wohnungspolitik in der Öffentlichkeit und den Medien zeigt den Erfolg dieser Strategie.[14]

---

14 In den Hamburger Medien wurden die neuen Weichenstellungen in Wohnungspolitik und Stadtentwicklung grundsätzlich positiv, aber zunächst mit Skepsis

Mit seinen Ankündigungen griff der Senat somit die Forderungen nach einer sozialpolitischen Neuausrichtung der Wohnungspolitik erfolgreich auf und formulierte den ehrgeizigen Anspruch, sowohl dafür zu sorgen, dass Hamburg eine Stadt bleibt, in der sich alle Bewohner_innen mit Wohnraum versorgen können als auch ein investitionsfreundliches Umfeld zu schaffen. Eine Analyse der erlassenen Maßnahmen zeigt jedoch, dass es – bisher – nicht gelingt, diese beiden Ziele gleichermaßen zu verwirklichen. Als entscheidendes Hindernis für die Realisierung der sozialpolitischen Zielsetzungen erweisen sich die herrschenden Überzeugungen und Kräfteverhältnisse im Feld der Sozialen Wohnungswirtschaft. Nach sechs Jahren weiterer Preissteigerungen auf dem Wohnungsmarkt und dem Wiedererstarken von wohnungspolitischen Protesten seit dem Jahr 2017 gerät jedoch auch die neue Bündnispolitik verstärkt unter Druck.

5.4.1 Neubau, Drittel-Mix und der Sickereffekt

Kernziel des Bündnisses für das Wohnen ist der Neubau von 6.000 bzw. 10.000 Wohnungen pro Jahr. Von der regierenden Politik und der Wohnungs- und Immobilienwirtschaft wird der Neubau vielfach als einziger oder zumindest zentraler Ansatz zur Schaffung von bezahlbarem Wohnraum hervorgehoben. So schildern die Mitarbeiter_innen der Fachbehörde im Interview, dass das Bündnis für das Wohnen aus dem „gemeinsamen Wunsch" von Senat und Wirtschaftsverbänden gegründet wurde, „mehr Wohnungsbau in Hamburg zu betreiben, weil wir eben einen engen Wohnungsmarkt haben und dem nur durch Wohnungsneubau zu begegnen ist, um eine Angebotsausweitung zu bekommen" (E5). Dieser Sichtweise schließt sich auch der Mieterbund an, der die erfolgreiche Neubaupolitik in verschiedenen Pressemitteilungen lobt und seine eigene Rolle im Bündnis u.a.

---

hinsichtlich der angekündigten Neubauzahlen aufgenommen (HA 2011c; Mopo 2011; taz 2011a). Die Bilanz der Legislaturperiode von 2011 bis 2015 und damit auch der ersten Phase des Bündnisses fiel dann entsprechend der realisierten Bauvorhaben außerordentlich positiv aus. So meldete die Hamburger Morgenpost im Mai 2014 „endlich mal gute Nachrichten" vom Wohnungsmarkt, da in Hamburg mehr Wohnungen gebaut worden seien als vom Senat geplant (Mopo 2014a). Die taz hielt im laufenden Wahlkampf Anfang 2015 fest, dass die Versprechen des Senats, dem Wohnungsbau Priorität einzuräumen und den Neubau deutlich zu erhöhen, „gehalten" wurden (taz 2015c). Das Hamburger Abendblatt nannte anlässlich der Unterzeichnung des zweiten Bündnisvertrags 2016 den Erfolg des Wohnungsbauprogramms „beeindruckend" (HA 2016b). Das Bündnis für das Wohnen gelte „weit über die Grenzen der Hansestadt hinaus als Erfolgsmodell" (ebd.).

darin sieht, Mieter_innen „zu überzeugen, dass Wohnungsbau sein muss, auch wenn das nicht jedem gefällt“ (Mieterverein 2015a: 59). Innerhalb des Bündnisses ist es daher lediglich die Sprecherin von Mieter helfen Mietern, die die Fokussierung auf den Neubau als problematisch ansieht. Im Interview hebt sie hervor, dass es „dieses reine auf die Zahlen gucken [war,] was mich bei diesem Bündnis von Anfang an sehr irritiert hat“ (E10). Zustimmung findet sie damit bei den Linken sowie anderen zivilgesellschaftlichen Akteuren. Von den befragten Akteuren positioniert sich jedoch keiner *gegen* den Bau neuer Wohnungen. Von den Kritiker_innen der Senatspolitik wird lediglich die Notwendigkeit betont, den Bau günstiger Wohnungen zu fördern und der Bezahlbarkeit der Wohnungen im Bestand höhere Aufmerksamkeit zu widmen.

Der Senat und die Wirtschaftsverbände sehen diese Forderungen im Drittel-Mix bereits verwirklicht. Der Drittel-Mix bezeichnet die Verabredung zwischen Senat, Bezirken und Wohnungswirtschaft, im Neubau zukünftig ein Drittel der Wohnungen im Eigentum, ein Drittel im freifinanzierten und ein Drittel im geförderten Mietwohnungsbau zu erreichen. Zur Finanzierung wurde die Fördersumme für Wohnungen im ersten Förderweg des Sozialen Wohnungsbaus auf durchschnittlich 95 Millionen Euro jährlich in den Jahren 2011 bis 2017 erhöht und damit gegenüber den Jahren zuvor deutlich gesteigert (Bürgerschaft FHH 2019c: 15). Mit diesen Mitteln wurden zwischen 2011 und 2017 insgesamt 11.500 Wohnungen im ersten Förderweg erstellt, weitere 600 entstanden im zweiten Förderweg.[15] Die Laufzeit der sozialen Bindungen beträgt in Hamburg seit dem Jahr 2007 regelhaft 15 Jahre, ab 2019 soll diese auf 20 Jahre erhöht werden (Bürgerschaft FHH 2019a). Von den Förderzusagen des Jahres 2017 im Mietwohnungsbau entfallen 39,3 % auf die SAGA, 18,5 % auf Baugenossenschaften, 20,6 % auf Privatpersonen und Privathandelsgesellschaften, 16,3 % auf Kapitalgesellschaften und 5,3 % auf weitere Bauträger wie Stiftungen und Vereine (IFB 2018: 34).

Die Interviewpartner_innen der SPD, des VNW und der Fachbehörde heben den Drittel-Mix als das wichtigste Instrument der Wohnungspolitik hervor. Der VNW sieht den Drittel-Mix als „ideal“ an, um das Ziel der sozialen Mischung zu realisieren (E7). Damit habe man „ne gute Chance, dass eben keine

15 Der zweite Förderweg für mittlere Einkommen wurde im Jahr 2011 eingerichtet. Hier können die Einkommen bis zu 60 % über der Einkommensgrenze des Wohnraumförderungsgesetzes liegen, die Anfangsmiete beträgt 8,50 Euro/m² (Stand 2017, BSW o.J.). Im ersten Förderweg dürfen die Einkommen bis zu 30 % höher liegen, die Anfangsmieten liegen bei 6,40 Euro/m² (ebd.).

einseitigen Strukturen, keine Segregation" entstünde (E7). Diese Sichtweise wird vom Senat geteilt, wie sich aus der Dokumentation der Fachkonferenz „Eine Stadt für Alle" aus dem Jahr 2017 entnehmen lässt. Dort heißt es, nur mit dem Drittel-Mix könne man „den Charakter einer Stadt, in der Alle gern leben und es sich auch leisten können", erhalten (BSW 2017: 4). Demgegenüber kritisieren Mieter helfen Mietern und die Linke in den Interviews den Drittel-Mix. Er entspreche nicht der Nachfrage nach geförderten Wohnungen und führe langfristig zu einer Erhöhung der Eigentumsquote (E10). Mieter helfen Mietern, das Netzwerk Recht auf Stadt sowie die Linke fordern daher eine höhere Quote an Sozialwohnungen, deren Bindungen zeitlich nicht befristet sein sollten. In der Bürgerschaft wird seit der Einführung des Drittel-Mix von der Opposition in Frage gestellt, ob dieser eingehalten wird. Aktuelle Zahlen belegen, dass der Neubau in Hamburg tendenziell eher im Rahmen von einem Viertel geförderter Wohnungen (26,8 %), zwei Viertel frei finanzierter Wohnungen (44,7 %) und einem Viertel Eigentumswohnungen (28,6 %) umgesetzt wird (Bürgerschaft FHH 2019b). Der Senat hebt hervor, dass der Anteil geförderter Wohnungen im Geschosswohnungsbau 30 % erreiche und daher eingehalten werde; die linke Opposition bemängelt dagegen, dass diese Zahl nicht dem Anteil am gesamten Neubau entspreche und geförderte Wohnungen deutlich kleiner ausfallen als frei finanzierte und Eigentumswohnungen (ebd.). Die Mitarbeiter_innen der BSW heben hervor, dass die Stadt es als Erfolg ansehe, wenn auch gewinnorientierte Investor_innen Wohnungsbaufördermittel in Anspruch nehmen (E5). Dafür müssten die Regelungen des Sozialen Wohnungsbaus so angelegt sein, dass die Kapitalverwertung in diesem Bereich mit der in anderen Investitionsbereichen konkurrenzfähig sei.

Die Problematik des Drittel-Mix liegt insbesondere darin, dass die Anzahl der Sozialwohnungen nicht dem Bedarf entspricht. In Hamburg haben 368.000 Haushalte von ihrem Einkommen her Anspruch auf eine Sozialwohnung im ersten Förderweg (Bürgerschaft FHH 2019a: 9). Dies entspricht 40 % aller Haushalte. Legt man die Einkommensgrenzen für den zweiten Förderweg an, sind es 49 % aller Haushalte (ebd.). Dieser Zahl steht im Jahr 2017 ein Bestand von lediglich 81.600 Sozialwohnungen im ersten Förderweg gegenüber, von denen sich 13.900 in Freistellungsgebieten befinden, bei denen die Bindung aufgehoben ist (Bürgerschaft FHH 2019c: 15). Der Anteil tatsächlich sozial gebundener Wohnungen am Gesamtbestand der Wohnungen in Hamburg beträgt somit ca. 7 %. Auch wenn nicht davon ausgegangen werden muss, dass alle berechtigten Haushalte eine Sozialwohnung benötigen, liegt der Bedarf deutlich über dem Angebot. Das Pestel-Institut bezifferte diesen für Hamburg im Jahr 2012 mit

218.000 Wohnungen (2012). Der Bestand an Sozialwohnungen hat sich jedoch in den letzten Jahren trotz der Erhöhung der Fördermittel durch auslaufende Bindungen weiter verringert. Im Jahr 2019 kündigte der Senat zwar eine weitere Erhöhung der Fördermittel an, diese wird bis zum Jahr 2030 aber lediglich die Summe auslaufender Bindungen ersetzen (Bürgerschaft FHH 2019c: 16). Dabei wird sich das Verhältnis zwischen Wohnungen im ersten und anderen, weniger subventionsintensiven Förderwegen, schrittweise zugunsten letzterer verändern. Da die neu geschaffenen Bindungsfristen in der Regel lediglich 15 oder 20 Jahre betragen, wird sich die Diskrepanz zwischen Anspruch auf und Anzahl von geförderten Wohnungen in die Zukunft fortsetzen. Im Rahmen des derzeitigen Systems des Sozialen Wohnungsbaus mit seinen auslaufenden Bindungen kann das Wohnungsversorgungsproblem für Haushalte mit niedrigem und mittlerem Einkommen daher mit dem Drittel-Mix gar nicht gelöst werden.

Dieser Problematik begegnet der Hamburger Senat mit zwei Argumentationsweisen. Zum einen verweist er darauf, dass die Mieten von ehemaligen Sozialwohnungen nur „schrittweise“ an das Niveau der Marktmieten herangeführt werden und die Zahl der geförderten Wohnungen daher nicht den Bestand an bezahlbarem Wohnraum widerspiegele (Bürgerschaft FHH 2019a: 4). Als „bezahlbaren“ Wohnraum definiert der Senat dagegen alle Wohnungen, deren Mietpreise bei höchstens 8,- Euro/m² liegen (ebd.). Wohnungen mit einem solchen Mietpreis, so die Begründung, seien für Haushalte mit einem durchschnittlichen Einkommen bezahlbar (BSW 2017: 4). Zum anderen werde infolge eines Sickereffekts das Angebot bezahlbarer Wohnungen insgesamt erhöht.

Der „Sickereffekt“ bezeichnet die Annahme, dass durch eine Ausweitung des Angebots an hochwertigen und hochpreisigen Wohnungen eine Marktentspannung eintritt und infolge von Umzugsketten auch einkommensschwache Mieter_innen ihre Wohnsituation verbessern könnten:

> „Von Sickereffekten oder ‘Filtering’ spricht die Fachliteratur, wenn Besserverdienende bei einem Umzug in eine teurere Neubauwohnung ihre bisherige Mietwohnung in einem niedrigeren Qualitäts- und Preissegment frei machen, so dass über nachfolgende Umzüge über mehrere Stufen letztlich auch Haushalte mit geringem Einkommen ‘nachrücken’ und eine bezahlbare Wohnung finden, zwar nicht zu Top-Qualitätsstandards, aber immerhin mit verbesserter Qualität“ (Einem 2016: 300-301).

Die Wirkung des Sickereffekts ist in der Stadt- und Wohnungsforschung in der Vergangenheit bereits mehrfach kritisch diskutiert und infrage gestellt worden (Häußermann/Siebel 1996: 148f; Kühne-Büning 2005a: 177ff.). Dennoch bringen die in Hamburg regierenden Parteien sowie die Wirtschaftsverbände dem erhofften Effekt ein hohes Vertrauen entgegen. Problematisch ist dies schon deswegen, weil zentrale Voraussetzungen für die Funktionsweise des Sickereffekts in Hamburg nicht gegeben sind. So führt der „Neubau an der Spitze der Qualitätsskala (...) nur dann zu Preisminderungen (...), wenn er insgesamt ein preisminderndes Überangebot auslöst. Das ist aber nur dann der Fall, wenn vorher ein Marktgleichgewicht bestand“ (Kühne-Büning 2005a: 185). In Hamburg besteht jedoch – wie von allen befragten Akteuren festgestellt wird – kein Marktgleichgewicht und ein solches ist in näherer und mittlerer Zukunft auch nicht zu erwarten.

Um die Wirkung des Sickereffekts zu belegen, gab das Bündnis für das Wohnen im Jahr 2014 ein Gutachten zum „Beitrag des Wohnungsneubaus zur Wohnungsversorgung in Hamburg“ in Auftrag. Im Vorwort des Gutachtens vermeldet die Stadtentwicklungssenatorin, man habe „erstmals empirisch nachgewiesen, dass durch den Wohnungsneubau in großem Umfang Wohnungen durch Umzug frei werden“ (FHH 2014: Vorwort). Damit sei die Wirkung des Sickereffekts bewiesen (ebd.). Eine genauere Betrachtung der Studie zeigt jedoch, dass diese Schlussfolgerung nur teilweise den veröffentlichten Ergebnissen entspricht. Auf der Grundlage der Daten von 600 fertiggestellten Neubauprojekten aus den Jahren 2010 bis 2013 wird in der Studie zunächst geprüft, inwieweit Haushalte, die in eine neu gebaute Wohnung ziehen, eine Verbesserung ihrer Wohnungsversorgung erfahren. Dabei wird eine Grundgesamtheit von 16.000 „Neubeziehern“ festgestellt, von denen sich 1.500 an der Befragung beteiligt haben (ebd.: 5f.). Diese haben durch den Umzug ihre Wohnqualität und ihre Wohnfläche erhöht (ebd.: 28ff.). Das Einkommen der Neubaubezieher_innen liegt mit 4.030 Euro pro Monat deutlich über dem durchschnittlichen Einkommen der Hamburger_innen von rund 3.200 Euro pro Monat (ebd.: 47). 44 % der in der Studie befragten Personen geben an, ihre Wohnkosten seien „erheblich“ gestiegen (ebd.: 34). Der Wohnungsneubau – so das Ergebnis – kommt also vorwiegend einkommensstarken Bevölkerungsgruppen zugute. In einem zweiten Schritt werden in der Studie lediglich weitere 90 Haushalte befragt, die in eine von den Neubaubezieher_innen frei gemachte Wohnung gezogen sind (ebd.: 6). Auf der Grundlage dieser Daten werden dann folgende Aussagen zum Sickereffekt getroffen: Durch den Neubau von 100 Wohnungen werden 94 Wohnungen in Hamburg oder im Umland freigezogen, der Flächeneffekt beträgt 76 frei werdende Quadratmeter je 100 neu bezogene Quadratmeter (ebd.: 45). Die frei werdenden Wohnungen verteuern sich jedoch gegenüber Wohnungen im Bestand deutlich (ebd.: 50-51). Im Gesamtergebnis stellt die Studie dementsprechend fest, dass der Wohnungsneubau überwiegend Haushalten „mit überdurchschnittlichem Einkommen“ Zugute komme (ebd.: 56). Durch den Sickereffekt profitierten aber auch Haushalte mit „Normaleinkommen" (ebd.: 59). So entspräche das Einkommen der „Sickerhaushalte" mit 3.160 Euro pro Monat dem „durchschnittlichen" Einkommen aller Hamburger_innen (ebd.: 47ff.).

Die Interpretation, dass der Neubau durch den Sickereffekt „der Versorgung breiter Schichten unserer Bevölkerung mit (…) bezahlbarem Wohnraum" zugute komme (ebd.: Vorwort), stützt sich somit letztendlich auf die Feststellung, dass auch Haushalte mit „normalem" Einkommen in frei werdende Bestandswohnungen ziehen. Der Zusammenhang von „normalen Einkommen" und „breiten Schichten" wird jedoch bei näherer Betrachtung der Einkommensverhältnisse in Hamburg zweifelhaft: Das *durchschnittliche* Einkommen von 3.200 Euro pro Monat spiegelt angesichts der ungleich verteilten Einkommen in Hamburg bei weitem nicht die Lebenssituation des Durchschnitts der Bevölkerung wider. Die Hälfte aller Hamburger Haushalte verdient viel eher weniger als 2.120 Euro pro Monat, wie das Statistikamt Nord anhand des Medianeinkommens zeigt (Statistisches Amt 2017).[16] Die Zahl des durchschnittlichen Einkommens in Hamburg gibt von daher keine Auskunft über die Einkommensverhältnisse durchschnittlicher Bewohner_innen der Stadt. Viel eher liegt das Einkommen der durch den Sickereffekt versorgten Haushalte deutlich über dem, was der größte Teil der Hamburger Bevölkerung verdient. In einigen Stadtteilen – wie insbesondere denen im Osten des Bezirks Mitte – liegt das lokale durchschnittliche Einkommen noch unter dem Medianeinkommen der Gesamtstadt (ebd.). Bei näherer Betrachtung erweisen sich somit die in der Studie zum Sickereffekt herangezogenen Einkommensverhältnisse kaum als den Bedürfnissen und Einkommen breiter Schichten der Bevölkerung in Hamburg angemessen.

Die Argumentation, der Neubau von Wohnungen in Form des Drittel-Mix wäre in der Lage, das Wohnen für „alle" Bewohner_innen oder doch zumindest solchen mit „Normaleinkommen" zu gewährleisten, erhält ihre Überzeugungskraft somit weniger aus den Zahlen, die in der entsprechenden Studie ausge-

---

16 Der „gegenüber Extremwerten robustere Median" zeigt den Wert an, der in der Mitte von 50 % darunter (also niedrigeren) und 50 % darüber liegenden (also höheren) Werten liegt. Er gibt also den Mittelwert des Einkommens gemessen an der Summe der Bevölkerung und nicht an der Summe der ungleich verteilten Einkommen an (Statistisches Amt 2017). In der Studie zum Sickereffekt der BSU mutet regelrecht seltsam an, dass für die Ermittlung der Einkommen der Neubaubezieher_innen und der Sickerhaushalte deren *Medianeinkommen* herangezogen wird und dieses dann mit dem *durchschnittlichen* Einkommen in Hamburg vergleichen wird (FHH 2014: 48). Die hier zitierten Daten beziehen sich auf das Jahr 2013.

führt werden, als durch ihre Einbettung in die Orthodoxie der funktionierenden Nachbarschaften und gemischten Quartiere. Ungeachtet der Frage, wie groß die Differenz zwischen Anspruch auf geförderten Wohnungsbau und vorhandenen Beständen in den Stadtteilen ist, besteht aus bevölkerungspolitischen Gründen das Interesse, als problematisch angesehene Teile der Stadt „besser" zu durchmischen. So erläutert der Sprecher der SPD im Interview:

> „Wenn ich mir [manche Stadtteile] angucke dann hab ich da ne Mischung die auch nen bisschen besser sein könnte und da gehts mir insbesondere [darum], auch bei den Jugendlichen oder so, dass die voneinander lernen und dass es nicht ein Klientel ist wo die aufwachsen, wo man sagt guck mal hier, die haben alle keine Arbeit oder was weiß ich, da muss man sich auch gar nicht groß anstrengen so. Sondern dass sich das nen bisschen mischt" (E6).

Begründet wird dies mit der Vorstellung, dass einkommensschwache oder anderweitig als problematisch angesehene Teile der Bevölkerung von den Mittelschichten „lernen" könnten. Hinter der Rhetorik einer „Stadt für alle" verbirgt sich daher nach wie vor eine Politik der Aufwertung.

5.4.2 Die Kapitalschubkraft fördern, lenken und partiell begrenzen

Im Juni 2011 formulierte die Senatorin für Stadtentwicklung, man sei „entschlossen, Investitionen in den Wohnungsneubau zu fördern und etwaige Hindernisse aus dem Weg zu räumen" (Blankau 2011). Infolge eines Sickereffekts bringe dies positive Effekte für alle Wohnungssuchenden mit sich. Das Konzept der sozialdemokratisch wachsenden Stadt beruht insofern maßgeblich auf der „große[n] Kapitalschubkraft" der Wohnungs- und Immobilienwirtschaft, welche für eine Stadtentwicklung im Interesse „aller" Hamburger_innen genutzt werden soll (BSW 2017: 30-31). Um diese Schubkraft zu fördern, zu lenken und partiell zu begrenzen, wurden eine Reihe wohnungspolitischer Maßnahmen und Instrumente reaktiviert oder neu eingeführt. Neben der Wohnungsbauförderung im Rahmen des Drittel-Mix sind dies insbesondere Konzeptvergaben, Kappungsgrenze und Mietpreisbremse, Soziale Erhaltungsverordnungen, die Förderung von Baugemeinschaften sowie eine Erhöhung der Neubauleistung der SAGA. Die am Bündnis für das Wohnen beteiligten Akteure befürworten die neue Politik grundsätzlich, bewerten einzelne Instrumente jedoch sehr unterschiedlich: So loben die Wirtschaftsverbände zwar die Erhöhung des Neubaus, sie kritisieren dagegen die Einschränkung von Mieterhöhungen. Bei den Mietervereinen steht dagegen vorrangig das Ausbleiben konkreter sozialpolitischer Effekte der Wohnungspolitik in der Kritik.

Bis 2009 dominierte bei der Veräußerung von städtischen Liegenschaften der Verkauf zum Höchstgebot. Seitdem wurde in einigen Ausschreibungen ein *Konzeptverfahren* durchgeführt. Der SPD-Senat entwickelte diese Verfahren dahingehend weiter, dass bei Neubauvorhaben im Geschosswohnungsbau mit mehr als 30 Wohneinheiten regelhaft Konzeptausschreibungen stattfinden, bei denen wohnungspolitische, städtebauliche und energetische Kriterien mit 70 %, der Preis dagegen nur mit 30 % gewichtet werden (Bürgerschaft FHH 2015). Die Konzepte werden einzelfallbezogen erstellt und orientieren sich am Drittel-Mix (FHH 2016a: 9). Die Stadt strebt an, jährlich Grundstücke für mindestens 2.000 Wohnungen im Rahmen der Konzeptvergabe zur Verfügung zu stellen (ebd.: 7).

Die Konzeptvergabe wird grundsätzlich von allen am Bündnis beteiligten Akteuren begrüßt, im Detail ist sie jedoch umstritten. So kritisierte der BFW-Nord die Bevorzugung von langfristig festgelegten Mietwohnungen sowie Nichtveräußerungs-Garantien (Bürgerschaft FHH 2014c: 3). Der VNW befürwortet diese Regelungen dagegen. Im Interview betont dessen Sprecher, dass die Konzeptvergabe ein zentrales Element der neuen Bündnispolitik und wichtig für seine Mitgliedsunternehmen sei (E7). Während Projektentwickler auf hohe Gewinne spekulieren und von daher auch hohe Grundstückspreise aufbringen können, seien die Unternehmen des VNW auf günstige Preise angewiesen.[17] Um die Akzeptanz der Wohnungswirtschaft für die Konzeptvergabe zu erhöhen, wurden deren Verbände in das Auswahlverfahren einbezogen und verabredet, dass die Ausschreibungen „nicht mit Anforderungen überfrachtet“ werden sollen (FHH 2016a: 9). In der „Dispositionsrunde Wohnen“ entscheiden nun der Landesbetrieb Immobilienmanagement und Grundvermögen, verschiedene Fachbehörden, die Bezirke und die Investitions- und Förderbank Hamburg gemeinsam mit dem VNW und dem BFW-Nord über die Vergabe von Grundstücken für den Geschosswohnungsbau (Bürgerschaft FHH 2014c). Die Forderung zivilgesellschaftlicher Akteure, städtische Grundstücke nur noch an solche Unternehmen

17 Die konkrete Ausgestaltung der Konzeptvergabe wurde jedoch auch von einzelnen Mitgliedsunternehmen des VNW öffentlich kritisiert. Die Bewerbungsanforderungen überstiegen vielfach die personellen Kapazitäten von kleinen und mittleren Wohnungsunternehmen. Sie seien darüber hinaus teilweise so detailliert ausgeführt, dass sich die eingereichten Konzepte kaum voneinander unterscheiden und daher häufig doch der gebotene Preis für ein Grundstück ausschlaggebend sei (Deutschlandradio Kultur 2013).

abzugeben, die sich zu einer dauerhaft gemeinwohlorientierten Bodennutzung verpflichten, wird vom Senat bisher abgelehnt.[18]

Im Jahr 2013 wurde die *Kappungsgrenze* eingeführt, welche Mietsteigerungen auf 15 % innerhalb von drei Jahren begrenzt. 2018 wurde ihre Gültigkeit bis zum Jahr 2023 verlängert. Als weitere Regelung zur Mietpreisbegrenzung wurde zum Juli 2015 die *Mietpreisbremse* flächendeckend für das ganze Stadtgebiet erlassen. Mit der Mietpreisbremse werden Preiserhöhungen bei neu abgeschlossenen Mietverträgen auf die ortsübliche Vergleichsmiete plus einen Zuschlag von zehn Prozent begrenzt. Dabei bestehen jedoch verschiedene Ausnahmeregelungen. So gilt die Begrenzung nicht für Neubauwohnungen, nicht nach umfassender Modernisierung und auch dann nicht, wenn die betreffende Wohnung bereits zuvor für einen höheren Preis vermietet wurde. Wegen mangelhafter öffentlicher Begründung wurde die Mietpreisbremse in Hamburg Mitte 2018 – zumindest für den Zeitraum seit ihrer Einführung bis September 2017 – gerichtlich für ungültig erklärt. Kurz darauf wurde sie vom Senat mit einer Gültigkeit bis Ende Juni 2020 wieder eingeführt.

Die Instrumente zur Begrenzung der Mietpreissteigerungen sind im Bündnis stark umstritten und wurden erst nach zeitlicher Verzögerung gegen den Willen der Wirtschaftsverbände eingeführt. Der Sprecher des VNW betont, dass er die Mietpreisbremse aus „ordnungspolitischen Gründen" ablehne, auch wenn die eigenen Mitgliedsunternehmen von den Einschränkungen am wenigsten betroffen seien (E7). Der „beste Mieterschutz" sei der Neubau, welcher durch Mietpreisbegrenzungen gefährdet werde (E7). Der Landessprecher des VNW hebt hervor, dass die Debatte um die Mietpreisbremse den Bestand des Bündnisses ernsthaft gefährdet hatte. Aufgrund der öffentlichen Debatte habe man der Einführung jedoch letztendlich zugestimmt. Nach der flächendeckenden Einführung des Instruments im Jahr 2015 verweigerten die Wirtschaftsverbände zunächst die Wiederaufnahme des Bündnisses für das Wohnen in der 21. Legislaturperiode. Erst nach über einem Jahr „bilateraler Verhandlungen" zwischen ihnen und dem Senat, in die die Mieterverbände nicht einbezogen wurden, wurde das Bündnis ohne Beteiligung des Grundeigentümerverbands im Juni 2016 neu aufgelegt (E10). Der Grundeigentümerverband schloss sich im Juli 2017 wieder dem Bünd-

18 Im Oktober 2019 kündigt der Senat an, städtische Grundstücke in Zukunft vermehrt in Erbpacht zu vergeben. Die Ankündigung wurde von Vertreter_innen der Linken als nicht weitgehend genug kritisiert, während CDU und FDP befürchteten, dass Investor_innen zukünftig abgeschreckt würden (HA 2019b). Die konkrete Ausgestaltung der zukünftigen Grundstücksvergabe wird derzeit noch mit den Wirtschaftsverbänden ausgehandelt.

nis an. In verschiedenen Medienberichten zur Wohnungsmarktlage wurde ein Jahr nach Einführung der Mietpreisbremse festgestellt, dass die Preisdynamik in Hamburg trotz der neuen Regulierungen keine merkliche Einschränkung erfahre (taz 2016; HA 2016a). Die Wirtschaftsverbände forderten daraufhin, die Mietpreisbremse wieder abzuschaffen.

Von den Mietervereinen wurde die Mietpreisbremse zunächst prinzipiell begrüßt, ihre konkrete Ausgestaltung aufgrund der Ausnahmeregelungen jedoch als mangelhaft angesehen. Als besonders problematisch wurde kritisiert, dass keine Auskunftspflicht über die Höhe früherer Mietverträge besteht und es den Mieter_innen obliegt, bei als zu hoch angenommenen Mietforderungen ihre Vermieter_innen zu rügen (Meyer 2016). Damit laufen sie Gefahr, das mit dem Mietvertrag einhergehende Sozialverhältnis von vornherein zu belasten. Vermieter_innen riskieren dagegen keine Sanktionen, wenn sie zu hohe Mieten verlangen, sondern müssen nach festgestellter Überhöhung den Mietpreis nur ab dem Zeitpunkt der Rüge korrigieren. Die Sprecherin von Mieter helfen Mietern schildert im Interview ihr Unverständnis darüber, dass der SPD-Senat sich über zwei Jahre Zeit gelassen habe, bis die Kappungsgrenzenverordnung eingeführt wurde und er sich auf langwierige Verhandlungen zur Mietpreisbremse eingelassen habe (E10). Während in Berlin bereits ein Jahr nach der Einführung der Mietpreisbremse von der dortigen SPD eine Bundesratsinitiative zur Verschärfung des Instruments in Erwägung gezogen wurde, betont die Hamburger SPD, man wolle „von einem Herumschrauben an dem bestehenden Gesetz nichts wissen“, da man auf eine „Konfrontation mit den Vermietern (...) nicht aus“ sei (Spiegel 2016).

Soziale Erhaltungsverordnungen gelten dem Senat als „wesentliche[r] Baustein“ der Wohnungsbestandspolitik (Bürgerschaft FHH 2017a: 4). Mitte der 1990er Jahre wurden drei Soziale Erhaltungsverordnungen erlassen, 2001 zwei davon wieder zurückgenommen. Im Zeitraum von 2012 bis 2018 sind dagegen zehn neue Verordnungen hinzugekommen, so dass derzeit ca. 1,3 % der Fläche Hamburgs bzw. Stadtteile mit insgesamt 190.000 Einwohner_innen durch diese geschützt sind (BSW 2018). Seitdem gilt Hamburg als bundesweites Vorbild für die Anwendung des Instruments (Vogelpohl 2013: 7). Mit den Verordnungen werden außergewöhnliche Modernisierungen genehmigungspflichtig und der Stadt ein Vorkaufsrecht eingeräumt.[19] In Hamburg gehen sie außerdem regelmäßig mit

19 Bezüglich der genehmigungspflichtigen baulichen Änderungen gilt in Hamburg, dass „alle Ausstattungsmerkmale, die mindestens zwei Drittel der Wohnungen in dem betreffenden Gebiet bereits aufweisen, auch in den übrigen Gebäuden genehmigt werden“ (Vogelpohl 2017: 277). Anstelle der Ausübung des Vorkaufsrechts

einer Umwandlungsverordnung einher, welche die Umwandlung von Miet- in Eigentumswohnungen in den jeweiligen Gebieten ebenfalls genehmigungspflichtig macht. Die Instrumente zielen darauf ab, eine bestimmte für schützenswert erachtete Bevölkerungszusammensetzung zu erhalten (Vogelpohl 2017: 287). Ein Schutz einzelner Mietverhältnisse vor Mietsteigerung oder Kündigung geht damit nicht einher. Mit der südlichen und nördlichen Neustadt, St. Georg, St. Pauli, Sternschanze, Altona-Altstadt, Ottensen, dem Osterkirchenviertel, Bahrenfeld-Süd, Eimsbüttel-Süd und Eimsbüttel/Hoheluft-West/Stellingen-Süd wurde die Verordnung vorwiegend in „gründerzeitlich geprägten Quartieren" erlassen, welche in den letzten Jahren deutliche Mietsteigerungen erfahren haben (BSW 2018). Viele der Gebiete waren in der Vergangenheit Sanierungsgebiete.

Von der Wohnungs- und Immobilienwirtschaft werden die Verordnungen öffentlich kaum kommentiert. Lediglich der VNW hat sich anlässlich der Einrichtung des bislang größten Erhaltungsgebiets in Eimsbüttel, Hoheluft-West und Stellingen-Süd positiv zum Instrument geäußert und dessen Beitrag zum Erhalt bezahlbaren Wohnraums gelobt (HA 2018a). In den Interviews üben die Vorstände der Genossenschaften jedoch Kritik daran, Modernisierungen des Wohnungsbestandes zu erschweren. Dass auch andere Teile der Wohnungswirtschaft das Instrument ablehnen, geht aus einer Klage gegen die Soziale Erhaltungsverordnung im Stadtteil St. Georg hervor (Vogelpohl 2017: 283). Von Seiten der Mietervereine werden die Verordnungen begrüßt, ihre Wirksamkeit jedoch als begrenzt wahrgenommen.[20] In der Praxis verzichten die Hamburger Bezirksämter bisher weitgehend darauf, Vorkaufsrechte auszuüben (Bürgerschaft FHH 2018a). Auch Genehmigungsanfragen von Eigentümer_innen wird in der Regel stattgegeben, wenn diese sich auf Einschränkungen bei Modernisierungen oder der Mietpreisgestaltung festlegen (Bürgerschaft FHH 2018d). Der Senat rechtfertigt diese Praxis damit, dass die „präventive Wirksamkeit" der Sozialen

---

kann eine Abwendungsvereinbarung getroffen werden, in der sich Hauseigentümer_innen zu bestimmten Einschränkungen verpflichten. Ausgenommen von den Regelungen sind Neubauten. Im Stadtstaat Hamburg wird das Instrument als Verordnung erlassen, Gemeinden in Flächenstaaten erlassen sie als Soziale Erhaltungssatzung (Vogelpohl 2013).

20 Als besonders positiv werden die Umwandlungsverordnungen hervorgehoben. Kritik übt Mieter helfen Mietern an der mangelnden Ausstattung der Bezirksämter zur Umsetzung der Verordnung sowie der zeitlichen Begrenzung des Umwandlungsschutzes (Asmus/Hollander 2016). Dieser gilt in der Regel nur für sieben Jahre nach Verkauf eines Hauses, nach Ablauf dieser Frist, können Hausbesitzer_innen die Umwandlung in Eigentum vollziehen (ebd.).

Erhaltungsverordnung sich bereits in den Verhandlungen zwischen Bezirk und Eigentümer_innen zeige und nicht notwendigerweise in der Ablehnung von Anträgen münden müsse (ebd.: 1f.).

In der Forschung wird den Sozialen Erhaltungsverordnungen eine hohe Aufmerksamkeit entgegengebracht. Diese ist u.a. darin begründet, dass sie ein relativ neues politisches Instrument darstellen, welches auf der stadtstaatlichen Ebene konkret ausgestaltet und erlassen werden kann (Vogelpohl 2013, 2017; Schubert 2017; Rinn 2018). Anne Vogelpohl kommt zu der Einschätzung, dass „die Chance groß“ sei, dass Soziale Erhaltungsverordnungen „zu einem sozialeren Umgang mit Armut in der Stadt beitragen“ (2017: 288). Sie zeigt jedoch anhand verschiedener Konfliktfelder (Klimaschutzziele in der Gebäudesanierung, Personalmangel in der Verwaltung und des räumlich und zeitlich beschränkten Einsatzes der Verordnungen) auf, dass es auf den stadtpolitischen Kontext ankommt, ob diese Chancen verwirklicht werden. Schubert fragt, ob es mittels der Verordnungen überhaupt möglich sei, soziale „Entmischung“ in Quartieren aufzuhalten und kommt zu dem Ergebnis, dass dies angesichts der herrschenden „Dominanz von Marktmechanismen“ nur im Zusammenhang mit weiteren Maßnahmen und einer konsequenten Ausübung des Vorkaufrechts gelingen könne (2017: 268f.). Rinn kritisiert dagegen den Fokus auf die soziale Mischung als eine Form der Politik, die Ungleichheiten verschärft:

> „Die Sozialen Erhaltungsverordnungen dienen gerade der Stabilisierung des Status Quo in bereits gentrifizierten Gebieten. In den ehemaligen Sanierungsgebieten wurden sie zu einem Zeitpunkt erlassen, an dem politisch-administrative Akteur_innen eine offenbar schützenswerte ‘funktionierende’ Mischung erkannten, sprich eine Mittelschichtsdominanz [bereits] hergestellt wurde“ (2018: 20).

Insgesamt lässt sich feststellen, dass die Sozialen Erhaltungsverordnungen zwar die Möglichkeit bieten, Aufwertungs- und Verdrängungsprozesse zu verlangsamen, diese Chance in Hamburg aber kaum und nur in ausgewählten Bereichen ausgeschöpft wird. So wurden die Verordnungen ausschließlich in bereits gentrifizierten Teilen der Stadt eingeführt. In den letzten Jahren steigen die Preise in teuren Stadtteilen wie beispielsweise Ottensen, St. Pauli oder der HafenCity tendenziell weniger stark als in bisher als peripher angesehenen Stadtteilen wie beispielsweise Hammerbrook und Rothenburgsort (HA 2015a, 2016a, 2017b, 2018b). Inwieweit die Abschwächung der Preisentwicklungen in den einen und die Erhöhung in den anderen Stadtteilen der Wirkung der Erhaltungsverordnungen geschuldet ist, ist bislang nicht erforscht. Sie entsprechen aber der Logik des Instruments. Genau diese Wirkung wird von den Mitgliedsunternehmen des VNW erhofft. Die Lenkung des Immobilienkapitals auf die bisher als peripher angesehenen Bereiche der Stadt könne dazu führen, dass „immer mehr attraktive Quartiere ja dann auch in weiteren Lagen“ entstehen (E2). Passend dazu wurde vom Senat der bereits in Erwägung gezogene Erlass einer Sozialen Erhaltungsverordnung für die im Osten liegenden Stadtteile Borgfelde, Hamm und Horn bisher nicht umgesetzt. Mit den Erhaltungsverordnungen wird daher lediglich eine partielle Beschränkung und vorrangig eine räumliche Lenkung von Preissteigerungen auf dem Wohnungsmarkt vorgenommen, die gleichzeitig der Einhegung von Kritik und Protest dient.

Baugemeinschaften werden in Hamburg seit den 1990er Jahren gefördert, 2003 wurde dies durch die Einrichtung der Agentur für Baugemeinschaften verstetigt. Beratung durch die Agentur und einen erleichterten Zugang zu Grundstücken und Krediten können sowohl Kleingenossenschaften erhalten, als auch Gruppen, die sich einer Bestandsgenossenschaft anschließen oder solche, die im individuellen Eigentum bauen. Im geförderten Mietwohnungsbau werden für Baugruppen über die zwei üblichen Förderwege des sozialen Wohnungsbaus weitere Förderwege für Bewohner_innen mit höherem Einkommen angeboten. Die Agentur reserviert 20 % der städtischen Grundstücke, die für den Geschosswohnungsbau vergeben werden, für Baugemeinschaften. Auf diese Grundstücke bewerben sich Gruppen mit einem inhaltlichen Konzept und einem Finanzierungsplan. Dabei werden sie in der Regel von den Baubetreuern Stattbau oder Lawaetz-Stiftung unterstützt. Die Stadt fördert Baugemeinschaften aufgrund der Annahme, dass diese kostengünstig und ökologisch bauen, junge Familien vom Fortzug aus innerstädtischen Gebieten abhalten und sich ihre Mitglieder aktiv in die Gestaltung ihrer Nachbarschaft einbringen (Agentur für Baugemeinschaften o.J.).

Die Förderung von Baugemeinschaften ist in Hamburg unumstritten. Die mit ihr verbundenen Ziele der Stabilisierung von Quartieren und der Mobilisierung von zivilgesellschaftlichem Engagement unterstützen alle an der wohnungspolitischen Diskussion beteiligten Akteure. Die Vorstände großer Genossenschaften verstehen die Kooperation mit Baugemeinschaften als Beitrag zu einer sozialen Wohnungsversorgung. Mit der Baugemeinschaftsförderung wurden Ansätze wohnungswirtschaftlicher Selbsthilfe in den lokalen Staat integriert und mit dem Ziel der Schaffung gemischter Quartiere verknüpft:

> „Die Projekte ermöglichen den Bewohnern eine individuelle Gestaltung ihres Zusammenlebens in den Bereichen Autonomie (Selbstverwaltung), Gemeinschaft (Solidarität und gemeinsame Werte/gemeinsames Leben) oder auch Innovation (besondere Ideen). Für die Quartiere leisten Baugemeinschaften einen Mehrwert, indem sie durch ihre Aktivitäten, ihr Engagement oder durch ihre sozialen und innovativen Ansätze des gemeinschaftlichen Wohnens auch die Nachbarschaft bereichern und häufig mit einbinden“ (IFB 2019: 4).

Die positive Verknüpfung zentraler Begriffe der neuen Genossenschaftsbewegung mit dem Ziel der Schaffung funktionierender Nachbarschaften wird auch von den Baubetreuern vorgenommen. Diese haben sich seit ihrer Entstehung am Ende der 1980er Jahre zunehmend professionalisiert und arbeiten eng mit den Behörden der Stadt zusammen. Infolge der Preissteigerungen auf dem Bau-, Grundstücks- und Wohnungsmarkt sind die erforderlichen Eigenkapitalanteile zur Gründung kleiner Wohnungsgenossenschaften jedoch deutlich gestiegen. Sie lagen im Jahr 2002 noch bei ca. 15.000 bis 18.000 Euro für eine 75 m² Wohnung, was dem Vierfachen der erforderlichen Genossenschaftsanteile bei einer großen Genossenschaft entsprach (Behrens 2018). Bis zum Jahr 2018 stiegen sie auf durchschnittlich 45.000 Euro für eine 75 m² Wohnung, was ca. dem Zehnfachen der Anteile bei einer großen Genossenschaft entspricht (ebd.). In der Folge wurden in den vergangenen Jahren immer weniger Kleingenossenschaften neu gegründet und mehr Vorhaben unter dem Dach großer Genossenschaften umgesetzt (ebd.). Mit steigenden Bau- und Grundstückskosten werden Gruppen, die nur über eine geringe Ausstattung mit sozialem, kulturellem und ökonomischem Kapital verfügen, zunehmend aus diesem Segment des Wohnungsbaus ausgeschlossen.

Die zwei *kommunalen Hamburger Wohnungsunternehmen* SAGA und GWG fusionierten im Jahr 1999 zur SAGA-GWG, die sich 2017 in „SAGA-Unternehmensgruppe“ umbenannte. Die SAGA stellt ihre Arbeit unter das Motto „Verantwortung für Hamburg“ und betont ihr Engagement für „stabile und lebenswerte Quartiere“ (SAGA-GWG 2012: 7). Nachdem sie zum Ende der 2000er Jahre kaum noch neu baute, wurde die Zahl der begonnen Bauprojekte wieder auf 1.000 im Jahr 2013 gesteigert (Bürgerschaft FHH 2018b: 5). Seit 2014 werden konstant etwas mehr als 1.000 Wohnungen jährlich fertiggestellt (ebd.). Der größte Anteil der Neubauvorhaben sind Sozialwohnungen, seit 2014 in keinem Jahr weniger als 84 % (ebd.).

Alle befragten Akteure betonen die herausragende Rolle der SAGA für die Wohnungsversorgung in Hamburg. Trotz der deutlichen Erhöhung des Neubauvolumens und des verhältnismäßig hohen Anteils an geförderten Wohnungen sinkt deren Anteil am Gesamtwohnungsbestand der SAGA jedoch kontinuierlich. Waren von den insgesamt 129.873 Wohnungen im Jahr 2011 noch 41.311 gefördert, beträgt der Bestand der Sozialwohnungen im Jahr 2017 nur noch 29.423 von insgesamt 132.592 Wohnungen (SAGA-GWG 2011; SAGA 2018). Damit ist deren Anteil von 31,8 % auf 22,2 % gesunken. Im gleichen Zeitraum stiegen die Mieten der Sozialwohnungen der SAGA um insgesamt 12 % von durchschnittlich 5,24 Euro/m² auf 5,87 Euro/m², die der frei finanzierten Wohnungen um 11,2 % von 5,96 Euro/m² auf 6,63 Euro/m² (SAGA-GWG 2011;

SAGA 2018). Die unter den CDU-Senaten eingeleitete betriebswirtschaftliche „Optimierung“ der SAGA wurde auch unter den SPD-Senaten beibehalten, was sich in kontinuierlich steigenden Jahresüberschüssen und der Eigenkapitalquote ausdrückt. Lag der Jahresüberschuss im Jahr 1999 noch bei ca. 5 Mio. Euro, ist er im Jahr 2017 auf das Rekordergebnis von 202 Mio. Euro gestiegen (Bürgerschaft FHH 2014a: 17; SAGA 2018). Die Eigenkapitalquote erhöhte sich im selben Zeitraum von 11 % auf 42,5 % (Bürgerschaft FHH 2014a: 17; SAGA 2018). Die verbesserten wohnungswirtschaftlichen Kennziffern setzen sich u.a. aus steigenden Mieten und Erlösen aus der Privatisierung von Wohnungen aus dem Bestand zusammen (Bürgerschaft FHH 2014b). Im Rahmen des Verkaufsprogramms „Endlich meins“ wurden von 2002 bis 2016 Wohnobjekte in der Summe von insgesamt 409 Mio. Euro verkauft (Bürgerschaft FHH 2017b: 5). Kritik erfährt das Unternehmen dementsprechend insbesondere hinsichtlich steigender Mieten und seiner hohen Jahresüberschüsse. Besonders nachdrücklich formuliert die Stadtteilinitiative aus Rothenburgsort im Interview, dass steigende Mieten bei der SAGA zur Verdrängung von Bewohner_innen führen. Mieter helfen Mietern sowie die Linken gehen davon aus, dass die SAGA niedrigere Mieten anbieten und weitere soziale Arbeit in den Quartieren finanzieren könnte. Die regierende Politik sowie der VNW wehren Kritik an der SAGA dagegen mit dem Verweis auf die – im Vergleich zum Mietenspiegel – verhältnismäßig niedrigen Mieten ab. Die SAGA nimmt für sich selbst in Anspruch, „Stadtreparatur“ zu betreiben, u.a. indem auf die soziale Durchmischung der Quartiere Einfluss genommen wird (Die Welt 2017). Aus Sicht des Unternehmens beinhaltet die Sorge um die soziale Mischung auch, darauf zu achten, den Zuzug von Mieter_innen mit Migrationshintergrund zu beschränken (taz 2017a). Im Jahr 2017 wurde die SAGA aufgrund dieser Praxis wegen rassistischer Diskriminierung gerichtlich verurteilt (ebd.).

5.4.3 *Stadtentwicklung im Hamburger Osten*

Der Fokus der Stadtentwicklung wird vom SPD-geführten Senat auf den Hamburger Osten gelegt. Das im Jahr 2014 veröffentlichte Konzept „Stromaufwärts“ zeichnet ein „Zukunftsbild“ für die östlich von der Innenstadt und St. Georg gelegenen Stadtteile des Bezirks Mitte mit insgesamt ca. 160.000 Einwohner_innen (BSU 2014c: 2). Die Kernziele lauten „mehr Wohnungen und neue Stadtqualitäten“, „Arbeitswelten für die Zukunft“ und „attraktive Wasserlagen und Grünräume“ (ebd.: 14). Im Planungsgebiet sollen 15.000 bis 20.000 neue Wohnungen entstehen (ebd.: 28). Das Konzept reiht sich in die vorhergehenden Hamburger

Stadtentwicklungsprojekte ein: „Nach der Erweiterung der Innenstadt durch die Hafencity, der Erneuerung der Elbinseln und des Harburger Binnenhafens mit dem Sprung über die Elbe wird es in einer dritten Kraftanstrengung darum gehen, die urbanen Räume stromaufwärts im Osten Hamburgs wieder näher an die Stadt zu rücken" (ebd.: 8). Vor dem Hintergrund der Auseinandersetzungen um Gentrifizierung findet sich auch dieses Thema im Konzept wieder. Aus der Sicht des Senats soll hierbei ein einfaches Rezept Abhilfe schaffen: „Um Verdrängung zu vermeiden, wollen wir den Bau neuer Wohnungen ermöglichen" (ebd.: 10).

Stromaufwärts stößt in lokalen und überregionalen Medien auf große Zustimmung. So zitiert Die Welt den Ersten Bürgermeister mit der Aussage, dass Stadtteile wie Hammerbrook, Rothenburgsort, Hamm oder Horn aufgrund ihrer Wasserlagen ein „sehr großes Potenzial" hätten (2014). Die Schleswig-Holsteinische Zeitung erwartet, dass die Stadt bisherige Erfolge der Stadtentwicklung nutzen könne, um gegen das „Schmuddel-Image im Osten" vorzugehen: „Wenn die HafenCity an den Elbbrücken ankommt", so wird Scholz zitiert, „müssen wir dafür sorgen, dass die Kraft, die aus dieser Entwicklung entsteht, sich nach Süden und Osten weiterverbreitet" (2014). In der Morgenpost werden Bewohner_innen aus Rothenburgsort damit zitiert, dass sie sich „mehr Familien und weniger Jugendgangs" wünschen; aus Billstedt erfährt man, dass dort „die Mischung (...) besser werden" müsse (Mopo 2014b). Im Abendblatt wird die Meinung vertreten, dass sich in Rothenburgsort und Hammerbrook die „Zukunft der Stadt" entscheide (HA 2016c). Diese Stadtteile seien infolge der Bombenangriffe im Zweiten Weltkrieg untergegangen. Nun kehre dort „das Leben zurück" (ebd.). Gelänge der „Wiederaufbau", könne der „Missing Link" zwischen Innenstadt, HafenCity und Wilhelmsburg" geschlossen werden (ebd.). Über die Entwicklung des Hamburger Ostens zwischen 1945 und der Gegenwart wird dabei kein Wort verloren. Kritische Stimmen zur Stadtentwicklung finden sich innerhalb der lokalen Presselandschaft vorrangig in der taz, die auf die Gefahr von Gentrifizierung und Verdrängung hinweist (taz 2015e).

Stromaufwärts knüpft explizit an Public-Private-Partnership-Modelle wie bei der Entwicklung der HafenCity und dem Sprung über die Elbe an (Brinkmann/Seeringer 2014). Die Ergänzung oder Ersetzung öffentlicher Haushaltsmittel durch private Investitionen ist auch für dieses Stadtentwicklungsvorhaben prägend: Die bisherigen Planungen sehen vor, so gut wie alle Kosten aus bestehenden Haushaltsansätzen bereit zu stellen (Bürgerschaft FHH 2014d: 8f.). Zur Umsetzung des Konzepts werden verschiedene Fokusräume definiert. Die Entwicklung dieser Räume soll von der Initiative privater Akteure ausgehen. Zur Bündelung und Koordination der Aktivitäten im Bereich des Wohnungsbaus wird ein „Bündnis für die Quartiere" gegründet, welches seine Arbeit in den Pilotquartieren Rothenburgsort und Hamm-Süd beginnt. Damit soll die im Bündnis für das Wohnen vereinbarte Erhöhung des Neubaus auf Stadtteilebene verstetigt werden (BSU 2014a: 2). Die Mobilisierung von Grundstücken und eine Quartiersentwicklung unter Einbeziehung von Bestandsobjekten soll einen Beitrag dazu leisten, innerstädtische Teilwohnungsmärkte zu entlasten (ebd.). Im Bündnis für Quartiere wird an die kooperative Politik des Bündnisses für das Wohnen angeknüpft. Darüber hinaus bekennt man sich ausdrücklich zur Partizipation und will „das lokale Wissen und die lokalen Erwartungshaltungen" einbeziehen (ebd.: 8). Dazu wurde ein Eckpunkte-Papier verfasst, welches von den Akteuren des Bündnisses für das Wohnen – den Fachbehörden des Senats und den Wirtschaftsverbänden sowie der SAGA, jedoch ohne die Mietervereine – unterzeichnet wurde (ebd.). Die konkrete Umsetzungsvereinbarung für die Quartiere treffen dagegen der Bezirk Mitte und die einzelnen Wohnungsunternehmen. Beteiligt sind hier von Beginn an die SAGA, drei Genossenschaften und ein weiteres Unternehmen des VNW sowie vier Unternehmen des BFW-Nord (Bezirksamt Hamburg-Mitte 2015). Später kommen weitere Unternehmen hinzu.

Der Bezirk verfolgt im Bündnis für die Quartiere das Interesse, privates Kapital für den Wohnungsbau sowie die Verbesserung der Infrastruktur zu mobilisieren. Der Sprecher der SPD macht im Interview deutlich, dass dieses Bündnis aus der Sicht der regierenden Politik ein Modell zur Fortführung sozialer Stadtentwicklungsprogramme darstellt:

> „Wenn wir Gebiete der integrierten Stadtteilentwicklung haben [...], dann sind die natürlich immer nur zeitlich begrenzt und laufen dann aus. Und wenn sie auslaufen, müsste man da eigentlich so ne Nachsorge betreiben, das ist aber in vielen Fällen gar nicht betrieben worden [...]. Und das wollen wir halt im südlichen Hamm und in Rothenburgsort fortführen. Und dafür nehmen wir aber ein anderes Modell, das Bündnis für Quartiere, wo wir zusammen mit den Grundeigentümern die Gebiete weiterentwickeln" (E6).

Damit wird der Ansatz sozialer Stadtentwicklung, welcher aus den Kämpfen um eine postfordistische Stadtpolitik in den 1990er Jahren als linke Errungenschaft hervorgegangen ist, in eine neoliberale Form wohnungswirtschaftlich betriebener Quartiersentwicklung überführt. Die Moderation des Prozesses sowie die Bürgerbeteiligung wird an die, seit ihrer Privatisierung im Jahr 2003 als freies Unternehmen der Stadtentwicklung tätige, steg vergeben (Brinkmann/Seeringer 2014). Das Interesse der Wohnungswirtschaft besteht in erster Linie an lukrativem Neubau und der Aufwertung vorhandener Wohnungsbestände. So verweist der Landessprecher des VNW darauf, dass die Pilot-Quartiere Rothenburgsort und Hamm „super dicht“ an der HafenCity und der Innenstadt lägen und von deren Entwicklungsdynamik profitieren könnten (E2).

Die HafenCity stellt innerhalb des Bezirks Mitte den Stadtteil mit den höchsten Preisen für Eigentumswohnungen dar (Statistisches Amt 2018b). Hier wohnt die Bevölkerung mit den höchsten durchschnittlichen Einkommen (Statistisches Amt 2017). Der zwischen der Innenstadt und den Pilot-Quartieren gelegene Stadtteil St. Georg hat in den vergangenen Jahren eine intensive Entwicklung durchgemacht und gilt als eines der Vorzeigequartiere für Gentrifizierung in Hamburg (Joho 2013). Die östlich angrenzenden Stadtteile Hammerbrook, Rothenburgsort und Veddel weisen dagegen die niedrigsten Preise für Grundstücke innerhalb des Bezirks Mitte und ebenfalls niedrige Preise für Eigentumswohnungen auf (Statistisches Amt 2018b). In ihnen wohnt die Bevölkerung mit dem niedrigsten durchschnittlichen Einkommen in ganz Hamburg (Statistisches Amt 2017). Zwischen diesen Teilen der Stadt besteht von daher eine hohe immobilienwirtschaftliche Ertragsdifferenz auf kurzer räumlicher Distanz. Über die Erschließung von Investitionspotenzialen hinaus ermöglicht das Bündnis für Quartiere den Wohnungs- und Immobilienunternehmen einen erleichterten Zugang zu staatlichen Entscheidungsstellen. Durch die direkte Verhandlung mit dem Bezirk sowie Mitbewerber_innen auf dem Grundstücks- und Wohnungsmarkt können Absprachen getroffen werden und z.B. die Perspektiven von Genehmigungsverfahren frühzeitig in Erfahrung gebracht werden. Aufgrund der relativen Schwäche der unteren Ebene des lokalen Staates haben die Unternehmen großen Einfluss, der sich in entsprechenden Gestaltungsspielräumen ausdrückt: Sie werden gebeten, öffentliche Belange wie Infrastruktur oder Grünanlagen mitzufinanzieren und müssen dies nur insoweit tun, wie es die Profitabilität ihrer Gesamtaktivitäten in der Quartiersentwicklung zulässt.

Bei engagierten Bewohner_innen löst Stromaufwärts Sorge vor Verdrängung aus. So befürchtet die Initiative Hamburgs Wilder Osten, dass sich die Zusammensetzung der Bewohner_innen zukünftig stark verändern könnte. Im Interview schildert einer der Aktivisten darüber hinaus seine Verwunderung über die Ankündigung einer Aufwertung ohne Verdrängung:

> „Natürlich entsteht ein Aufwertungsdruck und die Frage ist […] wenn sie […] schon diesen blöden Spruch von Aufwertung ohne Verdrängung machen und dann vielleicht noch sagen, wenn sie gerade gut drauf sind, weil sie ja neue Wohnungen schaffen, dann müssen sie mir noch mal kurz erklären, warum neue Wohnungen nicht für die Aufwertung und Erhöhung der anderen [und] des Mietniveaus insgesamt sorgen“ (E11).

Das Beteiligungsverfahren zielt darauf ab, die bestehenden Sorgen der Bewohner_innen zu relativieren. Als Projekt-Moderatorin führte die steg verschiedene

Workshops zu stadtteilbezogenen Themen durch, sammelte aufgeworfene Ideen und Wünsche und überreichte diese dem Bündnis für Quartiere zur Beratung. Angesichts des Umfangs der geäußerten Wünsche schritten die Wohnungsunternehmen jedoch in das Partizipationsverfahren ein, um eine Vorauswahl hinsichtlich deren Realisierbarkeit zu treffen (Metzger 2017a; Metzger/Strüver 2018). Diese Unterbrechung wurde von engagierten Bewohner_innen wiederum als Eingriff in die zugesagte Beteiligung gewertet:

> „Die Stadt hat diese Aufgabe dem Bündnis für die Quartiere übertragen, einem nicht demokratisch legitimierten Zusammenschluss von Wohnungsbauunternehmen und dem BA [Bezirksamt] Mitte, das dem Souverän gegenüber nicht rechenschaftspflichtig ist. Es bestehen berechtigte Zweifel, ob die Stadtteilentwicklung beim BfQ [Bündnis für Quartiere] in den richtigen Händen ist, verfolgen die Unternehmen doch primär privatwirtschaftliche Interessen" (Kellner/Wiese 2015).

Man könne, so die im Stadtteilbeirat Rothenburgsort engagierten Anwohner_innen, „nicht davon reden, dass sich die Akteure 'auf Augenhöhe' begegnen" (ebd.). Der Widerspruch zwischen dem Profitinteresse der Unternehmen und den gebrauchswertorientierten Wünschen der Anwohner_innen konnte somit im Beteiligungsverfahren nicht überbrückt werden.

Damit werden auch die Grenzen kooperativer Politik in der unternehmerischen Stadt deutlich: Der Stadtstaat Hamburg trifft auf Senatsebene Verabredungen mit der Wohnungswirtschaft zur Forcierung des Neubaus. Die Umsetzung dieser Politik wird auf die untere Ebene des lokalen Staates ausgelagert. Die Bezirke sollen den Neubau ermöglichen und die dafür notwendigen Prozesse koordinieren. Angesichts ihrer Finanz- und Personalknappheit und ihrer Abhängigkeit von übergeordneten Verwaltungseinheiten haben sie jedoch kaum eigene Handlungsfähigkeit und sind auf die Zusammenarbeit mit ökonomischen Akteuren angewiesen. In diesem Kräfteverhältnis steuern die Unternehmen Prozesse, während den Bewohner_innen nur die Rolle als „Mitwirkende" zugedacht ist, die ihre Ideen einbringen, ohne Einfluss darauf zu haben, ob und inwiefern diese umgesetzt werden. Die Mitarbeiter_innen des Bezirks befürworten zwar ausdrücklich eine weitreichende Berücksichtigung der Interessen der Bewohner_innen, können und wollen dies jedoch nicht gegen die Interessen der ökonomischen Akteure durchsetzen.

5.4.4 Neoliberale Kontinuität und die Grenzen der Bezahlbarkeit

Die im Rahmen der Bündnispolitik eingeführten Instrumente bieten das Potenzial zu einer sozialpolitisch und auf Versorgung ausgerichteten Wohnungspolitik, schöpfen dieses aber nicht aus. Der Drittel-Mix entspricht nicht den vorhandenen Bedarfen nach Wohnraum und zielt auf eine Veränderung der Bevölkerungsstruktur in Hamburg ab. Da insgesamt keine Ausweitung der Sozialwohnungsbestände erfolgt, trägt er kaum zur Schaffung bezahlbaren Wohnraums bei. Soziale Erhaltungsverordnungen bleiben bisher auf besonders „begehrte" Stadtteile beschränkt, während Gebiete, die erst in den vergangenen Jahren von erheblichen Miet- und Wohnungspreissteigerungen betroffen waren, davon ausgenommen bleiben. Die Baugemeinschaftsförderung kommt zunehmend mittleren Einkommensschichten zugute. Gleichzeitig knüpft sie an die Ideen und Geschichte der neuen Genossenschaftsbewegung an und stellt ein Segment des Wohnungsbaus her, in dem sich Akteure, die selbstverwaltetes Wohnens anstreben und gleichzeitig zur ökonomischen Selbsthilfe fähig sind, verwirklichen können. Die Konzeptvergabe dient der Umsetzung des Drittel-Mix und der Qualitätsanforderungen an den Wohnungsbau auf städtischen Grundstücken. Damit trägt sie zur Umsetzung vorhandener wohnungspolitischer Regelungen bei, geht in ihrer Wirkung aber nicht über diese hinaus. Die Beschränkungen der Mietpreissteigerung stoßen zwar auf Kritik von Seiten der Wirtschaftsverbände, bieten in ihrer konkreten Ausgestaltung aber immer noch erheblichen Spielraum zur Erhöhung: Eine Steigerung von 15 % innerhalb von drei Jahren, wie es die Kappungsgrenze vorsieht, liegt deutlich über der Steigerung der durchschnittlichen Einkommen.[21] Die Wirkung der Mietpreisbremse ist durch vielfältige Ausnahmen begrenzt und gilt in Hamburg aufgrund mangelhafter öffentlicher Begründung erst seit Mitte 2018.

Als grundsätzliches Problem erweist sich, dass der Senat die neuen und reaktivierten Instrumente lediglich als flankierende Maßnahmen zur zentralen Strategie der Erhöhung des Neubaus ansieht. Laut dem Mietenspiegel von 2017 liegen die Quadratmeterpreise der zwischen 2011 und 2016 erstellten Wohnungen jedoch im Bereich zwischen 10,- und 20,- Euro. Damit werden einkommensschwache Haushalte aus diesem Segment des Marktes weitgehend ausgeschlossen. Infolge des gesteigerten Neubaus haben sich auch die Grundstückspreise, Bau- und Wohnungskosten deutlich erhöht. Trotz intensiver Wohnungsbauförderung begrenzt die Hamburger Wohnungspolitik die Dynamik auf dem Wohnungsmarkt daher nicht. Ganz im Gegenteil werden die Versorgungsschwierigkeiten für Haushalte mit niedrigem und mittlerem Einkommen in der Zukunft aller Voraussicht nach

21 Die Einkünfte je steuerpflichtiger Einwohner_innen sind in Hamburg in den sechs Jahren zwischen 2007 und 2013 von 35.887 Euro auf 39.054 Euro und damit um fast 9 % gestiegen (Statistisches Amt 2013, 2018a). Die Kappungsgrenze erlaubt dagegen eine Mietsteigerung von 30 % innerhalb von sechs Jahren.

weiter zunehmen. Solange sich die Stadt verpflichtet, nicht gegen die Interessen der Wohnungs- und Immobilienwirtschaft zu handeln, lässt sich der Widerspruch zwischen sozial- und wirtschaftspolitischen Zielen im Bereich Wohnen und Stadtentwicklung nicht lösen. Die Hamburger Wohnungspolitik zeichnet sich daher – entgegen ihrem eigenen Anspruch – als eine wirtschaftspolitische Strategie aus, innerhalb der sozialpolitische Ziele vernachlässigt werden. Sie stellt insgesamt betrachtet eine Fortsetzung neoliberaler Ansätze der Stadtpolitik dar. Der Gegensatz zu den CDU-Senaten der Jahre vor 2011 besteht in erster Linie darin, die Wohnungs- und Immobilienwirtschaft als wichtige Wachstumsbranche der Stadt zu benennen und zu fördern.

Mit der neuen Bündnispolitik gelang es der regierenden Politik allerdings die Forderungen zivilgesellschaftlicher Akteure in das Handeln des lokalen Staates zu integrieren und damit öffentliche Proteste zu delegitimieren – obwohl die konkrete Umsetzung der Instrumente gerade nicht auf die Einschränkung von wohnungs- und immobilienwirtschaften Profiten abzielt, sondern darauf, die vorhandene Kapitalschubkraft in solche Teile der Stadt zu lenken, die als bevölkerungspolitisch problematisch gelten. Besonders deutlich zeigt sich dies im Stadtentwicklungskonzept Stromaufwärts und dem Bündnis für die Quartiere. Die politisch forcierte Aufwertung des Hamburger Ostens wird zwar von den lokal engagierten Bewohner_innen als Bedrohung wahrgenommen, deren Sorgen werden von den etablierten Akteuren des Feldes der Sozialen Wohnungswirtschaft jedoch nicht geteilt. Die Ignoranz gegenüber der ausgrenzenden Wirkung der gegenwärtigen Wohnungs- und Stadtentwicklungspolitik hängt dabei eng mit Vorstellungen einer „guten" sozialen Mischung sowie dem Wirken sozialer Wohnungsunternehmen in den Teilgebieten der Stadt zusammen.

Das Ziel der regierenden Politik ist eine Aufwertung der Stadtteile des Hamburger Ostens, um dort eine gute soziale Mischung als Grundlage für funktionierende Quartiere herzustellen. Die aktuelle Dynamik auf dem Wohnungsmarkt bringt günstige Bedingungen für dieses Vorhaben mit sich. Das Stadtentwicklungskonzept Stromaufwärts soll dazu beitragen, die Teile der Bevölkerung, die auf dem Wohnungsmarkt eine eigenständige Wahl treffen können, zum Wohnen im Hamburger Osten zu bewegen: „Das, was den Gebieten jetzt eigentlich zugute kommt", so äußert der Sprecher der SPD, „ist in der Tat, das darf man ja so eigentlich gar nicht sagen, aber ist natürlich der Druck auf dem Wohnungsmarkt, der dazu führt, dass ich natürlich auch andere Gruppen reinkriege. Also gut ist ja ne gewisse Mischung" (E6).

Den Sorgen der engagierten Bewohner_innen halten die Interviewpartner_innen der SPD und der Verwaltung im Interview das zentrale Argument entgegen, dass die SAGA und die großen Genossenschaften hohe Mietsteigerungen in diesen Gebieten verhindern werden. In Rothenburgsort befinden sich 54 % der Gebäude im Bestand von SAGA-GWG und Genossenschaften, im Stadtteil Hamm sind es 43 %; im Hamburger Durchschnitt sind es 30 % (Statistisches Amt o.J.; Metzger 2017a: 283). Aus diesem Grund lehnt der Senat bisher auch die Einführung einer Sozialen Erhaltungsverordnung im Hamburger Osten ab. Die „segensreich wirkenden" großen Hamburger Wohnungsunternehmen, insbesondere die SAGA und die großen Genossenschaften, würden dafür sorgen, dass selbst bei einem insgesamt steigenden Mietenspiegel in diesem Teil der Stadt weiterhin günstige Wohnungen zu finden seien (Bürgerschaft FHH 2018c: 3).

Der kooperative Politikansatz der neuen Bündnispolitik zielt auf Stadtentwicklung zum Wohle „aller" ab. Die konkrete Umsetzung ist jedoch auf das Engagement privatwirtschaftlicher Akteure angewiesen, welche ihre Leistungen nur zu Marktbedingungen anbieten können. Dieser Effekt ist von der regierenden Politik auch ausdrücklich erwünscht, da sich vom Zuzug besserverdienender Bevölkerungsteile eine positive Entwicklung bisher benachteiligter Quartiere und ihrer Infrastruktur versprochen wird. Angesichts der kontinuierlich steigenden Mieten und Wohnungspreise sowie einem Wiedererstarken von Protesten gerät die Bündnispolitik und mit ihr das Konzept der sozialen Mischung jedoch zunehmend in die Defensive. Bisher gelingt es den herrschenden Akteuren im Feld aber die vorgetragene Kritik mit Bezug auf die Rolle und Bedeutung der Sozialen Wohnungswirtschaft weitgehend zu delegitimieren. Der ausgrenzende Effekt, der sich bei einer Steigerung der Mieten und Wohnungspreise auf dem Wohnungsmarkt einstellt, wird – so das Argument – von sozialen Wohnungsunternehmen in einem solchen Maße abgemildert, dass die sozialpolitischen Ziele der Regierungspolitik dennoch verwirklicht werden könnten.

Bisher konnte die neue Bündnispolitik für das Wohnen die Dynamik auf dem Hamburger Wohnungsmarkt jedoch nicht abschwächen. Viel eher stiegen die Mieten und Preise für Eigentumswohngen aus dem Bestand in den Jahren zwischen 2011 und 2017 schneller an, als in den sechs Jahren zuvor. Im Jahr 2011 lagen die Bestandsmieten laut Mietenspiegel bei 7,15 Euro/m², bis zum Jahr 2017 stiegen sie auf 8,44 Euro/m² und damit um 18,0 % (Mieterverein o.J.).[22]

---

22 Zum Vergleich siehe die Daten aus Abschnitt 5.3.3: Die Bestandsmieten steigen von 2005 bis 2011 um 14,2 %, die Preise für Eigentumswohnungen um 32,4 %. Der Hamburger Mietenspiegel ist zum ersten und letzten Mal im Jahr 1999 um 1 % gesunken. Seitdem stiegen die Mieten ausgehend von 5,77 Euro/m² innerhalb der vergangenen 18 Jahre um insgesamt 46 %. Über die durchschnittlichen Preissteigerungen hinaus heizen Meldungen über einzelne besonders hochpreisige Angebote

Die Angebotsmieten stiegen im selben Zeitraum von durchschnittlich 11,21 Euro/m² um 13 % auf 12,68 Euro/m² (HA 2011b, 2017b). Dieser Trend setzt sich seitdem fort, im Jahr 2019 erreichten die Angebotsmieten durchschnittlich 13,24 Euro/m², in besonders nachgefragten Lagen auch deutlich über 20 Euro/m² (HA 2019a). Die Preise für Eigentumswohnungen aus dem Bestand stiegen sogar von 2.704 Euro/m² im Jahr 2011 auf 4.304 Euro/m² im Jahr 2017 und damit um 59,2 % (LBS Bausparkasse 2012: 4, 2018: 6).[23] Parallel zur Dynamik auf dem Wohnungsmarkt nahm die Bevölkerungszahl Hamburgs im Zeitraum von 2011 bis 2017 um ca. 112.000 Menschen auf den Stand von 1.830.600 zu (Bürgerschaft FHH 2019c: 3). Der Wohnungsbestand stieg dagegen lediglich um 38.336 auf 946.199 Wohnungen (ebd.: 4). Daraus ergibt sich rechnerisch eine Wohnungsversorgungsquote von nur 92 % im Jahr 2017.

Angesichts der kontinuierlich steigenden Mieten kritisieren die Mietervereine, dass die Grenzen der Bezahlbarkeit für viele Bewohner_innen Hamburgs bereits überschritten seien und verschärften ihre politischen Forderungen. In einem Beitrag in der Morgenpost forderte die Geschäftsführerin von Mieter helfen Mietern eine Reform des Mietenspiegels, eine Verschärfung der Mietpreisbremse und der Kappungsgrenze sowie eine Reduzierung von Mietererhöhungen nach Modernisierungen (Sonnemann 2018). Darüber hinaus plädierte sie für eine Erhöhung des Anteils an Mietwohnungen im Neubau, eine Verlängerung der Bindungsfristen von Sozialwohnungen, die Bevorzugung sozial orientierter Bauträger, eine Vergabe städtischer Grundstücke nur noch im Erbpachtverfahren und die Einführung einer neuen Wohnungsgemeinnützigkeit (ebd.). Bereits im Jahr 2016 gründete Mieter helfen Mietern gemeinsam mit der Diakonie, der Caritas und Stattbau ein „Bündnis für eine neue soziale Wohnungspolitik", welches insbesondere auf die Situation vordringlich Wohnungssuchender bzw. von Menschen in Notsituationen aufmerksam macht und fordert, vorhandene Sozialwohnungsbestände vorrangig Menschen zur Verfügung zu stellen, die

die Diskussion an (Metzger 2017b). Die Hamburger Morgenpost berichtete über Preise von 56 Euro/m², die von Wohnungssuchenden verlangt werden, die aufgrund von Schulden oder fehlenden Dokumenten Schwierigkeiten haben, eine Wohnung zu finden (Mopo 2019).

23 Die Preise für Bauland, auf dem frei finanzierter Geschosswohnungsbau vorgesehen ist, stiegen von durchschnittlich 851 Euro/m² Wohnfläche im Jahr 2011 auf 1.255 Euro im Jahr 2017 und damit um 47,4 % (Gutachterausschuss 2012: 61, 2018: 61). Die Kaufpreise für neu gebaute Eigentumswohnungen im Geschosswohnungsbau von 3.720 Euro/m² im Jahr 2011 auf 5.097 Euro/m² im Jahr 2017 und damit um 37 % (LBS Bausparkasse 2012: 14, 2018: 16).

sich in Notsituation befinden (Mieter helfen Mietern et al. 2016). Auch der Mieterverein verschärfte anlässlich des Mietenspiegels 2017 seine Forderungen und mahnt an, „endlich den Bau von jährlich 10.000 Wohnungen zu erreichen", den Rückgang des Sozialwohnungsbestandes zu unterbinden und weitere Soziale Erhaltungsverordnungen zu erlassen (2017). Er schloss sich auch der Forderung zur Einführung einer neuen Wohnungsgemeinnützigkeit an (ebd.). Im Jahr 2018 fand erneut eine vom Netzwerk Recht-auf-Stadt organisierte Demonstration mit mehreren tausend Teilnehmer_innen statt. Zentrale Forderungen waren die Einschränkung von Profiten in der Wohnungs- und Immobilienwirtschaft, eine solidarische Wohnraumpolitik und die Unterstützung gemeinwohlorientierter Wohnmodelle.

Von Seiten der Wohnungs- und Immobilienwirtschaft wird dagegen weiterhin bestritten, dass es in Hamburg eine Wohnungsnot gäbe. Angesichts der Veröffentlichung der Neuvermietungsmieten 2019 im Hamburger Abendblatt gab der Grundeigentümerverband zu bedenken, „dass viele günstige Wohnungen gar nicht online inseriert werden" (HA 2019a). Dies betreffe „insbesondere Wohnungen von Genossenschaften" (ebd.). Die in der Öffentlichkeit verhandelten Zahlen würden daher nicht dem tatsächlichen Marktgeschehen entsprechen. Im Interview hebt der Sprecher des VNW hervor, dass Vermieter_innen in einigen Bereichen der Stadt – insbesondere im Osten und Süden – „eine Wohnung eben doch mal zwei Monate anbieten müssen bis sie vermietet ist" (E7). Dies wertet er als Indiz dafür, dass „es so eng nun auch noch nicht" sei (E7).

Auf Antrag der Linken fand im Mai 2018 anlässlich der angekündigten Demonstration des Netzwerks Recht-auf-Stadt in der Bürgerschaft eine Debatte zur Situation auf dem Wohnungsmarkt und zur Wohnungspolitik statt. Als wichtigstes Thema wurde dabei über die sowohl von der Linken als auch der CDU aufgestellte Forderung einer Senkung oder zumindest Stabilisierung der Mieten der SAGA diskutiert.[24] Die Linke forderte darüber hinaus, die Wiedereinführung einer Gemeinnützigkeit in der Wohnungsversorgung zu prüfen (Bürgerschaft FHH 2018e: 5760). SPD und Grüne verwiesen dagegen darauf, dass die Regierungskoalition der Wohnungsknappheit mittels Neubau und weiterer Maßnahmen bereits „tatkräftig" gegensteuere (ebd.: 5761). Gegenüber dem Aufruf der Demonstration, in dem die Ausrichtung der Hamburger Wohnungspolitik auf

24 Die beiden Parteien verfolgen dabei jedoch unterschiedliche Ziele: Während die Linke auf den Mietenspiegel senkend einwirken möchte, sieht die CDU die Chance, günstige Privatisierungsmöglichkeiten von SAGA-Wohnungen zu erwirken (Bürgerschaft FHH 2018e: 5760).

Besserverdienende kritisiert wird, wolle die SPD jedoch „keinem verbieten, nach Hamburg zu ziehen, egal wie viel er verdient" (ebd.: 5751). Die SPD-Senatorin für Stadtentwicklung und Wohnen stellte in der Debatte fest, dass bezahlbares Wohnen „sicherlich eine der wesentlichen sozialen Fragen in unserer Stadt in diesem Jahrhundert" sei (ebd.: 5758). Die „beste Antwort" darauf sei der Wohnungsneubau, welcher ein „großes Verdienst des Bündnisses für das Wohnen (...), natürlich der Wohnungswirtschaft und auch der Bezirke" sei (ebd.). Darüber hinaus verwies sie auf die breite Akzeptanz, die dem Mietenspiegel in Hamburg als Anzeiger für die Marktentwicklung zukomme sowie auf die „stabilisierende Wirkung", die die SAGA bereits jetzt auf dem Wohnungsmarkt ausübe (ebd.). Zur Bekräftigung bezog sie sich auf die Expertise der Wohnungs- und Immobilienwirtschaft: „Gehen Sie zu den Vertretern des Verbands Norddeutscher Wohnungsunternehmen, des Bundesverbands Freier Wohnungsunternehmen. Da werden Sie das Gleiche hören" (ebd.: 5759). Die Unternehmen des VNW, namentlich die SAGA und die Genossenschaften, seien – so eine weitere Sprecherin der SPD – „Garanten dafür, dass der Mietenspiegel nicht ins Uferlose steigt" (ebd.: 5751).

5.5 Soziale Wohnungswirtschaft in der neoliberalen Stadt

Hamburg betreibt seit 2011 wieder eine aktive Wohnungspolitik. Damit hat die Stadt innerhalb kurzer Zeit auf die neuen Proteste von Mieter_innen und stadtpolitischen Initiativen reagiert. Die in den letzten Jahren vorgenommenen Maßnahmen konnten den Trend der steigenden Mieten und Wohnungspreise jedoch bisher nicht aufhalten. Erklären lässt sich diese auf den ersten Blick paradoxe Entwicklung damit, dass die eingesetzten Instrumente nicht darauf abzielen, die Gewinne, die sich aus dem Geschäft mit dem Wohnen generieren lassen, zu begrenzen. Sie stellen viel eher flankierende Maßnahmen zur Förderung, Lenkung und nur partiellen Begrenzung von Investitionen im Wohnimmobilienbereich dar. Die Analyse des Stadtentwicklungsvorhabens im Hamburger Osten verdeutlicht, dass von Seiten der regierenden Politik kein Interesse daran besteht, die Bereitschaft privater Akteure zur Investition in Immobilien zu beschränken: Sie ist auf die Mobilisierung privaten Kapitals angewiesen, um ihre politischen Ziele zu verwirklichen. Die vermeintlich sozialpolitische Wende der neuen Bündnispolitik für das Wohnen in Hamburg entpuppt sich damit als eine Fortführung neoliberaler Stadtpolitik unter dem Label der Schaffung und Erhaltung guter Wohn- und Lebensbedingungen für „alle" (BSW 2017). Adressat_innen dieser Stadtpolitik sind in erster Linie diejenigen Teile der Bevölkerung, die sich die steigenden Mieten und Wohnungspreise leisten können und über das soziale und kulturelle Kapital verfügen, um zur Schaffung lebendiger und funktionierender Quartiere beizutragen.

Die anhaltende Investitionsdynamik erhöht jedoch beständig den Druck auf den Wohnungsmarkt, wodurch immer mehr Menschen von Verdrängung bedroht bzw. betroffen sind. Damit rückt die Frage der Bezahlbarkeit des Wohnens wieder stärker in den Fokus der Auseinandersetzungen. Die öffentliche Debatte über die Wohnungsknappheit und die sozialpolitische Verantwortung der regierenden Politik bezieht sich jedoch nach wie vor vorrangig auf die Quartiere, die auch schon in den 1980er und 90er Jahren im Zentrum stadtpolitischer Kämpfe standen und heute die gentrifizierten Teile der Stadt darstellen. Diese spezifische Fokussierung der öffentlichen Aufmerksamkeit ist das Resultat der weiterhin bestehenden Orthodoxie im Feld der Sozialen Wohnungswirtschaft. Im Osten und Süden Hamburgs, so die herrschende Vorstellung, bestehe das Problem nach wie vor in einer „problematischen" Mischung der Bevölkerung. Diese Sichtweise wird insbesondere von den herrschenden Akteuren des Feldes vertreten, jedoch auch von einem relevanten Teil der oppositionellen Akteure anerkannt. Die Koalition im Bündnis für das Wohnen stellt sich dabei bisher als weitgehend stabil heraus: Die Wirtschaftsverbände halten an der Existenz des Bündnisses fest. Der Mieterverein trägt die dort gefällten Entscheidungen ausdrücklich mit. Mieter helfen Mietern stehen zwar einzelnen Entscheidungen kritisch gegenüber, nehmen aber weiterhin am Bündnis teil, da sie im Bedeutungsgewinn der Wohnungspolitik an sich eine positive Entwicklung sehen. Die zivilgesellschaftlichen Akteure sind hinsichtlich ihrer Interessen zu heterogen und bisher zu uneinig, um weitergehenden Druck auf die etablierten Akteure auszuüben.

Die Unternehmen des VNW nehmen im Rahmen dieser Kräfteverhältnisse eine doppelte Rolle ein: Sie setzen sich für die Förderung und Lenkung wohnungs- und immobilienwirtschaftlicher Dynamik ein und gelten gleichzeitig als Garanten für bezahlbares Wohnen, welche die negativen Effekte marktförmiger Stadtentwicklung abmildern. Damit stellen sie eine maßgebliche Stütze der gegenwärtigen Struktur des Feldes dar. Solange ihnen von den oppositionellen Akteuren des Feldes attestiert wird, eine Funktion als Marktkorrektiv auszufüllen, tragen sie zur Legitimation der neuen Bündnispolitik bei und erschweren damit sowohl die Kritik an der aktuellen Wohnungspolitik als auch die Infragestellung der nach wie vor in den Vorstellungen der meisten Akteure verankerten Orthodoxie funktionierender Nachbarschaften und gemischter Quartiere.

5.5.1 Gemeinnützige Wohnungsunternehmen oder Bestandshalter?

Im fordistischen Hamburg galten nur die Unternehmen des VNW als Akteure der Sozialen Wohnungswirtschaft. Unterstützt durch staatliche Regelungen und Subventionen sorgten diese für einen umfangreichen Bestand bezahlbarer Wohnungen. Infolge der Abschaffung der Wohnungsgemeinnützigkeit und der Neoliberalisierung der Wohnungswirtschaft und -politik hat sich der Charakter und das Handeln sozialer Wohnungsunternehmen verändert. Diese Veränderung wurde jedoch bisher nicht von allen Akteuren des Feldes gleichermaßen nachvollzogen. In der Gegenwart besteht daher kein gemeinsames Verständnis davon, wodurch sich soziale Wohnungsunternehmen auszeichnen und wie ihre Tätigkeit im Bereich der Wohnungsversorgung zu bewerten und zu verstehen ist. Während herrschende Akteure wie die Vertreter_innen der SPD, der Grünen, des VNW, der Behörden sowie die Vorstände der Genossenschaften von sozialen Wohnungsunternehmen als sogenannten „Bestandshaltern" sprechen, reden marktkritische oppositionelle Akteure wie Vertreter_innen der Linken, Mieter helfen Mietern und den Stadtteilinitiativen weiterhin von „gemeinnützigen" Wohnungsunternehmen. Hinter diesen beiden Begriffen verbergen sich entscheidende Unterschiede in der Abgrenzung sozialer und profitorientierter Wohnungs- und Immobilienunternehmen.

Bestandshaltende Wohnungsunternehmen werden von den interviewten Akteuren mit folgenden Eigenschaften beschrieben: Neben einer langjährigen Unternehmenstradition, einer nur „bescheidenen" Renditeerwartung, durchschnittlichen Mieten, Aufmerksamkeit für ihr stadträumliches Umfeld und einer vorrangigen Orientierung auf den lokalen Markt, zeichnen sie sich dadurch aus, dass sie ihre Wohnungsbestände üblicherweise nicht verkaufen. Dementsprechend sorgen sich diese Unternehmen um eine nachhaltige Bewirtschaftung und einen dauerhaft guten baulichen Zustand ihrer Bestände. Sie sind an einer ausgewogenen und gut gemischten Mieterschaft interessiert, können auch „mal den einen oder anderen schwierigen Mieter" unterbringen und sind stärker als andere Unternehmen darauf bedacht, Leerstände zu vermeiden (E5; alle hier getroffenen Aussagen insbesondere bei E2, E3, E4, E6). Insgesamt ergibt sich aus den Zuschreibungen zum Begriff der Bestandshalter ein Profil, das sich im Kern durch eine langfristige und nachhaltige Unternehmens- und Gewinnerzielungsstrategie kennzeichnen lässt. Der Begriff wird zumeist mit Beispielen aus der Unternehmenspraxis von Wohnungsgenossenschaften oder der SAGA erläutert. Es wird aber auch darauf verwiesen, dass seine Bedeutung gerade nicht auf diese beiden Akteure zu begrenzen sei, sondern weitere privatwirtschaftliche Unternehmen umfasst: Eine bestandshaltende Geschäftsführung, so meinen beispielsweise die Mitarbeiter_innen der Fachbehörde, würden auch private Bestandshalter umsetzen. Es gäbe unter den Wohnungsunternehmen „ja nicht nur Heuschrecken. Gerade in Hamburg [...] in der Tendenz eher weniger“ (E5). Damit wird die Unterscheidung zwischen gewinnorientierten und sozialen Wohnungsunternehmen aufgeweicht und es entsteht ein Spielraum an Bedeutungen, in dem auch gewinnorientierte Unternehmen soziale Charakteristika aufweisen (können) und auch sozialen Unternehmen zugebilligt wird, Verhaltensweisen gewinnorientierter Unternehmen zu übernehmen. Die marktkritischen Akteure (E8, E10, E11) beschreiben gemeinnützige Wohnungsunternehmen dagegen als solche, die ein umfangreiches Angebot günstiger Wohnungen halten und auf den Bau hochpreisiger Wohnungen verzichten. Als weitere Kriterien werden genannt, dass sie ihre Bestände nicht verkaufen oder abreißen und sich offen für demokratische Verfahren und Initiativen ihrer Bewohner_innen zeigen bzw. zeigen sollten. In Zeiten der Wohnraumknappheit, so die Forderung, sollten gemeinnützige Wohnungsunternehmen ausschließlich öffentlich geförderten Wohnungsbau betreiben und sich für die Wohnungsversorgung von Menschen einzusetzen, die Schwierigkeiten haben, sich auf dem freien Markt zu versorgen.

Die Verwendung der Begriffe der gemeinnützigen Wohnungswirtschaft und der Bestandshalter durch verschiedene Akteure zeigen somit eine Bruchstelle im Feld der Sozialen Wohnungswirtschaft auf: Von der herrschenden Fraktion wird die Besonderheit sozialer Wohnungsunternehmen tendenziell auf deren langfristige Renditeorientierung reduziert. Damit wird die Unterscheidung zwischen gemeinnützigen und gewinnorientierten Wohnungsunternehmen, wie sie für die Zeit der fordistischen Wohnungsversorgung kennzeichnend war, ersetzt durch eine neue Unterscheidung, die sich vorrangig an den Zeithorizonten der Kapitalverwertung orientiert. Diese Unterscheidung beinhaltet ein größeres Spektrum unternehmerischer Strategien als von den Akteuren der marktkritischen Opposition gemeint ist, wenn diese von Genossenschaften, öffentlichen oder gemeinnützigen Unternehmen sprechen. Wenn in den Debatten um die Wohnungsversorgung in Hamburg Bezüge zur SAGA oder den Genossenschaften hergestellt werden, sind also verschiedene Vorstellungen von deren Geschäftspraxis verbunden: Während von den herrschenden Akteuren Unternehmen adressiert werden, die aus moralischen Gründen auf eine Maximierung der Gewinne verzichten, adressieren die marktkritischen Akteure Unternehmen, die sich an den Bedürfnissen der Bewohner_innen und Wohnungssuchenden orientieren und in ihrer Tätigkeit staatlich unterstützt werden sollten. Wie ich im folgenden Kapitel 6 ausführe, speist sich die symbolische Bedeutung der Genossenschaften und damit der Status des Genossenschaftsgedankes als symbolisches Kapital aus genau dieser Eigenschaft, als Adressatin verschiedener Interessen und Hoffnungen zu fungieren.

5.5.2 Die Kräfteverhältnisse in der neoliberalen Stadt

Im Rahmen der neuen Bündnispolitik lassen die staatlichen Akteure ausgewählte weitere Akteure an ihren Einflussmöglichkeiten teilhaben. Davon profitieren insbesondere die wohnungs- und immobilienwirtschaftlichen Verbände. Dementsprechend betonen die Sprecher des VNW in den Interviews ihre souveräne Position im Feld. Sie können selbstbestimmt auf andere wichtige Akteure zugehen. Regelmäßig finden Treffen zwischen dem Verband, dem Senat und anderen Ebenen der Politik und Verwaltung statt. Sie nennen keine Akteure, mit denen es einen Interessengegensatz gäbe. Eine Konkurrenzsituation bestünde dagegen mit der Handelskammer als Vertretung der Gewerbetreibenden. Die Bewohner_innen der Stadt, die vielfach Mieter_innen in den Beständen der Mitgliedsunternehmen sind, werden als „Bevölkerung" angesprochen und damit als zu regierende bzw. zu lenkende Menge von Menschen. Die „Player", also die relevanten Akteure des Feldes, seien in der Lage, Maßnahmen zu ergreifen, nach denen sich „die Bevölkerungsströme" richten (E7). Zusammenfassend stellt der Sprecher des Verbandes fest, dass „wir [...] jetzt auch mehr [...] agierender Player in dem gesamten Konzept in dem gesamten Bereich [sind], der dort miteinander wirkt. Während wir früher eben mehr sozusagen die ausführenden von vorgegebenen Planungen waren" (E7). Zur starken Position des VNW tragen seine Kontakte zur regierenden Politik und insbesondere der SPD bei. Der Verbandsdirektor Andreas Breitner war zuvor Innenminister der SPD in Schleswig-Holstein. Neben dem VNW stellt auch der BFW-Nord einen einflussreichen Akteur im Feld dar. In seiner Imagebroschüre nimmt er eine „hohe politische Durchsetzungskraft" für sich in Anspruch und signalisiert enge Kontakte zur regierenden Hamburger Wohnungspolitik (BFW-Nord 2017: 7ff.). Beide Verbände beteiligen sich rege an öffentlichen Debatten zur Wohnungspolitik in Hamburg und werden ihrerseits von Politiker_innen als wichtige Partner adressiert.

Die Mieterverbände profitieren dagegen weniger von der neuen Machtverteilung und positionieren sich unterschiedlich gegenüber der Regierungspolitik und den Wirtschaftsverbänden. Der Mieterverein zu Hamburg wird von der SPD, dem Grundeigentümerverein und dem VNW für seine zuverlässige Zusammenarbeit gelobt (Mieterverein 2015a; Stahl 2017a). Dagegen pflegt er wenig Kontakt zu den Initiativen des Recht-auf-Stadt Netzwerks. Der Verein Mieter helfen Mietern betont dagegen seine politische Nähe zu Akteuren der sozialen Bewegungen und unterstützt politische und selbstverwaltete Projekte von Mieter_innen und Stadtteilinitiativen. Die eigene Rolle im Bündnis für das Wohnen sieht Mieter helfen Mietern als ambivalent an: „Wir sind mit Partner, aber wir sind nicht wirklich Bündnispartner, wir haben keinen Vertrag mit unterschrieben also beide Vereine nicht, weil wir [...] bauen ja keine Wohnungen und das hat auch nicht alles unseren Segen da" (E10). Die eigene Rolle bestehe darin, die Diskussionen im Bündnis mitzuverfolgen, „mitzubekommen, was die bewegt" und sich für die Durchsetzung von Mieterrechten einzusetzen (E10). Während die SPD im Kontext des Bündnisses sehr zögerlich mit der Einführung von Schutzrechten für Mieter_innen umgegangen sei, wurde hinsichtlich des Neubaus alles in die Wege geleitet, um es „den Vermietern recht [zu] machen" (E10).

Die Anliegen zivilgesellschaftlicher Akteure sind infolge der wohnungspolitischen Proteste immer stärker in der öffentlichen Debatte präsent. Ihr konkreter Einfluss auf die Kräfteverhältnisse im Feld ist jedoch nach wie vor begrenzt und – entsprechend der Heterogenität dieser Akteursgruppe – auch unterschiedlich verteilt.[25] Einen einflussreichen Zusammenschluss stellt das im Jahr 2009 gegründete Recht-auf-Stadt Netzwerk dar (Füllner/Templin 2011). Erfolgreiche Aktivitäten, die die Handlungsmächtigkeit des Netzwerks verdeutlichen, sind u.a. die Besetzung des Gängeviertels sowie die Einflussnahme auf Stadtplanungsvorhaben in innerstädtischen Vierteln (Rinn 2016). Im Netzwerk sind verschiedene Initiativen und Gruppen organisiert, die sich in sehr unterschiedlichem Maße an internen Debatten und öffentlichkeitswirksamen Aktivitäten beteiligen und die sich auch selbst – zumeist aufgrund ihrer räumlichen (Selbst-)Begrenzung

---

25 Neben den im Netzwerk Recht-auf-Stadt engagierten Initiativen bringen sich eine Vielzahl weiterer Akteure wie soziale Einrichtungen, Vereine wie die Patriotische Gesellschaft, die Alternativen Baubetreuer, Gewerkschaften, politische Stiftungen sowie universitäre und private Institute regelmäßig in die wohnungspolitische Debatte in Hamburg ein. Ziel ist es dabei zumeist, Debatten über die sozialen Herausforderungen der Wohnungsknappheit anzuregen. Kontinuierliche Arbeit leistet z.B. die Konferenz zur sozialen Spaltung, welche seit 2009 jährlich von der Arbeitsgemeinschaft Soziales Hamburg ausgerichtet wird. Zur Arbeitsgemeinschaft gehören die Evangelische Akademie und der Kirchliche Dienst in der Arbeitswelt der Nordkirche, die Stadt- und Regionalsoziologie der HCU, das Departement für Soziale Arbeit der HAW, der Fachbereich Sozialökonomie der Universität Hamburg sowie die AG Gesundheitsförderung des UKE. Darüber hinaus nehmen Einrichtungen sozialer Arbeit oftmals die Rolle der Interessenvertretung von wohnungslosen, -suchenden bzw. von Verdrängung betroffenen Personen ein. Manche dieser Einrichtungen verorten ihre Arbeit explizit im Kontext der Recht auf Stadt-Bewegung.

– als sehr unterschiedlich handlungsmächtig erleben. Eine prominente Position nehmen dabei Personen und Gruppen ein, die Teil der in den innenstadtnahen Altbauquartieren verorteten Initiativen sind. Diese Akteure zeichnen sich durch ein hohes Selbstbewusstsein hinsichtlich ihrer Handlungsmächtigkeit aus, was sich u.a. in einer Reihe von Publikationen niederschlägt (Twickel 2010; Boeing 2015). Andere Initiativen sehen sich dagegen mit größeren Schwierigkeiten konfrontiert, wenn es darum geht, die eigenen Interessen gegenüber politischen und ökonomischen Akteuren zu vertreten. Dies betrifft insbesondere Gruppen, die im Hamburger Osten aktiv sind. So berichtet die Stadtteilinitiative aus Rothenburgsort im Interview von ihren deutlich größeren Schwierigkeiten aktiv zu werden und sich mit anderen Gruppen zu vernetzen, als dies aus dem Westen der Stadt bekannt sei (E11).

Die unterschiedlichen Selbsteinschätzungen der Initiativen korrespondierten mit der Ausrichtung der wohnungspolitischen Instrumente der neuen Bündnispolitik: Während die Initiativen aus der inneren Stadt die anhaltende Debatte über Gentrifizierung und die Einführung Sozialer Erhaltungsverordnungen als Erfolge für sich verbuchen können, wird dem Hamburger Osten bisher weitgehend abgesprochen, überhaupt mit Verdrängung konfrontiert zu sein. Regulierende Maßnahmen werden hier von der Politik abgelehnt. Zu erwartende Mietpreissteigerungen sollen durch das Engagement sozialer Wohnungsunternehmen abgemildert werden. In dieser Gemengelage erschwert es jedoch die enge Zusammenarbeit von sozialen und profitorientierten Wohnungs- und Immobilienunternehmen den Aktivist_innen aus Rothenburgsort erheblich, Kritik an den aktuellen Entwicklungen zu artikulieren: Insbesondere die Genossenschaften gelten im Stadtteil als zuverlässige Vermieterinnen mit vorwiegend günstigen Mieten, die die Interessen der Bewohner_innen ernst nehmen. Im Bündnis für die Quartiere legitimieren diese jedoch durch ihre Zusammenarbeit mit SAGA, profitorientierten Wohnungsunternehmen und „hoch dubiosen Phantasienamen-Entwicklern" die aktuellen Aufwertungstendenzen (E11). Die Frage, welche von der Initiative bislang nicht beantwortet werden kann, ist daher, was die verschiedenen Fraktionen der Wohnungswirtschaft eigentlich miteinander verbindet und worin ihre Zusammenarbeit begründet ist (E11).

5.5.3 Die soziale Mischung im historischen Kontext

Wie in Kapitel 2 und 4 ausgeführt, stellt der Zusammenhang zwischen der Bevölkerungsmischung in den Wohnquartieren und dem sozialen Frieden seit der Konstituierung der Sozialen Wohnungswirtschaft einen zentralen Bestandteil der Doxa des Feldes dar. Dabei wurde und wird in allen historischen Epochen eine normative Hierarchie der Quartiere zwischen den Polen „Problemviertel" und „gute Wohngegend bzw. attraktives Quartier" vorgenommen. Im historischen Verlauf haben sich zwar die normativen Beurteilungen einzelner Quartiere verändert, nicht aber die Praxis der Kategorisierung an sich. In der Gegenwart ist die Vorstellung von guten und schlechten Quartieren eng verbunden mit der Vorstellung von einer bestimmten sozialen Mischung der Bevölkerung. In Hamburg drückt sich dies in der Überzeugung aus, dass die sogenannten „urbanen" innerstädtischen Viertel als Vorbilder der Stadtentwicklung gelten, nach denen sich die „problematischen" Viertel im Osten und Süden der Stadt in Zukunft entwickeln sollten und könnten. In Form ihrer geschichtlichen Einordnung bekommen die praktisch angewendeten Hierarchisierungen eine Plausibilität, die kaum einer weiteren Erläuterung bedarf. Die von allen Interviewpartner_innen geteilte Geschichte von Wohnungsbau und Stadtentwicklung in Hamburg bezieht sich auf drei zentrale symbolische Epochen, auf die immer wieder verwiesen wird. Alle Akteure des Feldes verfolgen – wenn auch aus unterschiedlichen Interessen heraus – das Ziel, Quartiere innerhalb dieser Hierarchie zu verbessern.

In chronologischer Reihenfolge beginnt die historische Bezugnahme mit den Altbauten und der Stadtstruktur der „Gründerzeit", welche durchweg als positive Bezugspunkte formuliert werden. Diese weisen „interessante Strukturen" auf (E12), sind „immer für Veränderung gut" (E6) und bringen aus ihrer „alten Struktur" heraus „Urbanität" hervor (E4). In den Gründerzeitvierteln harmonieren gewerbliche Nutzungen mit Wohnnutzungen (E5). Sie weisen eine interessante Architektur auf und stellen die beliebtesten Gegenden Hamburgs dar (E8, E10). Die schöne und attraktive Bausubstanz wird als Indiz für eine gute Bewohnerschaft angesehen (E07). Die Altbauten, die der Gründerzeit zugerechnet werden, werden nicht anhand konkreter Jahreszahlen bestimmt. Ihre wichtigsten Merkmale sind, dass sie vor dem Zweiten Weltkrieg erbaut wurden und im Zuge von Gentrifizierung eine Aufwertung erfahren.

Die zweite historische Bezugnahme stellt die „Nachkriegszeit" mit ihren aus der Not heraus gebauten Wohngebäuden dar: Stadtteile, die im Zweiten Weltkrieg weitgehend zerstört und danach neu wieder aufgebaut wurden, sind überwiegend von einfachen und kleinen Wohnungen in schlichten Gebäuden geprägt (V4). Die Bausubstanz dieser Wohnungen ist oft nicht gut (E10). Die Grundrisse aus heutiger Sicht unflexibel und nicht familienfreundlich (E6), die Architektur langweilig (E8). Diese Stadtteile werden vor dem Hintergrund ihrer Geschichte bedauert. Als bedauerlich gelten hierbei gleichermaßen die schlichte

Bauweise der Nachkriegszeit als auch die im Zweiten Weltkrieg verloren gegangenen Bauten der Gründerzeit (E12). Die Gebäude der Nachkriegszeit sowie die von ihnen geprägten Stadtteile entsprechen in der Gegenwart nicht mehr den Anforderungen an Wohn- und Lebensqualität und werden aus diesem Grund für erneuerungsbedürftig erklärt. Wichtig für den Diskurs um die Nachkriegsbauten ist auch, dass ihre Entstehung sowie ihre mangelnden Qualitäten als einer dem Handeln einzelner Akteure entzogenen Katastrophe angelastet werden. So sei es zwar bedauerlich, dass die Stadtstrukturen der Vorkriegszeit zerstört sind, aber „wir können es nicht mehr ändern" (V4).

Damit unterscheiden sich die Nachkriegsbauten in den Erzählungen von der dritten symbolischen Epoche, den Bauten und Stadtteilen aus den 1970er Jahren. Den „1970er Jahren" kommt als Vorgeschichte und Abgrenzungsfolie für die Stadtpolitik der Gegenwart eine zentrale Bedeutung zu: Sie stehen für eine Phase intensiver staatlicher Regulation, in der eine – im Vergleich zu heute – als autoritär angesehene Politik praktiziert wurde, der sich die Wohnungswirtschaft weitgehend fügen musste. Als wichtigstes bauliches Symbol dieser Epoche gelten die Großwohnsiedlungen und der Soziale Wohnungsbau: „Wir wollen ja nicht Fehler der Vergangenheit aus den sechziger siebziger Jahren wiederholen wo wir einseitig, hochkonzentriert, viel Sozialen Wohnungsbau [...] realisiert haben" (E12). Die Probleme der 1970er Jahre werden darin gesehen, dass die Regelungen des Sozialen Wohnungsbaus zu einer problematischen Mischung der Bevölkerung geführt hätten. In den Großsiedlungen habe eine „schlechte Belegungspolitik eben dazu geführt, [...] dass die Quartiere abgekippt sind und mit großem Aufwand wieder repariert werden mussten" (E7). Die Umschreibung, dass Quartiere „abkippen" könnten, verweist auf den spezifischen Blick der regierenden Politik und der Wohnungswirtschaft auf den Zusammenhang von Bewohner_innen und Gebäuden der Stadt. Diese bilden zusammen eine dynamische Substanz, die sich in einem ausgeglichenen, aber auch in einem unausgeglichenen Zustand befinden kann. Die Metapher des „Abkippens" bringt die Sorge vor einer Destabilisierung von tragenden Strukturen zum Ausdruck. In wohnungswirtschaftlicher Hinsicht bezieht sich dieses Bild vorrangig darauf, dass Wohnungsbestände infolge des Wegzugs zahlungsfähiger Mieter_innen unrentabel werden können. Als positives Gegenbild zu den abgekippten Quartieren der 1970er Jahre erhält die Durchmischung ihre einschlägige Bedeutung: Wenn Quartiere sozialstrukturell derart gemischt sind, dass dort in ausreichendem Maße „normale", d.h. zahlungskräftige Bewohner_innen vorzufinden sind, dann befinden sich diese in einem als ausgeglichen und tragfähig vorgestellten Zustand. Dies wird für die Altbauquartiere in Hamburg inzwischen durchweg angenommen, welche dementsprechend als der positive Gegenhorizont zu den Quartieren der 1970er Jahre angesprochen werden.

Das Konzept der sozialen Mischung erhält grundsätzlich die Zustimmung aller von mir interviewten Akteure. Auch die marktkritische Opposition erkennt – ausgehend vom Gegenhorizont der „problematischen Mischung" – die Relevanz dieses Konzepts an. Den „Mix hinzukriegen" sei eine gemeinsam geteilte „Stadtvision" (E8). Es sei sinnvoll, „in benachteiligte Gebiete jetzt sagen wir mal Akzente reinzusetzen, so dass zumindest mehr Mischung da ist als in bestimmten Quartieren vorher der Fall war" (E8). Im Kontext von Gentrifizierung und den kontinuierlich steigenden Mieten und Wohnungspreisen gerät die Orthodoxie der sozialen Mischung jedoch an die Grenzen ihrer Überzeugungskraft. So erläutert der Interviewpartner der Linken, dass „viele Erfahrungen" der „letzten zwanzig, dreißig Jahren" gezeigt hätten, dass „wenn von Aufwertung die Rede ist [...], das auf den ersten Blick interessant klingt, [...] aber mit gewissem Verzug sich die Dinge derart verändern [...], dass du das nicht mehr verhindert kriegst" (E8). Diese Erfahrung beziehe sich jedoch bislang ausschließlich auf die innerstädtischen Bereiche. Im Osten sei Gentrifizierung dagegen nicht „in diesem Maße zu erwarten in den nächsten zehn Jahren. Das hat etwas mit der Bausubstanz [...] zu tun" (E8).

Der Bauweise der Quartiere aus den 1950er und 70er Jahren wird eine Art natürlicher Resistenz gegen Aufwertungsprozesse zugeschrieben. Aufwertung ist hier nicht im selben Maße zu erwarten, wie in den Quartieren, die einen Bestand aus der Gründerzeit aufweisen. In der Konsequenz rezipieren auch die Kritiker_innen einer marktgetriebenen Stadtentwicklung den Fokus auf den Hamburger Osten als ein „mutiges Konzept" (E10): „Das finde ich schon ne gute Idee Richtung Osten mehr zu gucken, weil in Hamburg gilt [bisher] immer, man muss westlich der Alster wohnen" (E10). Während die Kritik an der Gentrifizierung der innerstädtischen Bereiche inzwischen stark in den allgemeinen Diskurs zur sozialen Wohnungsversorgung in Hamburg eingegangen ist, gilt für die Quartiere der 1950er und 1970er Jahre nach wie vor die Vorstellung, diese Teile der Stadt wären vor allem vom „Gegenteil von Gentrifizierung" bedroht (E2).

6. Große Wohnungsgenossenschaften in Hamburg

In Hamburg existieren 30 große Wohnungsgenossenschaften mit mehr als 1.000 Wohnungen. Die meisten von ihnen wurden vor 1950 gegründet und entwickelten sich bis in die 1980er Jahre zu mittleren und großen Unternehmen. In der Gegenwart eilt ihnen der gute Ruf voraus, bezahlbaren Wohnraum zu schaffen und zu erhalten, ihre Mitglieder in Entscheidungsprozesse einzubeziehen und auch in deren Interesse zu handeln. Sie werden als „stabilisierender Faktor" auf dem Wohnungsmarkt und in den Quartieren bezeichnet und es wird angenommen, dass sie in der Regel keine stadtentwicklungs- oder wohnungspolitischen Konflikte auslösen (Stahl 2017b; Bürgerschaft FHH 2013; E12). Damit stellen sie zentrale Akteure im Feld der Sozialen Wohnungswirtschaft dar.

Alle 30 großen Genossenschaften sind Mitglieder im Verband norddeutscher Wohnungsunternehmen (VNW) sowie im Arbeitskreis der Hamburger Wohnungsbaugenossenschaften.[1] Der Arbeitskreis wurde 1976 als Verein gegründet (AK WoBauG o.J.). In der Vergangenheit diente er insbesondere der Öffentlichkeitsarbeit und Mitgliederwerbung sowie als Beratungsgremium und als Sprachrohr zum VNW (E3). Anfang 2016 kündigte die neue Sprecherin des Arbeitskreises an, in Zukunft stärker politisch zu kommunizieren, was die Hamburger Wohnungsgenossenschaften „leisten können und was nicht" (AK WoBauG 2016). In einer Pressemitteilung hob sie die „demokratischen Strukturen" und das „nachbarschaftliche Miteinander" hervor sowie, dass Genossenschaften ihren Mitgliedern gehören (ebd.). Als Ziele formulierte sie den Erhalt der „Wohnqualität in den Quartieren zu bezahlbaren Preisen" und „eine gute Durchmischung der Stadtteile" (ebd.). Anlässlich des Mietenspiegels 2017

1 Insgesamt finden sich laut dem Registerportal der Länder 63 Wohnungsgenossenschaften in Hamburg, von denen 52 dem VNW und elf anderen Prüfungsverbände angeschlossen sind (Stand 2018). Neun von ihnen bestanden unter ihrem gegenwärtigen Namen bereits vor dem Jahr 1914, elf wurden bis 1927 gegründet, sieben in den ersten Jahren nach dem Zweiten Weltkrieg. In der Zeit zwischen 1950 und 1980 erfolgten keine Neugründungen. Seit den 1980er Jahren wurden mehr als 30 Wohnungsgenossenschaften neu gegründet, von denen die meisten bis heute (deutlich) weniger als 1.000 Wohnungen umfassen.

betonte der Arbeitskreis die günstigen Mieten von Genossenschaften und SAGA und gab diese mit im Durchschnitt 6,32 Euro/m² an (AK WoBauG 2018b). Im gleichen Atemzug wurde der Mietenspiegel gegen die Kritik, ein Instrument von Mietsteigerungen zu sein, verteidigt und hervorgehoben, dass eine langfristige Stabilisierung der Wohnungspreise nur durch die Ausweitung des Angebots an Wohnungen – also durch Neubau – zu realisieren sei.

Mit dieser Positionierung nehmen die großen Genossenschaften Bezug auf Vorstellungen und Hoffnungen verschiedener Akteure des Feldes der Sozialen Wohnungswirtschaft in Hamburg: Die Betonung der demokratischen Struktur, des nachbarschaftlichen Miteinanders und des gemeinschaftlichen Eigentums knüpft an die Hoffnungen an, die von marktkritischen Akteuren in Genossenschaften gesetzt werden. Der Bezug auf die soziale Mischung, die Rechtfertigung des Mietenspiegels und der Neubaupolitik beziehen sich dagegen positiv auf die neoliberale Orthodoxie des Feldes. Mit der in diesem Kapitel vorgenommenen Analyse rekonstruiere ich die impliziten und expliziten Interessen und Strategien, die dieser ambivalenten Positionierung zugrunde liegen. Die Genossenschaften sind als Unternehmen in das Feld eingebunden und stellen gleichzeitig selbst Kräftefelder dar, in denen verschiedene Akteure um die Ausgestaltung des genossenschaftlichen Wohnens ringen. Die materiellen und symbolischen Kämpfe, die auf diesen beiden Maßstabsebenen ausgetragen werden, sind miteinander verwoben: Akteure, die sich innerhalb einer Genossenschaft durchsetzen, können die dadurch gewonnene Macht im Feld einsetzen, ebenso wirken mächtige Akteure des Feldes in die Genossenschaften hinein. Zentraler Einsatz ist in beiden Fällen das symbolische Kapital der Genossenschaften, welches die Verflechtung beider Kräftefelder herstellt und gewährleistet. Als Ausgangspunkt meiner Analyse dient der Eklat, den der im Prolog aufgeworfene Konflikt um den Abriss des Wohngebäudes Elisa im Stadtteil Hamm vor dem Hintergrund des ausgesprochen guten Rufs der großen Genossenschaften in Hamburg ausgelöst hat.

In Abschnitt 6.1 rekonstruiere ich das symbolische Kapital der Genossenschaften als Grundlage symbolischer Macht und Herrschaft sowie als zentralen Einsatz im Feld. Das symbolische Kapital ist eine zentrale Stütze der Legitimationsstrategien herrschender Akteure: Genossenschaften, so die verbreitete Vorstellung, setzen aus eigener Motivation eine bewohnerorientierte Geschäftspolitik um und üben eine „dämpfende“ Wirkung auf das Mietniveau in Hamburg aus. Diese Zuschreibungen beruhen jedoch auf idealisierten Vorstellungen. Meine in Abschnitt 6.2 vorgenommene Analyse offenbart dagegen, dass die großen Genossenschaften eine mittelschichtsorientierte Aufwertungsstrategie verfolgen, die zwar nicht vom Interesse an einer Profitmaximierung geleitet ist, aber dennoch zu Gentrifizierungsprozessen und Verdrängung auf Stadtteilebene beiträgt. Motiviert ist diese Strategie vom Wunsch, langfristig eine Veränderung der Sozialstruktur der Mitglieder zu bewirken. Damit treiben auch sie die vorherrschende Dynamik auf dem Wohnungsmarkt an und fördern die Ausweitung von Gentrifizierungsprozessen auf den gesamten Bereich der Stadt. Dieser Effekt ist weniger das Resultat bewusster Entscheidungen als viel eher in den etablierten Routinen im Feld der Sozialen Wohnungswirtschaft begründet. Es besteht von daher ein Widerspruch zwischen der herrschenden Vorstellung zur Rolle großer Genossenschaften und ihrer Geschäftsführungspraxis, der von den im Feld engagierten Akteuren kaum wahrgenommen wird: Die Anerkennung, die Vorstände großer Genossenschaften dafür erhalten, dass sie im Sinne des genossenschaftlichen Gedankens handeln (würden), lässt auch mittelschichtsorientierte und damit ausgrenzende Praktiken der Geschäftsführung als legitim erscheinen.

Dieser Widerspruch zwischen den Genossenschaftsvorstellungen und der Praxis löst jedoch, wie ich in Abschnitt 6.3 anhand der Perspektive der Mitglieder herausarbeite, auch latente und manifeste Konflikte aus: Vor dem Hintergrund unterschiedlicher sozialer Positionen innerhalb der Genossenschaften stellt sich deren Geschäftsführung als Herausforderung dar, eine Gemeinschaft von Ungleichen in einer solchen Weise zu managen, dass eine langfristige Aufwertung als im Interesse „aller" liegend betrachtet wird. In Abschnitt 6.4 rekonstruiere ich, wie es den Vorständen gelingt, die Aufwertung von Wohnungsbeständen als „richtiges" und „notwendiges" Handeln im Sinne des Genossenschaftsgedankens erscheinen zu lassen. Als zentrales Mittel dient ihnen dazu die Vermeidung bzw. Einhegung von Konflikten durch die Mitwirkung der Mitglieder. Im Feld setzen sich die Vorstände dafür ein, die etablierten Kräfteverhältnisse und Überzeugungen aufrecht zu erhalten. Der Vertrauensvorschuss, über den sie in Form des symbolischen Kapitals verfügen, wird auf diesem Wege dazu verwendet, neoliberale Politiken zu legitimieren, die den Interessen eines großen Teils der Wohnungssuchenden widersprechen. Große Wohnungsgenossenschaften wirken damit in den Quartieren als nachholende Gentrifizierer (Metzger 2015) und tragen gleichzeitig in stadtpolitischen Konflikten dazu bei, ausgrenzende Marktprozesse zu legitimieren.[2]

2 Im ersten Abschnitt dieses Kapitels untersuche ich Genossenschaften als Akteure im Feld. Ausgangspunkt sind hier die Aktivitäten der Vereinigten Hamburger Wohnungsbaugenossenschaft (vhw) im Konflikt um Elisa. Da deren Vorstände auf meine Interviewanfragen nicht reagiert haben, rekonstruiere ich den Konflikt anhand der Aussagen anderer Akteure und Dokumenten wie Medienberichten und Pressemitteilungen. Die Analyse der Unternehmensstruktur und Geschäftsführung großer

6.1 Kämpfe um das symbolische Kapital der Wohnungsgenossenschaften

Das symbolische Kapital der Genossenschaften drückt sich in verschiedenen Umschreibungen ihrer „besonderen" – sozialen, gemeinwohlorientierten, demokratischen und/oder selbstverwalteten, etc. – Unternehmensführung aus. Im Feld dient das symbolische Kapital als eine Art „Kredit" der Glaubwürdigkeit, auf den Akteure zurückgreifen können, die als befugte Sprecher_innen des Genossenschaftsgedankens gelten (Rehbein/Saalmann 2014: 138). Diese Funktionsweise des symbolischen Kapitals zeigt sich insbesondere im Fall von Konflikten, in denen großen Wohnungsgenossenschaften in Hamburg prinzipiell eine hohe Glaubwürdigkeit unterstellt wird. Diese Glaubwürdigkeit resultiert einerseits aus der historischen Erfahrung, dass sich die Organisationsform Genossenschaft generell als Mittel der Befriedung in stadtpolitischen Konflikten eignet und andererseits daraus, dass sich viele große Genossenschaften durch ihren Einsatz für friedliche bzw. befriedende Lösungen in aktuellen Konflikten hervorgetan haben (Wegner et al. 2012: 135ff; Kowalski/Wegner 2014: 141ff.). So heben die interviewten Vorstände hervor, dass ihre Unternehmen nicht mit dem Begriff der Gentrifizierung assoziiert werden und in Konfliktsituationen von Politik, Verwaltung und teilweise auch von stadtpolitischen Initiativen als Vermittler_innen angefragt werden. Beispielhaft hierfür schildern mir zwei Vorstände die Vorgeschichte eines Bauvorhabens in St. Georg: Nachdem die Ankündigung eines Neubaus mit hochpreisigen Eigentumswohnungen heftigen Protest auslöste, konnte der Konflikt beigelegt werden, indem das Grundstück an eine Genossenschaft verkauft wurde. Diese baute dort Mietwohnungen für Familien und Senior_innen, die zum Teil öffentlich gefördert wurden. Die verantwortlichen Vorstände betonen, wie erleichtert die Verantwortlichen des Bezirks Mitte waren, mit der Genossenschaft einen der Gentrifizierung unverdächtigen Bauträger gefunden zu haben. Die Auseinandersetzung um das genossenschaftliche Wohngebäude Elisa im Stadtteil Hamm sowie weitere Konflikte um Wohnungsgenossenschaften

---

Genossenschaften sowie der Perspektive der Mitglieder basiert maßgeblich auf Interviews, die ich mit Vorständen und Mitgliedern von acht großen Genossenschaften geführt habe. Die Genossenschaften, die sich für diese Interviews zur Verfügung gestellt haben, haben sich in den letzten Jahren *nicht* als Auslöser von stadtpolitischen Konflikten hervorgetan und gelten im Feld der Sozialen Wohnungswirtschaft viel eher als ausgesprochen vertrauenswürdige Akteure. Gerade deshalb lassen sich anhand dieser Genossenschaften die Kräfteverhältnisse und Paradoxien im Feld deutlich herausarbeiten, die Widersprüche und daraus resultierende latente und manifeste Konflikte benennen und mögliche Entwicklungen in der Zukunft skizzieren.

zeigen, dass und wie um das symbolische Kapital der Genossenschaften im Feld der Sozialen Wohnungswirtschaft in Hamburg derzeit gerungen wird.

6.1.1 Der gute Ruf großer Wohnungsgenossenschaften

Die von mir befragten Akteure attestieren den großen Genossenschaften übereinstimmend einen wichtigen Beitrag zum Erhalt und Neubau bezahlbaren Wohnraums. Genossenschaften seien erfolgreiche und stabile Wohnungsunternehmen, die ein ausgeprägtes Interesse an der Quartiersentwicklung zeigen und eine hohe soziale Kompetenz im Umgang mit ihren Bewohner_innen an den Tag legen. Ihre langfristige und nicht auf Gewinn ausgerichtete Geschäftsstrategie hebt sie positiv von anderen Wohnungs- und Immobilienunternehmen ab. Mehrere Interviewpartner_innen betonen ihre Gesprächs- und Kooperationsbereitschaft und bezeichnen sie als besonders zugänglich für Austausch und Dialog. Der Sprecher der CDU bringt diesen guten Ruf auf den Punkt, indem er betont, dass es in Hamburg „allgemeiner Konsens" sei, dass genossenschaftliches Wohnen für „sehr positiv" gehalten wird (E9). Im Detail zeigt sich jedoch, dass unterschiedliche Akteure auch unterschiedliche Eigenschaften der großen Wohnungsgenossenschaften hervorheben.

Für die herrschenden Akteure steht im Vordergrund, dass Genossenschaften als bestandshaltende Wohnungsunternehmen verhältnismäßig günstige Mieten anbieten und für den Erhalt des sozialen Friedens sorgen. Respekt erhalten Genossenschaften insbesondere für die Einbindung ihrer Mitglieder in Prozesse der Quartiersentwicklung. So meint der Sprecher der SPD, Genossenschaften würden ihre Unternehmensentscheidungen „mit ihrer Mitgliedschaft, das sind viele Tausend, bereden und wenn man das schafft, dass die alle zufrieden sind, [...] dann glaube ich, ist das ein guter Maßstab oder dann weiß man schon, das ist eigentlich ne gute Sache die da entsteht" (E6). Wenn es Genossenschaften gelingt, unter ihren Mitgliedern Zustimmung zu Veränderungen an Wohnungsbeständen oder Neubauvorhaben herzustellen, dann kann auch eine allgemeine Zustimmung zu solchen Projekten erwartet werden. Mit der Betonung, dass die Genossenschaften ihre Entscheidungen mit ihren Mitgliedern besprechen „müssen", hebt er Beteiligungsformate als eine strukturelle Eigenschaft hervor, deren Umsetzung nicht vom guten Willen des Managements abhängig ist, sondern generell von Genossenschaften zu erwarten sei.

Auch für die marktkritischen Akteure besteht eine wichtige Eigenschaft der Genossenschaften darin, verhältnismäßig günstige Mieten anzubieten. Als Maßstab für die „Bezahlbarkeit" der Mieten dient ihnen jedoch die Zahlungsfähigkeit bzw. das Einkommen der Bewohner_innen und nicht – wie es von Seiten der herrschenden Akteure getan wird – der Marktpreis der Mieten in Hamburg. Aus der Geschichte der Genossenschaften als Teil linker Bewegungen beziehen die marktkritischen Akteure ihren Glauben an die „demokratische" Struktur genossenschaftlicher Unternehmensführung und gehen davon aus, dass sich deren Geschäftspraxis prinzipiell an den Bedürfnissen der Bewohner_innen ausrichte. Die Interviewpartner_innen von Mieter helfen Mietern, den Stadtteil- und Protestinitiativen und der Linken heben daher besonders hervor, dass bei Genossenschaften im Gegensatz zu anderen Marktakteuren nicht der Gewinn, sondern die Lebensqualität der Mitglieder im Fokus stehe. Aus diesem Grund genießen sie bei ihnen ein hohes Vertrauen. Sie werden wie selbstverständlich neben „gemeinnützigen" Projekten und solchen „von unten" genannt, allerdings mit dem Unterschied, dass die großen Genossenschaften über ein hohes ökonomisches Kapital verfügen und von daher im Neubaugeschehen aktiv sein können (E8). Kritisch bemerkt die Sprecherin von Mieter helfen Mietern, dass sie mehrfach von einem problematischen Umgang einzelner Vorstände gegenüber Mitgliederinteressen erfahren habe und sich daher die Frage stelle, „wie demokratisch" solche Genossenschaften tatsächlich seien (E10). Die Aktivist_innen der Stadtteilinitiative aus Rothenburgsort fragen sich angesichts des ausgesprochen freundlichen und sozialen Umgangs der lokalen Genossenschaften mit ihren Bewohner_innen, warum diese auf der Ebene des Bündnisses für Quartiere mit anderen – als zutiefst profitorientiert und damit bedrohlich wahrgenommenen – Immobilienunternehmen zusammenarbeiten.

Der gute Ruf der Hamburger Wohnungsgenossenschaften spiegelt sich auch in der Medienberichterstattung wider. Der überwiegende Teil der in den letzten zehn Jahren erschienenen Beiträge im Hamburger Abendblatt, der Hamburger Morgenpost und dem Lokalteil der taz stellt die Arbeit der Genossenschaften als positiven Beitrag zu Erhalt und Neubau bezahlbaren Wohnraums sowie zu lebenswerten Nachbarschaften dar. Besonders eindrücklich zeigt sich dies in einer dreiteiligen Serie über Wohnungsgenossenschaften, die im Jahr 2010 im Abendblatt erschienen ist. Hier wird die Struktur und Funktionsweise großer Wohnungsgenossenschaften erläutert und ihre Tätigkeit in historischer wie gegenwärtiger Perspektive als „wegweisend" bezeichnet (HA 2010c). Im Gegensatz zu anderen Wohnungsunternehmen gelte hier das Motto, „der Mensch geht vor Rendite" (HA 2010b). Als Vorteile werden insbesondere das lebenslange Wohnrecht, nachbarschaftliche Aktivitäten und ein Bewusstsein für die genossenschaftliche Gemeinschaft hervorgehoben (HA 2010a).

Die hohe Anerkennung gegenüber den Genossenschaften geht auch mit einer entsprechenden Erwartungshaltung an sie einher. Dementsprechend hat der

Konflikt um den Abriss von Elisa bei mehreren Akteuren des Feldes für Verwunderung oder Entsetzen gesorgt. So bemerkt der Sprecher der Grünen, dass dieser Konflikt ein „richtig negativer Fall" gewesen sei, der „das Gegenteil von Solidarität innerhalb einer Genossenschaft" gezeigt habe (E4). Einer der Aktivist_innen aus Rothenburgsort betont, wie sehr er „enttäuscht von denen als Genossenschaft" war, als er von dieser Auseinandersetzung und anderen Konflikten gehört habe (E11). Im gleichen Maße, wie die Genossenschaften ein hohes Vertrauen im Feld der sozialen Wohnungswirtschaft genießen, sind sie mit einer besonderen Fallhöhe beim Verlust dieses Vertrauens konfrontiert.

6.1.2 Der Fall Elisa

Der Konflikt um das genossenschaftliche Wohngebäude am Elisabethgehölz im Stadtteil Hamburg-Hamm beginnt im Jahr 2011 mit der Ankündigung des Abrisses und der Gründung der Mieterinitiative. Im Jahr 2015 wird der Abriss vollzogen und 2017 das Richtfest für das Gebäude Elisa II gefeiert. Zunächst kündigt die vhw als Eigentümerin den Abriss der bestehenden 122 Wohnungen mit einem durchschnittlichen Mietpreis von 4,50 Euro/m^2 zugunsten eines Neubaus von 100 neuen und frei finanzierten Wohnungen zu einem Mietpreis von 11,50 Euro/m^2 an (taz 2011b; Mopo 2014c). Nach massivem Protest baut die Genossenschaft schließlich 102 geförderte Wohnungen zu Mietpreisen von 6,10 Euro/m^2 bis 8,20 Euro/m^2 netto kalt.

Infolge der Öffentlichkeitsarbeit der Initiative werden mehr und mehr stadtpolitische Akteure auf den Fall aufmerksam; ein großer Teil von ihnen solidarisiert sich mit den Bewohner_innen.[3] Aufgrund des öffentlichen Drucks lässt sich die vhw auf die Einrichtung eines Runden Tischs ein, an dem um eine mögliche Sanierung des Gebäudes verhandelt wird. Dabei legen Gutachter_innen unterschiedliche Berechnungen für mögliche Instandhaltungskosten vor (Asmus/Reinig 2013). Während der Verhandlungen ziehen viele der ehemaligen Mieter_innen aus dem Gebäude aus, die leerstehenden Wohnungen werden nicht neu vermietet, obwohl die Nachfrage nach den kleinen und günstigen Wohnungen sehr hoch ist (ebd.). Für die verbleibenden Mieter_innen wird es zunehmend „ungemütlich"

---

3 Dazu zählen u.a. Politiker_innen der Grünen und der Linken, der Denkmalrat der Stadt Hamburg (2014), die Fritz-Schumacher-Gesellschaft (2014), die Architektenkammer, neun Stadtteilinitiativen, die sich für ein Recht-auf-Stadt einsetzen und 1.500 Unterzeichner_innen einer Unterschriftenliste zum Erhalt des Gebäudes (Elisa Bleibt! o.J.).

im Haus (Asmus 2013). Die Genossenschaft präferiert während der Verhandlungen durchgehend die Option des Neubaus und lehnt die von der Initiative vorgelegten Konzepte ab (ebd.). Zwar liegen die Kosten eines Neubaus deutlich über denen einer Instandsetzung, infolge der Neubau-Förderung durch die Stadt müsste sich die Genossenschaft für einen solchen jedoch weniger verschulden als für eine Instandsetzung oder Modernisierung (Asmus/Reinig 2013). Die Bewohner_innen werben in den Gremien der Genossenschaft für ihre Interessen, werden dort aber vom Vorstand marginalisiert (E1; E4). Zur Überraschung der engagierten Bewohner_innen erteilt die Bauprüfabteilung des Bezirks während der laufenden Verhandlungen die Abbruchgenehmigung (Asmus 2013). Daraufhin kündigt die vhw den verbliebenen Mieter_innen; einige gehen dagegen juristisch vor (Mopo 2014c). Mit einem großen Teil der Mieter_innen kann sich die vhw gütlich einigen (Mittendrin 2014; HA 2017f). Ein letzter Versuch der Initiative, das Haus durch eine neu gegründete Genossenschaft zu kaufen, wird von der vhw ignoriert. Im März 2015 beginnt der Abriss des Gebäudes (taz 2015d; Mittendrin 2015). Die Initiative sieht in Elisa einen Präzedenzfall für den Stadtteil, da mehrere vergleichbare Häuser sanierungsbedürftig seien und noch günstige Mieten aufweisen, während in einem Neubau deutlich höhere Preise verlangt werden können (Elisa Bleibt! o.J.).

Der Verlauf und die Aktivitäten der Akteure sind beispielhaft für ähnliche Konflikte um ein Recht-auf-Stadt bzw. den Erhalt von Wohnraum in Hamburg (Rinn 2016). Die Besonderheit der Auseinandersetzung um Elisa liegt in drei Konstellationen begründet: Die Anzahl und die stadtpolitische Bedeutung der involvierten Akteure ist relativ hoch, der Konflikt bekommt eine hohe mediale Aufmerksamkeit und als Gegnerin der Mieter_innen tritt eine Genossenschaft auf. Diese Situation provoziert für viele der Beteiligten die Frage, wie es dazu kommen konnte. So bezeichnen die Grünen in einer großen Anfrage an den Senat das Verhalten der vhw als „erschreckend", da Genossenschaften auf dem Hamburger Wohnungsmarkt bislang doch als „stabilisierender Faktor" bekannt seien (Bürgerschaft FHH 2013: 1). Auf einer Podiumsdiskussion mahnt der Sprecher des Mietervereins, dass der Fall Elisa dazu führen könne, dass sich das Image der Genossenschaften von einem ehemals gemeinnützigen zu einem als „unnütz und gemein" geltenden Akteur wandle (taz 2012a). Der ebenfalls an der Podiumsdiskussion teilnehmende Vorstand einer anderen großen Genossenschaft schreibt dazu später, er habe für seine Kolleg_innen die „Kohlen aus dem Feuer holen" und den Podiumsteilnehmern sowie dem Publikum die Besonderheiten der Genossenschaften als Wohnungsunternehmen erklären und verteidigen müssen (Kowalski/Wegner 2014: 71).

In den Interviews beziehen sich die Vorstände immer wieder ausdrücklich auf den Fall Elisa. Ein Vorstand schildert mir die Tätigkeit seiner Genossenschaft in den Bereichen Neubau, Sanierung und Modernisierung und kommt dabei auf die Situation in den Stadtteilen Hamm und Horn zu sprechen. Er merkt an, dass es insbesondere dort wichtig sei, die Aktivitäten benachbarter Eigentümer_innen im Blick zu behalten. Als Grund führt er den großen Anteil von Bauten aus den 1950er und 60er Jahren an den Wohnungsbeständen an. Diese führten dazu, dass man „in Wirklichkeit in dem Quartier auch ein bisschen schauen [muss] so Abbruch oder Neubau?" (V8). Gemeint sind an dieser Stelle die Optionen Erhalt oder Neubau, ein Versprecher, der auch anderen von mir interviewten Akteure über die Lippen kommt. In diesem Fall verweist der Versprecher auf den folgenden Gedankengang, den der Vorstand in Bezug auf die Situation im nördlichen Hamm ausführt: „Wir lassen da bewusst nun die nächsten fünf Jahre die Finger von, weil, [...] egal wer da jetzt baut, der kriegt erst mal nur links und rechts Watschen" (V8). Abriss und Neubau seien hier in absehbarer Zukunft nicht mehr möglich, denn Wohnungsunternehmen riskierten „Ohrfeigen" in Form öffentlich wahrnehmbaren Protests. Anschließend verweist er auf andere Genossenschaften, die in derselben Gegend bereits erfolgreich – das heißt ohne Protest zu entzünden – abgerissen und neu gebaut haben. Dann führt er aus:

> „Aber Fakt ist, es ist im Moment ein bisschen verbrannte Erde an der Stelle für Neubau. Da ist es klar, wer da im Umfeld dreihundert Meter ums Elisabethgehölz was Neues anfangen würde mit Neubau, der hat die Initiativen alle am Hals und die volle Aufmerksamkeit aller und das ist nicht gut. Da ist nen ruhiger Abbruch und Neubauplanung nicht möglich" (V8).

Damit benennt er die Brisanz des Falls und seine Konsequenzen für die genossenschaftliche Wohnungswirtschaft: Verbrannte Erde ist eine Kriegstaktik, bei der geschlagene Truppen auf dem Rückzug alles vernichten, was dem nachrückenden Feind von Nutzen sein könnte. Zerstört wurde auf der materiellen Ebene das Backsteingebäude aus den 1920er Jahren. Im übertragenen Sinne wurde damit gleichzeitig eine symbolische Ressource „verbrannt", die von der Genossenschaft und ihren Kritiker_innen – d.h. der Protestinitiative und ihren Unterstützer_innen – in unterschiedlicher Weise genutzt wurde: Ein wichtiges Argument der Initiative bestand darin, dass das Gebäude trotz Sanierungsbedarf wirtschaftlich zu betreiben sei und ihren Wohnbedürfnissen entspreche. Für viele Unterstützer_innen galt seine Denkmalwürdigkeit als wichtiges Argument für den Erhalt.

Wäre Elisa in Form einer neu gegründeten Genossenschaft erhalten geblieben, hätte dieses Symbol zukünftige Abrisspläne anderer Genossenschaften nachhaltig erschwert. Mit dem Verlust des Gebäudes verlieren die verbliebenen Bewohner_innen jedoch die Grundlage ihres Kampfes. Mit ihrem „erschreckenden" Vorgehen hat die vhw das Vertrauen in die großen Genossenschaften zwar schwer, aber nur kurzfristig erschüttert: Die Besonderheit der Genossenschaften liegt in ihrer Rolle als Bestandshalter begründet, die einen maßgeblich „anderen", d.h. sozialeren Umgang mit ihren Mitgliedern pflegen, als es in der Wohnungswirtschaft üblich ist. Das von allen Akteuren des Feldes geteilte Wissen um den Einsatz der Genossenschaften zugunsten ihrer Mitglieder und die allgemeine Anerkennung dieses Einsatzes als „gute Tat" ist ihr symbolisches Kapital. Durch die Art und Weise der Konfliktaustragung und die damit einhergehende öffentliche Aufmerksamkeit hat die vhw dieses Vertrauen erschüttert. Mit dem Abriss endet jedoch der Konflikt mit der Protestinitiative und damit auch deren Möglichkeit, ein alternatives Symbol genossenschaftlichen Handelns zu kreieren. Die vhw kann dagegen darauf vertrauen, ihre Anerkennung Stück für Stück wieder zurück zu gewinnen. Die Berichterstattung rund um das Richtfest von Elisa II zeigt, dass diese Strategie aufgehen kann.

Der Neubau wird beworben mit dem Slogan „Von allem das Beste – traditioneller Backstein, moderne Wohnungen, soziale Mieten" (vhw 2015). Neben der SPD, dem Bezirk Mitte und der vhw begrüßt auch der Mieterverein zu Hamburg den Neubau (vhw 2016; Mieterverein 2015b). Die Hamburger Morgenpost spricht schließlich von einem „Happy End" und hebt hervor, dass sich der Neubau optisch kaum vom Altbau unterscheide (Mopo 2015). Das Hamburger Abendblatt sieht in Elisa II ein Vorzeigeprojekt und betont den Bau dringend benötigter Wohnungen für Familien sowie das Entgegenkommen der Genossenschaft gegenüber ihren Mieter_innen (HA 2017f). Von der Intensität des vorhergegangenen Konflikts ist seitens der Akteure, die sich durchsetzen konnten, kaum noch die Rede. Der Mieterverein weist zwar darauf hin, dass der geförderte Neubau Resultat eines Kompromisses ist, alle anderen verbliebenen Konfliktbeteiligten beziehen sich dagegen kaum auf die Vorgeschichte des Projekts. Die Initiative Rettet Elisa, welche zunächst einen Großteil der Mieter_innen des Hauses vereinigte, stellt ihre Arbeit im Jahr 2015 ein. Von ihren Aktivitäten berichtet noch die Homepage (Elisa Bleibt! o.J; Rettet-Elisa o.J.).[4]

---

4 Der Konflikt um Elisa rief auch wissenschaftliche Beiträge zur Frage hervor, ob und in welcher Form Genossenschaften überhaupt Wohnungsbestände abreißen *dürfen*. In einem Artikel in der Zeitschrift für Miet- und Raumrecht argumentiert Thomas Cirsovius, dass Genossenschaften einen historischen Auftrag hätten, bezahlbares Wohnen für „Kleinverdiener" zu ermöglichen (2014: 696). Diese Aufgabe sei in den Satzungen festgelegt, in der Praxis jedoch durch „gewinnorientierte Funktionäre" bedroht (ebd.: 97). Er sieht in Genossenschaften „gerade keine typischen

6.1.3 *Auswirkungen auf die Konflikte um Genossenschaften in Hamburg*

Die Erschütterung des symbolischen Kapitals der Genossenschaften durch den Fall Elisa wirkt sich auch auf die Wahrnehmung anderer Konflikte mit und um Genossenschaften aus. Die Medienberichterstattung zeigt, dass sich der Abriss von Elisa in eine Reihe von öffentlich ausgetragenen Konflikten um die Geschäftsführung großer Genossenschaften in Hamburg einfügt. In deren Thematisierung zeigt sich ein Wandel, welcher durch den Fall Elisa beschleunigt wurde und in dem sich Brüche in der Struktur des Feldes der Sozialen Wohnungswirtschaft andeuten.

Wohnungsunternehmen, sondern sozial verpflichtete Wohnungsversorger" (ebd.: 699). Diese sollten Abrissmaßnahmen daher „in aller Regel sozialethisch" ablehnen (ebd.). Gegenüber Vorständen, die diese Grundsätze missachten, seien Mitglieder jedoch kaum in der Lage, eine Kontrollfunktion auszuüben. In derselben Ausgabe der Zeitschrift findet sich eine Erwiderung durch Anja Herzberg. Die Autorin sieht den satzungsgemäßen Auftrag der Vorstände darin liegen, „der Sicherstellung der (zukünftigen) Ertragskraft des Immobilienbestandes" zu dienen, was ausdrücklich auch „eine wirtschaftliche Verwertung mittels Abriss und Neubau" beinhalte (Herzberg 2014: 702). Abschließend fordert sie dazu auf, jegliche Vorstellung eines „Genossenschaftsgeistes", der eine besondere (Wirtschafts-)Gesinnung begründen würde, „abzulehnen" (ebd.: 703). Die Aufgabe der Genossenschaften würde schlicht darin bestehen, den Mitgliedern zu ermöglichen „die eigene ökonomische und soziale Lage besser zu meistern" (ebd.). In einem Beitrag im Magazin des VNW diskutiert der bekannte Genossenschaftsrechtsexperte Jürgen Keßler die Rechtmäßigkeit von Abrissen. Er hebt hervor, dass das genossenschaftliche Dauernutzungsrecht „in besonderen Ausnahmefällen, wenn berechtigte Interessen" dies erforderlich machten, sehr wohl gekündigt werden könne (Keßler 2014a: 12). Zu diesen Ausnahmefällen zählt er auch „(Teil-)Abriss (Rückbau) von Wohnungsbeständen", sofern diese „aus wirtschaftlichen Gründen geboten" seien (ebd.). Wirtschaftliche Gründe liegen nach Keßler bereits dann vor, wenn ein Nicht-Abriss die Wettbewerbsposition der Genossenschaften auf dem Mietwohnungsmarkt verschlechtert (ebd.). Damit macht er diese von betriebswirtschaftlichen Entscheidungen abhängig, denen sich die Versorgung einzelner Mitglieder unterzuordnen habe. Die Beiträge unterscheiden sich in ihrer wissenschaftspolitischen Ausrichtung deutlich: Keßler und Herzberg argumentieren im Sinne einer markt- und managementorientierten Position, die in der Genossenschaftswissenschaft derzeit die orthodoxe Lehrmeinung darstellt. Cirsovius knüpft dagegen an Vorstellungen an, die zu Zeiten der Wohnungsgemeinnützigkeit dominant waren, bis heute aber zu einer heterodoxen Position heruntergesetzt wurden. Bemerkenswert ist, dass in den orthodoxen Beiträgen die Bedeutung des „Genossenschaftsgeistes" negiert wird. Wie ich im folgenden darstelle, nutzen die Hamburger Vorstände den Genossenschaftsgedankens dagegen als Mittel zur konfliktfreien Durchführung von Abrissen.

Die vhw stritt bereits im Jahr 2005 mit Bewohner_innen eines Wohngebäudes in Wilhelmsburg um einen geplanten Abriss (HA 2005; taz 2005). Im Jahr 2017 geriet sie durch den Verkauf eines vermieteten Wohnblocks in Wilhelmsburg an das Wohnungsunternehmen Vonovia in die Kritik. Die vhw informierte die betroffenen Mitglieder erst kurz vor der Übergabe des Gebäudes und begründete ihre Entscheidung mit Kostenvorteilen. Laut einem Medienbericht fühlten sich die Mieter_innen um ihr genossenschaftliches Dauernutzungsrecht betrogen und befürchten Mieterhöhungen infolge von Modernisierungen (HA 2017a). Vertreter von SPD und Grünen ließen das Hamburger Abendblatt wissen, dass sie deren Verunsicherung nachvollziehen können: „Denn die Philosophie einer Genossenschaft und die der Vonovia haben wenig gemeinsam. Es bleibt zu hoffen, dass der neue Eigentümer die Mieter fair behandelt“ (ebd.). Im Stadtteil Tonndorf wehrten sich Bewohner_innen über mehrere Jahre gegen den Abriss ihrer Siedlung durch die Wohnungsbaugenossenschaft Hamburg-Wandsbek (Mopo 2007a). Der Abriss und Neubau von Wohngebäuden in Barmbek, in denen die Altmieter_innen teilweise günstige Mieten von 4,35 Euro/m² zahlten, durch die Hanseatische Baugenossenschaft, wurde in einer kleinen Anfrage in der Bürgerschaft als ungewöhnliches Verhalten einer Genossenschaft thematisiert (Mopo 2007b; Bürgerschaft FHH 2010a). Die Auseinandersetzung um Abriss und Neubau in der Matthias-Strenge-Siedlung in Poppenbüttel durch die Schiffszimmerer-Genossenschaft zog einen Bürgerentscheid auf Bezirksebene nach sich, infolgedessen der Hamburger Senat in den Konflikt intervenierte (HA 2002; Bürgerschaft FHH 2012; Walddörfer Umweltzeitung 2012). Die Genossenschaft will hier kleine und günstige Häuser mit Garten durch größere und teurere Neubauten ersetzen. Im Jahr 2012 wurde ein Kompromiss zwischen Mieter-Initiative und Genossenschaft gefunden, in dem einschränkende Regelungen für den Neubau berücksichtigt werden (HA 2012).

In der Siedlung Gartenstadt Berne, welche zur Wohnungsgenossenschaft Gartenstadt Hamburg gehört, wird seit 2012 um den Abriss von Teilen der Siedlung gestritten. Der Vorstand will einen Teil der günstigen Wohnhäuser mit großen Gärten abreißen und dort neu bauen, während sich einige Mitglieder dagegen wehren und eine Initiative gegründet haben (taz 2012b, 2013b). Der Konflikt hat zu heftigen Auseinandersetzungen innerhalb der Genossenschaft sowie zwischen politischen Parteien im Bezirk und in der Bürgerschaft geführt. Während der Vorstand eng mit der lokalen SPD verbunden ist, unterstützt ein Landespolitiker sowie die Bezirksfraktion der Grünen und die lokale CDU die Initiative. SPD und Grüne arbeiten gleichzeitig auf der Ebene der Bürgerschaft und des Senats zusammen und intervenierten von dort in den Konflikt (HA 2015b, 2017e). Der

Vorstand hat bereits drei Mitgliedern ein „genossenschaftsschädigendes Verhalten“ vorgeworfen, welches laut Satzung die Grundlage für deren Ausschluss bildet (HA 2017e). Die Initiative-Siedlung-Berne versucht dagegen die Mitglieder der eigenen wie anderer Genossenschaften zu einer kritischen Haltung gegenüber der Leitungsebene zu motivieren (Initiative-Siedlung-Berne o.J.). Im Juni 2017 lud sie einen Vertreter der Berliner Initiative Genossenschaft-von-unten zu einer Diskussionsveranstaltung über Mitsprachemöglichkeiten ein (taz 2017b).

Im Jahr 2015 ließ der Bauverein Reiherstieg im Stadtteil Wilhelmsburg eines seiner Mitglieder wegen verspäteter Mietzahlungen zwangsräumen. Gegenüber der Presse betonte der Vorstand, dass das Verhältnis zum Mitglied bereits „zerrüttet“ gewesen wäre; das Mitglied selbst vermutete, dass der Vorstand seit der erfolgreichen Abwehr einer Mietererhöhung schlecht auf ihn zu sprechen sei (taz 2015a). Am Tag der Räumung protestierten ca. 200 Personen in und vor dem Haus, nachdem Stadtteilinitiativen dazu aufgerufen hatten (taz 2015b; Hinz&Kunzt 2015). In einer Pressemitteilung kritisiert die Initiative Wilhelmsburg Solidarisch, dass die Wohnung nach der erfolgreichen Räumung um 120 Euro teurer als zuvor neu vermietet wurde (2016). Bereits im Jahr 2013 wurden Mieterhöhungen vom Arbeitskreis Umstrukturierung Wilhelmsburg kritisiert (AKU 2013a: 25ff.).

In den Medienbeiträgen zu den skizzierten Konflikten wird den Vorständen der Genossenschaften zumeist zugutegehalten, von gemeinwohlorientierten Zielen geleitet zu sein und aus Gründen der Wirtschaftlichkeit nicht anders handeln zu können – selbst, wenn sie Entscheidungen gegen die Interessen einzelner Mitglieder treffen. Teilweise erhalten sie die Möglichkeit zu Selbstdarstellungen, ohne auf Kritik Bezug nehmen zu müssen (HA 2017c). Infolge der Auseinandersetzungen um Elisa und die Zwangsräumung in Wilhelmsburg zeigen sich jedoch Brüche in der Wahrnehmung der Genossenschaften. In der Berichterstattung wirkt sich dies nicht als Kehrtwende aus, es zeigt sich aber ein Trendwechsel, in dem Verschiebungen reflektiert werden. So räumt insbesondere die taz Kritiker_innen zunehmend Platz ein, um ihre Positionen darzustellen. Dies bemerken auch einige der Vorstände und rechtfertigen sich mir gegenüber in den Interviews für Entscheidungen, die anderen Genossenschaften in den Medien vorgeworfen werden.

Die Veränderung der öffentlichen Wahrnehmung der großen Genossenschaften macht sich insbesondere in Form der Positionierung von stadtpolitischen Initiativen und Mietervereinen bemerkbar. Während die Initiativen aus Wilhelmsburg sowie Mieter helfen Mietern sich in allen aufgeführten Konflikten grundsätzlich kritisch gegenüber dem Management der großen Genossenschaften positionieren, lässt sich anhand des Mietervereins zu Hamburg ein Wandel feststellen: Zum

Abschluss des Konflikts um Elisa schließt er sich zwar der Würdigung des Neubaus an, die Auseinandersetzung wirkt jedoch in seiner weiteren Tätigkeit nach. Dies zeigt sich beispielsweise in einem Artikel in der Zeitschrift des Vereins aus dem Jahr 2017, in dem betont wird, dass sich „glücklich schätzen" könne, wer in Hamburg bei einer Genossenschaft wohnt (Stahl 2017b). Gleichzeitig wird jedoch festgestellt, dass sich teilweise auch Genossenschaften wie „normale" Akteure auf dem Wohnungsmarkt verhalten (ebd.). Dies wäre insbesondere am Konflikt um Elisa deutlich geworden. Ende 2017 gründet sich dann mit Unterstützung des Mietervereins eine Genossenschaft-von-unten Initiative nach Berliner Vorbild, deren Kritik sich gegen die Orientierung der Nutzungsentgelte an Marktpreisen und mangelnder Mitsprachemöglichkeiten richtet. Gefordert wird dagegen eine größere Transparenz gegenüber den Mitgliedern (Bosse 2017). Der Mieterverein unterstützt die Initiative in der Hoffnung, den „Genossenschaftsgedanken" wieder stärker an die Mitglieder zurück binden zu können und die genossenschaftliche Wohnungswirtschaft damit langfristig zu stärken (ebd.).

Die Verschiebungen der Kräfteverhältnisse im Feld der Sozialen Wohnungswirtschaft zeigen sich derzeit als eine Vertiefung bestehender Bruchlinien: Während etablierte Akteure das Vertrauen in die Genossenschaften nach dem Ende des Konflikts um Elisa als wiederhergestellt betrachten, wirkt die Destabilisierung bei marktkritischen Akteuren stärker nach. Bisher zeigt sich dies lediglich als zunehmende Skepsis, infolge weiterer Konflikte könnten sich die verschiedenen Perspektiven der Hamburger Akteure in Bezug auf große Genossenschaften jedoch derart trennen, dass deren guter Ruf den Status als symbolisches Kapital des Feldes verliert. Dies wiederum könnte sich auf die Auseinandersetzungen und Kräfteverhältnisse im Feld als Ganzes auswirken und damit auch die Möglichkeiten und Grenzen zur Durchsetzung bestimmter Interessen verändern.

6.2 Unternehmensstruktur und Selbstverständnis der Bestandsgenossenschaften

Wohnungsgenossenschaften stellen Kräftefelder dar, innerhalb derer verschiedene Akteure um die Ausgestaltung des Unternehmens ringen. Die Verteilung der sozialen Positionen und damit zusammenhängender Handlungsmacht in diesen Kräftefeldern ist von verschiedenen Faktoren geprägt: Zum einen von rechtlichen Regelungen wie insbesondere dem Genossenschaftsgesetz und der herrschenden Lehrmeinung zu Geschichte, Funktionsweise und Aufgaben genossenschaftlicher Wohnungsunternehmen. Zum anderen von den spezifischen Kräfteverhältnissen im lokalen Feld der Sozialen Wohnungswirtschaft sowie der Geschichte der einzelnen Genossenschaft. Im Folgenden analysiere ich die (Re-)Produktion der Kräftefelder großer Wohnungsgenossenschaften in Hamburg als Praxis eines alltäglichen „Genossenschaft-Machens" anhand von Interviews mit Vorständen und Mitgliedern. Dazu stelle ich deren soziale Positionen in der Genossenschaft anhand ihrer Ausstattung mit sozialem, kulturellem und ökonomischem Kapital dar sowie ihre persönliche Identifikation mit dem Unternehmen und ihre inhaltlichen Interessen bezüglich der Geschäftsführung. Zudem rekonstruiere ich, wie es den Vorständen auf der Basis ihrer Position sowie der Identitätskonstruktionen beider Akteursgruppen gelingt, das symbolische Kapital der Genossenschaften als Ressource für die Ausübung symbolischer Macht und Herrschaft zu nutzen.

Grundlage für die Untersuchung der Leitungsebene bilden Interviews mit der Hamburger Lehrer-Baugenossenschaft eG, dem Wohnungsverein Hamburg von 1902 eG, der Wohnungsgenossenschaft von 1904 eG, der Baugenossenschaft Fluwog-Nordmark eG, der Baugenossenschaft Hamburger Wohnen eG, der Hanseatischen Baugenossenschaft Hamburg eG, der Baugenossenschaft freier Gewerkschaften eG und der Gemeinnützigen Baugenossenschaft Bergedorf-Bille eG. Alle acht Genossenschaften sind Mitglieder im Arbeitskreis der Hamburger Wohnungsbaugenossenschaften sowie dem VNW und halten Wohnungsbestände u.a. im Hamburger Osten. Hinsichtlich ihrer Geschichte, Unternehmensgröße und -struktur weisen sie Unterschiede auf. Demgegenüber besteht eine bemerkenswerte Übereinstimmung hinsichtlich ihres unternehmerischen Selbstverständnisses, wie es auf den Homepages, in den Geschäftsberichten, der Mitgliederzeitschrift und vor allem in den Interviews durch die Vorstände ausgedrückt wird. Die übereinstimmende Grundhaltung bezieht sich auf die Unternehmenspraxis, das Vorgehen bei Neubau, Modernisierung und Mietengestaltung, ihre Sicht auf die Wohnungspolitik sowie den Umgang mit Mitgliedern und Konflikten.[5]

6.2.1 *Das Selbstverständnis als Vorstand einer großen Wohnungsgenossenschaft*

Die Vorstände identifizieren sich mit ihrer Position und Funktion im Unternehmen und nutzen dafür sprachlich ein „Wir", welches verschiedene Bedeu-

5 Inwieweit sich die im Folgenden dargestellten Unternehmensstrukturen und Selbstverständnisse auf die weiteren 22 großen Hamburger Wohnungsgenossenschaften übertragen lassen, kann im Rahmen dieser Arbeit nicht beantwortet werden – die interviewten Vorstände haben ihre Aussagen jedoch vielfach in einer so generalisierenden Art und Weise vorgetragen, dass sie vermutlich selbst von einer weitgehenden Verallgemeinerbarkeit ausgehen.

tungsebenen umfasst: Es bezieht sich gleichermaßen auf das jeweilige Team der Vorstände, da alle befragten Genossenschaften zwei hauptamtliche Vorstände aufweisen, als auch auf ihre Funktion als Beauftragte des gemeinschaftlichen Geschäftsbetriebs. In diesem Sinne umfasst es in einigen Ausführungen auch die Gesamtheit der Genossenschaft inklusive ihrer Mitarbeiter_innen und Mitglieder. Teilweise nutzen die Vorstände in den Interviews außerdem ein Wir, um wohnungswirtschaftliche Positionen zu benennen. Hierbei wird ein gemeinsames Interesse aller großen Hamburger Wohnungsgenossenschaften gegenüber anderen Akteuren des Feldes bestimmt. Das wohnungswirtschaftliche Wir umfasst den Arbeitskreis der Hamburger Wohnungsbaugenossenschaften sowie zumeist den VNW. Die Identifikation der Vorstände mit dem VNW liegt auch darin begründet, dass fünf von ihnen im Jahr 2017 Funktionen in den Gremien des Verbandes wahrgenommen haben (VNW 2018).

Die Vorstände präsentieren sich als wohnungswirtschaftliche Praktiker_innen. Als Darstellungsform wählen sie in den Interviews eine kohärente und systematisch gegliederte Chronologie. Sie lassen Zahlen in die Ausführungen einfließen, mit denen die Faktizität des Gesagten unterstrichen und ihr persönliches Wissen untermauert wird. Sie erläutern, welche Gründe in welchen Situationen zu welchen Unternehmensentscheidungen führen. Dabei fällen sie auch selbstbewusst Urteile über andere Akteure. Dies betrifft insbesondere die Mitglieder, deren Bedürfnisse sie meinen einschätzen zu können. Sie drücken sowohl sprachlich als auch inhaltlich ihre Rolle als souveränes Leitungspersonal eines Unternehmens aus und präsentieren sich als Expert_innen der Wohnungswirtschaft, -politik und Stadtentwicklung. Sie gehen davon aus, dass für die Leitung einer großen Genossenschaft immobilienwirtschaftlicher Sachverstand nötig ist und diese Tätigkeit nur hauptamtlich in professioneller Weise ausgeführt werden kann. Teilweise führen sie aus, dass ihren ehrenamtlichen Vorgängern genau dieser Sachverstand gefehlt habe, wodurch sich die Unternehmen in der Vergangenheit nicht optimal entwickelt hätten. Die mangelnde Entwicklung machen sie dabei an einem geringen Größenwachstum hinsichtlich Wohnungsbestand und Mitgliedern fest.

In sieben der acht Genossenschaften besteht der Vorstand ausschließlich aus Männern.[6] Alle Vorstände bezeichnen die Art und Weise ihrer Geschäftsführung als „realistisch". Teilweise grenzen sie ihren Realismus gegen „genossenschaftsro-

6 Um zu gewährleisten, dass den Aussagen der einzigen Frau aus dem Sample der Vorstands-Interviews die gleiche Anonymität wie ihren männlichen Kollegen zukommt, zitiere ich alle Vorstände als männliche Personen.

mantische“ Vorstellungen ab, die bei kleinen Genossenschaften oder Baugruppen vorherrschen würden oder verweisen auf Politiker_innen, wenn diese sich entsprechend der öffentlichen Meinung und nicht entsprechend der als realistisch empfundenen Annahmen der wohnungswirtschaftlichen Verbände verhalten. Alle Vorstände, die über ihren beruflichen Werdegang berichtet haben, betonen, dass sie überzeugt sind, mit ihrer Arbeit in gesellschaftlicher Hinsicht Positives zu leisten. So führt ein Vorstand aus, während er um das Gesagte zu betonen auf den Tisch klopft, „also, wenn ich abends ins Bett gehe, weiß ich, ich hab was Gutes getan. Das ist irgendwie schöner als ich hab Geld verdient alleine“ (E2). Die Gewissheit, mit ihrer professionellen Tätigkeit „Gutes“ zu tun, verleiht ihnen eine moralische Selbstsicherheit im Umgang mit anderen Akteuren.

6.2.2 Unternehmensstruktur und Geschäftsführung

Die ausgewählten Genossenschaften verfügen im Jahr 2017 über Bestände zwischen 2.000 bis über 9.000 Wohnungen. Sie weisen Bilanzsummen von knapp über 100 Mio. Euro bis ca. 450 Mio. Euro im Jahr auf und beschäftigen zwischen 17 und 98 Mitarbeiter_innen. Der größte Teil ihres Kapitals ist – dem Zweck der Genossenschaften entsprechend – in Immobilien angelegt. Bemerkenswert ist die hohe Eigenkapitalquote von (teilweise deutlich) über 30 %. Sie stellen somit solide finanzierte Unternehmen dar, die über Kapital in erheblichem Umfang verfügen (vgl. Tabelle 3).[7] Über dieses Kapital verfügen die Vorstände nicht als

7 Sieben der acht ausgewählten Genossenschaften weisen ursprünglich Gründungsdaten aus der Zeit von vor 1914 oder aus den 1920er Jahren auf, nur die Hanseatische Baugenossenschaft stellt eine tatsächliche Neugründung nach dem Zweiten Weltkrieg dar. Die Hamburger Wohnen ist 2007 aus der Fusion zweier Genossenschaften aus den 1920er Jahren hervorgegangen, die Bergedorf-Bille und die Fluwog Ende der 1940er Jahre als Zusammenschlüsse mehrerer Genossenschaften, die teilweise bereits seit den 1920er Jahren bestanden. Alle acht Genossenschaften sind zwischen den 1950er und 80er Jahren deutlich an Wohnungen und Mitgliedern angewachsen, haben in den 1990er und 2000er Jahren wenig neu gebaut und damit vor ca. zehn Jahren wieder verstärkt begonnen. Die Mitgliederzahl liegt über der Anzahl der Wohnungen, da ehemalige Bewohner_innen teilweise nach ihrem Auszug Mitglied bleiben oder mehrere Mitglieder in einer Wohnung wohnen. Die Anzahl der wohnungssuchenden, aber unversorgten Mitglieder, ist laut Auskunft der Vorstände gering. Gegenwärtig nehmen sie nur dann neue Mitglieder auf, wenn sie diesen auch eine Wohnung anbieten können. Die acht Genossenschaften bewirtschaften im Jahr 2017 insgesamt 40.990 Wohnungen. Von 2011 bis 2017 hat sich ihr Bestand um ca. 600 Wohnungen erhöht. Zu den hier ausgeführten Daten

individuelle Personen, sondern in ihrer Funktion als Leiter eines gemeinschaftlichen Geschäftsbetriebs. Sie verstehen sich daher, wie es einer von ihnen ausdrückt, als „Sachwalter des genossenschaftlichen Treuhandvermögens“ (V1).

Tabelle 3: Die untersuchten Genossenschaften im Überblick

Genossenschaft	*Lehrerbau*	*Wo'Ve 1902*	*Wo'Ge 1904*	*Fluwog*	*Hamb' Wohnen*	*Hanseatische*	*Freie Gewerk'*	*Berge'-Bille*
Gründungsdatum	1926	1902	1904	1949	2007	1949	1922	1948
Wohnungen	1.997	2.700	3.624	4.536	4.778	6.800	7.311	9.244
Mitglieder	3.393	3.680	4.810	7.221	7124	8.795	11.068	23.288
Miete €/m²	6,65	7,28	6,43	6,38	6,25	6,16	6,55	6,88
Dividende	3 %	4 %	4 %	4 %	4 %	4 %	5 %	4 %
Fluktuation	5,7 %	8,6 %	7,0 %	5,8 %	6,9 %	6,3 %	6,4 %	6,5 %
Bilanzsumme Mio. €	102,5	158,1	203,8	264,5	194,5	282,2	378,9	447,2
Jahresübers. Mio. €	4,6	4,2	1,9	5,2	5,9	6,7	7,8	13,0
Eigenkapitalquote	36,5 %	30,2 %	34,7 %	30,7 %	41,5 %	48,7 %	37,6 %	69,9 %

Die untersuchten Genossenschaften im Überblick (Hamburger Lehrer-Baugenossenschaft eG, Wohnungsverein Hamburg von 1902 eG, Wohnungsgenossenschaft von 1904 eG, Baugenossenschaft Fluwog-Nordmark eG, Baugenossenschaft Hamburger Wohnen eG, Hanseatische Baugenossenschaft Hamburg eG, Baugenossenschaft freier Gewerkschaften eG und Gemeinnützige Baugenossenschaft Bergedorf-Bille eG). Sortiert nach Anzahl der Wohnungen. Stand 2017. Bei den Stellen der Mitarbeiter_innen wird teilweise nicht zwischen Voll- und Teilzeitstellen unterschieden. Quellen: Geschäftsberichte der Genossenschaften.

Alle acht Genossenschaften verfügen über umfangreiche Wohnungsbestände im Hamburger Osten und Nordosten, insbesondere in den Bezirken Mitte und Wandsbek. Im Hamburger Westen sind nicht alle vertreten, südlich der Elbe nur drei von ihnen mit wenigen Beständen (AK WoBauG o.J.). In der HafenCity haben drei der Genossenschaften gebaut, die anderen nicht. Einige Vorstände führen explizit aus, dass sie dort auf Neubau verzichten, da die entstehenden Baukosten und Mieten nicht der Kaufkraft und Nachfrage ihrer Mitglieder entsprechen. Alle haben einen großen Wohnungsbestand in den Stadtteilen Hamm und Horn, insbesondere im nördlichen Hamm. Die Vorstände betonen, dass sie zukünftig regelmäßig neu bauen wollen, bevorzugt in der Nähe bereits

---

siehe die Homepages, Geschäftsberichte und weitere Publikationen wie Lehrerbau (2001, 2018b), Wohnungsverein 1902 (2002, 2018), Wohnungsgenossenschaft 1904 (1954, 2018a), Fluwog (2018); Hamburger Wohnen (2018a); Hanseatische Baugenossenschaft (2018a); Freie Gewerkschafter (2018a); Bergedorf-Bille (2018a) sowie Schmidt/Wigger (1997) und Schmidt (2007).

vorhandener Bestände oder in anderen guten Lagen der Stadt. Sie befürworten das Stadtentwicklungsvorhaben Stromaufwärts und andere Aktivitäten zur Steigerung des Images des Hamburger Ostens und bemerken auch bereits deren Erfolg. Infolge der hohen stadtweiten Nachfrage nach Wohnraum würden „auch die Gebiete am Rand immer mehr in die Attraktivität hineinwachsen" (V8). Drei der Genossenschaften sind Partner im Bündnis für die Quartiere, das sich für die Entwicklung des Stadtteils Rothenburgsort und des Osterbrookviertels einsetzt (Metzger 2017a). Mehrere der Genossenschaften haben in den vergangenen Jahren neue Büro- und Verwaltungsgebäude gebaut. Dabei wurden die Geschäftssitze an zentraler gelegene Orte wie die Innenstadt oder Verkehrsknotenpunkte des öffentlichen Nahverkehrs verlagert.

Auf meine Frage, inwiefern sich Genossenschaften in ihrem Neubau-, Sanierungs- und Vermietungsverhalten von anderen privaten Akteuren auf dem Wohnungsmarkt unterscheiden, verweisen die Vorstände auf die langfristige Ausrichtung ihrer Wohnungsbewirtschaftung, die sich grundsätzlich an den Interessen der Mitglieder ausrichte. Wichtige Merkmale seien dabei, dass sie die erzielten Jahresüberschüsse – abzüglich der an die Mitglieder ausgezahlten Dividende auf deren Anteile – vollumfänglich in das Unternehmen reinvestieren, von daher nicht renditeorientiert arbeiten und keine Spekulation mit Grundstücken betreiben. Sie sorgen für eine dauerhafte Instandhaltung und nehmen regelmäßig Modernisierungen vor. Auf den Begriff des Bestandshalters beziehen sich die Vorstände grundsätzlich positiv, da er ihre langfristig angelegte Geschäftsführung treffend beschreibe. Dieses Geschäftsverhalten unterscheide Genossenschaften deutlich von manchen anderen Immobilienunternehmen, die von zwei Vorständen mit dem Begriff der „Heuschrecken" angesprochen werden. Alle Vorstände heben jedoch hervor, dass auch viele andere Hamburger Wohnungsunternehmen und Privatvermieter_innen bestandserhaltend arbeiten. Diesen gegenüber zeichneten sich genossenschaftliche Wohnungsunternehmen durch günstigere Mietpreise und insbesondere einem bestimmten Umgang mit den Mitgliedern aus.

6.2.3 Nutzungsentgelte und die Objektivität des Mietenspiegels

Die günstigen Mieten der Genossenschaften hängen eng mit ihrem satzungsmäßigen Auftrag zusammen, im Interesse der Mitglieder zu wirtschaften. So erläuterte mir ein Vorstand: „Sie wissen, dass Genossenschaften für die wirtschaftlichen Interessen ihrer Mitglieder arbeiten, keine Wohnrenditen erwirtschaften, die aus dem Unternehmen gezogen werden [und] alles reinvestieren" (V1). Diese

Wirtschaftsweise sorge „automatisch“ dafür, dass „wenn man es nicht ganz falsch anstellt, wir in allen Fällen preiswerter agieren als jeder private [...] Mitbewerber der natürlich auf Rendite orientiert ist“ (V1). Günstigere Mieten ergeben sich in dieser Formulierung aus dem Verzicht auf Rendite, sofern die notwendige – und wie mit dem Begriff „natürlich“ ausgedrückt – selbstverständliche Bedingung erfüllt ist, dass alle anderen wohnungswirtschaftlichen Akteure des freien Marktes auf eine solche abzielen und diese auch erreichen. Der Vorstand führt weiter aus, „am Ende ist das Plakativste, was wir immer wieder erleben, dass wir für unsere Wohnungen je nach Lage zwischen zwei und fünf Euro pro Quadratmeter weniger nehmen als der freie Markt-Mitbewerber“ (V1).

An anderer Stelle im Interview erläutert er jedoch, dass die Konkurrenzfähigkeit der Genossenschaften in Form günstigerer Mieten zu Beginn der 2000er Jahre geringer ausgeprägt war. Zu dieser Zeit hätten große Wohnungsgenossenschaften in Hamburg Leerstände zu verzeichnen gehabt und er selbst habe sich gefragt, welche Zukunftsaussichten dieses Geschäftsmodell insgesamt noch habe. Heutzutage, wo die privaten Vermieter_innen in einen „Goldrausch“ verfallen seien, wäre er dagegen überzeugt, dass ihnen eine immer größere Bedeutung zukomme (V1). Die Betonung, dass Genossenschaften „in allen Fällen“ preiswerter agieren würden, ist insofern irreführend. Dieses Merkmal erfüllen sie nur in Relation zu den Gewinnabsichten privater Akteure und deren Möglichkeiten, ihre Gewinne auch tatsächlich auf dem Markt zu realisieren.

Die Vorstände arbeiten in der Gewissheit, sich vom Luxussegment auf dem Wohnungsmarkt abzugrenzen. Gleichzeitig grenzen sie sich auch ausdrücklich „nach unten“ ab. Genossenschaftliches Wohnen sei, wie es ein Vorstand ausdrückt,

> „kein Luxuswohnen, aber [...] auch kein, wie soll ich sagen es ist auch kein billiges Wohnen, also es ist preiswert, also [das ist] eines meiner Lieblingsworte. Preiswert im Sinne von den Preis wert, das kann durchaus auch teuer sein. Wenn etwas den Preis wert ist, dann ist es unabhängig erst mal von der Frage, ob es teuer oder billig ist“ (V7).

Die zitierten Ausführungen sind von der Suche nach der passenden Begrifflichkeit geprägt. Direkt zuvor sprach der Vorstand von der Mitgliederschaft seiner Genossenschaft und kennzeichnete diese als „schon sehr bunt gemischt“ (V7). Diese Mischung „nach oben“ mit dem Begriff des Luxus abzugrenzen, macht ihm keine Schwierigkeiten. Die Abgrenzung „nach unten“ erfordert dagegen ein kurzes Innehalten, um die richtige Formulierung zu finden. Gewählt wird dann der Begriff „billig“, welcher neben seiner Bezeichnung für einen günstigen oder niedrigen Preis häufig mit einer abwertenden Konnotation im Sinne von qualitativ minderwertiger Massenware genutzt wird. Die Präzisierung, dass genossenschaftliches Wohnen „auch teuer" sein könne, erklärt, weshalb der im Vergleich zu „billig" eher positiv besetzte Begriff „günstig" in der hier vorgenommen Aussage nicht das richtige Spannungsverhältnis anzeigt. Das Wort „preiswert", welches zwischen den Extremen Luxus- und Billigwohnen vermitteln soll, kann durchaus auch einen hohen Preis beinhalten, wenn dieser in einem als angemessen empfundenen Verhältnis zur Qualität der Wohnung steht. Der Vorstand meint, dass der Wert einer Wohnung damit unabhängig von der Frage sei, ob diese „teuer oder billig" ist. Diese „Unabhängigkeit" kann jedoch nur von einer Person empfunden werden, die von ihrer ökonomischen Ausstattung her in der Lage ist, den Tauschwert der Wohnung ohne Schwierigkeiten zu bezahlen. Wer dagegen vom Preis von der Nutzung ausgeschlossen ist, wird den Wert der Wohnung unweigerlich als teuer empfinden.

Teuer oder günstig sind Waren auf dem Markt immer im Verhältnis zur Kaufkraft der Nachfrager_innen. Im Kern verweist die Formulierung des Vorstandes darauf, dass Genossenschaften weder das hochpreisige noch das niedrigpreisige Segment bedienen, sondern im Verhältnis der Angebotssituation auf dem Wohnungsmarkt eine „mittlere" Position einnehmen wollen. Eine Positionierung, die folgenreiche Auswirkungen auf die Gestaltung der Miete und auf die Vorstellung über die Mitgliederschaft in Genossenschaften hat.

Die Geschäftsberichte der Genossenschaften geben für das Jahr 2017 durchschnittliche Nutzungsentgelte bzw. Mietpreise in den gesamten Beständen zwischen 6,16 Euro/m^2 und 7,28 Euro/m^2 an, wobei bis auf eine Genossenschaft alle unter dem Wert von 7 Euro liegen. Damit bleiben sie deutlich unter dem Mittelwert des Hamburger Mietenspiegels, der im Jahr 2017 bei 8,44 Euro/m^2 liegt. Betrachtet man die Abweichungen in einzelnen Segmenten des Mietenspiegels, fällt jedoch auf, dass die durchschnittliche Miete der Genossenschaften sehr nahe bei den Mittelwerten für Wohnungsbestände in normaler Wohnlage aus den 1950er bis 70er Jahren liegt, in ausgewählten Fällen auch darüber. Sieben der acht Genossenschaften präsentieren ihre Neubauvorhaben auf ihrer Homepage. Angekündigt und beworben werden dabei sowohl Neubauten im geförderten Wohnungsbau als auch frei finanzierte Wohnungen. Der Anteil geförderter Wohnungen liegt insgesamt betrachtet über dem Anteil frei finanzierter Wohnungen, wobei das genaue Zahlenverhältnis nicht ermittelt werden kann, da es bei einigen Bauvorhaben nicht konkret angegeben wird. Für die Neubauvorhaben werden auf den Homepages nur selten Angaben zu den zukünftigen Mietpreisen der frei finanzierten Wohnungen gemacht. In einem Fall werden 11 Euro/m^2 aufgerufen, in einem anderen 13 Euro/m^2. Drei Genossenschaften präsentieren

Mitte Januar 2019 aktuelle Wohnungsangebote auf ihrer Homepage. Insgesamt handelt es sich dabei um sechs Wohnungen, die im Netz zu finden waren. Für eine Wohnung wird ein Mietpreis von 6,70 Euro/m^2 aufgerufen, für drei andere Preise von 11 bis 12 Euro/m^2 und für zwei weitere 15,30 Euro/m^2, wobei es sich bei den teureren Wohnungen um barrierefreie bzw. altengerechte handelt. Auf Grundlage dieser Daten kann davon ausgegangen werden, dass die ausgewählten Genossenschaften etwas günstiger bauen und neu vermieten als der Durchschnitt der Hamburger Wohnungsbauunternehmen und privaten Vermieter_innen.

Auf meine Frage nach den Mietpreisen verweisen die Vorstände auf die Durchschnittswerte, wie sie in den Geschäftsberichten angegeben sind. Die unternehmenseigenen Mietkonzepte sind jedoch auf eine Anpassung an den Mittelwert des Mietenspiegels ausgerichtet. Dies beinhaltet eine Neuvermietungsmiete in Höhe dieses Mittelwerts sowie eine kontinuierliche Anhebung der Mieten aus Altverträgen an diesen Richtwert. Begründet wird dies mit der „Objektivität" des Mietenspiegels, dem Ziel der Gleichbehandlung und einer betriebswirtschaftlichen Notwendigkeit kontinuierlicher Mietpreisanhebung. So führt ein Vorstand aus, der Mietenspiegel sei ein Maßstab, „auf den wir ja wenig Einfluss haben [...]. Es gibt nur gute Wohnlagen oder schlechte, egal ob unser Mitglied jetzt in [diesem oder jenem Stadtteil wohnt] und das ist eigentlich ein objektiver Maßstab, an den wir uns richten können. Der Aufsichtsrat fand das auch und so haben wir dann ein [entsprechendes] Mietkonzept gemacht" (V3).

Als „objektiv" wird hier ein Kriterium beschrieben, das außerhalb des eigenen Einflussbereiches liegt. Damit können sich Vorstand und Aufsichtsrat dem Vorwurf entziehen, die Mieten einzelner Wohnlagen seien willkürlich oder ungerecht. Die Verantwortung für den Maßstab der Nutzungsentgelte – und damit auch für das Prinzip „preiswerter" Wohnungen – trägt nun der unpersönliche Verwertungszusammenhang des Marktes bzw. der lokalen Neuvermietungsmieten, die Grundlage für den Mietenspiegel sind.

Ein anderer Vorstand betont den Aspekt der Gleichbehandlung innerhalb einer Genossenschaft: „Wir haben [...] in den letzten Jahren konsequent den Mittelwert des Mietenspiegels dort angepeilt, wo ältere Wohnanlagen teilweise durch lange Nutzungsdauer noch deutlich drunter lagen, weil das für mich ein Teil der Gleichbehandlung innerhalb der Genossenschaft ist, dass alle für gleiche Wohnverhältnisse und gleiche Wohnqualität auch gleiche Mieten zahlen" (V1). Durch die Reduzierung der Spannbreite der Mietpreise in den Beständen soll verhindert werden, dass ein Gefühl der Ungleichbehandlung unter den Mitgliedern aufkommt. Es sei für die „Gemeinschaft" aller Genossen nicht zumutbar, einzelne Mitglieder durch herausragend günstige Nutzungsgebühren zu „pimpen", wie sich ein Vorstand ausdrückt (V3). Maßstab solcherart „gleicher" Belastungen stellen die Neuvermietungsmieten und damit letztendlich die Marktpreise dar. Als weiteres Argument für die kontinuierliche Erhöhung der Mieten nennen die Vorstände die Notwendigkeit regelmäßiger Investitionen. Um nach erfolgten Modernisierungen keine – aus Sicht der Bewohner_innen außergewöhnlich – großen Preissprünge vornehmen zu müssen, sei es sinnvoll, bereits zuvor für eine Angleichung der Mieten an das Marktpreisniveau zu sorgen. Auf diesem Wege ließen sich Konflikte um Mieterhöhungen weitgehend vermeiden.

Zusammengefasst lassen sich somit drei Gründe benennen, die eine Anpassung der Nutzungsentgelte an den Mietenspiegel rechtfertigen: Um dem Verdacht der Willkür zu entgehen, bestimmt man erstens die Entwicklung der Mieten anhand der Marktentwicklung. Dabei wird zweitens dem Prinzip der Gleichbehandlung Vorrang vor der Berücksichtigung von Einzelschicksalen eingeräumt. Als Maßstab der Gleichbehandlung gilt wiederum die Marktentwicklung. Es dominiert drittens ein betriebswirtschaftlicher Blick auf die Wohnungsbestände, welche regelmäßig durch neue Investitionen für zukünftige Nachfrage attraktiv gehalten werden sollen. Die Geschäftsberichte der Genossenschaften dokumentieren dementsprechend eine regelmäßige Erhöhung der Nutzungsentgelte. Diese bewegen sich im Zeitraum 2011 bis 2017 unterhalb der durchschnittlichen Erhöhungen des Mittelwerts des Hamburger Mietenspiegels. Dennoch tragen auch die Mietsteigerungen in den Genossenschaften zum Abschmelzen des Bestandes günstiger Wohnungen in Hamburg bei.[8]

Die Vorstände setzen die Begriffe des preiswerten Wohnraums und der durchschnittlichen Miete mit den Entwicklungen gleich, die im Mietenspiegel dokumentiert werden. Dies drückt sich beispielsweise in der Aussage eines Vorstandes aus, dass die großen Genossenschaften keine hohen Mietpreise verlangen müssten, da sie als stabile Unternehmen gar nicht darauf angewiesen seien, zu nehmen, was sie „kriegen" könnten (V2). Der Mittelwert des Mietenspiegels stellt aus seiner Perspektive keinen hohen, sondern eben einen *mittleren* und damit angemessenen Mietpreis dar.

Diese Herangehensweise ist in zweifacher Hinsicht problematisch: Zum einen ist das Vergleichsmietensystem des Mietenspiegels in seiner gegenwärtigen Syste-

8 Siehe dazu die Debatten um die Frage, welche Mietpreise in Hamburg als günstig bzw. bezahlbar angesehen werden können, wie sie in Kapitel 5 dargestellt sind. Galten Anfang der 2010er Jahre noch Preise von 6 Euro/m² in der stadtpolitischen Debatte als „bezahlbar" (Güntner 2013), so wird von den herrschenden Akteuren in Hamburg inzwischen der Wert von 8 Euro/m² als Orientierungsmaßstab für „Bezahlbarkeit" herangezogen.

matik darauf ausgerichtet, die Steigerungen der Mietpreise anhand der aktuellen lokalen Dynamik auf dem Wohnungsmarkt zu dokumentieren (Schardt 2012; Keicher 2013). Wie in Kapitel 5 dargestellt, weisen beide großen Hamburger Mietervereine seit mehreren Jahren darauf hin, dass die Steigerungen des Mietenspiegels deutlich über der Entwicklung der allgemeinen Lebenskosten liegen. In diesem Kontext dient der Mietenspiegel als Rechtfertigung für eine Erhöhung der Mieten, die langfristig gesehen die Zahlungsfähigkeit der Mieter_innen mit unterdurchschnittlichem Einkommen übersteigt. Diese Tendenz stellen die Mitglieder, wie im folgenden Abschnitt dargestellt, genau so auch fest. Zum anderen zeigt sich in der begrifflichen Gleichsetzung von preiswertem Wohnen und dem Mittelwert des Mietenspiegels durch die Vorstände eine bestimmte Vorstellung von „normaler" Zahlungsfähigkeit, die zwar mit ihrer eigenen sozialen Position korreliert, aber nicht mit derjenigen der Mitglieder: Die Vorstände schildern, dass sie sich selbst ohne Schwierigkeiten auf dem Wohnungsmarkt versorgen können und die Mietpreise in ihrer Genossenschaft von daher als günstig empfinden. Diese Sicht teilen jedoch vorrangig die ökonomisch bessergestellten Mitglieder, während unterprivilegierte Mitglieder steigende Mieten als Belastung empfinden. Der Umgang der Vorstände mit den Mietentwicklungen in den Genossenschaften zeigt daher ihre implizite Orientierung an der Ressourcenaustattung der bessergestellten Bewohner_innen.

6.2.4 Genossenschaftliche Demokratie, Öffentlichkeitsarbeit und soziales Engagement

Entsprechend dem Genossenschaftsgesetz weisen die untersuchten Genossenschaften neben dem Vorstand einen Aufsichtsrat und eine Mitglieder- bzw. Vertreterversammlung auf, in denen die Mitspracherechte der Mitglieder ausgeübt werden.[9] Neben diesen Gremien bestehen weitere Beteiligungsmöglichkeiten in Form von ehrenamtlichem Engagement in den Nachbarschaften und Quartieren. Die Vorstände zählen sowohl die Mitbestimmungsrechte als auch das ehrenamtliche Engagement zur „genossenschaftlichen Demokratie". Dabei unterscheiden sie aber deutlich zwischen den Möglichkeiten und Grenzen der beiden Beteili-

9 Sechs der Genossenschaften haben eine Vertreterversammlung. In zwei von ihnen gibt es eine Mitgliederversammlung, an der prinzipiell alle Mitglieder teilnehmen können. Praktisch tun dies laut den Vorständen durchschnittlich um die 50, in Einzelfällen aber auch bis zu 400 Personen.

gungsformen. Den Mitbestimmungs*rechten* sind enge Grenzen gesetzt, wie einer der Vorstände ausführt:

> „Aber welche Rechte hat ein Mitglied bei der Genossenschaft? Dazu gehört zunächst mal die Mitgliederversammlung natürlich, die eben ermöglicht so Bilanz bestätigen, Jahresabschluss, Bilanzverwendungsnachweis, Aufsichtsratsweisung. Also gewisse Mitspracherechte, die zugegebenermaßen ein bisschen natürlich; ne Farce sind sie natürlich nicht, aber, wie soll ich das mal sagen, die Geschäftsführung weiß in der Regel, was sie tut und oftmals ist das dann das, was bestätigt wird" (V7).

Die Mitbestimmungsrechte der Mitglieder begrenzen sich weitgehend auf die Beteiligung an der Vertreter- bzw. Mitgliederversammlung, in der die Geschäftsführung des Vorstands bestätigt oder in Frage gestellt wird. Dabei geht es insbesondere darum, den vorgelegten Jahresabschluss zu bestätigen und die Arbeit von Vorstand und Aufsichtsrat zu entlasten. Die im Zitat aneinandergereihten Fachbegriffe Bilanz, Jahresabschluss, Bilanzverwendungsnachweis und Aufsichtsratsweisung zeigen, dass es sich aus der Perspektive des Vorstandes hierbei um komplexe Sachverhalte handelt, die wohnungswirtschaftlichen Sachverstand – also die Verfügung über das kulturelle Kapital des Feldes – voraussetzen. Bei diesen Sachverhalten haben die Mitglieder „gewisse" Mitspracherechte, die bei vordergründiger Betrachtung jedoch beinahe als Farce angesehen werden könnten.

Eine Farce wären diese Mitspracherechte, wenn der Maßstab einer tatsächlichen Mitbestimmung über die Geschäftsführung des Unternehmens angelegt würde. Diese wird jedoch entsprechend dem Genossenschaftsgesetz durch den Vorstand in eigener Verantwortung geleitet und am Jahresende durch die Mitglieder in der General- bzw. Vertreterversammlung nur bestätigt. In der Regel weiß der Vorstand dabei, „was er tut". Es besteht für ihn dennoch das Risiko, keine Zustimmung zu bekommen. Den Mitgliedern kommt in großen Genossenschaften rechtlich von daher keine Rolle als Mitgestalter_innen, sondern die eines Korrektivs zu, welches dafür Sorge trägt, dass nicht (eklatant) an ihren Interessen vorbei gewirtschaftet wird. In diesem Sinne kann die Mitsprache der Mitglieder zwar von diesen selbst als Farce erlebt werden, da sie nicht in das laufende Geschehen hineinwirken können. Aus der Sicht der Vorstände stellt sich dies jedoch anders dar: Ihre Freiheit, das Unternehmen selbstständig zu leiten, wird durch die Aufsicht der Mitglieder konkret beschränkt. Brechen zwischen Vorstand und Mitgliedern Konflikte über die Frage der richtigen Geschäftsführung aus, wird dies von den Vorständen als Warnsignal verstanden. Die Grenzen der Mitbestimmung liegen in den Genossenschaften sowohl in den gesetzlichen Regelungen als auch im immobilienwirtschaftlichen Sachverstand begründet. Die zitierte Aussage vermittelt das Spannungsverhältnis, in dem sich die Vorstände befinden: Sie sind sowohl verantwortlich dafür, eine „demokratische Struktur“ der Beteiligung zu gewährleisten, in der die Mitglieder sich ernst genommen fühlen, als auch dafür, dass innerhalb dieser Beteiligungsstruktur ein bestimmtes – nämlich das betriebswirtschaftlich „richtige“ – Ergebnis herauskommt. Dieses Spannungsverhältnis führt immer wieder zu Konflikten innerhalb großer Genossenschaften.

Im Gegensatz zu den begrenzten Mitwirkungsmöglichkeiten in der Geschäftsführung wünschen sich die Vorstände ein umfangreiches ehrenamtliches Engagement und fordern ihre Mitglieder über verschiedene Medien dazu auf. Während mir alle Vorstände von Beispielen berichten, in denen Mitglieder ihre Beteiligungs-Rechte „falsch“ interpretieren und von den Vorständen unzulässige Handlungen fordern – als Beispiel wird hier mehrfach die Offenlegung der Vorstandsgehälter genannt –, klagen sie über ein mangelndes ehrenamtliches Engagement in den Quartieren:

> „Wir als Vorstand gehen auch in die einzelnen Wohnanlagen, machen da so Gespräche mit den Genossen, bieten das an, dass wir im Sommer mal hinkommen [...] und versuchen mit denen ins Gespräch zu kommen, dass wir sagen, was habt ihr denn hier? Was sollen wir euch denn mal Gutes tun, was wollt ihr denn? Und dann haben wir da hundert Wohnungen und dann kommen drei Leute, also da muss man dann wirklich sagen, dann ist das Interesse vielleicht auch nicht so hoch“ (V3).

Die Vorstände wünschen sich von den Mitgliedern ein aktives Engagement im Rahmen guter nachbarschaftlicher Beziehungen. Als Beispiele nennen sie dabei gegenseitige Hilfe oder ein Zusammenkommen im überschaubaren Kreis eines Wohnblocks. Alle Genossenschaften versuchen nachbarschaftliche Aktivitäten zu unterstützen und bemühen sich, Vertreter_innen für die Ämter in den Organen der Genossenschaft zu finden. Solcherart erwünschtes Engagement wird laut den Vorständen vorrangig von den älteren Mitgliedern erbracht:

> „Genossenschaftliche Selbsthilfe, diese ganzen Begriffe, [...] nachbarschaftliches Miteinander und so weiter [...], werden immer weniger. [...] Gerade die älteren Mitglieder haben das noch, so wirklich selbst bisschen was anzupacken, also doch noch mal selbst das Treppenhaus sauber machen, den Garten und selbst mal, wie soll ich sagen, Nachbarschaftshilfe auch aktiv zu betreiben. [Das wird leider] in dieser schnelllebigen Welt immer weniger“ (V7).

Die Vorstände sehen allgemeine gesellschaftliche Entwicklungen als Grund für das nachlassende Engagement in den Nachbarschaften an. Mit der Kommunikations- und Beteiligungskultur ihrer Genossenschaften wollen sie dem entgegenwirken. Generell gehen sie davon aus, dass jüngere Mitglieder sowohl weniger über die relevanten Regeln innerhalb von Genossenschaften Bescheid wissen als auch weniger geneigt sind, die gesetzten Grenzen zu akzeptieren. Gerade jüngere Menschen würden das genossenschaftliche Wohnen häufig nur noch „unromantisch als günstiges Wohnen“ wahrnehmen (V7), die Unterschiede zwischen einer Genossenschaft und anderen Unternehmen nicht kennen und beispielsweise die Genossenschaftsanteile mit einer Kaution verwechseln (V3). Die Vorstände sehen es als Herausforderung, ihren Mitgliedern die besonderen Merkmale bzw. die „Philosophie“ genossenschaftlicher Unternehmen bekannt zu machen und setzen darauf, dass diese im laufenden Mietverhältnis darauf aufmerksam werden. Als Informationsquellen dienen dazu Hausmeister und Sozialarbeiter_innen, Homepage, Geschäftsberichte und die Mitgliederzeitung sowie Mitglieder, die sich bereits engagieren und darüber berichten.

Alle ausgewählten Genossenschaften betreiben eine intensive Mitgliederkommunikation. Ein wichtiges Medium stellt dabei die Mitgliederzeitschrift dar, die auf der Homepage eingesehen werden kann und somit auch Teil der Öffentlichkeitsarbeit ist. Die überwiegende Mehrzahl der großen Hamburger Wohnungsgenossenschaften nutzt eine Mitgliederzeitung mit dem Titel „bei uns“. Diese weist einen Rahmenteil auf, der im Auftrag des Arbeitskreises von einer Firma professionell erstellt wird (Hamburger Wohnen 2018b). Dieser Rahmenteil kann mit weiteren unternehmensinternen Seiten gefüllt werden. Nur eine der ausgewählten Genossenschaften gibt eine davon unabhängige Mitgliederzeitschrift heraus. Bei den anderen sieben wird ein Teil der Zeitschrift von Mitarbeiter_innen erstellt und in den Rahmenteil integriert. Im Rahmenteil wird über Sport- und Kulturereignisse sowie politische Themen berichtet und damit eine Positionierung der Genossenschaften gegenüber anderen Akteuren vorgenommen. Im unternehmensinternen Teil wird insbesondere über Neubauvorhaben und Nachbarschaftsaktivitäten inklusive der Veranstaltungen in den Nachbarschaftstreffs berichtet. Diese Beiträge dienen insbesondere dazu, bei Leser_innen ein Gefühl der Verbundenheit aufzubauen.

Neben der Zeitschrift nennen die Vorstände weitere Merkmale, die Ausdruck des sozialen Engagements der Genossenschaften sind. Dazu zählen ein zuverlässiger Service durch Hausmeister und Mitarbeiter_innen sowie – sofern vorhanden – Nachbarschaftstreffs und ein unternehmenseigenes Sozialmanagement. Fünf der ausgewählten Genossenschaften haben eine eigene Stiftung, die das Zusammenleben in den Quartieren fördert. Teilweise kooperieren sie mit sozialen Trägern, um besondere Dienstleistungen für ihre Mitglieder zu ermöglichen. Alle Vorstände betonen ihre Bemühungen, insbesondere das Wohnen für ältere Menschen so komfortabel wie möglich zu gestalten und barrierefreies Wohnen zu ermöglichen.

Das soziale Engagement stellt in den Worten eines Vorstandes für die Genossenschaften zwar „nicht so das Kerngeschäft" dar, ist aber „eben auch Teil unserer Philosophie, die Menschen zusammenzubringen" (V7). In dieser Formulierung wird deutlich, dass genossenschaftliche Wohnungsunternehmen auf zwei Säulen beruhen, die jedoch in einem hierarchischen Verhältnis zueinander stehen: Die tragende Säule ist die Wohnungsvermietung, welche wirtschaftlich organisiert wird. Die darauf aufbauende und vom Kerngeschäft finanzierte zweite Säule ist die des sozialen Engagements, welches dem Aufbau guter sozialer Beziehungen unter den Mitgliedern und zwischen den Mitgliedern und der Genossenschaft dient. Eine erfolgreiche Arbeit der Genossenschaften im sozialen Bereich – vom Service bei Reparaturen über die Nachbarschaftstreffs bis hin zur Mietschuldenberatung – soll dazu beitragen, den in der Wohnungswirtschaft herrschenden Gegensatz zwischen Vermieter_innen und Mieter_innen abzumildern oder sogar aufzuheben (V2). Die Aufhebung dieses Gegensatzes beinhaltet dabei aber keine Einbeziehung der Mitglieder in die Geschäftsführung – die Vorstände unterscheiden viel eher sehr genau zwischen erwünschtem sozialem Engagement zur Förderung guter Nachbarschaft und den eingeschränkten Mitbestimmungsrechten der Mitglieder.

6.2.5 Die soziale Mischung der Mitglieder

Die ausgewählten Genossenschaften weisen Mitgliederzahlen von 3.000 bis über 23.000 auf, sodass sich zusammen genommen die Zahl von fast 70.000 Mitgliedern ergibt. Die Vorstände äußern in den Interviews nur Vermutungen über die sozialstrukturelle Zusammensetzung der Mitgliederschaft, da ihnen zu dieser Frage nur begrenzte Daten vorlägen. Ein Vorstand fasst zusammen, dass in der Genossenschaft im Vergleich zum Hamburger Durchschnitt mehr ältere Menschen, mehr Kinder, mehr Menschen mit einem etwas höheren Einkommen und weniger mit Migrationshintergrund leben (V2). Diese Zusammensetzung interpretiert er als eine „bunte Mischung" sowie ein Abbild „normaler" Lebensverhältnisse in Hamburg.

Die Vorstellung, dass die Mitglieder der Genossenschaften „gut durchmischt" seien, wird von allen Vorständen in der einen oder anderen Weise geäußert. Teilweise wird diese „Mischung" auf unterschiedliche Einkommensgruppen bezogen, teilweise auf die Altersstruktur und teilweise auf die von den Mitgliedern gepflegten Lebensstile. Von allen Vorständen wird jedoch bedauert, dass der Anteil der Familien sowie die Kaufkraft der Mitglieder insgesamt geringer sei als von ihnen gewünscht. Sie sind sich einig darin, dass die Mitglieder im Großen und

Ganzen ihre Miete regelmäßig zahlen und von daher als „brave Leute" angesehen werden können (VG).

Gleichzeitig hegen sie den Verdacht, dass sich viele Mitglieder über die Miete hinaus nur wenig leisten können. Als Begründung für diese Einschätzung führt ein Vorstand die Nutzung eines Nachbarschaftstreffs im Stadtteil Hamm an. Hier stoßen Veranstaltungen, zu denen ein Eintrittsgeld gezahlt werden muss, nur auf eine geringe Resonanz, was als Hinweise dafür angesehen werden könne, dass „die Leute schon mal vielleicht den einen oder anderen Euro umdrehen" (VG). Dies wiederum stellt ein Problem für die gewerbliche Infrastruktur im Quartier und damit auch für die langfristige Nachfrage nach Wohnraum dar. Denn, so betont es einer der Vorstände, die Quartiere müssen von Wohnungssuchenden als „lebenswert" angesehen werden, damit dort Wohnungen nachgefragt werden. Die Erfahrung aus den aufgewerteten und attraktiven gründerzeitlichen Quartieren legt nahe, dass ein Quartier dann als lebenswert angesehen wird, wenn sich dort öffentliche Plätze mit „Charme" sowie Nahversorgung, Kleingewerbe und Gastronomie finden lassen (VG). Mangelnde Kaufkraft führe jedoch zu gewerblichem Leerstand und in der Folge auch zu nachlassender Nachfrage nach Wohnraum.

Aus der Sicht der Vorstände stellen Nachbarschaftsstreitigkeiten eine Bedrohung für das Zusammenleben und in der Folge auch für das Image der Genossenschaften dar. Konflikte dieser Art würden häufig in Beständen des geförderten Wohnungsbaus eskalieren. Im geförderten Wohnungsbau wohnen – so die Einschätzung der Vorstände – verhältnismäßig viele Menschen mit geringem Einkommen, die gleichzeitig ein sozial wenig kompatibles Verhalten an den Tag legen. Ein Vorstand erzählt im Interview mehrere Minuten lang über die von ihm beobachteten Problemsituationen in einer geförderten Wohnanlage. Die bei Wohnungsbegehungen vorgefundenen Zustände lösten bei ihm Bedauern ob der „versifften" Wohnverhältnisse aus (V3). Er fühlt insbesondere mit den dort lebenden Kindern Mitleid, deren Schicksal er jedoch nicht ändern könne. Das Einzige, was er beitragen kann, ist die Gewährung einer Wohnung: „Wenn die nicht bei uns wohnen, wo wohnen die denn dann?" (V3). Viele der jungen Menschen im Sozialen Wohnungsbau würden unter Drogenproblemen leiden und in der Folge kriminelle Strukturen in die Häuser bringen. Die Erzählung gipfelt in der Schilderung einer Gewaltsituation, die nur durch das Eingreifen der Polizei gelöst werden konnte. Situationen wie diese bedrohen nicht nur das friedliche Zusammenleben, sondern – infolge einer möglichen Aufmerksamkeit der Presse – auch das Image der Genossenschaft. Solche Problemfälle wollen die Vorstände daher möglichst vermeiden. Sie äußern jedoch auch einen gewissen

Stolz, mit ihnen umgehen zu können. Dabei geht eine paternalistische Perspektive auf die einkommensschwache Unterschicht mit einem Selbstbild als fürsorglicher Akteur auf dem Wohnungsmarkt einher. Insbesondere Hausmeister und Sozialarbeiter_innen tragen dafür Sorge, Nachbarschaftskonflikte nicht eskalieren zu lassen. Im genannten Fall, in dem eine sanfte Regulierung des sozialen Verhaltens der Bewohner_innen nicht gelungen ist, wurde gerichtlich eine Räumung erstritten und durchgeführt.

Auch wenn nur wenige der Vorstände derart lebendige Geschichten über die Nachbarschaften des Sozialen Wohnungsbaus schildern, sind sie sich darin einig, dass heutzutage eine „gute Durchmischung" das wichtigste Ziel der Quartiersentwicklung sei: „Was wir nie wieder machen würden ist hundertprozentig öffentliche Förderung [...] in einer Wohnanlage also das das halten wir nicht für das richtige. Das sind die Fehler der siebziger, achtziger Jahre gewesen und die haben uns doch massiv Probleme bereitet" (V4).

Das Sprechen der Vorstände über die Mitglieder macht deutlich, dass diese sich langfristig eine andere Sozialstruktur wünschen, als es derzeit der Stand ist. Dabei sehen sie sich auch in der Lage, Maßnahmen zu ergreifen, um den Zusammenhang von Wohnungsbeständen und sozialer Struktur der Bewohner_innen zu managen. Einer der Vorstände präzisiert die Zielvorstellung für die soziale Struktur im Stadtteil Hamm in klaren Worten: „Die Mittelschicht fehlt eben, aber das liegt an Hamm" und er fügt an, „das wird hoffentlich besser" (V4). Von Mitgliedern, die von ihrer sozialen Position her der gesellschaftlichen Mittelschicht angehören, erhofft man sich ein sozial angepassteres Verhalten, ein höheres Engagement in der Nachbarschaft, eine Steigerung der Kaufkraft im Quartier sowie die notwendigen Ressourcen, um eine an der Marktentwicklung ausgerichteten Geschäftspolitik der Genossenschaften finanziell und ideell (mit-)tragen zu können.

6.2.6 Aufwertung im Interesse der Gemeinschaft

Es gilt den Vorständen als selbstverständlich, dass die genossenschaftlichen Wohnungsbestände im Interesse einer langfristigen Vermietbarkeit „gemacht" werden müssen. Dies gilt insbesondere für die aus den 1950er und 60er Jahren: „Wir hatten und haben auch immer noch Bedarf etwas zu tun, weil wir sehr viele Nachkriegsbestände haben [...] und diese aufgrund der Tatsache, dass sie mit den Materialien der unmittelbaren Nachkriegszeit gebaut worden sind, für die Bedürfnisse der Nachkriegszeit, nun für ein Hamburg 2025 nicht mehr passen" (V2).

Die baulichen Mängel dieser Wohnungen zeigen sich insbesondere in ihrer Hellhörigkeit, dem fehlenden Lärmschutz nach außen und einer mangelnden energetischen Isolierung. Die Bedürfnisse, für die in der Nachkriegszeit gebaut wurde, waren insbesondere die von Kleinfamilien, welche über wenig ökonomisches Kapital verfügten. Heute wohnen dort vorrangig Senior_innen, die teilweise als junge Eltern eingezogen sind, sowie Studierende, die als unbeständige Mieter_innen gelten und teilweise Konflikte mit älteren Nachbar_innen auslösen. Das erklärte Ziel der Vorstände ist es, die Nachfrage zu diversifizieren und insbesondere durch Familien und Ein- oder Zweipersonenhaushalten mit stabilem Einkommen und langfristiger Wohnperspektive zu ergänzen. Auf die Bedürfnisse dieser Nachfrager_innen „passen" die Wohnungsbestände der 1950er und 60er Jahre jedoch nicht mehr, woraus sich ein Handlungsbedarf ergibt.

Dabei argumentieren die Vorstände einerseits mit baulichen und technischen Notwendigkeiten, wie beispielsweise, dass die Bausubstanz am „Ende ihrer Lebensdauer" sei (V5). Auf der anderen Seite machen sie deutlich, dass das entscheidende Kriterium für die Frage, ob Häuser instandgesetzt, modernisiert oder abgerissen werden, die erwartete Nachfrage ist. Als Maßstab gilt dabei, dass man zukünftig verstärkt diejenigen Wohnungssuchenden bedienen möchte, die auf dem Markt – infolge ihrer Ausstattung mit ökonomischem Kapital und anderen Privilegien – eine *Auswahl* haben. Diese Haushalte sollen sich bewusst für eine Genossenschaftswohnung entscheiden. Dafür müssen die Wohnungen entsprechende Qualitäten aufweisen. Diese Thematik greifen die Vorstände auch im Gruppeninterview auf und betonen das Ziel, Mitglieder mit höherer Kaufkraft in die Stadtteile Hamm und Horn zu bringen:

> „Ein wesentlicher Punkt [ist], wir haben alle sehr kleine Wohnungen dort und ich glaub, man muss auch sehen, dass ein paar größere dazwischen kommen. [...] Und ich glaub, man muss sich auch irgendwann dazu bekennen mal zu sagen, es ist in Ordnung, dass mal einzelne Häuser ersetzt werden. Klar kriegt man nicht den Charme von Eimsbüttel und Eppendorf dorthin, aber zumindest muss man die Angebote haben, [dass] es solche Wohnungen gibt" (VG).

Durch Modernisierungen, Abriss und Neubau wollen die Vorstände Angebote für eine über die bisherige Mieterstruktur hinausgehende Nachfrage schaffen. Daher steht die Frage der Einkommensverhältnisse der Mitglieder und deren Kaufkraft in einem direkten Zusammenhang mit dem Abriss des Wohngebäudes Elisa. So führt der zitierte Vorstand fort:

> „Mal nicht komplett, aber in Teilen muss man solche Wege gehen. Dann kriegt man nämlich auch andere Leute hin. Und man kriegt auch Leute hin, die nicht nur mehr sind, [...] sondern auch Leute, die mehr Einkommen haben. Und wenn die

mehr Einkommen haben, dann nehmen sie auch Gaststätten und so etwas alles in Anspruch. Nur jetzt die Klientel, die da ist, die hat teilweise überhaupt nicht das Geld, um solche Angebote überhaupt anzunehmen. Und denn kann so Gastronomie auch nicht überleben" (VG).

An dieses Statement schließt sich die Feststellung an, dass Abrisse seitens der Genossenschaften im Hamburger Osten unvermeidlich seien – das Beispiel Elisa jedoch gezeigt habe, dass es anspruchsvoll ist, einen solchen Abriss konfliktfrei zu bewältigen. Abschließend kommentiert einer der Vorstände: „Naja wir reißen auch jetzt ab in Hamm, also insofern, wenn man das gut vorbereitet und die Stadt dann mitnimmt [...] dann geht das auch" (VG). Eine Feststellung, der von allen Gesprächsbeteiligten zugestimmt wird. Damit wird deutlich, dass Abrisse von Wohngebäuden durch große Genossenschaften in Hamburg keine Ausnahme darstellen. Sieben der acht von mir interviewten Vorstände führen aus, dass ihre Genossenschaft in der Vergangenheit Wohnungsbestände abgerissen und neu gebaut haben oder derzeit dabei sind, dies zu tun.

Die Vorstände wehren sich jedoch ausdrücklich gegen den Vorwurf, aktiv zur Aufwertung von Stadtteilen beizutragen. Als zentrales Argument gilt ihnen hierbei, dass sie keine „Luxuswohnungen", sondern solche für den als durchschnittlich angesehenen Bedarf bauen und von daher nicht zur Gentrifizierung beitragen. Sie seien zwar bemüht, dieses „Bohnerwachsimage, was Genossenschaften früher hatten", loszuwerden, aber würden deshalb noch lange nicht „auf diesen Schickimickisierungszug" aufspringen (V7). Die Aufwertung ihrer Wohnungsbestände diene nicht dazu, die Gebiete „umzukrempeln" oder für „Gutverdiener" zu bauen (V1, VG). Man will viel eher dazu beizutragen, dass Quartiere „bürgerliche Wohnorte" werden, die für „breite Schichten der Bevölkerung" attraktiv sind (V1). Die Zielgruppe hierfür sind „normale Leute mit ganz normalen moderaten Ansprüchen" (VG). Normal sind dabei in den Begriffen der Vorstände diejenigen Haushalte, die in der Lage sind, modernisierte Wohnungen und Neubauten nachzufragen.

In ihrer Begriffswelt steht die Vorstellung von einer „normalen Bevölkerung" in einem engen Verhältnis zu einer „guten Durchmischung" und einer „lebendigen Nachbarschaft" in den Quartieren. Der Begriff der „lebendigen Nachbarschaft" umfasst dabei beide Dimensionen genossenschaftlichen Handelns. Er bezeichnet eine Nachbarschaft, die die erforderlichen Mieten bezahlen kann und über eine Kaufkraft verfügt, die für den Erhalt einer attraktiven lokalen Gewerbestruktur notwendig ist. Eine lebendige Nachbarschaft zeichnet sich außerdem dadurch aus, dass in ihr nicht oder wenig gestritten wird und sich Mitglieder „jeder" Bevölkerungsschicht wohl fühlen können. Dies beinhaltet notwendigerweise, dass der Anteil an „Problemmieter_innen" so gering ist, dass sich „normale" Mieter_innen davon nicht gestört fühlen.

Eine solcherart lebendige Nachbarschaft kann als Synonym für den sozialen Frieden im Quartier verstanden werden. So führt ein Vorstand aus: „Also ich finde lebendige Nachbarschaften, das ist eigentlich so das Thema, was uns antreibt. Und in dem Zusammenhang haben wir [einen Teil unserer] Mitglieder zwangsumgesiedelt" (V2). Der Begriff der „Zwangsumsiedlung" wird vom Vorstand hier bewusst als Provokation genutzt – handelt es sich doch im von ihm beschriebenen Fall um eine „Umsiedlung", die mit dem Einverständnis der Mitglieder geschieht. Im Kontext einer Verdrängung durch profitorientierte Unternehmen könnte von der gleichen Maßnahme – Umzug infolge von Modernisierung oder Abriss – von einer „Zwangsumsiedlung" gesprochen werden. Im Zusammenhang mit einer Genossenschaft, so die Botschaft, ist diese Assoziation paradox. Genossenschaften zielen nicht auf die Vertreibung ihrer wohnenden Mitglieder, sondern auf eine langfristige Veränderung zugunsten einer „besseren Durchmischung" mit einer zahlungsfähigeren Nachfrage. Wobei ein Vorstand einräumt, dass auch bei genossenschaftlichen Modernisierungen – sofern Auszüge erforderlich sind – zumeist nur ein Drittel der ehemaligen Bewohner_innen in die Bestände zurückkehrt, während ein Drittel in andere Bestände zieht und ein weiteres Drittel die Genossenschaft verlässt (VG).

Die Gestaltung von Nachbarschaften durch bauliche Aufwertung findet – im Kontext einer marktförmigen Wohnungsversorgung – immer vor dem Hintergrund einer *möglichen* negativen Entwicklung statt. Die Bemühungen der Vorstände um eine dauerhafte Vermarktbarkeit der Wohnungsbestände stellt für sie daher einen elementaren Bestandteil ihrer sozialen Verantwortung dar: „Grundsätzlich haben wir alle immer Interesse an der Entwicklung von Quartieren. Also ein soziales Abrutschen [...] kann jetzt nicht das Ziel sein, sondern Quartiere müssen sich auch weiterentwickeln und [...] auf die gute Mischung [...] kommt es an. Also das heißt ein Quartier sollte im besten Fall für alle Bevölkerungsgruppen attraktiv sein" (V4).

Das Problem am Maßstab der „guten Bevölkerungsmischung" ist, dass er auf einem dynamischen Wohnungsmarkt maßlos ist. Infolge fortwährend steigender Preise und damit einhergehender Verdrängung in bereits gentrifizierten Stadtteilen entscheiden sich immer mehr Haushalte, die über eine hohe Ausstattung mit ökonomischem und anderem Kapital verfügen, „bewusst" für eine Wohnung im Hamburger Osten. Dieser Effekt wird, wie in Kapitel 5 ausgeführt, von den herrschenden Akteuren im Feld der Sozialen Wohnungswirtschaft begrüßt und auch von den Vorständen der Genossenschaften als eine positive Entwicklung angesehen. Je mehr Haushalte, die über eine entsprechende Kapitalausstattung verfügen, jedoch die „preiswerten" Wohnungen der Genossenschaften nachfragen, desto naheliegender ist es, deren Preise an der Marktentwicklung auszurichten. Gegenüber dieser neuen Nachfrage können die Bewohner_innen der alten – zu Zeiten der Wohnungsgemeinnützigkeit erstellten – und von daher noch günstigen Wohnungen nicht konkurrieren.

Das Ziel, den Anteil der „Mittelschichtshaushalte" im Hamburger Osten zu erhöhen, lässt sich umso leichter umsetzen, je dynamischer sich der Wohnungsmarkt in ganz Hamburg entwickelt. In ihrer eigenen Wahrnehmung treiben die Vorstände mit einer solchen Geschäftspolitik Gentrifizierungsprozesse jedoch nicht voran, da sie lediglich an deren positiven Auswirkungen teilhaben wollen. Sie können von daher in ihrem eigenen Verständnis als „nachholende Gentrifizierer" angesprochen werden (Metzger 2015). Vor dem Hintergrund von Auseinandersetzungen wie der um Elisa stellt sich den Vorständen jedoch die Frage, wie sich eine Aufwertung vollziehen lässt, ohne dabei manifeste Konflikte um das symbolische Kapital der Genossenschaften ausbrechen zu lassen.

6.3 Die Perspektive der Mitglieder

Im Gegensatz zu den Vorständen haben die Mitglieder sehr unterschiedliche Vorstellungen davon, was eine gute genossenschaftliche Geschäftsführung ist. Ihre Perspektiven unterscheiden sich insbesondere hinsichtlich der Nutzungsentgelte und der Bedeutung von Aufwertungsprozessen. Sie teilen den Wunsch der Vorstände nach „guter Nachbarschaft", sind sich jedoch uneinig darin, wie gute Nachbarschaften zu bestimmen und zu gestalten seien. Einig sind sich die Mitglieder in der Würdigung der Serviceleistungen der Genossenschaften im Vergleich zu anderen Wohnungsunternehmen. Die Rekonstruktion der Perspektive der Mitglieder macht deutlich, dass eine enge Beziehung zwischen ihren jeweiligen sozialen Positionen, ihrer Einbindung in die genossenschaftlichen Gremien und ihrer Haltung zur Geschäftsführung der Genossenschaften besteht.

In der Forschungsarbeit unterschied sich die Interaktion mit den Mitgliedern deutlich von der mit den Vorständen. Während ich von den Vorständen als Person behandelt wurde, der man die Zusammenhänge im Feld erklären muss und kann, wurde ich von den Mitgliedern eher als Informationsquelle und teilweise als Autoritätsperson angesehen. In einem Gruppeninterview wurde ich zu Beginn gefragt, ob meine Arbeit im Auftrag der Stadt oder der Genossenschaft stattfinde. Diese Vermutung gewann für die Mitglieder an Plausibilität, da sie vom Vorstand zu dem Gespräch eingeladen wurden, zur gleichen Zeit in der

Genossenschaft eine Mitgliederbefragung stattfand und das Stadtentwicklungsprojekt Stromaufwärts öffentlich diskutiert wurde. Meine Erläuterungen, dass es sich um eine unabhängige wissenschaftliche Arbeit handelt, wurde von den Gesprächsbeteiligten akzeptiert. Die Ausführungen zu meinem Forschungsinteresse lösten jedoch bei einigen Neugier und Gesprächsbereitschaft aus, bei anderen eher die Befürchtung, dem Forschungsanliegen nicht gerecht werden zu können. Die Interaktion der Mitglieder untereinander – geprägt von Nachfrage, Ergänzungen und Widerspruch – machte darüber hinaus deutlich, dass diese sich untereinander nicht gut kennen und verschiedene soziale Positionen in die Situation einbrachten.

6.3.1 Soziale Position und kulturelles Kapital

Die Mitglieder präsentierten sich mir gegenüber als sehr unterschiedliche Charaktere. Während die einen es gewohnt sind, eigene Interessen zu formulieren, zeigten sich andere deutlich zurückhaltender. Sie sind dankbar dafür, eine günstige Wohnung in einem angenehmen sozialen und räumlichen Umfeld bekommen zu haben und stellen darüber hinaus keine weitergehenden Ansprüche. Die unterschiedliche Haltung zeigt sich insbesondere in den Wünschen, die gegenüber der jeweiligen Genossenschaft geäußert werden: Eine Person erzählte mir, dass sie sich ausdrücklich einen großen Balkon wünscht und daher immer wieder nachfragt, wann das Haus, in dem sie wohnt, modernisiert würde. Gegenüber Lärmbelästigung infolge von Baumaßnahmen oder steigender Miete äußerte sie keine Befürchtungen. Eine andere Person formulierte dagegen erst auf meine konkrete Frage hin den Vorschlag, die Genossenschaft könnte im Stadtteil ein günstiges gastronomisches Angebot einrichten. Denn daran mangele es aus ihrer Sicht erheblich: „Ich zahl für Spinat und Spiegelei keine acht Euro fünfzig“ führte sie aus und fügte lachend an, „das kommt in meinem Leben nicht vor, das tut mir leid, selbst wenn ich das Geld hätte, würde ich das nicht machen“ (M2). Während die Person, die sich in einer ungünstigen sozialen Lage befindet, nicht von selbst auf die Idee kommt, sich an die Genossenschaft zu adressieren, macht eine Person in einer besseren ökonomischen Lage dies in selbstverständlicher Weise. Daraus lässt sich die These ableiten, dass – ähnlich wie es in Studien zu anderen Formen von Beteiligungsverfahren festgestellt wird (Selle 2007; Klöti 2016) – sich auch in Genossenschaften sozial privilegiertere Personen eher in der Lage fühlen, ihre Interessen aktiv zu vertreten.

Die gewählten Vertreter_innen machten mir gegenüber deutlich, dass diese Rolle ihr Selbstverständnis und ihr Ansehen deutlich verändert. Sie erleben immer wieder, als Personen mit einem privilegierten Zugang zur Genossenschaft angesprochen zu werden. Während sich einige der Vertreter_innen dabei als „Kummerkasten" (G1) missverstanden fühlen, nehmen andere ihre Rolle als „Vertrauensperson" gern an und fühlen sich auch aufgefordert dies zu tun: „Wir werden darum gebeten, nehmt die Leute mit, sprecht sie an, bietet denen Unterstützung an" (G2). Diese Unterstützung wird jedoch nicht von allen Mitgliedern angenommen: „Wenn das nicht angenommen wird, ist das ne andere Seite und man soll niemand zu seinem Glück zwingen. Aber ich bin der Überzeugung, wenn man das richtig darstellt und den Leuten richtig nahebringt, dann kann man da auch ganz viel bewegen" (G2).

An anderer Stelle im Interview erläutert der Mitgliedervertreter, dass er es als seine Aufgabe versteht, die Vorteile des genossenschaftlichen Wohnens „vernünftig, solide und sachlich" (G2) zu vermitteln. Er ist bereit, das praktische Wissen, das er durch seinen Zugang zum Management der Genossenschaft erworben hat, weiter zu geben. Er hat einen Anteil am kulturellen Kapital des Feldes erhalten und sieht sich in die Lage versetzt, dieses anzuwenden um damit seine eigene Position in der Nachbarschaft aufzuwerten. Gleichzeitig betonen andere Mitgliedervertreter_innen mir gegenüber, genossenschaftliche Fachbegriffe oder Zusammenhänge nicht genau zu verstehen. Sie schränken daher die Aussagekraft ihrer Einschätzungen ein und bemerken, dass sie manche Fragen letztendlich „natürlich nicht beurteilen" könnten (G1). Womit sie deutlich machen, dass sie am kulturellen Kapital des Feldes zwar teilhaben, darüber aber nicht souverän verfügen.

6.3.2 Die Bedeutung der Nachbarschaft

Die Position der Mitglieder innerhalb der Genossenschaft drückt sich in einer lokal verorteten „Wir"-Konstruktion aus. In den Mitgliederinterviews werden sehr unterschiedliche kollektive Identitäten benannt – vom Wir der Bewohner_innen einer gemeinsamen Wohnung, über das Wir der Nachbar_innen eines Quartiers bis zum Wir der Mieter_innen bei einer Genossenschaft – die in den allermeisten Fällen räumlich konkret verortet sind: Es ist ein Wir der Menschen im selben Wohnblock oder Quartier. Die gewählten Vertreter_innen nutzen diese Rolle zusätzlich als Abgrenzung gegenüber einfachen Mitgliedern. Weder einfache Mitglieder noch Vertreter_innen nutzen ein Wir, um die Genossenschaft als Ganzes zu benennen. Die Mitglieder drücken aus, dass sie sich in ihrem Wohnumfeld insgesamt sehr wohl fühlen. Dabei führen sie durchaus auch Kritik an, die sich beispielsweise auf Lärmbelastungen durch Straßen- oder Schienenverkehr, die autogerechte Verkehrsinfrastruktur oder mangelnde Infrastruktur für Versorgung und Freizeit bezieht. In einem Gruppeninterview diskutieren mehrere Mitglieder ausführlich über herumliegenden Müll in ihrer Nachbarschaft. In der Interviewpassage, in der über die Ursache des Mülls gesprochen wird, tauchen verschiedene kollektive Identitäten auf, gegenüber denen man sich abgrenzt. So schlägt ein Sprecher vor, „Kinder mit Immigrationshintergrund“ für das Problem verantwortlich zu machen (G1). Die anderen Gesprächsteilnehmer_innen lehnen es dagegen ab, den Migrationshintergrund als Ursache der Probleme anzunehmen und heben die Kategorie der „Schulkinder“ hervor.

Immer wieder betonen die Mitglieder, dass man in Genossenschaften weniger anonym wohne, als in anderen Mietwohnungen. Dabei werden auch Konflikte mit Nachbar_innen genannt, die jedoch zumeist als unproblematisch dargestellt werden. Darüber hinaus gäbe es mit den Sozialarbeiter_innen die Möglichkeit, professionelle Hilfestellung zu bekommen, ohne die Polizei einzuschalten. Die Mitglieder benennen jedoch auch Nachbar_innen, die für sozialen Austausch nicht zugänglich seien, und bedauern dies. So spricht ein Mitglied von „Soziallegasthenikern“, die in der Genossenschaft wie in einer „normalen Mietwohnung“ wohnen würden (M1). Ein Mitgliedervertreter befürchtet, dass Menschen, die nur nach einer günstigen Wohnung suchen, kein darüber hinausgehendes Interesse an der Unternehmensform der Genossenschaft haben (G1). Besonders ausgeprägt sei dies bei Bewohner_innen, bei denen „offensichtlich der Staat ja die Miete bezahlt“, also Bezieher_innen von Wohngeld oder anderen staatlichen Leistungen: „Die haben alles, nur keinen genossenschaftlichen Gedanken mehr“ (G1). Das eigene Engagement in der Genossenschaft hebt sich von solcherart unverdienter Leistung seiner Einschätzung nach wohltuend ab.

Die Mitglieder beziehen sich mehrfach ausdrücklich auf Autoritäten im Quartier, von denen sie sich die Lösung von Problemen oder Hilfe bei Entscheidungen erhoffen. Zu diesen gehört beispielsweise der Direktor einer Schule oder ein Polizist, die man als Auskunftspersonen zu Entwicklungen im Stadtteil befragt. Besonders deutlich wird die Gewohnheit, sich bei Problemen innerhalb der Genossenschaft an Autoritäten zu wenden. Im Gruppeninterview empfehlen sich die Mitglieder immer wieder gegenseitig, sich an den Hausmeister oder, wenn man dort nicht weiterkommt, direkt bei der Verwaltung zu informieren und um Hilfe zu fragen. Insgesamt beziehen sie sich im Gegensatz zu den Vorständen stärker auf Akteure, die sich in der räumlichen Nachbarschaft befinden und kaum auf die städtische Politik und Verwaltung. Wenn von Personen oder Institutionen die Rede ist, die zu den herrschenden Akteuren des Feldes gehören, dann zeigen die Mitglieder häufig Unsicherheit hinsichtlich ihrer Kenntnis über deren konkrete Tätigkeit oder Funktion.

6.3.3 *Verlässlichkeit, Mitgliederorientierung und Beteiligung*

Die Mitglieder betonen ausdrücklich ihre Zufriedenheit mit dem Service der Genossenschaften, die hohe Wohnsicherheit sowie die Umgangsweise der Mitarbeiter_innen mit ihnen. Mehrfach erwähnt wird, wie zuverlässig sich die Genossenschaft um anfällige Reparaturen kümmert. Insbesondere wird dies als deutlicher Unterschied zum Wohnen in einer „freien Wohnung" hervorgehoben (G1). Die Formulierung eines Mitgliedes, er könne „insofern also wirklich nur Gutes" über seine Genossenschaft sagen (G2), fasst die Stimmung unter den Mitgliedern hinsichtlich ihrer generellen Zufriedenheit zusammen. Auf meine Frage, was das Genossenschaftliche für sie darstellen würde, antwortet ein Mitglied mit dem Begriff der „Fürsorge", die eine Genossenschaft für ihre Mitglieder habe (M1). Daraufhin werden zur Veranschaulichung das „Dauernutzungsrecht", der Besitz eines „klitzekleinen Teils des Eigentums", die Möglichkeit der Beteiligung und die Aussicht auf eine barrierefreie Wohnung im Alter genannt. Ein anderes Mitglied betont seine „Dankbarkeit" für die Arbeit des Sozialmanagements (M2). Von einem Mitglied wird die Mitgliederzeitschrift hervorgehoben, in der immer wieder zu erfahren sei, was mit dem Geld, das die Mitglieder in Form von Anteilen einbringen, „Neues entsteht" (M2). Hier bekomme man den Eindruck, dass das Geld „ganz gut investiert" sei.

Die Möglichkeiten zur Beteiligung werden als positiver Aspekt des genossenschaftlichen Wohnens genannt. In seiner Schilderung über eine besonders gelungene Beteiligung berichtet ein Mitglied jedoch, – ohne dies hervorheben zu wollen –, inwiefern partielle Beteiligungsformate Mitglieder dazu bringen können, „selbstbestimmt" auf ihre Rechte als Mieter_innen zu verzichten. „Da wurden wir also wirklich als Mitglieder ernst genommen" leitet er seine Erzählung ein und fährt fort: „Wir wurden wirklich gefragt auch zu den Maßnahmen. Es wurden uns wirklich gute Angebote gemacht, auch was die Baubelastung betrifft, dass wir eben von Anfang an gesagt bekommen haben, dafür dass ihr das aushaltet, machen wir nicht nur nen großes Fest, sondern wir werden auch ganz moderat die Miete erhöhen" (G1).

Das Mitglied setzt an, um ausdrücklich zu betonen, in welchem Maße die Genossenschaft auf die Mitglieder zugeht und diese an Entscheidungen beteiligt. Daraufhin schildert es – ohne dies selbst als solches wahrgenommen zu haben – die Drohung, mit der die Genossenschaft dieses Angebot verbunden hat: „Ihr könnt den Mietpreis mindern", wurde den Mitgliedern mitgeteilt, aber dies „würde eben auch ne massivere Mietpreiserhöhung zur Folge haben und dadurch, dass wir eben gemeinschaftlich gefragt wurden, haben wir gerne drauf verzichtet, das ausgehalten über diese zweieinhalb Jahre, aber dafür eben auch nen Vorteil als Nutznießer und als Nutzer der Genossenschaftswohnung, dass [wir] eben Mietpreise im sehr moderaten Stil haben" (G1).

Um einer Mietminderung während der Baumaßnahme zu entgehen, drohte die Genossenschaft – so die Worte des Mitgliedes – mit einer „massiveren", also umfangreicheren Mieterhöhung. Vor diese Wahl gestellt, entschieden sich die Mitglieder „gerne" dafür, die Belastungen in der Bauphase gemeinschaftlich auszuhalten. Damit haben sie auf einen Vorteil verzichtet, den sie mithilfe der Beratung eines Mietervereins konkret hätten berechnen können. Stattdessen schenken sie den Berechnungen des Genossenschaftsmanagements Glauben, dass es sowohl für das Unternehmen als auch für sie selbst vorteilhafter sei, auf eine nur moderate Mieterhöhung im Anschluss an die Maßnahmen zu spekulieren. Die Betonung, dass man auf die Mietminderung insbesondere deshalb verzichtet habe, weil man „gemeinschaftlich" befragt wurde, deutet an, dass diese Entscheidung von einzelnen Mitgliedern so eventuell nicht getroffen worden wäre. Es lässt sich vermuten, dass die Zustimmung der Mitgliedermehrheit in der beschriebenen Gruppensituation einzelne dissidente Personen dazu gebracht hat, das Angebot im Interesse der Gemeinschaft ebenfalls anzunehmen. Das interviewte Mitglied und in seinen Worten auch die überwiegende Mehrheit der Mitglieder fühlt sich dabei als privilegierte „Nutznießer_innen" eines Wohnungsunternehmens, welches nur im „moderaten Stil" die Miete erhöht. Der Begriff des „Stils" deutet an, dass es sich hierbei nicht allein um die konkreten ökonomischen Zahlen handelt, sondern auch um die Art und Weise des Umgangs der Genossenschaft mit ihren Mitgliedern.

Während die Beteiligungsverfahren positiv hervorgehoben werden, wissen die Mitglieder zum Stichwort der „Selbstverwaltung" nur wenig zu sagen. Ein Mitglied assoziierte im Interview damit die Gremien der Genossenschaft, also Vorstand, Aufsichtsrat und Vertreterversammlung und erinnert sich, dass bei ihm im Wohnblock eine Vertreterin wohne, die Mitglied der SPD sei. Ein anderes Mitglied bedauert mir gegenüber, dass es mit dem Begriff der Selbstverwaltung „nichts anfangen" könne. Was es damit auf sich habe, das wisse „ja nur die Genossenschaft, ich ja nicht" (G1).

6.3.4 Aufwertung, Mietenspiegel und der Genossenschaftsgedanke

Der Stadtteil Hamm und Teile von Horn haben sich in der Wahrnehmung der Mitglieder deutlich verändert und wurden dabei aufgewertet. Diese Veränderung wird grundsätzlich als positiv eingeschätzt, da sie dazu beitrage, das Image der

Stadtteile zu verbessern. Einige Mitglieder nennen als weitere Vorteile, dass es mehr interessante Cafés gebe und sich die Nahversorgungsstruktur verbessere. Andere bedauern dagegen die steigenden Preise in der lokalen Gastronomie. Mehrere Mitglieder stellen fest, dass es immer mehr junge Menschen mit Kindern im Stadtteil gebe. Dies wird von einigen explizit als positive Entwicklung beschrieben. Ein Mitglied merkt an, dass sich die Gewerbestruktur im Stadtteil insbesondere infolge der Nachfrage durch die jungen Familien verbessere. Während Schulkinder als problematische Gruppe benannt werden, gelten Familien mit kleinen Kindern als positives Merkmal. Junge Familien können, wie es ein Mitglied ausdrückt, als Anzeichen dafür gesehen werden, dass sich der Stadtteil „gut durchmischt langsam" (G1).

Ausgehend von diesem Stichwort beginnen die Mitglieder über steigende Mieten in der Genossenschaft zu diskutieren. Sie tauschen sich darüber aus, dass Wohnungen zu Preisen vergeben werden, die beim Mittelwert des Mietenspiegels liegen und kommen darüber auf Fragen der Geschäftsführung zu sprechen. Grundsätzlich stellen sie fest, dass die Nutzungsentgelte verhältnismäßig günstig seien, bei Neuvergabe aber deutlich steigen. Bereits zuvor hatte ein Mitglied in das Gespräch eingebracht, dass seine Miete früher alle paar Jahre um ein paar Cent erhöht worden wäre. „Seit fünfzehn Jahren", sei es dagegen „eigentlich ein permanentes Geschäft in der Genossenschaft" (G1), in dem die Mieten ständig „nach dem Mietenspiegel angepasst" werden. Dies sei „eigentlich kein genossenschaftlicher Gedanke mehr, finde ich jedenfalls. Weil der Wohnraum, in dem man wohnt, eigentlich nicht dem angepasst wird, was die Miete ist" (G1).

Eine Steigerung der Mieten entsprechend der Marktentwicklung widerspricht aus Sicht des Mitglieds dem genossenschaftlichen Gedanken. Nach einer kurzen Redepause räumt es jedoch ausdrücklich ein, dass dies seine persönliche Interpretation sei und weist damit auf die Umstrittenheit des Genossenschaftsgedanken hin. Daraufhin sucht es nach einer sinnvollen Begründung, in welcher Weise diese Geschäftspraxis dem Genossenschaftsgedanken widerspricht. Das Mitglied findet die Begründung in der ökonomischen Regel, dass Preissteigerungen durch entsprechende Qualitätssteigerungen gerechtfertigt seien – und schließt dementsprechend, dass der Genossenschaftsgedanke verletzt worden sei, da diese Äquivalenz nicht eingehalten wurde. Inwiefern das Mitglied von seiner sozialen Position her überhaupt in der Lage ist, die steigenden Mieten zu bezahlen, expliziert es nicht. Die Art und Weise der Thematisierung der Mieterhöhungen macht jedoch deutlich, dass diese als Belastung erfahren werden.

Im weiteren Verlauf des Gesprächs finden die Mitglieder die Begründung dafür, warum regelmäßig steigende Mieten auf den Vertreterversammlungen befürwortet werden, in der Dividende, die jährlich entsprechend der Anteile ausgezahlt wird. Die Dividende wird letztendlich durch die Mieteinnahmen finanziert. Auf einer Versammlung wurde dieses Thema auch bereits „angeschnitten" (G1). Dort jedoch, so entgegnet das Mitglied, welches die steigenden Mieten kritisiert, „wurde man gleich niedergebrüllt, weil den andern Vertretern es wichtiger ist die Dividende zu bekommen anstatt vernünftige Mieten" (G1). Diese Aussage wird von den anderen Gesprächsteilnehmer_innen zunächst mit Erstaunen zur Kenntnis genommen, woraufhin eine kurze Debatte über die Frage der Höhe der eingezahlten Anteile und der Dividende entsteht. Die Mitglieder stellen dabei fest, dass ihnen das „kaufmännische" Verständnis für diese Zusammenhänge fehle (G1). Damit gehen sie zu einem anderen Thema über und sprechen über den guten Service bei Reparaturmaßnahmen. Später kommen sie anhand des Stichworts der Durchmischung im Stadtteil wieder auf das Thema der Mietpreise und Dividenden zurück und tauschen sich erneut darüber aus. Abschließend bemerkt ein Mitglied hierzu, dass die Genossenschaft zu Zeiten als es „noch jugendlich" war, noch gemeinnützig gewesen sei und da „war das anders" mit der Preisgestaltung (G1). Heute dagegen arbeite sie „auf Gewinn, das ist doch klar".

Der Genossenschaftsgedanke taucht in einem anderen Mitglieder-Gruppeninterview ebenfalls auf und wird auch dort mit dem Thema der Bezahlbarkeit in Verbindung gebracht. Ein Mitglied berichtet von seiner Wohnungssuche und meint, es hätte sich zwar auch andere Wohnungen leisten können, ihm aber „widerstrebt", eine nicht-genossenschaftliche Wohnung zu beziehen (G2). Es führt aus, es sei der „Genossenschaftsgedanke generell eigentlich, den wir hier brauchen, sonst ist der Wohnraum nicht mehr bezahlbar. Also [die] Mietpreisbremse [...] hat zwar ne Berechtigung, aber bringt auch nicht viel" (G2). Mit der Betonung, wie sehr man den Genossenschaftsgedanken „brauche", hebt das Mitglied die Bedeutung der Genossenschaften im Gegensatz zu politischen Maßnahmen wie der Mietpreisbremse hervor. Es betont, dass dies seine Meinung sei und macht damit ebenfalls auf die Umstrittenheit des Begriffs aufmerksam (G2). Seine Vorstellung vom Genossenschaftsgedanken führt es ein paar Minuten später im Interview aus: „Wenn man über Geld spricht, ist es ja so; wenn man nen normalen Wohnraum anmietet, [gibt es] immer zwei unterschiedliche Interessen, der eine, der günstig wohnen will und der andere der möglichst viel Geld verdienen will. Und das Genossenschaftliche am Wohnen ist einfach, dass der Mietpreis oder der Nutzungspreis immer im Verhältnis steht" (G2).

Der genossenschaftliche Gedanke kann den Interessengegensatz, wie er unter normalen Umständen auf dem Wohnungsmarkt zwischen Tausch- und Gebrauchswert herrscht, vermitteln. Diese Vermittlung findet jedoch im Rahmen bestimmter Bedingungen statt: Den herrschenden Preisen auf dem Wohnungsmarkt. Den einzelnen Wohnungssuchenden treten diese Bedingungen mit unterschiedlicher Macht entgegen – je nachdem, in welchem Umfang sie selbst mit sozialem, kulturellem und ökonomischem Kapital ausgestattet sind. Das Mitglied, welches im zweiten Gruppeninterview vom Genossenschaftsgedanken spricht, macht deutlich, dass es sich in einer verhältnismäßig privilegierten Position befindet und sieht dementsprechend seine Vorstellung von genossenschaftlichem Handeln in der Praxis verwirklicht. Das Mitglied im ersten Gruppeninterview sieht den Genossenschaftsgedanken dagegen bedroht, weil es sich selbst von den steigenden Mietpreisen bedroht fühlt. Im Kontext kapitalistischer Verhältnisse auf dem Wohnungsmarkt stellt sich für die Genossenschaften daher die Frage, an welchen Maßstäben sie die Umsetzung des Genossenschaftsgedankens ausrichten wollen: an den Preisen, die auf dem Markt gebildet werden, der Kaufkraft der eigenen oder derjenigen möglicherweise zukünftiger Mitglieder?

6.4 Genossenschaft als Management einer ungleichen Gemeinschaft

Angesichts unterschiedlicher sozialer Positionen und Interessen in der Genossenschaft ist deren Geschäftsführung eine Herausforderung: In der Praxis stellt sich die Frage, in welchem Verhältnis die betriebswirtschaftlich „richtige" Leitung zu dem Bedürfnis nach bezahlbaren Mieten steht, wie sich die soziale Mischung in den Wohnungsbeständen zusammensetzt und in welcher Weise und mit welchem Ziel sie geändert werden könnte oder sollte. Die Vorstände wissen, dass Mieterhöhungen, Modernisierungen und Abrisse für einen Teil der Bewohner_innen mit Belastungen verbunden sind. Sie fühlen sich daher herausgefordert, ihre Geschäftsführung so zu begründen, dass diese trotzdem von der überwiegenden Mehrheit der Mitglieder als legitim wahr- und angenommen wird.

In formaler Hinsicht regelt das Genossenschaftsgesetz im Zusammenhang mit der jeweiligen Satzung die Zuständigkeit für die Geschäftsführung (Beuthien et al. 2008; Keßler 2014b): Seit der Gesetzesnovelle von 1973 liegt die Leitung eigenverantwortlich in den Händen des Vorstandes, welcher nicht an Weisungen anderer Organe gebunden ist und von daher ein „autonomes Leitungsorgan" darstellt (Wegner et al. 2012: 131; Beuthien 1975). Leitet der Vorstand – wie es im Genossenschaftsgesetz § 34 begrifflich gefasst wird – die Genossenschaft „ordentlich und gewissenhaft", dann kann er das Unternehmen im gegebenen Rahmen seinen Vorstellungen entsprechend frei gestalten. Gebunden ist er dabei an die grundsätzliche Zustimmung des Aufsichtsrats. Einfache Mitglieder bzw. Mitgliedervertreter_innen haben dagegen kaum Einfluss auf die unternehmerische Praxis. Sie können zwar prinzipiell durch die Anfechtung des Jahresabschlusses oder eine Abwahl bzw. Kündigung des Aufsichtsrats oder Vorstands maßgeblichen Einfluss nehmen, die Anforderungen dafür sind jedoch hoch. Die formalen Hürden liegen in der Herbeiführung eines Mehrheitsbeschlusses in der General- bzw. Vertreterversammlung. Für wichtige Entscheidungen (wie Satzungsänderungen, Abberufung oder Kündigung von Vorstand und Aufsichtsrat) sehen viele Satzungen eine Dreiviertelmehrheit vor. In der Praxis eines Geschäftsbetriebs mit mehreren tausend Mitgliedern gestaltet es sich für diese daher äußerst schwierig, betriebswirtschaftliche Entscheidungen gegen den Willen von Vorstand und Aufsichtsrat herbeizuführen. So folgt die General- bzw. Vertreterversammlung zumeist deren Vorlagen – und zwar „im Regelfall ohne Aussprache" (Keßler 2007b: 40, vgl. Glenk 2013: XXI).

Die Mitglieder der Initiative „Rettet Elisa", von denen sich einige zu Mitgliedervertreter_innen haben wählen lassen, schildern dies lebhaft im Interview. Zum einen seien die mitgliederbezogenen Gremien schwerfällig, da sie nur selten zusammenkommen. Zudem hätten kritische Mitglieder kaum (mehr) Interesse, an diesen Veranstaltungen teilzunehmen, da ihre Mitsprachemöglichkeiten äußert begrenzt seien. In der Folge sei die Vertreterversammlung dominiert von älteren Mitgliedern, welche diese in erster Linie als Unterhaltungsveranstaltung begreifen. Der spezifische Ablauf der Versammlung und das dort vorhandene gastronomische Angebot bestärke sie in dieser Sichtweise. Bei Sachthemen vertraue der größte Teil der Vertreter_innen dem Vorstand ohne jede Nachfrage; kritische Fragen würden dagegen als Belästigungen im geordneten Ablauf wahrgenommen. Eines der befragten Mitglieder fasste seinen Eindruck in der Aussage zusammen, „wenn es nicht im Grunde so ernst ist, dann wäre es wirklich Slapstick" (E1). Aufmerksamkeit für ihr Anliegen habe die Initiative auch innerhalb der Gremien der Genossenschaft erst dann bekommen, als sie lokale Politik und Medien erfolgreich auf den Konflikt aufmerksam gemacht hatte. Wenn auch aus einer deutlich anderen Perspektive – der von Vorständen bzw. Mitgliedern, die weitgehend zufrieden mit ihrer Genossenschaft sind – wurde dieser Eindruck, den die Protestinitiative von der Gremienarbeit gewonnen hat, mir von anderen Interviewpartner_innen in der Tendenz bestätigt.

In der Folge erscheint engagierten Mitgliedern ihr Mitspracherecht, wie es ein Vorstand ausdrückt, teilweise als „Farce" (V7). Der Umgang mit Geschäftsberichten, Satzungen und Gesetzestexten erfordert wohnungswirtschaftliches und juristisches Fachwissen zu ihrer „richtigen" Anwendung und damit ein hohes und spezifisches kulturelles Kapital. Der Umgang mit diesen Materialien stellt das Tagesgeschäft der Vorstände dar. Aufsichtsräte widmen sich ihnen im Rahmen ihrer Tätigkeit mit einer gewissen Regelmäßigkeit. Für einfache Mitglieder stellt die Auseinandersetzung mit Fragen der Geschäftsführung dagegen eine Herausforderung dar. Tritt eine Situation ein, in der sich die Mitglieder im Widerspruch zu Vorstand und Aufsichtsrat befinden, müssen sie daher mehrere Hürden überwinden, um sich Gehör zu verschaffen: Sie müssen ihre Anliegen in der „richtigen" Sprache vorbringen, Probleme benennen, Alternativen vorschlagen und – wenn sie Änderungen durchsetzen wollen – sich mit einer Vielzahl von weiteren Mitgliedern absprechen und koordinieren, um eine Mehrheit für ihr Anliegen zu organisieren. Vorstände können Genossenschaften von daher zwar nicht langfristig gegen die Vorstellungen ihrer Mitglieder leiten. Es stehen ihnen aber diverse Ressourcen zur Verfügung, mit denen sie ihre Entscheidungen gegen Kritik und Opposition absichern können. Eine wichtige Rolle spielt dabei neben ihrem je persönlichen kulturellen und sozialen Kapital, das symbolische Kapital der Genossenschaften. Kommt es zu Meinungsverschiedenheiten zwischen Geschäftsleitung und Mitgliedern, macht sich die ungleiche Verfügung über das symbolische Kapital bemerkbar. In der richtigen Art und Weise eingesetzt, dient es als wichtiger stabilisierender Faktor der Machtverhältnisse in Genossenschaften.

Für die Vorstände geht es daher in der Praxis des Genossenschaft-Machens darum, eine Gemeinschaft der Ungleichen in einer solchen Art und Weise zu managen, dass das zur Ausübung ihrer Macht hilfreiche symbolische Kapital seine Anerkennung nicht verliert. Der Wert des symbolischen Kapitals ergibt sich daraus, dass seine Bedeutung auch von den Akteuren anerkannt wird, zu deren Beherrschung es beiträgt (Moebius/Nungesser 2018). Die Einsätze im Spiel des Genossenschaft-Machens müssen daher so getätigt werden, dass die aufgrund von Interessengegensätzen und sozialen Unterschieden latent vorhandenen Konflikte nicht manifest werden. Insbesondere bei baulichen Eingriffen in den Wohnungsbestand ist ein besonderes Feingefühl für die Vorgehensweise nötig. Als erprobtes Mittel dient dabei eine partielle Einbeziehung der Mitglieder in die Logik der Leitungsebene. Die Teilhabe am kulturellen Kapital des Feldes macht die Beherrschten hierbei zu Mit-Herrschenden, die – zumindest in der Mehrzahl – bereit sind, die Interessen der durch sanften Zwang hergestellten Gemeinschaft als ihre eigenen anzuerkennen. Eine solcherart „sanfte" Ausübung von Herrschaft, die auf der Mitarbeit der Beherrschten beruht, ist das, was Bourdieu begrifflich als „symbolische Gewalt" fasst (Schmidt 2014: 232).

6.4.1 Gemeinschafts- und Partikularinteressen

Auf meine Frage, was das „genossenschaftliche Wohnen" für ihn auszeichne, antwortet ein Vorstand mit dem Verweis auf eine „ursprüngliche" Form von Genossenschaft, die in der Gegenwart durch Konflikte bedroht sei:

> „Das Ursprüngliche was man sich als erstes drunter vorstellt, vielleicht nicht mehr so, dass man sich gemeinsam zusammensetzt und Dinge unternimmt oder ähnliches. Wir merken das bei unseren Mitgliedern zum Beispiel, wenn 'ne Modernisierung ansteht. Dann ist das immer ein Einschnitt natürlich für die Leute, die da wohnen. Da machen wir als erstes eine Veranstaltung, treffen uns mit denen und erklären was da passiert. Können Sie sich ja vorstellen, wenn wir [umfassende bauliche Maßnahmen vornehmen,] dann kann man da eigentlich nicht wohnen. Ist natürlich für die grausam im Einzelnen" (V3).

In seiner authentischen Form assoziiert der Vorstand das Genossenschaftliche mit Menschen, die sich aktiv miteinander verbinden und in der Folge zu gemeinsamen Tätigkeiten kommen. Die Vorstellung eines originären und unverfälschten Genossenschaftsgedankens, der jedoch im Laufe der Zeit verloren gegangen sei, äußern mehrere der Vorstände. Älteren Mitgliedern wird dabei zugeschrieben, solch eine ursprüngliche Form der Genossenschaft noch erlebt zu haben. Der Genossenschaftsgedanke bzw. „das Genossenschaftliche" wird regelmäßig herausgefordert – darauf machen alle Vorstände im Interview in der einen oder anderen Art aufmerksam – wenn Modernisierungen im Wohnungsbestand anstehen.

In der zitierten Interviewpassage folgt eine Aufzählung der technischen Details, die das Wohnen im Zeitraum einer Modernisierung unmöglich machen. Diese Beeinträchtigungen würden von den einzelnen Mitgliedern als „grausam" erlebt. Eine Wortwahl, die im Kontext der Überzeugung der Vorstände, ihre Entscheidungen fachlich begründet und im Interesse der ganzen Genossenschaft zu treffen, auf Ironie hinweist. Belastungen, so erläutert der Vorstand dementsprechend, entstünden nur „im Einzelnen", quasi als Einzelschicksal und damit – im Verhältnis zur Anzahl der gesamten Mitglieder – in partikularen Fällen. Vom Einzelinteresse einiger Mitglieder wird der Genossenschaftsgedanke jedoch auf die Probe gestellt. Der Vorstand fährt fort, indem er immer wieder energisch mit den Fingern auf den Tisch klopft: „Dann plötzlich bilden sich irgendwelche Initiativen der dort Wohnenden. Dann sind sie plötzlich eine Gemeinschaft. Und gehen gegen den bösen Vorstand vor, als Genossen. Dann heißt es, zurück zu den Wurzeln und wir sind doch eine Genossenschaft. Und jetzt müssen wir aber und das geht doch alles so nicht" (V3).

Aus der Perspektive des Vorstandes verwechseln einzelne Mitglieder infolge ihrer persönlichen Betroffenheit ihre partikularen Interessen mit denen der

Gemeinschaft. Es bilden sich Initiativen, die das symbolische Kapital der Genossenschaft für sich in Anspruch nehmen: Sie werfen den Vorständen vor, wie normale Wohnungsunternehmen zu agieren, den Genossenschaftsgedanken damit zu verraten und verlangen dagegen eine Rückkehr zu „den Wurzeln“ der Gemeinschaftlichkeit. Dies wiederum wird vom Vorstand als Anmaßung erlebt. Während er selbst kontinuierlich zugunsten des Gemeinwohls tätig ist, erlebt er von den Mitgliedern kaum derartiges Engagement. Begrifflich fasst er dies, indem er von den „dort Wohnenden“ spricht, die infolge ihrer eigenen Betroffenheit „plötzlich“ zu Genossen werden. Der Vorwurf, er könne aus „bösen“ Motiven heraus handeln, ist darüber hinaus derart konträr zu seinem Selbstverständnis als Protagonist des Guten, dass dieser nur aus einem Missverständnis heraus entstehen kann. Und zwar aus einem Missverständnis hinsichtlich der Bedeutung von Gemeinschaftlichkeit in großen Genossenschaften.

Der Vorstand identifiziert sich selbst und die älteren Mitglieder mit dem ursprünglichen Genossenschaftsgedanken. Dabei legitimiert er seine Führungsposition mit der bewussten Zustimmung der älteren Mitglieder und spricht den jüngeren Mitgliedern ein Verständnis für die Struktur der Genossenschaft als Unternehmensform ab:

> „Die Gemeinschaft setzt sich zusammen aus allen Genossen, die das auch wollten. Die auch genossenschaftlich wohnen wollten, die kein Eigentum wollten, sondern in einer Gemeinschaft einen Vermieter haben wollten, auf den sie – in Anführungsstrichen – auch Einfluss haben könnten. Junge Leute, bei denen ist das nicht mehr so, in der heutigen Wohnungsnot ist es so, dass die bei uns einfach einziehen und sich gar nicht überlegen, ob wir Genossen sind oder nicht“ (V3).

Die Dichotomie zwischen den alten und den jungen Mitgliedern spielt in dieser Vorstellungswelt eine zentrale Rolle. Während die alten Mitglieder die eingeübte spezifische Form demokratischer Kultur in großen Genossenschaften – mit eingeschränkten Mitwirkungs*rechten* und vielfältigen Möglichkeiten zum ehrenamtlichen Engagement – befürworten und damit den Vorstand in seiner Position bestärken, stellen die jungen Mitglieder diese in Frage. Sie zeigen wenig ehrenamtliches Engagement und nehmen kaum an Nachbarschaftsaktivitäten teil. Sie bilden aber eine Gemeinschaft, wenn es darum geht, ihre Interessen gegen Entscheidungen des Vorstandes zu verteidigen. Das Vorgehen dieser jungen Mitglieder erlebt der Vorstand als Kränkung, da sie ihre oppositionelle Haltung mit den Werten und Vorstellungen begründen, die er selbst für sich in Anspruch nimmt. Die Vorstellung, die dissidenten Mitglieder könnten den Genossenschaftsgedanken ihm gegenüber für sich reklamieren, erscheint ihm angesichts seines eigenen Engagements paradox und nicht haltbar.

In seinen Ausführungen greift der Vorstand mehrfach auf die Metapher der „Wurzeln“ zurück. Bezogen auf Wohnungsgenossenschaften kann diese Metapher als Sinnbild für die zwei Säulen der Genossenschaft – dem Kerngeschäft der Wohnungsvermietung und der daraus finanzierten zweiten Säule des sozialen Engagements – interpretiert werden: Die feinen und nicht sichtbaren Verästelungen, die der Genossenschaft Halt geben, sind das Vertrauen, das ihr von Seiten der Mitglieder entgegen gebracht wird. Die „Nahrung“, die eine Genossenschaft – wie alle Wohnungsunternehmen – aufnehmen muss, besteht in ihren Mieteinnahmen. Konflikte innerhalb der Genossenschaft bedrohen die Funktionsausübung der Wurzeln: Der Genossenschaftsgedanke, wie er vom Vorstand vertreten und praktiziert wird, beruht auf der Anerkennung seiner Allgemeingültigkeit. Die Entstehung einer Opposition bedroht dagegen die Legitimität, im Namen der Gesamtheit der Mitglieder zu handeln. Protest gegen Modernisierungsarbeiten stellt die geplante „Nahrungszufuhr“ in Form der bereits einkalkulierten Investitionen und Mieteinnahmen in Frage.

„Und insofern“, so schließt der Vorstand seine Ausführungen ab, „ist die genossenschaftliche Idee ja bei den Alten sicherlich noch verwurzelt, dass man gemeinsam versucht was aufzubauen, aber das umzusetzen finde ich persönlich immer schwierig“ (V3). Der Genossenschaftsgedanke, wie er von den Vorständen interpretiert wird, „wurzelt“ zuverlässiger bei den alten als bei den jungen Mitgliedern (V4). Eine „gemeinsame“ Umsetzung der Vorhaben der Geschäftsführung ist jedoch auf die Zustimmung einer großen Mehrheit der Mitglieder angewiesen und kann dabei auf die Zustimmung der Jungen nicht verzichten. Die Zustimmung der Mehrheit muss vom Vorstand daher aktiv und vielfach mittels persönlichen Einsatzes hergestellt werden.

6.4.2 Den sozialen Frieden erhalten

Für die Mitglieder bedeuten Baulärm, Umzüge und Mieterhöhungen infolge von Modernisierung oder Abriss eine Belastung. Um aus solchen Belastungen keine Konflikte entstehen zu lassen, haben die Vorstände Strategien und Techniken des Umgangs mit den Mitgliedern entwickelt. Diese beinhalten jedoch keine Mitsprache bei der Geschäftsführung, sondern dienen dazu, Zustimmung zu Entscheidungen herbeizuführen, zu denen man Widerspruch erwartet. So berichten mir zwei Vorstände von der Planung eines Abrisses im Stadtteil Hamm: „Ja, also, wir haben anders als mit Elisa, weil Sie das ansprachen, haben wir unsere Mitglieder von Anfang an, als die Entscheidung getroffen war, [...] mitgenommen“ (V4). Das Entscheidende an der Aussage ist zunächst der Umgang mit den Mitgliedern. In der Interviewpassage führt jedoch der Einschub, „als die Entscheidung getroffen war", zu ausführlichen Erläuterungen. Bevor die Vorstände berichten, inwiefern sich ihr Umgang mit den Mitgliedern vom Fall Elisa unterscheidet, führen sie mir die technischen Abwägungen aus, die zur Entscheidung zum Abriss geführt haben. Sie wiederholen die Argumente, die sie auch ihren Mitgliedern gegenüber ins Feld führen: Die mangelhafte Bausubstanz und die ungeeigneten Grundrisse würden einen Abriss zur einzig „vernünftigen" Option machen. Nach diesen Erläuterungen kommen sie darauf zurück, dass es wichtig sei, die Mitglieder „von Anfang an" mitzunehmen (V4). Dies habe man im fraglichen Fall „mit einem großen Vorlauf" gemacht und den Mitgliedern erläutert, „dass wir beabsichtigen, dieses Objekt ja dann mittelfristig abzureißen und zu erneuern und dass wir ihnen selbstverständlich behilflich sind beim Umziehen innerhalb unseres Bestandes und ja, das läuft jetzt ganz ruhig" (V4). Um zu belegen, wie „ruhig" das Verfahren über die Bühne geht, verweisen die Vorstände auf ihre erfolgreiche Bilanz, dass „fünfundachtzig Prozent" der ehemaligen Bewohner_innen bereits ausgezogen seien (V4).

Die frühzeitige Einbeziehung bedeutet daher auch im hier dargestellten Fall, dass die Mitglieder erst dann informiert werden, *nachdem* die betriebswirtschaftliche Entscheidung über den Abriss getroffen wurde. Um diese Entscheidung anschließend plausibel zu machen, bemühen die Vorstände hoch aufgeladene Symbole und verweisen auf die Gründungsgeschichte der Genossenschaft sowie historische Arten und Weisen des Wohnungsbaus. Dann schildern sie die Schwierigkeit, alten Wohnungsbestand heutzutage zu vermarkten. Zuletzt gehen sie auf die Reaktionen der Mitglieder gegenüber dem geplanten Abriss ein. Ihre nüchternen technischen und betriebswirtschaftlichen Ausführungen stehen dabei in einem bemerkenswerten Gegensatz zur Emotionalität, die die Mitglieder in ihrer Wahrnehmung an den Tag legen. Um mir verständlich zu machen, mit welchen Herausforderungen die Vorstände umgehen müssen, meint einer von ihnen: „Sie glauben gar nicht, was [im Falle eines Umzugs] plötzlich alles wichtig ist" (V4). Aufgrund der individuellen Problemkonstellationen und der Emotionalität der Mitglieder sehen die Vorstände im Fall des geplanten Abrisses von Mitgliederversammlungen ab: „Wir halten nicht viel von Versammlungen, weil da sind immer welche, die [...] vielleicht dann ihr Forum haben, um denn mal ordentlich loszuwettern. [Das] verunsichert viele gerade ältere Menschen. [...] Das bringt nichts, wenn die da zu 'ner Versammlung gehen und da dreht einer durch" (V4).

Im Umgang mit Konfliktsituationen greifen Vorstände auf verschiedene Maßnahmen und Instrumente eines „Sozialmanagements" im weiteren Sinne zurück. Dazu gehören die sozialen Einrichtungen der Genossenschaften wie beispielsweise die Nachbarschaftstreffs, die Mitgliederzeitschrift und der Personalbereich Sozialarbeit. Dazu gehören aber auch Strategien für das Vorgehen in besonderen Situationen, zu denen Modernisierungs- und Abrissvorhaben zählen. Alle Vorstände heben in der einen oder anderen Weise hervor, dass hierbei ein Umzugsmanagement „stehen" und eine Betreuung der Mitglieder gewährleistet sein muss, damit nichts „schief" geht. Die Mitglieder müssen umfassend informiert werden, damit sie sich auf die Situation einstellen können.

Immer wieder heben die Vorstände hervor, dass *individuelle* Lösungen in Einzelgesprächen gefunden werden sollen. Für Bewohner_innen, die mit besonderen Schwierigkeiten konfrontiert sind, werden Hilfen bereitgestellt. Eine Gruppenbildung versucht man zu vermeiden. Damit sind Versammlungen jedoch nicht prinzipiell ausgeschlossen. Vielfach werden diese gerade als das Mittel der Wahl beschrieben, um beispielsweise Verbesserungsvorschläge einzuholen. Teilweise leiten die Vorstände solche Versammlungen persönlich, teilweise laden sie professionelle Moderator_innen dafür ein. Bei bevorstehenden Abrissen wird jedoch zumeist auf die Durchführung einer Versammlung verzichtet. Die entscheidenden Ziele der Kommunikation liegen in diesen Fällen darin, dass die Mitglieder sich „ernst genommen fühlen" (V1), dass man es schafft, „da keinen Unfrieden zu stiften" (V7) und dennoch allen Beteiligten deutlich wird, dass es zur vorgesehenen Maßnahme keine vernünftige Alternative gibt (V4). Erfolgreiche Modernisierungsvorhaben oder Neubauten werden in den Genossenschaften üblicherweise mit Nachbarschaftsfesten gefeiert, bei denen auf die erfolgreich und gemeinsam bewältigten Strapazen angestoßen werden kann.

Die entscheidende Hürde für die Akzeptanz von baulichen Maßnahmen ist die Mietveränderung. So führt ein Vorstand mit Bezugnahme auf den Fall Elisa aus, wie problematisch es sei, die Nutzungsgebühren auf einem niedrigen Stand „verharren" zu lassen (V6). Wenn ich

> „dann etwas mache, sei es eine Modernisierung oder auch einen Neubau errichten und den Mitgliedern wieder zur Verfügung stellen und ich sag dann: Jetzt müsst ihr da aber, in dem Fall waren es glaub ich, acht Euro fünfzig bezahlen, was ja objektiv wirklich sehr preiswert ist für einen Neubau, da sagt natürlich jeder Bewohner zu recht, warte mal, ich zahl jetzt vier fünfzig, dann soll ich acht fünfzig zahlen, wo soll ich das denn hernehmen?" (V6).

Werden Bewohner_innen mit einer Verdoppelung ihrer Mietkosten konfrontiert, können sie eine nicht angemessene Erhöhung beklagen und finden für ihr Anliegen voraussichtlich Verständnis. Liegt das Ausgangsniveau der Mieten dagegen bereits nahe beim Marktpreis, findet ihre Klage – unabhängig davon, wie hoch die Belastung im Einzelfall konkret ist – aller Voraussicht nach weniger Resonanz, da die Veränderung im Rahmen üblicher Preisentwicklung auf dem Wohnungsmarkt als „normal" oder sogar „entgegenkommend" angesehen werden (vgl. HA 2017f).[10] Insofern erschwert ein „Verharren auf dem alten Stand" die Durchführung von Modernisierungsmaßnahmen oder Abrissen (V6). Eine kontinuierliche Anpassung der Nutzungsgebühren an das als „objektiver" Maßstab wahrgenommene Marktniveau, leistet daher einen wichtigen Beitrag dazu, Proteste gar nicht erst entstehen zu lassen.

6.4.3 „Bei uns"

Die Herausforderung, verschiedene Interessen innerhalb einer Genossenschaft so miteinander zu verbinden, dass sie nicht als Gegensätze erscheinen, wird in der Praxis vielfach als ein Management verschiedener kollektiver Identitäten gelöst. Aus den Positionierungen der Vorstände und Mitglieder lassen sich insbesondere die Wir-Identität der Genossenschaft als Unternehmen und die Wir-Identität der Bewohner_innen einer Nachbarschaft herausarbeiten. Die Vorstände identifizieren sich mit der Genossenschaft als Unternehmen. Teilweise merken sie explizit an, dass es sich für den Vorstand nicht „schicke", in einer Wohnung der Genossenschaft zu wohnen, da ihnen ansonsten der Vorwurf drohe, sich selbst durch eine günstige Miete oder ein besonders schönes Wohnumfeld zu begünstigen (V5). Damit schließen sie sich gleichermaßen aus der Möglichkeit aus, einer bestimmten Nachbarschaft anzugehören und verorten sich auch räumlich jenseits der Interessen einer bestimmten Wohnanlage. Für die Mitglieder gestaltet sich die Selbst-Verortung zwischen dem Wir der Genossenschaft als Unternehmen und der eigenen Nachbarschaft schwieriger: Sie werden einerseits immer wieder auf die Rolle als Nachbar_innen verwiesen und aufgefordert, von dort aus Wünsche an die Geschäftsleitung zu formulieren. Andererseits werden sie darauf aufmerksam gemacht, dass sich die Interessen einzelner Nachbarschaften denen der Genossenschaft als Ganzes unterzuordnen haben. Die selbsttätig vorgenommene Identifikation der Mitglieder mit einer lokal verorteten Nachbarschaft stellt dabei – auf unbemerkte Weise – eine

---

10 Die vhw hat bei ihrer ersten Neubauankündigung im Fall Elisa nicht die vom zitierten Vorstand beschriebenen 8,50 Euro/m^2, sondern 11,50 Euro/m^2 angekündigt. Die letztendlich realisierten 6,10 Euro/m^2 bzw. 8,20 Euro/m^2 entsprechen den Vorschriften des ersten und zweiten Förderwegs im Sozialen Wohnungsbau.

zentrale symbolische Stütze ihrer Ein- und Unterordnung in das hierarchische Gefüge großer Genossenschaften dar.

Der Titel der Mitgliederzeitschrift „bei uns" weist auf die verschiedenen kollektiven Identitäten und ihr komplexes Verhältnis zueinander hin. In der Zeitschrift wird den Leser_innen in Form von Reportagen über genossenschaftliche Wohnblöcke oder Berichten von Mitgliedern aus ihrem Wohnumfeld immer wieder eine positive Identifikation mit ihrer Nachbarschaft angeboten.[11] Gleichzeitig werden die Mitglieder an ihre Verpflichtungen gegenüber der Genossenschaft erinnert. So legt der Hausmeister einer Genossenschaft in einem Beitrag dar, dass das Abstellen von Müll an nicht dafür vorgesehenen Orten „mit dem genossenschaftlichen Gedanken – jeder achtet auf jeden und jeder hilft jedem – leider nichts zu tun" hat, da die anfallenden Abholgebühren von der gesamten Hausgemeinschaft getragen werden müssten (Lehrerbau 2018a).

In anderen Beiträgen werden die Mitglieder „im Interesse der Gemeinschaft" zur „regelmäßige[n] Mietzahlung" aufgefordert (Bergedorf-Bille 2018b) oder dazu, Untervermietungen anzuzeigen (Wohnungsgenossenschaft 1904 2018b) bzw. anzugeben, ob Tiere gehalten werden (Hanseatische Baugenossenschaft 2018b). In allen drei Fällen wird dargestellt, dass die Genossenschaft sich ihren Mitgliedern gegenüber entgegenkommend verhalten wolle, Regelverletzungen im Konfliktfall aber eine Kündigung nach sich ziehen können.[12] Das Machtverhältnis zwischen der Genossenschaft und ihren Bewohner_innen wird somit

11 Dabei bilden die Titelbilder der online verfügbaren Mantelteile der „bei uns" aus den Jahren 2011 bis 2018 eine bestimmte kollektive Identität ab, aus der Jugendliche und Menschen mit einer nicht-weißen Hautfarbe weitgehend ausgeschlossen sind: Auf 32 Titelbildern sind Bilder von insgesamt 44 Menschen zu sehen, zumeist als Einzelpersonen im Portrait, teilweise auch als Gruppen von Menschen. Unter den abgebildeten Einzelpersonen finden sich ausschließlich weiße Kinder und Erwachsene. Jugendliche kommen gar nicht vor, lediglich auf einem Gruppenbild sind Menschen mit einer nicht-weißen Hautfarbe zu sehen (AK WoBauG o.J.).

12 Besonders ausdrücklich schildern mehrere Vorstände im Kontext von gewerblichen Untervermietungen an Tourist_innen, inwiefern sie von Kündigungen Gebrauch machen können und welche Bedeutung dieses Instrument für die Leitungsebene hat. So heißt es in einem Artikel in der Rubrik „Typisch Genossenschaften", „gegen diese Art von Untervermietung haben die Hamburger Wohnungsbaugenossenschaften starke Argumente und noch stärkere Mittel – die Kündigung der Wohnung und der Mitgliedschaft" (AK WoBauG 2018a). In einem anderen Beitrag wird dargestellt, dass auch das Füttern von Tauben als Kündigungsgrund dienen kann (AK WoBauG 2017).

ausdrücklich als ungleich dargestellt und die Mitglieder dazu aufgefordert, sich dementsprechend angepasst zu verhalten.

Auch in den Interviews betonen die Vorstände, dass der angemessene Identifikations-Ort für die Mitglieder die Nachbarschaft sei: „Nach meinem Eindruck interessieren die Mitglieder sich sehr wohl [dafür], was im Quartier vor sich geht, sie sind immer daran interessiert, was um sie herum zum Beispiel an Infrastruktur vorgehalten ist, was vielleicht erneuert wird, [...] wo entstehen welche Neubauten, wo verändert sich das Wohnumfeld zum Guten, zum Schlechten, daran sind sie sehr interessiert" (V1). Die Aspekte, für die die Mitglieder sich in der Wahrnehmung des Vorstandes interessieren, korrespondieren mit Kriterien, die zu Entscheidungen über Sanierungen oder Neubau herangezogen werden. Die Betonung, wie sehr sich die Mitglieder für gute und auch schlechte Entwicklungen in diesen Bereichen interessieren, weist auf die Aufmerksamkeit der Vorstände bezüglich der Wohnraumnachfrage der Mitglieder hin. Das Interesse der Mitglieder am „Mikrokosmos Quartier" grenzt der Vorstand dabei von einem Desinteresse an darüber hinausgehende Zusammenhänge ab: „Was in Hamburg, was vom Rathaus aus funktioniert, bewegt glaube ich eher die wenigsten. [...] Es soll nicht böse klingen aber ich habe den Eindruck, dass unsere Mitglieder sich doch eher für ihren nahen Einzugsbereich interessieren" (V1).

Für die Vermittlung zwischen politischen Entscheidungen und den Entwicklungen im Quartier sehen sich die Vorstände selbst zuständig. Die Interessen der Mitglieder werden von ihnen erfasst und in politische und ökonomische Entscheidungen überführt. Eine selbstständige Organisation der Mitglieder ist aus ihrer Perspektive nicht nötig und wird mit der Gefahr einer Revolte assoziiert: „Das klingt so ein bisschen nach, um es mal böse zu sagen, Genossenschaft von unten" (V1). Da das Gesamtinteresse der Genossenschaft bereits vom Vorstand repräsentiert wird, kann es sich bei einer Äußerung anderweitiger Interessen „von unten" nur um Partikularinteressen handeln, bei denen „einige wenige eine Belastung der gesamten Genossenschaft verlangen, damit sie es besser haben" (V1). Der natürliche Bezugsort der Mitglieder ist in den Augen der Vorstände die Nachbarschaft bzw. das Quartier. Dies korrespondiert mit deren nachbarschaftsbezogenen kollektiven Identität. Sobald die Mitglieder jedoch von dieser sozialräumlichen Ebene aus eigene Interessen formulieren und diese in Forderungen transformieren, machen sie sich des Partikularinteresses verdächtig und müssen von den Organen der Genossenschaft in die Schranken gewiesen werden.

Die Vermittlung des Gegensatzes zwischen dem unternehmerischen Interesse der Genossenschaft und dem gebrauchswertorientierten Bedürfnis der Bewohner_innen gelingt durch eine zwischengeschaltete Position: Den engagierten

Mitgliedern, die teilweise Ämter in den Organen einnehmen. Sobald sich Mitglieder als Vertreter_innen engagieren, werden sie darauf aufmerksam gemacht, dass die kollektive Identität der Genossenschaft als Unternehmen „über" den partikularen Interessen einer einzelnen Nachbarschaft liegt. Die Notwendigkeit der Verankerung solch differenzierter sozialer Rollen nimmt mit der Größe der Genossenschaften zu. So meint ein Vorstand, aufgrund der Größe sei eine Identifikation für einfache Mitglieder teilweise schwierig, während dies gewählten Vertreter_innen deutlich leichter falle (V6). Was sich hier abspielt, ist eine Trennung der Mitglieder in verschiedene Kategorien von Wissenden, die sich zwischen zwei Identifikationsangeboten verorten müssen: Dem partikularen Raum der Nachbarschaft und dem universalen Raum der Genossenschaft als Ganzes. Damit wird eine Trennung hergestellt, die in Form einer Differenzierung sozialer Rollen aufrechterhalten wird. In dem Maße, wie die engagierten Mitglieder am kulturellen Kapital der Vorstände teilhaben, verinnerlichen sie auch deren Logik der Praxis und sind bereit, diese wieder an andere Mitglieder weiterzugeben. Kommt es zum Konflikt, müssen sie sich entscheiden, ob sie sich auf die Seite des etablierten und anerkannten Wissens um die Interessen der Gemeinschaft oder auf Seiten der Opposition stellen und damit ihr mühsam erworbenes kulturelles Kapital selbst entwerten.

Die Arbeit der Vorstände, das kulturelle Kapital an die Mitglieder weiterzugeben, sowie die Mühe der engagierten Mitglieder, sich dieses anzueignen, lässt sich anhand der Rundfahrten darstellen, die für Vertreter_innen in vielen Genossenschaften durchgeführt werden. Im Bericht einer Mitgliederzeitschrift wird prägnant ausgeführt, welche Bedeutung diesen Rundfahrten in der Vermittlung stadtpolitischen und wohnungswirtschaftlichen Wissens zukommt. So erfahren die Leser_innen sowohl, welche Neubau- und Modernisierungsprojekte besucht und was über deren Planung und Entwicklung berichtet wird, als auch wie „beeindruckt" sich ihre Vertreter_innen von Modernisierungsarbeiten zeigen: „'Die Häuser sehen jetzt aus wie neu', sagten einige" (Freie Gewerkschafter 2018b: 6). Die Vertreter_innen erhalten „Hintergrundinfos aus erster Hand" und können feststellen, „wie viele Vorüberlegungen und Vorbereitungen nötig sind, bevor ein neues Projekt entstehen kann" (ebd.: 7). Dies, so kommentiert ein Vertreter, mache „man sich als Laie gar nicht klar" (ebd.) Die Vertreter_innen werden somit zu Teilhaber_innen des kulturellen Kapitals, während ihnen gleichermaßen ein untergeordneter Platz gegenüber der Position der Vorstände zugewiesen wird.

Aus der Erzählung eines Mitglieds über seine Erfahrung mit solcherart Rundfahrten wird deutlich, dass eine Nutzung des erworbenen kulturellen Kapitals an Voraussetzungen gebunden ist. Im Gruppeninterview stellt sich den Mitgliedern die Frage, ob ihre Genossenschaft besonders hochwertige Gebäude erstellen würde, woraufhin von einem Teilnehmer ausgeführt wird: „Ich kann das nur so sagen; wir werden ja auch mal rumgeführt und in die neuen, also ich bin leider nicht immer dabei; diese Rundfahrten, das findet ein, zwei Mal im Jahr [...] statt. Aber ich bin da mal mitgefahren, da in [einem Quartier] irgendwo und also das hat mir super gefallen und war bloß für mich alles viel zu teuer so" (G2). Unterstützt durch ein Klopfen auf den Tisch betont das Mitglied, wie „super" ihm die besichtigten Neubauten gefallen haben. Damit macht es seinen Respekt gegenüber den Leistungen der Genossenschaft genauso deutlich wie die Genugtuung, das Wissen um diese Leistungen weitergeben zu können. Hier zeigt sich, inwieweit es bereit ist, das Denkschema, welches „das Produkt der Herrschaft" ist, anzuerkennen und sich damit praktisch der Logik der Leitungsebene zu unterwerfen (Bourdieu 2017a: 63).

Diese Unterwerfung unter die symbolische Macht der Genossenschaften hat jedoch Grenzen, die in seiner sozialen Position begründet liegen. Dies zeigt sich weniger in der expliziten inhaltlichen Stellungnahme als im indirekten Eingeständnis, von den (Neubau- und Modernisierungs-)Leistungen der Genossenschaft ausgeschlossen zu sein bzw. zu werden: Es könnte sich die dort verlangten Mietpreise selbst nicht leisten. Damit stellt sich das Erlebnis der Rundfahrt als zwiespältig heraus: Einerseits erfährt das Mitglied von den beeindruckenden Leistungen der Genossenschaft und kann diese Erfahrungen anderen mitteilen. Andererseits stehen diese Leistungen außerhalb seines Vermögens. Es bleibt ihm – auch wenn es unangenehm ist – nichts anderes übrig, als zu sagen, dass es für ihn „alles viel zu teuer" sei. Bei den neuen Genossenschaftsgebäuden handelt es sich um eine wertvolle, aber unerschwingliche Sache. Damit wird deutlich, dass die Nutzung des auf den Rundfahrten gewonnenen Wissens an die soziale Position der Subjekte gekoppelt ist: Wer sich die beeindruckenden Neubauten nicht leisten kann, bleibt trotz allem Wissens außen vor. Zwischen dem Wissen um den Wert der Dinge und der Verfügung über sie klafft eine Lücke, die nur mittels ökonomischen Kapitals geschlossen werden kann. Wer sich nicht in der notwendigen sozialen Position befindet, hat daher Schwierigkeiten, mit dem zur Verfügung gestelltem kulturellen Kapital souverän umzugehen.

6.4.4 Die Grenzen der Selbstverwaltung

Die Ambivalenz der Beteiligungsmöglichkeiten in großen Genossenschaften vor dem Hintergrund unterschiedlicher sozialer Positionen in der Klassengesellschaft wird auch von den Mitgliedern der Initiative „Rettet Elisa" aufgegriffen. Sie sehen einen Widerspruch zwischen dem demokratischen Anspruch und der unterschiedlichen Kapitalausstattung der Mitglieder und Vorstände: „Eine genossenschaftliche Demokratie kann nicht funktionieren, wenn diejenigen, die Schlüsselpostionen bekleiden und am Geldhahn sitzen [abgesichert sind] und diejenigen, die um ihre Wohnungen kämpfen, schon wirtschaftlich 'nen Buckel haben" (E1). Die Vorstände sind durch gesetzliche Regelungen abgesichert und verfügen über alle Ressourcen des Geschäftsbetriebs. Aus ihrer eigenen Erfahrung heraus haben die Mitglieder der Initiative festgestellt, wie schwierig es ist, ohne ausreichendes finanzielles Budget und in ehrenamtlicher Arbeit eine oppositionelle Haltung zu entwickeln und diese anderen – im Fall großer Genossenschaften mehreren tausend – Mitgliedern zu vermitteln. Sie sind an dieser Aufgabe gescheitert und haben dabei die Erkenntnis gewonnen, dass große Genossenschaften reformiert werden müssten.

Zentrale Probleme sehen sie sowohl in der geschäftspolitischen Ausrichtung an Marktentwicklungen als auch in einer Tendenz der Bürokratisierung. Ihre Vorschläge zielen darauf ab, die Geschäftsabläufe transparenter zu gestalten und die Mitglieder zu motivieren, sich mit dem Genossenschaftsgedanken auseinanderzusetzen, um in der Folge ihre Möglichkeiten zur Mitbestimmung stärker in Anspruch zu nehmen. Die Vorstände sehen diese beiden Forderungen dagegen in ihren Genossenschaften längst als erfüllt an: In keiner anderen Unternehmensform werden Bewohner_innen in vergleichbarer Weise von der Geschäftsführung über ihre Tätigkeit informiert. Nirgendwo sonst werden sie derart motiviert und unterstützt, sich in ihrer Nachbarschaft zu engagieren. Verlangen einzelne Mitglieder darüber hinaus weitere Mitsprache, muss ihnen ihre begrenzte Position und Perspektive verdeutlicht werden. Ziel genossenschaftlichen Wohnens sei es schließlich nicht, die herrschende soziale Wirklichkeit des Wohnungsmarktes oder der Stadtpolitik in Frage zu stellen. Es ginge, in den Worten eines Vorstandes, viel eher darum, dass die Menschen „bei uns in Ruhe und Frieden leben" können (V2). Dieser soziale Frieden muss im Zweifelsfall gegen die Interessen unterprivilegierter Mitglieder durchgesetzt werden.

Ein wichtiges Instrument zur Durchsetzung mittelschichtsorientierter Interessen in Genossenschaften ist die symbolische Inanspruchnahme der „Miteigentümerschaft": In der General- bzw. Vertreterversammlung beschließen die engagierten Mitglieder den Jahresabschluss und damit auch über die Dividende auf ihre eigenen Anteile. Diese liegt mit drei bis fünf Prozent gegenwärtig deutlich über den Erträgen, die beispielsweise bei einem Sparkonto erzielt werden können. Die Beteiligung am Gewinn der Genossenschaft erfahren alle Mitglieder in Form eines ausgezahlten Geldbetrages. Die engagierten Mitglieder können darüber hinaus durch ihre Beteiligung an der Beschlussfassung eine symbolische Verfügung über das ökonomische Kapital der Genossenschaft erfahren. Sie bestimmen, wie es ein Vorstand ausdrückt, „ja über ihre Mitbestimmungsrechte in der Genossenschaft auch die Geschicke der Genossenschaft mit" (V1). Der Begriff des „Geschickes" betont die „sakrale" Dimension dieser Form der Beteiligung: Die Mitglieder nehmen Teil an einem Ritual, dessen Ablauf (und Ergebnis) zwar weitgehend vorherbestimmt ist, dessen Durchführung sie aber zu Eingeweihten macht, die an der symbolischen Macht der Genossenschaften partizipieren. „Viel mehr", so führt der Vorstand fort, „kann man kaum erwarten in einer Vorstufe zum Eigentum. Sie haben nahezu eigentümergleiche Rechte, ohne sich – salopp – gesagt in einer Miteigentümerversammlung ärgern zu lassen. Hat also nur Vorteile" (V1).

Damit bettet er die symbolische Bedeutung des Mitglied-Seins in die profanen Relationen der sozialen Realität des Wohnungsmarktes ein: In der Hierarchie zwischen dem Eigentum als privilegierter und der Miete als untergeordneter Wohnform genießen Genossenschaftsmitglieder den Status eines „Dazwischen-Seins". Dieser hebt sie wohltuend von den unterprivilegierten Mieter_innen ab, bietet aber im Vergleich zum Eigentum als der vollwertigen Form des Wohnens nur beschränkte Rechte.[13] Vorteile ergeben sich dabei insbesondere für diejenigen Mitglieder, die sich *nicht* davon „ärgern" lassen wollen, mit anderen Nutzer_innen im Kontext des sozialen Raumes der bürgerlich-kapitalistischen Gesellschaft gemeinsame Interessen zu entwickeln, auszuhandeln und selbst zu bestimmen.

Eine Selbstverwaltung der Mitglieder würde dagegen die diffizile Aushandlung sozialer Positionen innerhalb eines gemeinschaftlichen Geschäftsbetriebs erfordern. Die herrschenden Zwänge des Wohnungsmarktes müssten in Relation zur Kapitalausstattung der Mitglieder gesetzt werden. Daraus wiederum müsste eine Geschäftsführung abgeleitet werden, die das materiell Mögliche mit den konkreten Bedürfnissen ins Verhältnis setzt. Diese Arbeit wird den Mitgliedern großer Genossenschaften jedoch von den Vorständen in einem Akt praktischer Fürsorge abgenommen:

> „Selbstverwaltung hat ja auch da letztlich ihre Grenzen, wo bestimmte Kenntnisse erforderlich sind. Also, wenn die Mitglieder sagen würden, wir würden doch gerne

---

13 Mit der Vorstellung einer Zwischenstufe korrespondiert die Praxis, Mitgliedern bei der Wohnungsausstattung eine begrenzte Auswahl zur Verfügung zu stellen: „Es ist kein Eigentum, es ist Miete, also bitte aus fünf Dingern kannste dir eine Farbe aussuchen" (V2). Dies, so betont ein Vorstand, komme bei den Mitgliedern sehr gut an.

[...] eine Position ein bisschen anders sehen, das geht eben einfach nicht, weil wir [in] bestimmte Gesetze eingebunden sind und da muss man bestimmte Dinge machen. Aber es ist die Frage, wie verklicker ich das den Leuten" (V2).

Die Mitglieder werden ermutigt mitzuteilen, wie sie den Gebrauchswert ihrer Wohnungen und des Wohnumfeldes einschätzen. Der Tauschwert der angebotenen Leistungen wird dagegen als außerhalb ihres Verfügungsbereichs bestimmt. Praktisch funktioniert diese Trennung der Tausch- und Gebrauchswertinteressen am genossenschaftlichen Wohnen, solange es den Vorständen gelingt, ihre mittelschichtsorientierte Geschäftspolitik als im Interesse der Gemeinschaft aller Mitglieder liegend zu vermitteln. Gestützt wird diese Trennung in dreifacher Hinsicht durch „Gesetze", in die Genossenschaften eingebunden sind. Erstens erfordern die Gesetze des Feldes der Sozialen Wohnungswirtschaft bestimmte Kenntnisse und Fähigkeiten, die es erlauben, eine mittelschichtsorientierte Geschäftspolitik als die praktisch „richtige" zu erkennen. Zweitens sieht das Genossenschaftsgesetz eine nur begrenzte Mitwirkung der Mitglieder an der Geschäftsführung vor, so dass diese ihre möglicherweise gegenläufigen Interessen kaum durchsetzen können. Drittens bestätigt die Orthodoxie im Bereich der Genossenschaftswissenschaften die Legitimität der beiden ersten Gesetze.

Um die Wirkung dieser Gesetze aufrecht zu erhalten, arbeiten die Vorstände kontinuierlich an deren symbolischer Basis, nämlich den verschiedenen kollektiven Identitäten innerhalb der Genossenschaft. So berichtet ein Vorstand von einem Nachbarschaftsfest, das im Anschluss an ein Modernisierungsvorhaben ausgerichtet wurde. „Genossenschaft ist ja so" beginnt er seine Erläuterung: „Wir spendieren ne Wurst und nen Bier. Wir kommen auch alle zum Diskutieren. Staatliche Organe kommen auch, die Feuerwehr rückt in der Regel an und übt nochmal zum Gaudi der Leute. [...] Und wenn sie Glück haben, kommt der Bünabe auch nochmal vorbei um zu zeigen, was da einfach ist" (V5). Aufgrund ihrer Vernetzung im Feld können die Vorstände Akteure, die von den Mitgliedern als Autoritäten anerkannt sind, zum Fest mobilisieren: Vertreter_innen der Stadtpolitik ebenso wie die Feuerwehr und die „bürgernahen Beamten" der Polizei. Damit zeigen sie „was sie haben", also in welcher Weise sie mit sozialem Kapital ausgestattet sind. Das Fest dient insofern dazu, das soziale Kapital der Vorstände symbolisch zu erhöhen, indem es den Mitgliedern zur Schau gestellt wird.

Auf solchen Festen ist die Gelegenheit günstig, über bauliche Maßnahmen ins Gespräch zu kommen. Dabei, so zeigt es die Erfahrung, werden immer mal wieder auch kritische Kommentare abgegeben, aber die deutliche Mehrzahl der Rückmeldungen ist positiv. Und das reicht zur Legitimation des Führungshandelns aus. Denn mit der Geschäftsführung „muss ja nicht jeder [...] einverstanden sein, [nur] die Mehrheit muss es mittragen" (V5). In der gleichermaßen ungezwungenen sowie symbolisch hoch aufgeladenen Atmosphäre des Nachbarschaftsfestes lässt sich Widerspruch aushalten – solange dieser nur von Einzelpersonen geäußert wird und der Gesamtzusammenhang der Logik symbolischer Herrschaft in Genossenschaften nicht in Frage gestellt wird:

Die Mitglieder *erkennen* die Genossenschaften als „besondere Wohnungsunternehmen" und *verkennen* diese Besonderheit als Wohndienstleistungen in einer verhältnismäßig sicheren Wohnumgebung, die ihnen von den Vorständen zur Verfügung gestellt wird. Wer *diesen* Zusammenhang als plausibel annimmt, hat die symbolische Gewalt des herrschenden Genossenschaftsgedankens verinnerlicht und stellt in der Folge kaum mehr in Frage, dass die Geschäftsführung großer Wohnungsgenossenschaften nicht ausgehend von den Bedürfnissen der Mitglieder konzipiert wird, sondern entsprechend der Entwicklung des Marktes. Dass diese Entwicklung als Resultat kapitalistischer Produktionsverhältnisse den Bedürfnissen der unterprivilegierten Mitglieder nicht gerecht werden kann, muss als Teil der „objektiven" Realität hingenommen werden. Haben die Mitglieder diese Zusammenhänge erkannt und verkannt, dann sind sie auch geneigt, die gegenwärtige Orthodoxie im Feld der Sozialen Wohnungswirtschaft *anzuerkennen* (vgl. Bourdieu 2017a).

Die Anerkennung der neoliberalen Orthodoxie des Feldes der Sozialen Wohnungswirtschaft, die mit dem Prozess der Anerkennung des herrschenden Genossenschaftsgedankens einhergeht, lässt sich zur Veranschaulichung mit dem alternativen Genossenschaftsgedanken kontrastieren, wie er in Kapitel 4 dargestellt ist: Versteht man Genossenschaften als eine selbstverwaltete Ökonomie der Solidarität, besteht die Besonderheit genossenschaftlichen Wirtschaftens in der Möglichkeit der Aufhebung der Gegensätze zwischen Eigentümer- und Nutzerinteressen, wodurch die Bedürfnisse und Interessen der Mitglieder für die Unternehmungsführung konstitutiv werden. Dem Vorstand kommt dabei die Rolle des Delegierten einer Gemeinschaft von (rechtlich) gleichen Subjekten zu. Diese Perspektive anzuerkennen, hieße jedoch, sich in einen Widerspruch zu den herrschenden Kräfteverhältnissen innerhalb großer Genossenschaften sowie im Feld der Sozialen Wohnungswirtschaft zu stellen.

6.5 Genossenschaften im Feld der Sozialen Wohnungswirtschaft

Genossenschaften gelten als stabilisierender Faktor auf dem Wohnungsmarkt mit dem die Mietpreisentwicklung in Hamburg in einem verträglichen Rahmen bleibt. Darüber hinaus, so die herrschende Vorstellung, zeichnen sie sich durch eine demokratische Unternehmensstruktur aus, infolge der sie in der Quartiersentwicklung und Wohnungsversorgung weitgehend im Interesse ihrer Bewohner_innen agieren. Die Analyse der Praxis großer Wohnungsgenossenschaften zeigt jedoch, dass diese Zuschreibungen auf einer idealisierten Vorstellung beruhen. Ihre Plausibilität erhält diese Vorstellung durch ihre Übereinstimmung mit der Orthodoxie des Feldes der Sozialen Wohnungswirtschaft: Im Gegensatz zu profitorientierten Akteuren der Wohnungs- und Immobilienwirtschaft sorgen Genossenschaften aus eigener Motivation heraus für die Herstellung und den Erhalt gut gemischter Quartiere und funktionierender Nachbarschaften, was allen Bewohner_innen der Stadt zugute komme. Vor dem Hintergrund unterschiedlicher sozialer Positionen im sozialen Raum der kapitalistischen Gesellschaft zeigt sich jedoch, dass auch die Geschäftspraxis der Genossenschaften dazu beiträgt, unterprivilegierte Mitglieder und Wohnungssuchende von der Wohnungsversorgung auszuschließen. Große Wohnungsgenossenschaften tragen damit – wenn auch in einem verhältnismäßig geringerem Ausmaß als profitorientierte Unternehmen – ebenfalls zu Mietsteigerungen und Gentrifizierung bei. Gleichzeitig tragen sie innerhalb stadtpolitischer Konflikte dazu bei, ausgrenzende Marktprozesse und neoliberale Politiken zu legitimieren.

Die in diesem Kapitel vorgenommene Analyse zeigt, dass auch große Genossenschaften strategisch darauf hinarbeiten, ihre Wohnungsbestände und Bewohnerstruktur „aufzuwerten". Die Zielvorstellung für die Wohnungsbestände im Osten Hamburgs orientiert sich dabei an der erfolgreichen Aufwertung anderer Quartiere, insbesondere den sogenannten Gründerzeitvierteln. Es geht darum, den Anteil der „Mittelschicht" langfristig zu erhöhen, da diese als Garantie für Entstehung und Erhalt „lebendiger und funktionierender Nachbarschaften" gilt. Im Rahmen dieser Strategie sind Modernisierungen und auch Abrisse von altem und damit günstigem Wohnungsbestand notwendig. Große Genossenschaften agieren dabei *nicht* als Vorreiterinnen in Aufwertungs- und Verdrängungsprozessen, sie nutzen aber als nachträgliche Gentrifizierer die durch andere Akteure geschaffenen Spielräume aus: Sie erhöhen kontinuierlich ihre Nutzungsentgelte und begründen dies mit dem Mietenspiegel, welcher auf dem dynamischen Hamburger Wohnungsmarkt im Vergleich zu den Lebenshaltungskosten überproportional steigt. Mit der Aufwertung der Wohnungsbestände zielen sie darauf ab, diejenigen Wohnungssuchenden als Nachfrager_innen zu gewinnen, die auf dem Markt aufgrund ihrer ökonomischen Kapitalausstattung eine Auswahl treffen können, sich aber die hochpreisigen Mieten der Gründerzeitviertel nicht leisten können oder wollen. Damit werden die großen Genossenschaften ihrem Ruf, zu einer sozialen Wohnungsversorgung beizutragen, nicht gerecht: Sie treiben selbst die vorherrschende Marktdynamik an und fördern die Ausweitung von Gentrifizierungsprozessen auf den gesamten Bereich der Stadt. Ihre mittelschichtsorientierte Entwicklungsstrategie ist eingebettet in eine spezifische „demokratische Struktur", in der die Mitglieder zu sozialem Engagement in den Nachbarschaften aufgefordert und gleichzeitig von der Einflussnahme auf die konkrete Geschäftsführung ausgeschlossen werden. Diese Effekte sind weniger das Resultat bewusster Entscheidungen der Vorstände als viel eher in den etablierten Routinen im Feld der Sozialen Wohnungswirtschaft begründet.

Eine kritische Analyse der strukturellen Zusammenhänge sozialer Positionen im Feld der Sozialen Wohnungswirtschaft und den Genossenschaften zeigt auf, in welcher Weise sich die „Illusio" des Feldes auch in der Gegenwart als wirkungsvolle Illusion erweist (Koller 2014): Die widersprüchlichen Ziele der ökonomischen Produktion und Verwaltung von Wohnungen und die konfliktfreie Versorgung von Menschen mit Wohnraum entsprechend ihrer Bedürfnisse lassen sich innerhalb der kapitalistischen Gesellschaft bis heute *nicht* gleichermaßen verwirklichen. Der feste Glaube der am Feld beteiligten Akteure, dass ihre Aktivitäten dennoch dazu beitragen, den Widerspruch zwischen Gebrauchs- und Tauschwert des Wohnens zu vermitteln, motiviert diese jedoch, ihre Aktivitäten auch gegen Widerstände und angesichts struktureller Hindernisse weiter zu betreiben. Als Ressourcen für den Einsatz in den Auseinandersetzungen im Feld und gegenüber Akteuren aus benachbarten Feldern dient ihnen hierbei ihre Ausstattung mit sozialem, kulturellem und ökonomischem Kapital, sowie die Verfügung über das symbolische Kapital der Genossenschaften.

7. Genossenschaften, Dekommodifizierung und die neue Wohnungsfrage in Hamburg

In der vorliegenden Arbeit habe ich die Rolle und Bedeutung großer Genossenschaften in den materiellen und symbolischen Kämpfen um die Wohnungsfrage in Deutschland und Hamburg untersucht, um daraus Schlüsse für die Möglichkeiten und Grenzen emanzipatorischer Alternativen zur kapitalistischen Vergesellschaftung zu ziehen. Dabei bin ich von einer kritisch-geographischen Perspektive ausgegangen, in der städtische Prozesse als historisch geworden und politisch veränderbar begriffen werden und Forschung mit der Absicht betrieben wird, in diese Prozesse einzugreifen (Belina et al. 2018b). Auf theoretischer Ebene habe ich marxistische, feministische, regulations- und praxistheoretische Konzepte herangezogen, um Genossenschaften im Spannungsfeld zwischen gesellschaftlichen Rahmenbedingungen und den sozialen Positionen einzelner Akteure zu analysieren. Dieses Spannungsfeld bestimme ich als das Feld der Sozialen Wohnungswirtschaft, welches infolge sozialer Kämpfe entstanden ist und um dessen Entwicklung bis in die Gegenwart gerungen wird. In diesem abschließenden Kapitel fasse ich die zentralen Ergebnisse zusammen, beantworte die in den Kapiteln 5 und 6 aufgeworfenen Fragen nach den aktuellen Entwicklungen in Hamburg und diskutiere das emanzipatorische Potenzial der Genossenschaften anhand ihrer Möglichkeiten, zu einer Dekommodifizierung des Wohnens beizutragen.

Das Feld der Sozialen Wohnungswirtschaft entstand im Kontext der historischen Wohnungsfrage im 19. Jahrhundert und hat sich infolge des Einsatzes verschiedener zivilgesellschaftlicher, ökonomischer und staatlicher Akteure etabliert. Dabei bildeten sich drei grundlegende Ansätze sozialer wohnungswirtschaftlicher Tätigkeit heraus, die in unterschiedlicher Weise zu einer Dekommodifizierung beitragen können: Erstens eine unternehmerische Selbsthilfe, die aus moralischen Gründen auf eine Maximierung der Gewinne verzichtet; zweitens staatliche Regulierung, die der wohnungswirtschaftlichen Tätigkeit Begrenzungen auferlegt und drittens eine Selbsthilfe der Wohnungssuchenden, die auf eine bedürfnisorientierte Wohnungsversorgung abzielt. Während in der Entstehungsphase des Feldes sowie im Postfordismus von herrschenden Akteuren das Prinzip einer unternehmerischen Selbsthilfe bevorzugt wurde bzw. wird, war es im Fordismus das Prinzip staatlicher Regulierung. Marktkritische und selbstverwaltungsorientierte Akteure setzten sich dagegen vorrangig für den Ansatz einer Selbsthilfe der Wohnungssuchenden ein und konnten sich damit insbesondere in den umkämpften Phasen des Feldes in den 1920er und 80er Jahren durchsetzen, in denen die gesellschaftlich herrschenden – in Bourdieus Begriffen „orthodoxen" – kapitalistischen Überzeugungen von einer kritischen Masse von Akteuren in Frage gestellt wurden.

Im Fordismus wurde die Aufgabe der Sozialen Wohnungswirtschaft vorrangig in der Bereitstellung bezahlbaren Wohnraums, welcher durch den Sozialen Wohnungsbau finanziert wurde, gesehen. Im Postfordismus besteht das Ziel dagegen in der Herstellung gemischter Quartiere und funktionierender Nachbarschaften. Die Finanzierung des Wohnungsbaus und die Bereitstellung sozialer und gewerblicher Infrastrukturen sollen dabei durch eine „funktionierende" Mischung unterschiedlich kaufkräftiger Teile der Bevölkerung gewährleistet werden. Die Bereitstellung günstiger Wohnungen oder ein anderweitiges soziales Engagement von Wohnungsunternehmen wird aus einem Anteil verhältnismäßig hochpreisiger Wohnungen finanziert. Als „gut" gemischt gelten solche Quartiere, in denen Aufwertungsprozesse stattfinden und wenig bzw. keine sozialen Konflikte stattfinden, so dass Investor_innen ein Interesse daran haben, hier Kapital anzulegen. Dennoch genießt das Ziel der sozialen Mischung sowohl von herrschenden als auch von oppositionellen Akteuren eine weitgehend unhinterfragte Anerkennung und dient damit der Verschleierung von Ausgrenzungs- und Verdrängungsprozessen im Rahmen neoliberaler Wohnungspolitiken: Mit dem Verweis auf die soziale Mischung erscheint die bauliche und sozialstrukturelle Aufwertung von Quartieren als positiver und alternativloser Prozess. Damit werden daraus folgende Effekte sozialräumlicher Verdrängung verharmlost oder sogar negiert. Genossenschaften gelten dabei als Akteure, die in vorbildlicher Weise zur Herstellung gemischter Quartiere und funktionierender Nachbarschaften beitragen.

Genossenschaften sind eine Form kooperativer Ökonomie. Die Besonderheit ihrer Organisationsform drückt sich im Genossenschaftsgedanken aus, welcher sich auf das Zusammenspiel von drei zentralen Prinzipien – dem Förderprinzip, dem Identitätsprinzip und dem Prinzip der Selbstverwaltung – bezieht: Genossenschaften *fördern* ihre Mitglieder und zielen dabei nicht (in erster Linie) auf einen Gewinn ab. Es besteht eine *Identität* von Nutzer_innen und Eigentümer_innen, die ihre Entscheidungen selbstbestimmt und gleichberechtigt treffen und sich auf diesem Wege *selbst verwalten*. In der kapitalistischen Gesellschaft stellen sie damit alternative Unternehmen dar, die – zumindest von ihrer Idee her – anders funktionieren als „normale" gewinnorientierte Betriebe. Mit dem Verzicht auf den maximalen Gewinn und der Orientierung an den Bedürfnissen und Interessen ihrer Mitglieder können Genossenschaften ihre Leistungen zumeist günstiger und bedarfsgerechter anbieten als die profitorientierte Konkurrenz. Dies gilt auch im Bereich der Wohnungswirtschaft, in dem große Genossenschaften dafür bekannt sind, bezahlbaren und sicheren Wohnraum sowie einen zuverlässigen Service an Wohndienstleistungen anzubieten und ihren Mitgliedern die Gelegenheit zu geben, sich in ihrer Nachbarschaft und/oder dem Unternehmen zu engagieren.

Die Rolle und Bedeutung von Genossenschaften innerhalb der kapitalistischen Gesellschaft ist jedoch seit ihrer Entstehung im 19. Jahrhundert umstritten und umkämpft: In einer liberalen Interpretation können sie dazu dienen, die ökonomischen Selbsthilfekräfte einkommensschwacher Schichten durch den Zusammenschluss zu mobilisieren und somit in der marktwirtschaftlichen Konkurrenz durchsetzungsfähiger zu machen. In einer konservativen Interpretation dienen sie der Gemeinschaftsbildung und sozialer Kontrolle und tragen dazu bei, Tendenzen der Individualisierung und soziale Konflikte einzuhegen. Sozialökonomische Genossenschaftsinterpretationen sehen sie als Vorbilder einer moralisch begründeten Ökonomie, in der Unternehmen auch dann erfolgreich sein können, wenn sie Arbeiter_innen oder Konsument_innen nicht ausbeuten. In einer emanzipatorischen Perspektive bieten Genossenschaften dagegen das Potenzial zu einer selbstverwalteten solidarischen Ökonomie, die Ansätze zu einer Überwindung kapitalistischer Verhältnisse bietet.

In den Auseinandersetzungen um die Wohnungsfrage kommt Genossenschaften daher eine ambivalente Rolle und Bedeutung zu: Sie können sowohl zur Stabilisierung der herrschenden und von gesellschaftlichen Ungleichheiten gekennzeichneten Verhältnisse beitragen als auch Anknüpfungspunkte für emanzipatorische Veränderungen im Hier und Jetzt bieten. In den Begriffen der Theorie der Praxis nach Pierre Bourdieu stellen sie damit einen Einsatz im Feld der Sozialen Wohnungswirtschaft dar, der von verschiedenen Akteuren für unterschiedliche Zwecke interpretiert und mobilisiert wird. Zentrale Erkenntnis der vorliegenden Arbeit ist, dass der Genossenschaftsgedanke in der Gegenwart die Form eines symbolischen Kapitals angenommen hat. Diese Form nimmt er an, indem Akteure mit gegensätzlichen Interessen und Positionen den Repräsentant_innen genossenschaftlicher Wohnungswirtschaft unhinterfragt ein hohes Vertrauen entgegenbringen und davon ausgehen, dass diese den Genossenschaftsgedanken in ihrem Sinne interpretieren und praktizieren. Eingebettet in die herrschenden Überzeugungen und Kräfteverhältnisse im Feld übt der Genossenschaftsgedanke damit auf weitgehend unerkannte Weise eine symbolische Macht auf die beteiligten Akteure aus und trägt somit zur Stabilisierung ebendieser Verhältnisse bei.

Das emanzipatorische Potenzial der Wohnungsgenossenschaften zur Überwindung von Ungleichheit, Ausgrenzung und sozialen Konflikten innerhalb kapitalistischer Verhältnisse besteht dagegen darin, zur Dekommodifizierung von Wohnraum sowie des Wohnens beitragen zu können. In Kapitel 2 dieser Arbeit entwickele ich aufbauend auf marxistischen, feministischen und praxistheoretischen Ansätzen die Konzepte der *De/Kommodifizierung von Wohnraum und des Wohnens auf einer materiellen sowie symbolischen Ebene* als zentrale Begriffe des Feldes der Sozialen Wohnungswirtschaft. Marxistische Theorieansätze zur Wohnungsfrage rücken die Kommodifizierung von Wohnraum durch seine Einbindung in Verwertungskreisläufe des Kapitals in den Fokus der Betrachtung (Holm 2011b; Belina 2017). Eine Dekommodifizierung von *Wohnraum*, also das Herauslösen der Wohnungsversorgung aus Prozessen der Kapitalverwertung, kann dazu beitragen, das Wohnen für breite Schichten der Bevölkerung bezahlbar zu machen, indem die Wohnungspreise durch die Einschränkung von Gewinn im Verhältnis zu anderen Lebenshaltungskosten gesenkt werden (Schipper 2018). Feministische Theorieansätze machen darauf aufmerksam, dass das Wohnen elementarer Bestandteil der sozialen Reproduktion und in der kapitalistischen Gesellschaft daher in vielfacher Hinsicht von Zwängen geprägt und von Hierarchien durchzogen ist. Erst dann, wenn Menschen in die Lage versetzt werden, unabhängig von ihrer gesellschaftlichen Position auswählen zu können, wo, wie und mit wem sie wohnen, könnte von einer Entkoppelung des Wohnens von den Marktzwängen gesprochen werden (Hayden 2018; Kuschinski 2019). Eine Dekommodifizierung des *Wohnens* beinhaltet daher eine kollektive Absicherung kapitalistischer Lebensrisiken durch gegenseitige Hilfe und gemeinsam genutzte Infrastrukturen. Bourdieu macht darüber hinaus in seiner Theorie der Praxis darauf aufmerksam, dass sich die materiellen gesellschaftlichen Ungleichheiten auf der symbolischen Ebene als anerkannte Unterschiede zwischen Menschen als Träger_innen sozialer Positionen einprägen (Bourdieu/Wacquant 2006). Der symbolische Raum der Gesellschaft ist daher der Schauplatz, an dem verborgene Klassenkämpfe ausgetragen werden und über die Denkstrukturen und die Klassifikationssysteme, die die Akteure alltäglich anwenden, entschieden wird (Moebius/Nungesser 2018). Eine *Dekommodifizierung* von Wohnraum und/oder des Wohnens kann daher nur dann nachhaltig gesellschaftlich wirken, wenn diese *sowohl auf der materiellen als auch auf der symbolischen Ebene* verankert ist.

7.1 Genossenschaften und die neue Wohnungsfrage in Hamburg

In Hamburg vollzieht sich der Übergang zu einer neoliberalen Wohnungspolitik in den 1990er Jahren, in denen sich auch das Ziel gemischter Quartiere und funktionierender Nachbarschaften als herrschende Überzeugung im lokalen Feld der Sozialen Wohnungspolitik durchsetzt. Mit einer expliziten Ausrichtung auf die Interessen einkommensstarker Haushalte wird diese Politik von den CDU-geführten Senaten ab 2001 weitergeführt und radikalisiert. Im Kontext von Reurbanisierungs- und Gentrifizierungsprozessen steigen ab dem Jahr 2005 die Mieten und Wohnungspreise jedoch so deutlich, dass in den folgenden Jahren mehr und mehr Akteure auf die Frage der Bezahlbarkeit des Wohnens aufmerksam werden und eine Welle von Protesten für ein Recht auf Stadt beginnt. Damit kehrt die Wohnungsfrage als umstrittenes Thema in die öffentliche Debatte zurück. Im Jahr 2011 nimmt der neugewählte SPD-Senat die Forderungen zivilgesellschaftlicher Akteure nach einer stärker sozialpolitisch ausgerichteten Wohnungspolitik auf und kündigt an, diese in Form einer neuen Bündnispolitik für das Wohnen in Kooperation mit der Wohnungs- und Immobilienwirtschaft umzusetzen. Eine kritische Betrachtung der erlassenen Maßnahmen und Instrumente zeigt jedoch, dass die neue Bündnispolitik kaum auf eine Einschränkung von Gewinnen der Wohnungs- und Immobilienwirtschaft abzielt, sondern viel eher darauf ausgerichtet ist, die „Kapitalschubkraft" auf dem Wohnungsmarkt insgesamt zu fördern und in bestimmte Teile der Stadt zu lenken, welche als bevölkerungspolitisch problematisch gelten. Sie adressiert sich somit vorrangig an die Teile der Bevölkerung, welche über das nötige ökonomische, soziale und kulturelle Kapital verfügen, um zur Schaffung gemischter Quartiere und funktionierender Nachbarschaften beizutragen.

Die großen Genossenschaften fungieren dabei als zentrale legitimatorische Stütze der aktuellen wohnungspolitischen Konstellation: Sie rechtfertigen die neue Bündnispolitik offensiv gegenüber ihren Mitgliedern sowie anderen Akteuren im Feld und beziehen sich dabei positiv auf ihren Ruf, mit verhältnismäßig günstigen Mieten und einer demokratischen Unternehmensstruktur die „Guten" auf dem Markt zu sein. Meine Analyse der Praxis großer Wohnungsgenossenschaften zeigt jedoch, dass diese Zuschreibungen auf einer idealisierten Vorstellung beruhen. Die untersuchten Genossenschaften bieten zwar tatsächlich verhältnismäßig günstige Mieten an, verfolgen aber langfristig eine mittelschichtsorientierte Geschäftspolitik, die auf eine Aufwertung der Wohnungsbestände und der Sozialstruktur ihrer Bewohner_innen abzielt. Vor dem Hintergrund unterschiedlicher Positionen im sozialen Raum der kapitalistischen Gesellschaft tragen daher auch sie dazu bei, unterprivilegierte Mitglieder und Wohnungssuchende von der Wohnungsversorgung auszuschließen. Sie tragen – wenn auch in einem geringeren Ausmaß als profitorientierte Wohnungs- und Immobilienunternehmen – zur vorherrschenden Dynamik auf dem Wohnungsmarkt bei und wirken dabei als „nachholende“ Gentrifizierer (Metzger 2015).

Der Ruf der Genossenschaften basiert auf einer bestimmten Genossenschaftsvorstellung, die ihre Überzeugungskraft durch Übereinstimmung mit der Orthodoxie des Feldes der Sozialen Wohnungswirtschaft gewinnt: Im Gegensatz zu profitorientierten Akteuren sorgen Genossenschaften aus eigener Motivation heraus für die Herstellung und den Erhalt gemischter Quartiere und funktionierender Nachbarschaften, was – so die herrschende Vorstellung – allen Bewohner_innen der Stadt zugute komme. Der Beitrag der Genossenschaften zur Gentrifizierung wird verschleiert, indem der ausgrenzende Charakter solcherart „sanfter“ Aufwertungsprozesse negiert wird. Der Verband der norddeutschen Wohnungsunternehmen (VNW) und mit ihm die Genossenschaften nehmen in den Auseinandersetzungen um die Wohnungsfrage in Hamburg daher gegenwärtig eine doppelte Rolle ein: Sie fördern die aktuelle immobilienwirtschaftliche Dynamik und gelten gleichzeitig als Garanten für bezahlbares Wohnen, welche die negativen Effekte marktförmiger Stadtentwicklung abmildern. Damit tragen sie dazu bei, ausgrenzende Marktprozesse und neoliberale Politiken zu legitimieren.

Im Kontext der neuen Wohnungsfrage sehen sich jedoch auch die Vorstände großer Genossenschaften einem veränderten gesellschaftspolitischen Umfeld ausgesetzt. Dies machen sie in den Interviews deutlich und verweisen dabei auf die Zunahme öffentlicher Auseinandersetzungen um die genossenschaftliche Wohnungswirtschaft. In der Zeitschrift der Hamburger Wohnungsgenossenschaften hebt die Sprecherin des Arbeitskreises der Genossenschaften hervor, wie stolz die Gründungsväter auf die in der Gegenwart so erfolgreichen Unternehmen wären, denn „heute hätten sie die Wahl aus verschiedenen Wohnungsmodellen“ und könnten altersgerechte Wohnungen und Nachbarschaftstreffs nutzen (Böhm 2018: 12). Gleichzeitig weist sie darauf hin, dass es Mitglieder gäbe, die diese Sicht nicht teilen: „In jüngster Zeit werden immer wieder Stimmen laut, die unser zusätzliches Engagement kritisieren. Sie wünschen sich die vermeintlich gute, alte Genossenschaft zurück. In unserem Fall also eine, die ausschließlich für bezahlbaren Wohnraum sorgt. Alles andere halten sie für Geldverschwendung“ (ebd.). Die oppositionellen Mitglieder wenden sich gegen „nötige Modernisierungen und damit verbundene Mieterhöhungen“ (ebd.). Diesen Mitgliedern müsse klar gemacht werden, „dass die Wohnung nicht ihnen, sondern der Gemeinschaft“ gehört (ebd.: 13). „Glücklicherweise“ entstehe Widerstand bisher nur in Einzelfällen. Diese würden aber zeigen, dass „die Genossenschaftsidee kein Selbstläufer ist“, sondern – wie die Demokratie im allgemeinen – „gepflegt“

werden müsse, um sie gegen dissidente Strömungen zu verteidigen (ebd.). Wie in Kapitel 6 dargestellt, basiert diese Verteidigungsarbeit maßgeblich auf der Mitarbeit von engagierten Mitgliedern, die die Logik der Praxis der Vorstände so weit verinnerlicht haben, dass sie bereit sind, diese auch gegenüber anderen Mitgliedern zur Geltung zu bringen. Bisher erweist sich die symbolische Herrschaft innerhalb der Genossenschaften als so stabil, dass dissidente Strömungen unter den Mitgliedern eine Minderheit darstellen. Offen ist, wie sich diese Kräfteverhältnisse in der Zukunft entwickeln.

Anlässlich der aktuellen Kampagne für eine Enteignung großer Wohnungsunternehmen in Berlin und der Dynamik wohnungspolitischer Proteste in Hamburg sieht sich der VNW gemeinsam mit den profitorientierten Wohnungs- und Immobilienunternehmen unter Druck gesetzt. In der Zeitschrift des Verbandes führt dessen Direktor seine Sorgen über einen möglichen politischen Wandel aus: Enteignungs-Forderungen würden in anderen Bundesländern als Berlin zwar weniger stark rezipiert – angesichts der Debatten um einen Mieterhöhungsstopp innerhalb der Hamburger Bürgerschaft blicke er jedoch „mit Sorgenfalten auf die nächsten anstehenden Wahlen im Norden" (Breitner 2018). Er fordert die Politik auf, ihre Maßnahmen weiterhin zuerst mit der Wohnungswirtschaft abzustimmen, bevor diese der Öffentlichkeit vorgestellt werden. So fragt er in seinem Beitrag rhetorisch, „warum reden sie vorher nicht mit Menschen, die wissen, worum es geht, sondern gehen das Risiko ein, dass am Ende die gesamte Wohnungswirtschaft leidet?" (ebd.). Die Begrenzung von Mietsteigerungen würde nicht nur „Spekulanten" treffen, welche man berechtigterweise zur Rechenschaft ziehen solle, sondern auch die „anständigen" Vermieter_innen, wie Genossenschaften und andere seriöse Wohnungsunternehmen (ebd.).

Seine Argumentation gegen weitere Regulierungen des Wohnungsmarktes basiert auf der Unterscheidung zwischen „guten" und „weniger guten" Fraktionen der Wohnungswirtschaft. Um diese Unterscheidung zu bekräftigen, legt der Verband Ende des Jahres 2017 eine „Wertekampagne" auf, in der herausgestellt wird, dass die im VNW organisierten Unternehmen „die Guten" der Branche seien (Breitner 2017: 3). Im Fokus der Kampagne stehen Werte wie „Heimat, Solidarität, Geborgenheit, Teilhabe, Gemeinschaft und Sicherheit", nicht aber die Mietbelastung der Bewohner_innen (ebd.). Entgegen dieser symbolischen Hervorhebung von Differenz kommt es im Rahmen der neuen Bündnispolitik für das Wohnen in Hamburg jedoch zu einer bisher ungekannten Konvergenz der Praxis unterschiedlicher Fraktionen der Wohnungs- und Immobilienwirtschaft. Dabei gehen auch die Genossenschaften zunehmend Kooperationen mit profitorientierten Unternehmen ein.

In einem Zeitungsinterview führt der Vorstand der SAGA aus, dass die gegenwärtige Kooperation der Wohnungs- und Immobilienunternehmen in Hamburg eine Innovation darstellt. Am Ende der 1990er Jahre sei der Hamburger Immobilienmarkt noch stark segmentiert gewesen, „aufgeteilt in Genossenschaften, kommunale Wohnungsbauunternehmen und freie Projektentwickler. Zwischen diesen Playern gab es kaum Berührungspunkte“ (Die Welt 2017). Dies habe sich durch die Neubauoffensive und das Bündnis für das Wohnen merklich verändert: „Heute gehen wir ganz neue Wege. Zum Beispiel bauen wir in Kooperation mit namhaften Projektentwicklern, die auf das höherpreisige Wohnungssegment spezialisiert sind. Die Saga ist fokussiert auf geförderten Wohnungsbau und auf die Entwicklung sozial durchmischter Quartiere. Das zusammen passt gut“ (ebd.).

Dieser neuen Kooperationsbereitschaft hat insbesondere der Drittel-Mix Vorschub geleistet. Renditeorientierte Wohnungsunternehmen suchen nun die Zusammenarbeit mit der SAGA oder Genossenschaften, um den Anteil geförderter Wohnungen errichten zu lassen. Für die ehemals gemeinnützigen Unternehmen ergibt sich daraus der Vorteil, Zugang zu Grundstücken zu bekommen, deren Preise sie aus eigenen Ressourcen heraus nicht zahlen können. Im Interview betont der Landessprecher des VNW den paradigmatischen Charakter dieser Zusammenarbeit: „Das hätten die vor fünf Jahren nie gemacht, weil die gesagt hätten, das sind die fiesen Immobilienhaie. Heute machen die mal was zusammen, weil beide sich sozusagen jeweils ein bisschen zurücknehmen“ (E2).

Auch die Vorstände der Genossenschaften kooperieren mit Projektentwicklern, um das Ziel einer guten Durchmischung in den Quartieren zu erreichen. Man wolle heutzutage keine reinen „Genossenschaftsviertel“ mehr, sondern „gemischte Quartiere“ mit Miet- *und* Eigentumswohnungen (V8). Eigentumswohnungen seien ein wichtiger Beitrag zur Herstellung der gewünschten Bevölkerungsmischung, insbesondere im Hamburger Osten. Ein größerer Anteil einkommensstarker Bevölkerungsschichten könne eine Dynamik der Aufwertung in Gang setzen, in deren Folge sich die Kaufkraft sowie das Image der Quartiere verbessert. Davon würden sowohl die Genossenschaften als Unternehmen, als auch ihre Mitglieder profitieren.

Im Bündnis für das Wohnen setzen sich die verschiedenen Verbände der Wohnungs- und Immobilienwirtschaft gemeinsam gegen Mietpreisbegrenzungen ein. Auf der Grundlage einer von den Verbänden in Auftrag gegebenen Studie argumentieren sie, dass der Wohnungsmarkt in Hamburg „funktioniere“ und „regulatorische Eingriffe“ daher nicht nötig seien (BFW-Nord et al. 2017). Wichtigstes Argument für die „Funktionsfähigkeit“ des Marktes sind die verhältnismäßig niedrigen Durchschnittsmieten der SAGA und der Genossenschaften. In den Interviews heben die Vorstände hervor, dass Maßnahmen wie die Mietpreisbremse oder Soziale Erhaltungsverordnungen dazu dienen würden, einen „alten Stand" fest zu schreiben und notwendige Modernisierungsmaßnahmen zu verhindern (V4). Gleichzeitig betonen sie, dass ihre Geschäftsführung von der Mietpreisbremse kaum tangiert werde, da ihre Mieten dem Mittelwert des Mietenspiegels entsprechen (V2; V3). Die Erklärung für den Einsatz der Vorstände gegen eine politische Maßnahme, von der sie selbst kaum betroffen sind, findet sich im *relativen* Abstand zu anderen Vermieter_innen: Nur indem diese regelmäßig ihre Mieten erhöhen, bietet ein steigender Mietenspiegel den notwendigen Spielraum für Mieterhöhungen im genossenschaftlichen Wohnungsbestand.

Die in Kapitel 5 aufgeworfene Frage der Aktivist_innen aus Rothenburgsort, was die Genossenschaften mit den profitorientierten Immobilienunternehmen verbinde und zu deren Zusammenarbeit führe, findet ihre Antwort im Ziel einer „besseren" Durchmischung der Bewohner_innen sowie der mittelschichtsorientierten Geschäftspolitik der Genossenschaften. Gleichzeitig erschwert der gute Ruf der Genossenschaften jedwede öffentliche Kritik an der Hamburger Bündnispolitik für das Wohnen. Mit ihrem symbolischen Kapital stützen die großen Genossenschaften die Glaubwürdigkeit der aktuellen Wohnungspolitik sowie die Integrität der Wohnungs- und Immobilienwirtschaft als Ganzes. Diese Rolle zeigt sich auch in den Begriffen, die in der Kampagne des VNW mobilisiert werden. Bezogen auf die Wohnungswirtschaft erhalten Werte wie Solidarität, Teilhabe und Gemeinschaft – sofern sie sich nicht schlicht auf die Kooperation der Unternehmen im Verband, sondern auch auf die Mieter_innen beziehen – ihre Bedeutung und ihren Sinn nur vor dem Hintergrund der Vorstellungswelt, die sich rund um den Genossenschaftsgedanken entfaltet.

7.2 Das symbolische Kapital der Genossenschaften

Das symbolische Kapital der Genossenschaften beruht auf ihrem guten Ruf und ihrer umfassenden Anerkennung im Feld der Sozialen Wohnungswirtschaft. Dabei stellt der Genossenschaftsgedanke das verbindende Scharnier unterschiedlicher Bedeutungszuschreibungen dar: Auf einer materiellen Ebene identifizieren verschiedene Akteure den Genossenschaftsgedanken mit ähnlichen Charakteristika. Herrschende wie oppositionelle Akteure gehen davon aus, dass Genossenschaften durch die Bereitstellung günstiger Wohnungen und ihrer Mitgliederbeteiligung praktisch zeigen, dass es auch im Rahmen eines kapitalistischen Wohnungsmarktes möglich ist, soziale Verantwortung in der Wohnungsversorgung zu übernehmen. Hinter dieser gemeinsamen Vorstellung verbergen sich auf der symbolischen Ebene jedoch entscheidende Differenzen. Wie in Kapitel 6 aufgezeigt, sehen die herrschenden Akteure den Genossenschaftsgedanken darin verwirklicht, Wohndienstleistungen – *im Verhältnis zur allgemeinen Situation auf dem Wohnungsmarkt* – zu relativ günstigen Mieten, qualitativ hochwertig und in einer sicheren Wohnumgebung anzubieten und ihre Mitglieder zu nachbarschaftlichem Engagement zu motivieren. Damit leisten sie einen zentralen Beitrag zum sozialen Frieden in den Quartieren. Marktkritische Akteure sehen im Genossenschaftsgedanken dagegen das Prinzip angelegt, die Bedürfnisse der Mitglieder für die Unternehmensführung konstitutiv zu machen. Sie glauben daran, dass die großen Wohnungsgenossenschaften – so weit es ihnen unter den herrschenden Marktbedingungen möglich ist – auf die Realisierung *dieses* Genossenschaftsgedankens hinarbeiten. Der Genossenschaftsgedanke nimmt damit die Form eines symbolischen Kapitals an, mit dem die symbolische Gewalt des Feldes auf unbewusste Weise ausgeübt wird.

Genossenschaften sind Kräftefelder, in denen Akteure verschiedene Positionen einnehmen und in Form eines alltäglichen „Genossenschafts-Machens" um ihre Interessen ringen. In den untersuchten großen Genossenschaften agieren die Vorstände als Wortführer und zentralisieren das symbolische Kapital. Die so gewonnene Macht nutzen sie zur Aufrechterhaltung der herrschenden Überzeugungen und Kräfteverhältnisse im Feld. Im Rahmen der neoliberalen Orthodoxie wird das symbolische Kapital der Genossenschaften auf diesem Wege dazu eingesetzt, ausgrenzende und diskriminierende Verhältnisse im Bereich der Wohnungsversorgung aufrechtzuerhalten. Dieser Effekt stellt sich auch dann ein, wenn er von den Vorständen *nicht* willentlich herbeigeführt wird und diese ihre Arbeit – in Relation zu anderen Marktakteuren – berechtigterweise als Dienst an einem sozialen Zweck begreifen. Als Akteure in einer privilegierten Position profitieren sie – ebenso wie ein Teil der Mitglieder – von den im Feld etablierten Spielregeln und haben diese als selbstverständliche Normalität verinnerlicht. Aus ihrer Perspektive zeichnen sich die günstigen genossenschaftlichen Wohnungen durch das Verhältnis zu den Marktpreisen aus. Für die Bewohner_innen können sich jedoch auch diese günstigen Preise als nicht bezahlbar herausstellen, denn günstig oder teuer sind auch Genossenschaftswohnungen immer im Verhältnis zur persönlichen Zahlungsfähigkeit. Wie in Kapitel 6 dargestellt, fällt es den Mitgliedern angesichts der als solcher erlebten „Objektivität" der Marktpreise jedoch schwer, die genossenschaftlichen Mieten in Relation zu ihrer persönlichen Kapitalausstattung zu denken. Konfrontiert mit der Geschäftsführung verfallen sie daher in eine Begründungslogik, in der steigende Preise gerechtfertigt sind, wenn sie in einem „angemessenen" Verhältnis zur Qualität der Wohnungen stehen. Damit übernehmen sie den Sprachgebrauch der Vorstände und verkennen, dass diese Interpretation wohnungsgenossenschaftlicher Tätigkeit dem Ansatz einer moralisch begründeten unternehmerischen Selbsthilfe entspricht und nur *eine* von verschiedenen Interpretationen des Genossenschaftsgedankens darstellt.

In vergleichbarer Weise unterscheiden sich die Vorstellungswelten von Vorständen und Mitgliedern hinsichtlich der Beteiligungsstrukturen. Aus der Perspektive der Vorstände geht es insbesondere darum, Mitglieder zu aktivieren, um selbsttätig zur Herstellung guter Nachbarschaften beizutragen und sich positiv mit der Genossenschaft zu identifizieren. Mitspracherechte in Bezug auf die Geschäftsführung sind darin nicht bzw. kaum vorgesehen. Kritische Mitglieder stören sich zwar an den mangelnden Möglichkeiten, ihre Interessen in die Gremien der Genossenschaften einzubringen, wissen aber nicht, auf welche alternativen Formen genossenschaftlicher Demokratie sie sich beziehen sollten, da ihnen praktische Formen der Selbstverwaltung unbekannt sind. Die selbsttätig vorgenommene Identifikation der Mitglieder mit einer positiv konnotierten und lokal verorteten Nachbarschaft stellt dabei – auf unbemerkte Weise – die zentrale symbolische Stütze ihrer Ein- und Unterordnung in das hierarchische Gefüge großer Genossenschaften dar: Die Mitglieder identifizieren sich mit dem partikularen und damit untergeordneten Raum der Nachbarschaft, während die Vorstände mit dem universalen Raum der Genossenschaft als Ganzes identifiziert werden.

7.3 Das emanzipatorische Potenzial der Genossenschaften

Innerhalb der kapitalistischen Gesellschaft trägt die Soziale Wohnungswirtschaft dazu bei, den Widerspruch zwischen Gebrauchs- und Tauschwert des Wohnens zu prozessieren. Sie gibt dem Widerspruch eine Form, in der er sich bewegen kann: In der Sozialen Wohnungswirtschaft sind die Regeln des Marktes nicht außer Kraft gesetzt, aber durch den Verzicht auf eine maximale Rendite, staatlicher Unterstützung oder der Selbsthilfe der Wohnungssuchenden ist es möglich, Wohnraum auch für diejenigen Teile der Bevölkerung zur Verfügung zu stellen, die sich nicht aus eigener Kraft am „freien" Markt versorgen können. Die materielle Bereitstellung günstigen Wohnraums ist dabei eingebunden in bestimmte Vorstellungen bezüglich der Rolle der Sozialen Wohnungswirtschaft in der kapitalistischen Gesellschaft. Sie gilt – je nach Perspektive unterschiedlicher Akteure – als Garant für die Versorgung breiter Schichten der Bevölkerung, als Instrument zur Aufrechterhaltung des sozialen Friedens oder auch als Hoffnungsträgerin einer gesellschaftlichen Transformation auf der Basis kollektiver Ökonomie der Solidarität. Wie in Kapitel 4 dargestellt, verändert die Soziale Wohnungswirtschaft ihre konkrete materielle und symbolische Form entsprechend der jeweiligen historischen Verhältnisse und den Auseinandersetzungen der in diesem Feld engagierten Akteure. Am deutlichsten zeigt sich dieser Formwandel anhand der dominanten Unternehmensformen: Galt in der Entstehungsphase des Feldes im 19. Jahrhundert das paternalistisch angeleitete und von seinen Mitgliedern ökonomisch getragene Unternehmen als Vorbild sozialer wohnungswirtschaftlicher Tätigkeit, war es im Fordismus die gemeinnützige große Kapitalgesellschaft, die sich staatlichen Regelungen unterwarf und im großen Maßstab Sozialen Wohnungsbau betrieb. Im Neoliberalismus ist es dagegen die große Genossenschaft, die als Symbol der Sozialen Wohnungswirtschaft gilt. Sie entlastet den Staat von sozialen Verpflichtungen und mobilisiert die ökonomischen und kulturellen Selbsthilfekräfte der Zivilgesellschaft, welche sie gleichzeitig entsprechend der in diesem Feld herrschenden Spielregeln einhegt und damit ihrer transformativen Potenziale entledigt.

Im historischen Rückblick dominieren im Feld der Sozialen Wohnungswirtschaft Phasen, die von einer stabilen und den kapitalistischen Verhältnissen entsprechenden Orthodoxie gekennzeichnet sind. Es lassen sich jedoch auch Phasen identifizieren, in denen der herrschende Glaube daran in Zweifel gezogen wurde, dass die Ökonomie als eine kapitalistische funktionieren müsse. Die von der Arbeiterbewegung hervorgebrachte gemeinwirtschaftliche Wohnungswirtschaft hatte in den 1920er Jahren für konkrete soziale Verbesserungen gesorgt und war dabei in Utopien einer alternativen Wirtschaftsweise eingebunden. Im Fordismus wurden die Errungenschaften der Gemeinwirtschaft auf der materiellen Ebene fortgeführt, aber ihrer symbolischen Einbettung beraubt und insbesondere der Anspruch auf die Etablierung einer Gegenmacht zur kapitalistischen Wirtschaftsweise aufgegeben. In der neuen Genossenschaftsbewegung der 1970er und 80er Jahre wurden dagegen Ansätze einer Ökonomie der Solidarität ausgearbeitet, mittels derer die Überzeugungen der fordistischen Wohnungswirtschaft auf einer symbolischen Ebene herausgefordert wurden. Auf der materiellen Ebene konnten diese Ansätze jedoch kaum verankert werden. Infolge der Etablierung der neoliberalen Orthodoxie gemischter Quartiere und funktionierender Nachbarschaften wurden die emanzipatorischen Ansätze der neuen Genossenschaftsbewegung in das Feld integriert und dabei ihres kapitalismuskritischen Gehalts beraubt. Übrig geblieben ist der Fokus auf die Aktivierung der Bewohner_innen zur Gestaltung funktionierender Nachbarschaften. Aufgabe eines neuen emanzipatorischen Aufbruchs wäre es daher, an die Errungenschaften der Gemeinwirtschaft sowie der neuen Genossenschaftsbewegung auf der symbolischen Ebene anzuknüpfen und diese Schritt für Schritt auf der materiellen Ebene zu (re-)etablieren. Das Ziel einer solchen Transformation bestünde darin, den Widerspruch zwischen dem Gebrauchs- und Tauschwert des Wohnens durch eine materielle wie symbolische Dekommodifizierung aufzuheben. Als kooperative Form der Ökonomie bieten Genossenschaften das Potenzial dazu. Dieses Potenzial muss jedoch gegen die in den herrschenden Spielregeln des Feldes verankerten Beharrungskräfte verteidigt und entfaltet werden.

7.4 Dekommodifizierung auf der materiellen und symbolischen Ebene

In der kritischen Wohnungsforschung wird davon ausgegangen, dass kleine Genossenschaften und Wohnprojekte die Möglichkeit zur Selbstverwaltung bieten, aber aufgrund ihrer Abhängigkeit von Grundstücks- und Kapitalkosten kaum zu einer Dekommodifizierung von Wohnraum beitragen können. Großen Wohnungsgenossenschaften wird dagegen attestiert, Wohnraum zu dekommodifizieren, aber ihren Mitgliedern wenig Spielraum zur Selbstverwaltung zu bieten (Praum 2015; Metzger 2015, 2016; Balmer/Bernet 2017). Wie in Kapitel 2 dargestellt, haben diese Einschätzungen bisher den Charakter von Thesen und sind in Bezug auf große Wohnungsgenossenschaften kaum untersucht. Auf der Grundlage der in dieser Arbeit entwickelten Konzepte und empirischen Analyse schlussfolgere ich, dass Genossenschaften das Potenzial zu einer materiellen und symbolischen Dekommodifizierung von Wohnraum sowie des Wohnens bieten. Große Wohnungsgenossenschaften in Hamburg schöpfen dieses Potenzial jedoch nicht aus. Sie orientieren sich an der Marktentwicklung und bieten Mitgliedern wenig Möglichkeiten, die Ressourcen der Genossenschaft für kollektive Formen einer solidarischen Ökonomie zu nutzen. Das zentrale Hindernis für die Entfaltung ihres emanzipatorischen Potenzials sind dabei aber weniger materielle Ressourcen oder Zwänge, sondern die symbolische Macht des Genossenschaftsgedankens und seine Einbettung in die Orthodoxie des Feldes.

Genossenschaften können zur *Dekommodifizierung von Wohnraum* beitragen, indem sie die Miete in ihren Wohnungsbeständen entsprechend der anfallenden Kosten bestimmen und eine Spekulation mit Grundstücken ausschließen. Die untersuchten Genossenschaften verkaufen keine Grundstücke und tragen in dieser Hinsicht zu einer Dekommodifizierung effektiv bei.[1] Bei der Mietpreis-

1 Wobei jedoch der Verkauf eines vermieteten Wohnblocks an das Unternehmen Vonovia durch die Vereinigte Hamburger Wohnungsbaugenossenschaft zeigt, dass dies keine Selbstverständlichkeit (mehr) ist (HA 2017a).

bildung verfolgen sie dagegen eine Strategie kontinuierlicher Anpassung an den Mittelwert des Mietenspiegels. Zur Begründung dieses Vorgehens verweisen sie auf die „Objektivität“ des Mietenspiegels, das Ziel der Gleichbehandlung in ihren Beständen und einer betriebswirtschaftlichen Notwendigkeit kontinuierlicher Mietpreisanhebung. Das zentrale Problem besteht dabei darin, dass der Mittelwert des Mietenspiegels aus der Perspektive der Vorstände keinen hohen, sondern eben einen *mittleren* und damit angemessenen Mietpreis darstellt. Wie in Kapitel 6 dargestellt, ist diese Schlussfolgerung problematisch: Der Mietenspiegel gibt die aktuelle Dynamik auf dem lokalen Wohnungsmarkt wieder. In Hamburg liegt diese Entwicklung seit mehr als zwölf Jahren über der der allgemeinen Lebenshaltungskosten. In diesem Kontext dient der Mietenspiegel als Rechtfertigung für Preissteigerungen, die die Zahlungsfähigkeit der unterdurchschnittlich mit ökonomischem Kapital ausgestatteten Mieter_innen langfristig übersteigt. Auf symbolischer Ebene wird damit der Marktentwicklung der Status eines objektiven Maßstabs zugesprochen und einer eigenständigen genossenschaftlichen Mietpreisbildung eine Absage erteilt.

Die Vorstände rechtfertigen ihre Mietenstrategie mit dem Verweis auf ihr Engagement im Neubau und die derzeitigen Bau- und Grundstückskosten. Zur unternehmensinternen Subventionierung von Neubaumieten und der Begrenzung von Preissprüngen bei Modernisierungen seien kontinuierliche Mietsteigerungen im Bestand notwendig. Vor dem Hintergrund der neuen Bündnispolitik für das Wohnen und ihrer Fokussierung auf den Neubau als Lösung der Wohnungsfrage erscheint diese Argumentation überzeugend. Solange sich die Dynamik auf dem Wohnungs- und Immobilienmarkt nicht abschwächt, führt dieses Vorgehen jedoch zu einer maßlosen Preisentwicklung: Steigende Bau- und Grundstückskosten rechtfertigen steigende Mieten und steigende Mieten erzeugen entsprechend steigende Renditeerwartungen bei Kapitalanleger_innen – was wiederum zu insgesamt steigenden Bau- und Grundstückskosten führt. Der historische Erfahrungsschatz der Sozialen Wohnungswirtschaft bietet für diese Problematik drei Lösungsansätze: Erstens könnten die Genossenschaften zu einem antizyklischen Investitionsverhalten übergehen und Kapital ansammeln, um dieses zu einem späteren Zeitpunkt in Modernisierungen, Neubau oder Wohnungskäufe zu investieren. Wollen sie in der Gegenwart nicht darauf verzichten, sich am Neubau zu beteiligen, dann gäbe es zweitens die Möglichkeit, dem Beispiel der Gemeinwirtschaftsbewegung der 1920er Jahre zu folgen und eigene Bauunternehmen zu gründen, um auch auf diesem Markt über Angebot und Nachfrage mit zu bestimmen. Drittens könnten sich die Genossenschaften den Forderungen zivilgesellschaftlicher Akteure an die Politik anschließen und besondere Konditionen bei der Grundstücks- und Wohnungsbaufördermittelvergabe fordern. Das hieße jedoch, die bisherigen Koalitionen im Feld der Sozialen Wohnungswirtschaft in Frage zu stellen und sich auf eine Zusammenarbeit mit oppositionellen Akteuren einzulassen.

Zur *Dekommodifizierung des Wohnens* können Genossenschaften beitragen, indem sie die Ressourcen von Mitgliedern in unterschiedlichen sozialen Positionen kollektivieren und ihnen zur Absicherung gegen individuelle Marktrisiken wieder zur Verfügung stellen. Damit können sie Ausgangspunkt einer solidarischen Ökonomie sein bzw. werden, die darauf abzielt, ihre Mitglieder gegen die Zwänge kapitalistischer Vergesellschaftung zu verteidigen. Konkrete Ansätze dazu wären beispielsweise eine sozial differenzierte Miete, die sich an der persönlichen Zahlungsfähigkeit und nicht an den Kosten des Wohnraums orientiert, die Bereitstellung kollektiver Infrastruktur und Umgangsformen, die eine bedürfnisorientierte Selbstverwaltung ermöglichen. Die untersuchten Genossenschaften zielen jedoch auf eine Gleichbehandlung bei der Miete ab und erteilen damit Mietkonzepten, die sich an der Lebenssituation der Mitglieder orientieren, eine Absage. Sie bieten aber – zumindest ansatzweise – kollektive Infrastrukturen in Form von Nachbarschaftstreffs an und ermöglichen damit eine Gemeinschaftsbildung unter den Mitgliedern. Dieser Gemeinschaftsbildung sind jedoch enge Grenzen gesetzt: Die Mitglieder werden beständig darauf hingewiesen, sich mit dem partikularen Raum der Nachbarschaft zu identifizieren und die Interessen der Genossenschaft als Ganzes davon zu unterscheiden und als übergeordnet anzuerkennen. Im Ergebnis werden sie auf eine Rolle als Wohnungsnutzer_innen herabgesetzt. Sie werden zwar von den Vorständen ermutigt, Verbesserungsvorschläge für die angebotenen Wohndienstleistungen zu machen, der Tauschwert der von der Genossenschaft angebotenen Leistungen bleibt dabei jedoch außerhalb ihres Verfügungsbereichs. Das zugrundeliegende Problem besteht hierbei darin, dass die Vorstände ihre Mitglieder nicht an der Geschäftsführung beteiligen *wollen*, da diesen aus ihrer Sicht der notwendige wohnungswirtschaftliche Sachverstand fehlt.

Am Hamburger Beispiel lässt sich somit zeigen, dass große Genossenschaften das Potenzial zu einer Dekommodifizierung von Wohnraum sowie des Wohnens bieten, ihre Möglichkeiten dazu jedoch kaum ausschöpfen. Als Problem erweist sich dabei, dass die an der Praxis des Genossenschaft-Machens beteiligten Akteure die bestehenden materiellen gesellschaftlichen Ungleichheiten auf der symbolischen Ebene als objektiv gültige Unterschiede anerkennen. Um eine Dekommodifizierung auf der materiellen Ebene zu verwirklichen, müssten sie dagegen vom Bewusstsein getragen sein, dass eine alternative Form solidarischer

Ökonomie möglich ist. Die Einbindung der Genossenschaften in die Kräfteverhältnisse und Überzeugungen im Feld der Sozialen Wohnungswirtschaft verhindert dies. Wie in Kapitel 6 dargestellt, sehen die interviewten Vorstände die Genossenschaften nicht als die grundsätzlich anstrebenswerte Wohnform an, sondern lediglich als eine „bessere" Variante (als) zur Miete zu wohnen. Den eigentlich positiven Gegenhorizont bildet für sie das selbstgenutzte Wohneigentum, so dass sich das genossenschaftliche Wohnen „zwischen" diesen beiden klassischen Wohnformen einordnet. Die Vorstände als verantwortliche Leiter der genossenschaftlichen Wohnungsunternehmen sehen es daher nicht als ihre Aufgabe an, transformatorische Ziele einer gesellschaftlichen Wohnreform zu verfolgen, sondern ihren Mitgliedern ein „gutes und sicheres" Wohnen zur Miete zu gewährleisten. Es geht ihnen darum, dass die Menschen in Genossenschaften „in Ruhe und Frieden leben" können (V2).

Um das emanzipatorische Potenzial der Genossenschaften zu entfalten, müsste der Genossenschaftsgedanke aus seiner Relation zu den herrschenden Überzeugungen im Feld der Sozialen Wohnungswirtschaft herausgelöst und zu einem Ansatzpunkt transformativer Veränderungen im Hier und Jetzt werden. Eine Dekommodifizierung des symbolischen Kapitals der Genossenschaften erfordert also, die Beziehung und Bezugnahme des Genossenschaftsgedankens auf die herrschenden Verhältnisse in Frage zu stellen, zu problematisieren und aufzubrechen: Der gute Ruf der Genossenschaften müsste seinen Charakter als Kredit der Glaubwürdigkeit, welcher dazu führt, dass man den Träger_innen des symbolischen Kapitals „etwas zuschreibt, das er [oder sie] nicht unter Beweis gestellt hat", verlieren (Rehbein/Saalmann 2014: 138). Dazu wäre es notwendig, die Autorität in Frage zu stellen, die anerkannten Akteuren im Feld zugesprochen wird und die Rolle wohnungspolitischer und -wirtschaftlicher Expert_innen im Kontext der herrschenden Überzeugungen zu reflektieren und einzuordnen. Dies bedeutet nicht notwendigerweise, das Wissen und die praktischen Fähigkeiten dieser Akteure in Zweifel zu ziehen, sondern viel eher, ihre inhaltlichen Positionen als Ergebnis und Spiegelbild ihrer Verwobenheit in die herrschenden Verhältnisse der kapitalistischen Gesellschaft zu begreifen. Eine solche Dekommodifizierung des symbolischen Kapitals setzt voraus, sich der umkämpften Geschichte der Sozialen Wohnungswirtschaft und der daraus resultierenden Vielschichtigkeit und Ambivalenz des Genossenschaftsgedankens gewahr zu werden.

Zukünftige Veränderungen auf der materiellen Ebene genossenschaftlicher Wohnungswirtschaft müssten gestützt werden vom Glauben daran, dass diese für den Aufbau gesellschaftlicher Gegenmacht genutzt werden können und auch sollen. Aus dem erfolgreichen Zusammenspiel der Dekommodifizierung von Wohnraum sowie des Wohnens auf der materiellen und der symbolischen Ebene könnte eine *Dekommodifizierung der Praxis des Wohnens* resultieren. Diese Perspektive ist im heterodoxen alternativen Genossenschaftsgedanken angelegt. Im Rahmen des orthodoxen Genossenschaftsgedankens ist sie dagegen nicht denkbar, da dieser die Verwobenheit der genossenschaftlichen Ökonomie in die herrschenden Verhältnisse der kapitalistischen Gesellschaft ausblendet. Eine kritische Forschung zur Sozialen Wohnungswirtschaft und zu Wohnungsgenossenschaften fragt nach der Rolle, die solche Unternehmensformen im gesellschaftlichen Zusammenhang spielen sowie nach den – theoretischen – Möglichkeiten einer selbstverwalteten Wohnungswirtschaft, die sich an den Bedürfnissen der Wohnungssuchenden orientiert. Der Beitrag einer solchen Forschung zum Kampf um ein Recht auf Stadt für alle besteht darin, die Mechanismen symbolischer Macht und Herrschaft innerhalb der Genossenschaften und im Feld der sozialen Wohnungswirtschaft zu entschlüsseln und Ansätze alternativer Organisationsformen zu skizzieren. Voraussetzung dafür ist, zwischen verschiedenen Genossenschaftskonzeptionen zu unterscheiden und diese als Einsätze im Ringen um die Gestaltung der Sozialen Wohnungswirtschaft zu reflektieren (vgl. Tabelle 4).

Tabelle 4: Genossenschaftsgedanke und Dekommodifizierung

Ebene	*Wohnraum*	*Wohnen*
Materiell	Nicht-Profitorientiert	Soziale Mischung und lebendige Nachbarschaften
Orthodoxer *Genossenschaftsgedanke*	Günstig im Vergleich zum freien Markt	In Ruhe und Frieden leben
Heterodoxer *Genossenschaftsgedanke*	Bezahlbarer Wohnraum	Bedürfnisorientierte Selbstverwaltung

Für Mitglieder und Vorstände bedeutet dies, Genossenschaften als eine alternative Unternehmensform wahrzunehmen, mittels der sich eine bedürfnisorientierte und selbstverwaltete Ökonomie umsetzen lässt. Vor dem Hintergrund routinierter Geschäftsabläufe besteht die Herausforderung darin, Spielräume dafür zu schaffen und zu erweitern. Dies erfordert eine Form genossenschaftlicher Selbstverwaltung, die unterschiedliche soziale Positionen der Mitglieder als Grundlage der gemeinsamen Ökonomie begreift und deren Zweck darin verortet, Mitglieder gegenüber den Zumutungen gesellschaftlicher Ungleichheiten zu schützen. Etablierte Genossenschaften können einen Teil ihrer Ressourcen neuen Projekten zukommen lassen und damit zu einer Vervielfältigung der genossenschaftlichen Idee beitragen. Im Gegensatz zu einem Größenwachstum einzelner Unternehmen könnte der Genossenschaftsgedanke gesellschaftlich gestärkt werden, indem sich die Anzahl der Personen erhöht, die in der genossenschaftlichen Wohnungswirtschaft Verantwortung übernehmen (können). Genossenschaftsvorstände sollten darüber hinaus nicht versuchen, Konflikte zu vermeiden, sondern diese als Ausgangspunkt positiver Veränderungen ansehen und engagierten Mitgliedern die Freiheit lassen, sich selbst zu organisieren. Vor dem Hintergrund aktueller Veränderungen im Feld der Sozialen Wohnungswirtschaft muss schließlich die Orthodoxie gemischter Quartiere und funktionierender Nachbarschaften zur Disposition gestellt werden: Wenn eine mittelschichtsorientierte Geschäftspolitik im Rahmen der herrschenden kapitalistischen Verhältnisse im Bereich der Wohnungsversorgung nicht nur alternativlos, sondern als angemessene Form sozialer Wohnungswirtschaft erscheint – spätestens dann ist es an der Zeit, diese Verhältnisse in Frage zu stellen.

Für stadtpolitische Aktivist_innen bedeutet dies, die herrschenden Kräfteverhältnisse und Überzeugungen im Feld der Sozialen Wohnungswirtschaft als ein Geflecht materieller und symbolischer Strukturen zu begreifen, in die jede_r Einzelne entsprechend ihrer oder seiner sozialen Position eingebunden ist. Auch die Genossenschaften stellen Kräftefelder dar, in denen Auseinandersetzungen um ein Recht auf Stadt stattfinden, auf die sich progressiv einwirken lässt. Die herrschende Stadtpolitik muss sich dagegen fragen lassen, wie ernst es ihr mit der Gestaltung einer *Stadt für alle* ist. Im Rahmen der gegenwärtigen Verhältnisse reicht es nicht aus, darauf zu vertrauen, dass die Soziale Wohnungswirtschaft fehlendes sozialpolitisches Engagement des Staates ausgleicht. Die Genossenschaften und mit ihnen die gesamte Soziale Wohnungswirtschaft sind viel eher auf politische Rahmenbedingungen angewiesen, innerhalb derer sie ihr emanzipatorisches Potenzial entfalten können.

Anhang

Abkürzungsverzeichnis

AKU	Arbeitskreis Umstrukturierung Wilhelmsburg
AöR	Anstalten öffentlichen Rechts
BFW	Bundesverband freier Immobilien- und Wohnungsunternehmen
BSU	Behörde für Stadtentwicklung und Umwelt
BSW	Behörde für Stadtentwicklung und Wohnen
eG	eingetragene Genossenschaft
FHH	Freie und Hansestadt Hamburg
GAL	Grün-Alternative Liste
GenG	Genossenschaftsgesetz
GdW	Bundesverband deutscher Wohnungs- und Immobilienunternehmen
GHS	Gesellschaft für Hafen- und Standortentwicklung
GWG	Gesellschaft für Wohnen und Bauen mbH
GWUs	Gemeinnützige Wohnungsunternehmen
HA	Hamburger Abendblatt
IVD	Immobilienverband Deutschland IVD Bundesverband der Immobilienberater, Makler, Verwalter und Sachverständigen e.V.
MoPo	Hamburger Morgenpost
SAGA	Siedlungs-Aktiengesellschaft Altona, heute: SAGA Unternehmensgruppe
steg	Stadterneuerungs- und Stadtentwicklungsgesellschaft Hamburg mbH
taz	Die Tageszeitung
vhw	Vereinigte Hamburger Wohnungsbaugenossenschaft eG
VNW	Verband norddeutscher Wohnungsunternehmen e.V.
WGG	Wohnungsgemeinnützigkeitsgesetz

Abbildungsverzeichnis

Liste der zitierten Interviews

V1: Genossenschafts-Vorstand, am 27.01.15
V2: Genossenschafts-Vorstand, am 03.02.15
V3: Genossenschafts-Vorstand, am 09.02.15
V4: Genossenschafts-Vorstand, am 17.02.15
V5: Genossenschafts-Vorstand, am 18.06.15
V6: Genossenschafts-Vorstand, am 06.08.15
V7: Genossenschafts-Vorstand, am 17.08.15
V8: Genossenschafts-Vorstand, am 25.08.15
VG: Gruppe der Genossenschafts-Vorstände, am 07.12.15

M1: Genossenschafts-Mitglied, am 19.05.15
M2: Genossenschafts-Mitglied, am 21.05.15
G1: Gruppe von Genossenschafts-Mitgliedern, am 28.01.16
G2: Gruppe von Genossenschafts-Mitgliedern, am 08.03.16

E1: Rettet-Elisa, am 16.12.13
E2: VNW (Hamburg), am 18.07.14
E3: AK WoBauG, am 21.07.14
E4: Grüne, am 29.09.15
E5: BSW, am 07.10.15
E6: SPD, am 02.11.15
E7: VNW, am 12.11.15
E8: Linke, am 01.12.15
E9: CDU, am 26.01.16
E10: Mieter helfen Mietern, am 07.03.16
E11: Hamburgs Wilder Osten, am 21.03.16
E12: Bezirk Mitte, am 31.01.17

Medienberichte

Deutschlandradio Kultur (2013): „Stadt neu denken. Wie Hamburg und Ulm ihre Liegenschaften verwalten“ vom 17.05.2013.

Die Welt (2014): „Scholz will Hamburgs Osten aufhübschen“ vom 30.03.2014.

– (2017): „‘Wir betreiben Stadtreparatur’“ vom 22.09.2017.

Die Zeit (1988): „Die Hamburger Filzokratie. Intrigen, Kungel, Vetternwirtschaft bestimmen den SPD-Stadtstaat“ vom 10.06.1988.

HA (Hamburger Abendblatt) (1974a): „Mietstopp für Hamburg verlängert“ vom 25.09.1974.

– (1974b): „Hamburgs Bausenator: Eigentum für Mieter!“ vom 06.11.1974.

– (1977): „Altbau-Mieten gehen in die Höhe. Dennoch: Im Neubau wohnt man teurer“ vom 08.08.1977.

– (1978): „Wie, wo, was gebaut wird“ vom 29.07.1978.

– (1979): „Senat geschockt: So hoch sind die Mieten wirklich“ vom 16.05.1979.

– (1980a): „Etwa die Mietpreise nach unten gedrückt? Haus- und Grundeigentümer kritisieren Senator Lange“ vom 09.07.1980.

– (1980b): „Spekulation 1.000 Wohnungen leer. Mieterinitiative klagt die Stadt an“ vom 09.12.1980.

– (1984): „Ist die Baubehörde überflüssig?“ vom 08.10.1984.

– (1985a): „Wohnen: Mehr Geld für Hamburger Altbauten“ vom 16.07.1985.

– (1985b): „Wagner verteidigt Mieterrecht. Tagung in Grömitz“ vom 04.09.1985.

– (1985c): „Wohnungsabriß wäre zutiefst unsozial“ vom 26.07.1985.

– (1989a): „20.000 neue Wohnungen für Hamburg. Senator Wagner fordert massives Bau-Programm“ vom 25.02.1989.

– (1989b): „Mit sozialen Randgruppen nichts am Hut. Bausenator Eugen Wagner (SPD)“ vom 13.05.1989.

– (1989c): „Parteienstreit um die Wohnungspolitik“ vom 07.09.1989.

– (1991a): „Mit Mut zur Macht: Gedanken zur Stadtentwicklung“ vom 21.09.1991.

– (1991b): „Machtkampf im Senat“ vom 25.10.1991.

– (1991c): „Traute Müller plant, Wagner baut“ vom 30.10.1991.

– (1991d): „Traute Müller - der Weg nach oben“ vom 23.11.1991.

– (1992a): „Gestatten: Kossak, Provokateur“ vom 10.02.1992.

– (1992b): „Baupolitik spaltet den Senat“ vom 24.02.1992.

– (2002): „Strenge-Siedlung: Ein sanfter Abriss“ vom 24.05.2002.

– (2005): „Schlöperstieg: Wir bleiben!“ vom 28.05.2005.

– (2006a): „Vom Kommunismus zu Schwarz-Grün“ vom 14.08.2006.

– (2006b): „Ein neues Stück St. Pauli. Bavaria-Quartier: Was auf dem Gelände einer Brauerei entsteht“ vom 19.11.2006.

– (2010a): „Wohnrecht bei Kauf von Anteilen. Baugenossenschaften Teil 1“ vom 27.02.2010.
– (2010b): „Der Mensch geht vor Rendite. Baugenossenschaften Teil 2“ vom 13.03.2010.
– (2010c): „Es muss für alle etwas dabei sein. Baugenossenschaften letzter Teil“ vom 03.04.2010.
– (2011a): „Scholz: ‘Wachsende Stadt’ richtiges Konzept für Hamburg“ vom 03.03.2011.
– (2011b): „Größte Mietsteigerungen seit 1992 in Hamburg“ vom 21.04.2011.
– (2011c): „Ab 2013 soll es jährlich 6000 neue Wohnungen geben“ vom 21.09.2011.
– (2012): „Poppenbüttler Siedlung wird behutsam erneuert“ vom 06.11.2012.
– (2015a): „Wohnungsmieten in Hamburg leicht gesunken“ vom 28.04.2015.
– (2015b): „Das doppelte Spiel um die Gartenstadt Berne“ vom 29.06.2015.
– (2016a): „Mieten in Hamburg steigen weiter ungebremst“ vom 12.05.2016.
– (2016b): „Bündnis für das Wohnen im Rathaus unterzeichnet“ vom 07.06.2016.
– (2016c): „Hamburgs Wohnungsaufbau Ost“ vom 01.12.2016.
– (2017a): „Genossen verkaufen Wohnblock an Konzern“ vom 17.01.2017.
– (2017b): „Wo man in Hamburg noch günstig mieten kann – und wo nicht“ vom 26.04.2017.
– (2017c): „Berne ist die Vorzeige-Gartenstadt von Hamburg“ vom 06.05.2017.
– (2017d): „Wer entscheidet, wie in Hamburg gebaut wird?“ vom 20.05.2017.
– (2017e): „Dressel und Duge korrigieren SPD-Kurs in Wandsbek“ vom 24.05.2017.
– (2017f): „‘Elisa II’ – das Vorzeigeprojekt von Hamm“ vom 19.08.2017.
– (2018a): „Hamburg schützt 64.000 Mieter vor Verdrängung“ vom 17.04.2018.
– (2018b): „Mieten in Hamburg steigen weiter – ungebremst“ vom 27.04.2018.
– (2019a): „In diesen Stadtteilen ziehen die Mieten am stärksten an“ vom 21.05.2019.
– (2019b): „Hamburg will mehr Grundstücke über Erbbaurechte vergeben“ vom 01.10.2019.
Hinz&Kunzt (2015): „Zwangsräumung unter Polizeischutz“ vom 26.01.2015.
Mopo (Hamburger Morgenpost) (2007a): „Hier stand mal eine blühende Siedlung“ vom 20.03.2007.
– (2007b): „Mieter kämpfen gegen Baugenossenschaft – Aufstand gegen den Abriss“ vom 29.11.2007.
– (2011): „Bau-Bündnis von Senat und Wirtschaft: Neuer Plan gegen Wohnungsnot“ vom 21.09.2011.
– (2014a): „Endlich mal gute Nachrichten: Senat baut mehr Wohnungen als geplant“ vom 17.05.2014.
– (2014b): „Hamburgs Stadtteile der Zukunft“ vom 20.07.2014, Seiten 1 und 4-9 in der Druckausgabe.
– (2014c): „Abriss in Hamm. Hamburgs härteste Mieter: Uns kriegt hier keiner raus!“ vom 01.11.2014.

– (2015): „Nach vier Jahren Zoff. Hamm: Happy End im Streit um 'Elisa'" vom 19.08.2015.
– (2019): „Mieten-Wahnsinn in St. Georg: hier kostet der Quadratmeter 56 Euro!" vom 31.03.2019.
Mittendrin (2014): „Elisa: Klagen gegen Mieter" vom 16.07.2014, http://hh-mittendrin.de/2014/07/elisa-klagen-gegen-mieter/, zuletzt geprüft am 06.11.2019.
– (2015): „Abriss: Das Ende von 'Elisa'" vom 11.03.2015, http://hh-mittendrin.de/2015/03/abriss-das-ende-von-elisa/, zuletzt geprüft am 25.10.2016.
Schleswig-Holsteinische Zeitung (2014): „Arme Stadtteile sollen aufblühen" vom 01.04.2014.
Spiegel (1998): „Filz mit kleinem Karo" vom 06.04.1998.
– (2016): „Teures Wohnen. Mietpreisbremse ausgebremst" vom 17.05.2016.
taz (1993): „Freund bei der Stasi: Senatorin tritt zurück" vom 26.11.1993.
– (1999): „Der Mann, die Stadt und der Mythos. Hamburgs Oberbaudirektor Egbert Kossak wechselt die Seiten" vom 02.01.1999.
– (2001): „Feindlich-freundliche Übernahme" vom 02.11.2001.
– (2005): „Befremdete Genossen" vom 11.07.2005.
– (2011a): „Viele Fragezeichen. Kommentar Bündnis fürs Wohnen" vom 20.09.2011.
– (2011b): „Abriss gegen günstige Mieten. Gentrifizierung in Hamm" vom 13.12.2011.
– (2012a): „Bedingt sozial und demokratisch. taz salon zum Thema Wohnungsbaugenossenschaften" vom 11.02.2012.
– (2012b): „Abrissbirne in der Gartenstadt" vom 21.05.2012.
– (2013a): „Verrat an der Idee. Kommentar Elisa-Abriss" vom 28.02.2013.
– (2013b): „Das Problem ist der Kuhhandel-Vertrag" vom 10.08.2013.
– (2015a): „Genossenschaft gegen Genossen" vom 18.01.2015.
– (2015b): „Räumung mit dem Brecheisen" vom 26.01.2015.
– (2015c): „Versprechen gehalten" vom 08.02.2015.
– (2015d): „Bagger am Schumacher-Bau" vom 10.03.2015.
– (2015e): „Gentrifizierung mal anders" vom 21.07.2015.
– (2016): „Die Mietpreisbremse quietscht" vom 13.05.2016.
– (2017a): „Türkische Namen aussortiert. Diskriminierung in Hamburg" vom 09.03.2017.
– (2017b): „'Vorstände sind autokratisch'" vom 15.06.2017.
Walddörfer Umweltzeitung (2012): „Senat evoziert Bebauungsplan Matthias-Strenge-Siedlung" vom 09.08.2012, https://www.wuzonline.de/2012/08/senat-evoziert-bebauungsplan-matthias-strenge-siedlung/, zuletzt geprüft am 06.11.2019.

Literatur und Quellen

Aalbers, Manuel/Christophers, Brett (2014): Centring Housing in Political Economy, in: Housing, Theory and Society 31 (4), S. 373-394.

Agentur für Baugemeinschaften (o.J.): Gemeinsam in Hamburg bauen, http://www.hamburg.de/baugemeinschaften/, zuletzt geprüft am 06.11.2019.

AHH (Ambulante Hilfe Hamburg) (Hrsg.) (1989): Leitlinien und Perspektiven für die Wohnungspolitik der 90er Jahre in Hamburg, Hamburg.

AKU (Arbeitskreis Umstrukturierung Wilhelmsburg) (2012): Immer Ärger mit der GAGFAH, http://akuwilhelmsburg.blogsport.eu/veroeffentlichungen/, zuletzt geprüft am 06.11.2019.

– (2013a): Die Insel denen, die darauf wohnen! Momentaufnahmen einer unsozialen Wohnungs- und Aufwertungspolitik, Hamburg, http://akuwilhelmsburg.blogsport.eu/veroeffentlichungen/die-insel-denen-die-auf-ihr-wohnen/, zuletzt geprüft am 06.11.2019.

– (2013b): Unternehmen Wilhelmsburg. Stadtentwicklung im Zeichen von IBA und igs, Berlin.

AK WoBauG (Arbeitskreis Hamburger Wohnungsbaugenossenschaften) (o.J.): Wir bauen für Hamburg, http://wohnungsbaugenossenschaften-hh.de/, zuletzt geprüft am 06.11.2019.

– (1998): Leitbild soziale Wohnungswirtschaft, Hamburg.

– (2016): Neue Vorstandsvorsitzende im Arbeitskreis – Sitz des Arbeitskreises zieht um, http://wohnungsbaugenossenschaften-hh.de/aktuelles/neue-vorstandsvorsitzende-im-arbeitskreis-sitz-des-arbeitskreises-ist-umgezogen, zuletzt geprüft am 09.01.2019.

– (2017): Taubenfüttern kann zur Kündigung führen, in: bei uns. Mantelteil (2), S. 8.

– (2018a): Wohnst du noch oder vermietest du etwa? Airbnb & Co, in: bei uns. Mantelteil (3), S. 12-13.

– (2018b): Mietenspiegel 2017: Zwei Euro unter dem Durchschnitt, http://wohnungsbaugenossenschaften-hh.de/aktuelles/mietenspiegel-2017-zwei-euro-unter-dem-durchschnitt, zuletzt geprüft am 09.01.2019.

Alisch, Monika (2004): Wachsende Stadt und soziale Stadt, in: Uwe Altrock/Dirk Schubert (Hrsg.), Wachsende Stadt. Leitbild – Utopie – Vision?, Wiesbaden, S. 67-76.

Alisch, Monika/Dangschat, Jens S. (1993): Die solidarische Stadt. Ursachen von Armut und Strategien für einen sozialen Ausgleich, Darmstadt.

– (1998): Armut und soziale Integration. Strategien sozialer Stadtentwicklung und lokaler Nachhaltigkeit, Opladen.

Altrock, Uwe (2004): Das Leitbild von der „Wachsenden Stadt“ – genial oder fatal?, in: Uwe Altrock/Dirk Schubert (Hrsg.), Wachsende Stadt. Leitbild – Utopie – Vision?, Wiesbaden, S. 77-94.

Altrock, Uwe/Schubert, Dirk (Hrsg.) (2004): Wachsende Stadt. Leitbild – Utopie – Vision?, Wiesbaden.

Amantine (2012): „Die Häuser, denen die drin wohnen!“. Kleine Geschichte der Häuserkämpfe in Deutschland, Münster.

Analyse & Konzepte (1997): Aktuelle Situation und Perspektive der Wohnungsgenossenschaften in Deutschland. Untersuchung im Auftrag des Bundesministeriums für Raumordnung, Bauwesen und Städtebau, Hamburg.

Andritzky, Michael/Becker, Peter/Selle, Gert (Hrsg.) (1975): Labyrinth Stadt. Planung und Chaos im Städtebau; ein Handbuch für Bewohner, Köln.

Arnold, Daniel/Rottke, Nico/Winter, Ralph (Hrsg.) (2017): Wohnimmobilien. Lebenszyklus, Strategie, Transaktion, Wiesbaden.

Asmus, Karin (2013): Bürgerbeteiligung als Farce. Genossenschaft vhw will abreißen, in: Mietraum^2 (4), S. 12.

Asmus, Karin/Hollander, Christiane (2016): Schutz vor Luxusmodernisierung, Umwandlung und Kündigung. Soziale Erhaltensverordnung, in: Mietraum^2 (1), S. 13-14.

Asmus, Karin/Reinig, Joachim (2013): Abriss noch nicht vom Tisch. Genossenschaftssiedlung am Elisabethgehölz, in: Mietraum^2 (1), S. 7-8.

Atzmüller, Roland (2013): Der Wohlfahrtsstaat aus regulationstheoretischer Perspektive, in: Roland Atzmüller/Joachim Becker/Ulrich Brand et al. (Hrsg.), Fit für die Krise? Perspektiven der Regulationstheorie, Münster, S. 150-169.

Atzmüller, Roland/Becker, Joachim/Brand, Ulrich et al. (Hrsg.) (2013): Fit für die Krise? Perspektiven der Regulationstheorie, Münster.

Baer, Willi/Dellwo, Karl-Heinz (Hrsg.) (2012): Häuserkampf I. Wir wollen alles – Der Beginn einer Bewegung, Hamburg.

– (2013): Häuserkampf II. Wir wollen alles – Die Hausbesetzungen in Hamburg, Hamburg.

Balmer, Ivo/Bernet, Tobias (2017): Selbstverwaltet bezahlbar wohnen? Potenziale und Herausforderungen genossenschaftlicher Wohnprojekte, in: Barbara Schönig/Sebastian Schipper/Justin Kadi (Hrsg.), Wohnraum für alle?! Perspektiven auf Planung, Politik und Architektur, Bielefeld, S. 259-279.

Baubehörde (1984): Allermöhe. Wohnen am Wasser, Hamburg.

Baubehörde/ARGE Kirchhoff/Jacobs (2000): Strategien und Maßnahmen der Wohnungspolitik und Wohnungswirtschaft gegen soziale Entmischung in Großwohnanlagen. Dokumentation des Workshops vom Juni 1999 und Abschlussbericht, Hamburg.

Bauer, Christian (1990): Aufbruchsstimmung. Kommentar, in: Gemeinnütziges Wohnungswesen 43 (1), S. 1.

Baumgarten, Willi (1930): Baugenossenschaften, in: Gerhard Albrecht/Albert Gut/Wilhelm Lübbert et al. (Hrsg.), Handwörterbuch des Wohnungswesens, Jena, S. 49-56.

Bauriedl, Sybille (2007): Spielräume nachhaltiger Entwicklung. Die Macht stadtentwicklungspolitischer Diskurse, München.

Bauriedl, Sybille/Schier, Michaela/Strüver, Anke (Hrsg.) (2010): Geschlechterverhältnisse, Raumstrukturen, Ortsbeziehungen. Erkundungen von Vielfalt und Differenz im spatial turn, Münster.

BBSR (Bundesinstitut für Bau-, Stadt- und Raumforschung) (2012): Kommunale Strategien für die Versorgung einkommensschwächerer und sozial benachteiligter Haushalte, Bonn.
– (2016): Wohnungsgenossenschaften als Partner der Kommunen. Bündnis für bezahlbares Wohnen und Bauen, Bonn.
– (2017a): Börsennotierte Wohnungsunternehmen als neue Akteure auf dem Wohnungsmarkt – Börsengänge und ihre Auswirkungen, Bonn.
– (2017b): Ende der zweiten Hochphase des Transaktionsgeschehens mit Wohnungsbeständen, Bonn.
Beck, Sylvia (2012): Gemeinschaftliches Wohnen. Zwischen gelebter Sozialutopie, pragmatischer alltäglicher Lebensführung und instrumentalisierter Vergemeinschaftung, in: Widersprüche 32 (124), S. 33-53.
Becker, Joachim (2013): Regulationstheorie. Ursprünge und Entwicklungstendenzen, in: Roland Atzmüller/Joachim Becker/Ulrich Brand et al. (Hrsg.), Fit für die Krise? Perspektiven der Regulationstheorie, Münster, S. 24-56.
Becker, Ruth (1997): Im Labyrinth der Wohnungspolitik. Anmerkungen zu Mieten, Belastungen, Forderungsmodellen und Subventionsformen – Ist der soziale Wohnungsbau obsolet geworden?, in: Volker Roscher (Hrsg.), Wohnen in der Stadt – Wohnen in Hamburg. Leitbild, Stand, Tendenzen, Hamburg, S. 80-97.
Beetz, Stephan (2005): Mitgliederbeziehungen in Wohnungsgenossenschaften. Gestaltungsmöglichkeiten zwischen Unternehmertum, Partizipation und Nachbarschaft, Berlin.
Behrens, Tobias (2018): Vorschläge für eine Neuausrichtung der Baugemeinschaftsförderung in Hamburg, Vortrag auf einer Infoveranstaltung im Februar 2018, Hamburg.
Belina, Bernd (2013): Raum. Zu den Grundlagen eines historisch-geographischen Materialismus, Münster.
– (2017): Kapitalistischer Wohnungsbau: Ware, Spekulation, Finanzialisierung, in: Barbara Schönig/Sebastian Schipper/Justin Kadi (Hrsg.), Wohnraum für alle?! Perspektiven auf Planung, Politik und Architektur, Bielefeld, S. 31-45.
Belina, Bernd/Naumann, Matthias/Strüver, Anke (Hrsg.) (2018a): Handbuch Kritische Stadtgeographie, Münster.
– (2018b): Stadt, Kritik und Geographie. Einleitung zum Handbuch Kritische Stadtgeographie, in: Bernd Belina/Matthias Naumann/Anke Strüver (Hrsg.), Handbuch Kritische Stadtgeographie, Münster, S. 14-19.
Bergedorf-Bille (2018a): Lagebericht und Jahresabschluss 2017, Hamburg.
– (2018b): Unsere Mieterbetreuung. Ehemalige Rechtsabteilung wurde neu strukturiert, in: bei uns (4), S. 8-9.
Bernet, Claus (2008): Kultureinrichtungen der Bau- und Wohnungsgenossenschaften vom Kaiserreich bis zum Nationalsozialismus. Am Beispiel des Berliner Spar- und Bauvereins, 1871–1945, Göttingen.
Best, Ulrich/Strüver, Anke (2005): Stadtviertel in Bewegung: Diskurs und Alltagsmacht in Hamburg-St. Pauli und Berlin-Kreuzberg, in: Berichte zur deutschen Landeskunde 79 (4), S. 457-482.

Beuerle, Iris (2014): Wohnungsgenossenschaften im gesellschaftlichen Wandel, Berlin.
Beuerle, Iris/Mändle, Eduard (2005): Unternehmensführung in Wohnungsgenossenschaften, Hamburg.
Beuerle, Iris/Petter, Sabine (2017): Sozialmanagement und Quartiersentwicklung in der Wohnungswirtschaft, in: Markus Mändle (Hrsg.), Handbuch Immobilienwirtschaft, Freiburg.
Beuthien, Volker (1975): Die Leitungsmachtgrenzen des Genossenschaftsvorstandes. Zur Bindung des Vorstandes an das Statut sowie die Geschäftsordnungen, Geschäftsanweisungen oder Beiräte, in: Zeitschrift für das gesamte Genossenschaftswesen 25, S. 180-205.
Beuthien, Volker/Dierkes, Stefan/Wehrheim, Michael (2008): Die Genossenschaft – mit der Europäischen Genossenschaft. Recht, Steuer, Betriebswirtschaft, Berlin.
Bezirksamt Hamburg-Mitte (2015): Bezirkliche Vereinbarung zur Umsetzung des Bündnisses für die Quartiere in den Pilot-Quartieren Südliches Hamm und Rothenburgsort, Hamburg.
BFW-Nord (Bundesverband freier Wohnungsunternehmen Nord) (2017): Entwickeln, bauen, erhalten. BFW Landesverband Nord – Die mittelständische Immobilienwirtschaft, Hamburg, https://www.bfw-nord.de/publikationen/imagebroschuere/, zuletzt geprüft am 06.11.2019.
BFW-Nord (Bundesverband freier Wohnungsunternehmen Nord)/Grundeigentümerverband Hamburg/IvD-Nord (Immobilienverband Deutschland Nord)/VNW (Verband norddeutscher Wohnungsunternehmen) (2017): Presse-Info. Größte Studie zum Hamburger Mietwohnungsmarkt zeigt: Hamburger Wohnungsmarkt funktioniert, https://www.bfw-nord.de/services/presse/pressemitteilungen/13561-pm-groesste-studie-zum-hamburger-mietwohnungsmarkt-zeigt-hamburger-wohnungsmarkt-funktioniert/, zuletzt geprüft am 06.11.2019.
Bialas, Rolf (2002): Der Bausenator im weißen Kittel. Arzt kämpft für Eigentum und Familienheime, Hamburg.
Bickelmann, Hartmut (2015): Von der direkten zur repräsentativen Mitgliederbeteiligung. Die Einführung von Delegiertenversammlungen bei den Genossenschaften, in: Heinrich-Kaufmann-Stiftung (Hrsg.), 125 Jahre Genossenschaftsgesetz – 100 Jahre Erster Weltkrieg. Beiträge zur 9. Tagung zur Genossenschaftsgeschichte, Norderstedt, S. 36-50.
Bierbaum, Heinz/Riege, Marlo (1985): Die neue Genossenschaftsbewegung. Versuch einer politisch-ökonomischen Bestimmung, in: Marlo Riege/Heinz Bierbaum (Hrsg.), Die Neue Genossenschaftsbewegung. Initiativen in der BRD und in Westeuropa, Hamburg, S. 7-26.
Birke, Peter (2014): Sozialproteste im „unternehmerischen Hamburg“. Notizen zu ihrer Geschichte, in: Norbert Gestring/Renate Ruhne/Jan Wehrheim (Hrsg.), Stadt und soziale Bewegungen, Wiesbaden, S. 83-97.
Bischoff, Joachim (2008): Vom 'goldenen Zeitalter' zur Ära der Turbulenzen der Globalökonomie. Überlegungen zum finanzmarktgetriebenen Kapitalismus, in: Z. Zeitschrift für Marxistische Erneuerung (73), S. 36-49.

Blankau, Jutta (2011): Ein Bündnis für das Wohnen. Jutta Blankau, Senatorin für Stadtentwicklung und Umwelt, im Interview, in: Hamburg. Deine Perlen. Integrierte Stadtentwicklung (4), Hamburg, S. 3-5.

BMVBS (Bundesministerium für Verkehr, Bau und Stadtentwicklung) (2007): Erschließen von Genossenschaftspotenzialen im Forschungsfeld Modelle genossenschaftlichen Wohnens. Ein Projekt des Forschungsprogramms „Experimenteller Wohnungs- und Städtebau", Berlin.

Bodenschatz, Harald (1988): Die Berliner „Mietskaserne" in der wohnungspolitischen Diskussion seit 1918, in: Axel Schildt/Arnold Sywottek (Hrsg.), Massenwohnung und Eigenheim. Wohnungsbau und Wohnen in der Großstadt seit dem Ersten Weltkrieg, Frankfurt am Main, S. 127-149.

Boeing, Niels (2015): Von Wegen. Überlegungen zur freien Stadt der Zukunft, Hamburg.

Boettcher, Erik (1988): Die Genossenschaft im Verhältnis zu erwerbswirtschaftlichen und gemeinnützigen Unternehmen sowie zur Gemeinnützigkeit, in: Werner W. Engelhardt/Theo Thiemeyer (Hrsg.), Genossenschaft – quo vadis? Eine neue Anthologie, Baden-Baden, S. 83-101.

Böhm, Monika (2018): Einmal wohnen mit alles, bitte!, in: bei uns. Mantelteil (2), S. 12-13.

Böhmer, Jörn (2013): Wellen der Gentrification in Hamburg. Eine Untersuchung der historischen Entwicklung und räumlichen Muster der Gentrification in Hamburg seit 1970. Diplomarbeit (unveröffentl.), Bonn.

Borscheid, Peter/Teuteberg, Hans-Jürgen (Hrsg.) (1986): Stadtwachstum, Industrialisierung, sozialer Wandel. Beiträge zur Erforschung der Urbanisierung im 19. und 20. Jahrhundert, Berlin.

Bösche, Carsten (2011): Die Entstehung der Drachenbau eG, in: Heinrich-Kaufmann-Stiftung (Hrsg.), „Miteinander geht es besser". Beiträge zur 1. Tagung zur Genossenschaftsgeschichte im November 2006, Norderstedt, S. 80-85.

Bosse, Rolf (2017): Mehr Transparenz! Mieterinitiative „Genossenschaft von unten Hamburg" gegründet, in: MieterJournal (4), S. 26.

Bourdieu, Pierre (1983): Ökonomisches Kapital, kulturelles Kapital, soziales Kapital, in: Reinhard Kreckel (Hrsg.), Soziale Ungleichheiten, Göttingen, S. 183-198.

– (1992): Rede und Antwort, Frankfurt am Main.

– (1998): Praktische Vernunft. Zur Theorie des Handelns, Frankfurt am Main.

– (2002a): Einleitung, in: Pierre Bourdieu/Margareta Steinrücke (Hrsg.), Der Einzige und sein Eigenheim, Hamburg, S. 19-36.

– (2002b): Das ökonomische Feld, in: Pierre Bourdieu/Margareta Steinrücke (Hrsg.), Der Einzige und sein Eigenheim, Hamburg, S. 185-222.

– (2009): Entwurf einer Theorie der Praxis auf der ethnologischen Grundlage der kabylischen Gesellschaft, Frankfurt am Main.

– (2017a): Die männliche Herrschaft, Frankfurt am Main.

– (2017b): Über den Staat. Vorlesungen am Collège de France 1989–1992, Berlin.

Bourdieu, Pierre/Bouhedja, Salah/Christin, Rosine/Givry, Claire (2002): Eine sichere Geldanlage für die Familie. Das Einfamilienhaus: Produktspezifik und Logik des Produktionsfeldes, in: Pierre Bourdieu/Margareta Steinrücke (Hrsg.), Der Einzige und sein Eigenheim, Hamburg, S. 49-106.

Bourdieu, Pierre/Steinrücke, Margareta (Hrsg.) (2002): Der Einzige und sein Eigenheim, Hamburg.

Bourdieu, Pierre/Wacquant, Loïc (2006): Reflexive Anthropologie, Frankfurt am Main.

Brauer, Kerry-U. (2013a): Einführung in die Immobilienwirtschaft, in: Kerry-U. Brauer (Hrsg.), Grundlagen der Immobilienwirtschaft. Recht – Steuern – Marketing – Finanzierung – Bestandsmanagement – Projektentwicklung, Wiesbaden, S. 5-58.

– (Hrsg.) (2013b): Grundlagen der Immobilienwirtschaft. Recht – Steuern – Marketing – Finanzierung – Bestandsmanagement – Projektentwicklung, Wiesbaden.

Brauer, Max (1952): Nüchternen Sinnes und heissen Herzens... Reden und Ansprachen, Hamburg.

Brecht, Julius (1952): Selbsthilfe und Staatshilfe am Beispiel der Wohnungsbaugenossenschaften, in: Zeitschrift für das gesamte Genossenschaftswesen (2), S. 81-100.

Brede, Helmut/Kohaupt, Bernhard/Kujath, Hans J. (1975): Ökonomische und politische Determinanten der Wohnungsversorgung, Frankfurt am Main.

Brede, Helmut/Kujath, Hans J. (1988): Finanzierung und Wirtschaftlichkeit des Kleinwohnungsbaus. Zu den Marktwiderständen und der Reformökonomie bis 1914, in: Juan Rodríguez-Lores/Gerhard Fehl (Hrsg.), Die Kleinwohnungsfrage. Zu den Ursprüngen des sozialen Wohnungsbaus in Europa, Hamburg, S. 135-156.

Breitner, Andreas (2017): Was uns ausmacht. Wertekampagne, in: VNW Magazin (5), S. 3-5.

– (2018): Populismus frisst Verstand. Editorial, in: VNW Magazin (5), S. 3.

– (2019): Die Vermieter mit Werten. Editorial, in: VNW Magazin (1), S. 3.

Breuer, Franz (2010): Reflexive Grounded Theory. Eine Einführung für die Forschungspraxis, Wiesbaden.

Brinkmann, Martin/Seeringer, Jan (2014): Leere Kassen, volle Quartiere: Rückschau und Ausblick auf die Hamburger Stadtteilentwicklung, in: Informationen zur Raumentwicklung (4), S. 319-331.

Brohm, Joachim (1969): Der Wohnungsbau, in: Architekten- und Ingenieurverein Hamburg (Hrsg.), Hamburg und seine Bauten 1954–1968, Hamburg, S. 393-395.

– (1984): Wohnungsbau. Wandlungen im Wohnungsbau in der Zeit von 1969–1984, in: Architekten- und Ingenieurverein Hamburg (Hrsg.), Hamburg und seine Bauten, 1969–1984, Hamburg, S. 406-410.

Brüggemann, Josef (1968): Die Wohnungsbaugenossenschaften. Ihre Strukturen und Entwicklungsbedingungen, in: Gerhard Weisser (Hrsg.), Genossenschaften und Genossenschaftsforschung. Strukturelle und ablaufanalytische, historische und systematische Aspekte der Genossenschaften des neunzehnten und zwanzigsten Jahrhunderts, Göttingen, S. 400-414.

Brunhöver, Bernd (1992): Ziele und Probleme einer Genossenschaftsgründung. Die Genossenschaft der Fritz-Schumacher-Siedlung Langenhorn, in: Dirk Schubert (Hrsg.), Sozial Wohnen. Kommunale Wohnungspolitik zwischen Eigentümer- und Mieterinteressen, Darmstadt, S. 253-260.

BSU (Behörde für Stadtentwicklung und Umwelt) (2006): Der „Sprung über die Elbe" bringt Bewegung. Hamburg wächst im Herzen der Stadt und entwickelt neue Orte zum Leben und Arbeiten, Hamburg.

– (2013): Mehr Stadt in der Stadt. Chancen für mehr urbane Wohnqualität in Hamburg, Hamburg.

– (2014a): Bündnis für Quartiere – Eckpunkte der Kooperation zwischen der FHH und den wohnungswirtschaftlichen Verbänden Hamburgs sowie SAGA GWG, http://www.hamburg.de/bsu/nofl/4414234/2014-12-02-bsu-buendnis-fuer-quartiere/, zuletzt geprüft am 06.11.2019.

– (2014b): Grüne, gerechte, wachsende Stadt am Wasser. Perspektiven der Stadtentwicklung für Hamburg, Hamburg.

– (2014c): Stromaufwärts an Elbe und Bille. Wohnen und urbane Produktion in HamburgOst, Hamburg.

BSW (Behörde für Stadtentwicklung und Wohnen) (o.J.): Wohnungsbauprogramm des Senats. Bündnis für das Wohnen. Freie und Hansestadt Hamburg, http://www.hamburg.de/bsw/wohnungsbaufoerderung/, zuletzt geprüft am 06.11.2019.

– (2017): Wohnen in Hamburg 2030. Eine Stadt für Alle – Strategien für bezahlbares Wohnen. Fachkonferenz am 3. April 2017, Hamburg.

– (2018): Soziale Erhaltungsverordnungen. Faltblatt, https://www.hamburg.de/pressearchiv-fhh/10924224/2018-04-17-bsw-mieterschutz-eimsbuettel/, zuletzt geprüft am 05.10.2018.

Bude, Irene/Sobczak, Olaf/Jörg, Steffen (2014): buy buy st. pauli. über die kämpfe um die esso-häuser. Homepage zum Film, http://www.buybuy-stpauli.de/, zuletzt geprüft am 06.11.2019.

Bura, Josef (2002): Was zu regeln ist, in: Freihaus (9), S. 3.

Bura, Josef/Mettbach, Mario (2002): „Beibehalten und Ausweiten". Interview mit Senator Mario Mettbach, in: Freihaus (9), S. 1-2.

Bürgerschaft FHH (Freie und Hansestadt Hamburg) (1967): Plenarprotokoll 6/17. Antrag der CDU: Soziales Wohnrecht. 25.01.1967. Hamburg.

– (1971): Plenarprotokoll 7/50. Große Anfrage der SPD: Zusammenfassung der vier städtischen Wohnungsunternehmen. 15.12.1971. Hamburg.

– (1973a): Plenarprotokoll 7/89. Große Anfrage der CDU: Zusammenschluß der vier städtischen Wohnungsbaugesellschaften. 14.03.1973. Hamburg.

– (1973b): Plenarprotokoll 7/109. Bericht des Haushaltsausschusses und Debatte zum Bereich Bau- und Wohnungswesen. 13.12.1973. Hamburg.

– (1998a): Drucksache 16/1360. Mitteilungen des Senats: Soziale Stadtteilentwicklung. 08.09.1998. Hamburg.

– (1998b): Plenarprotokoll 16/16. Plenarprotokoll Haushaltsberatungen. 29.04.98. Hamburg.
– (1999): Plenarprotokoll 16/60.Der neue Mietenspiegel: Das Wohnungsbauprogramm zeigt Wirkung. 24.11.1999. Hamburg.
– (2000): Plenarprotokoll 16/84. Abwanderung und ihre Folgen. 15.11.2000. Hamburg.
– (2009): Drucksache 19/2995. Mitteilungen des Senats: Haushaltsplan 2009/2010 Wohnungsbauentwicklungsplan. 05.05.2009. Hamburg.
– (2010a): Drucksache 19/7211. Kleine Anfrage der SPD: Abriss von Wohnungen durch die Hanseatische Baugenossenschaft Hamburg eG. 17.09.2010. Hamburg.
– (2010b): Plenarprotokoll 19/64. 64. Sitzung der Bürgerschaft in der 19. Wahlperiode. Pulverfass Wohnen. 27.10.2010. Hamburg.
– (2011): Plenarprotokoll 20/2. 2. Sitzung der Bürgerschaft in der 20. Wahlperiode. Regierungserklärung Erster Bürgermeister. Hamburg.
– (2012): Drucksache 20/4870. Kleine Anfrage der GAL: Evokation Matthias-Strenge-Siedlung. 14.08.2012. Hamburg.
– (2013): Drucksache 20/9308. Große Anfrage der Grünen: Am Elisabethgehölz oder: Mieterschutz nach Kassenlage? 08.10.2013. Hamburg.
– (2014a): Drucksache 20/10596. Große Anfrage der Grünen: SAGA GWG. 18.02.2014. Hamburg.
– (2014b): Drucksache 20/10793. Schriftliche Kleine Anfrage der Abgeordneten Heike Sudmann (Die Linke) und Antworten des Senats zu Betreff: Wohin fließen die Mieteinnahmen und Überschüsse der SAGA (II)? 14.02.2014. Hamburg.
– (2014c): Drucksache 20/12112. Bericht des Stadtentwicklungsausschusses über Große Anfrage der CDU zu Betreff: Bilanz der Grundstücksvergabe nach Konzeptqualität. 12.06.2014. Hamburg.
– (2014d): Drucksache 20/14117. Mitteilungen des Senats: Stromaufwärts an Elbe und Bille – Wohnen und urbane Produktion in HamburgOst. 30.12.2014. Hamburg.
– (2015): Drucksache 20/14365. Stellungnahme des Senats zu den Ersuchen der Bürgerschaft „Vergabe von Wohnungsbaugrundstücken sozial neu ausrichten!“ (vom 25. Oktober 2012), „Hamburg 2020: Dringende Wohnbedarfe bei der Konzeptvergabe berücksichtigen!“ (vom 13. Dezember 2012) und „Grundstücksverkäufe nach Konzeptvergabe fortentwickeln: Langfristige Bestandshalter stärker einbeziehen!“ (vom 26. März 2014). 20.01.2015. Hamburg.
– (2017a): Drucksache 21/11139. Mitteilungen des Senats: Soziale Erhaltungsverordnungen in Hamburg. 28.11.2017. Hamburg.
– (2017b): Drucksache 21/8411. Kleine Anfrage der CDU: „Endlich meins!“ – Das Immobilienprogramm der SAGA Unternehmensgruppe. 28.03.17. Hamburg.
– (2018a): Drucksache 21/11723. Kleine Anfrage der Linken: Immobilienspekulation, Umwandlung von Miet- in Eigentumswohnungen. 30.01.2018. Hamburg.
– (2018b): Drucksache 21/12128. Kleine Anfrage der SPD und der Grünen: Wohnraumförderung und Bestand an gefördertem Wohnraum. 02.03.2018. Hamburg.

– (2018c): Drucksache 21/13135. Bericht des Stadtentwicklungsausschusses: Soziale Erhaltungsverordnungen in Hamburg. 22.05.2018. Hamburg.
– (2018d): Drucksache 21/13900. Kleine Anfrage der FDP: Zweckerreichung der Sozialen Erhaltungsverordnung. 07.08.2018. Hamburg.
– (2018e): Plenarprotokoll 21/77. 77. Sitzung der Bürgerschaft in der 21. Wahlperiode. Mietenmove als Alarmsignal. 16.05.2018. Hamburg.
– (2019a): Drucksache 21/16076. Senatsmitteilung: Wohnraumförderprogramme 2019 und 2020. 05.02.2019. Hamburg.
– (2019b): Drucksache 21/16363. Kleine Anfrage der Linken: Drittelmix-Fake des Senats. 05.03.2019. Hamburg.
– (2019c): Drucksache 21/16990. Große Anfrage der Linken: Zur Wohnungspolitik in Hamburg. 21.05.2019. Hamburg.
Burkhardt, Helge (2011): Heinrich Grosz und die Schiffszimmerer, in: Heinrich-Kaufmann-Stiftung (Hrsg.), Genossenschaftsgründer und Genossenschaftsgründerinnen und ihre Ideen. Beiträge zur 2. Tagung zur Genossenschaftsgeschichte im November 2007, Norderstedt.
Candeias, Mario (2008): Von der Dialektik des Neoliberalismus zu den Widersprüchen der Bewegungen, in: Christoph Butterwegge/Bettina Lösch/Ralf Ptak (Hrsg.), Neoliberalismus. Analysen und Alternativen, Wiesbaden, S. 301-317.
Cirsovius, Thomas (2014): Wohnungsabbau statt Wohnungsbau? Zu den unternehmerischen Grenzen, denen Wohnungsbaugenossenschaften satzungsbedingt unterliegen, in: Zeitschrift für Miet- und Raumrecht 67 (9), S. 696-700.
Clapham, David/Clark, William A. V./Gibb, Kenneth (Hrsg.) (2012): The SAGE handbook of housing studies, London, Thousand Oaks, Calif.
Dackweiler, Regina-Maria/Schäfer, Reinhild (2010): Wohlfahrtsstaatlichkeit und Geschlechterverhältnisse aus feministischer Perspektive – Eine Einleitung, in: Regina-Maria Dackweiler/Reinhild Schäfer (Hrsg.), Wohlfahrtsstaatlichkeit und Geschlechterverhältnisse aus feministischer Perspektive, Münster, S. 7-17.
Dangschat, Jens S./Oßenbrügge, Jürgen (1990): Hamburg: Crisis Management, Urban Regeneration, and Social Democrats, in: Dennis R. Judd/Michael Parkinson (Hrsg.), Leadership and urban regeneration. Cities in North America and Europe, Newbury Park, Calif., S. 86-105.
Dangschat, Jens S./Wüst, Thomas (1996): Entwicklung und Probleme der Agglomerationsräume in Deutschland. Fallstudie Hamburg, in: Agglomerationsräume in Deutschland. Ansichten, Einsichten, Aussichten, Hannover, S. 154-190.
Deffner, Veronika/Haferburg, Christoph (2014): Pierre Bourdieu: Habitus und Habitat als Verhältnis von Subjekt, Sozialem und Macht, in: Jürgen Oßenbrügge/Anne Vogelpohl (Hrsg.), Theorien in der Raum- und Stadtforschung. Einführungen, Münster, S. 328-347.
Demirović, Alex (Hrsg.) (2018): Wirtschaftsdemokratie neu denken, Münster.
Demirović, Alex/Sablowski, Thomas (2011): Finanzdominierte Akkumulation und die Krise in Europa, in: Prokla 42 (1), S. 77-106.

Denkmalrat (2014): Stellungnahme des Denkmalrats zum geplanten Abriss der Wohnanlage „Am Elisabethgehölz“ in Hamburg-Hamm. 21.05.2014, https://www.hamburg.de/contentblob/4381494/5f20087f66504d2e147f109145945089/data/denkmalrat-elisabethgehoelz.pdf, zuletzt geprüft am 06.11.2019.

Destatis (2015): Bauen und Wohnen. Baugenehmigungen/Baufertigstellungen, https://www.destatis.de/DE/Themen/Branchen-Unternehmen/Bauen/Publikationen/Downloads-Bautaetigkeit/baufertigstellungen-bauherren-pdf-5311201.pdf?__blob=publicationFile, zuletzt geprüft am 05.11.2019.

Diesselhorst, Jonathan (2018): Wenn stadtpolitische Bewegungen das Terrain des Staates betreten, in: Prokla 48 (2), S. 265-282.

Dieterich, Hartmut (2005): Bodenmarkt und Bodenpolitik, in: Lidwina Kühne-Büning/Volker Nordalm/Lieselotte Steveling (Hrsg.), Die Grundlagen der Wohnungs- und Immobilienwirtschaft. Vormals „Lehrbuch der Wohnungswirtschaft“, Hamburg, S. 373-421.

Dohnanyi, Klaus v. (1983): Unternehmen Hamburg. Rede vor dem Übersee-Club Hamburg, https://www.ueberseeclub.de/index.php/de/datenbank, zuletzt geprüft am 06.11.2019.

– (2000): Was Hamburg zukunftsfähig macht, in: Hamburger Abendblatt vom 31.03.2000.

Draheim, Georg (1955): Die Genossenschaft als Unternehmenstyp, Göttingen.

Dresing, Thorsten/Pehl, Thorsten (2017): Praxisbuch Interview, Transkription & Analyse. Anleitungen und Regelsysteme für qualitativ Forschende, Marburg.

Eekhoff, Johann (1985): Leitlinien zur künftigen Wohnungspolitik der Bundesregierung, in: Johann Eekhoff/Theodor Paul/Egon K.-H. Preißler et al. (Hrsg.), Rückzug des Staates aus der Wohnungspolitik?, Münster, S. 1-14.

Egner, Björn (2014): Wohnungspolitik seit 1945, in: APuZ 64 (20-21), S. 13-19.

Egner, Björn/Georgakis, Nikolaos/Heinelt, Hubert/Bartholomäi, Reinhart C. (2004): Wohnungspolitik in Deutschland. Positionen, Akteure, Instrumente, Darmstadt.

Eichener, Volker/Emmerich, Horst v./Petzina, Dietmar (2000a): Die unternehmerische Wohnungswirtschaft: Emanzipation einer Branche, in: Volker Eichener/Horst van Emmerich/Dietmar Petzina (Hrsg.), Die unternehmerische Wohnungswirtschaft. Emanzipation einer Branche; der Strukturwandel der deutschen Wohnungswirtschaft seit dem ausgehenden 19. Jahrhundert, Frankfurt am Main, S. 2-8.

– (Hrsg.) (2000b): Die unternehmerische Wohnungswirtschaft. Emanzipation einer Branche; der Strukturwandel der deutschen Wohnungswirtschaft seit dem ausgehenden 19. Jahrhundert, Frankfurt am Main.

Einem, Eberhard v. (2016): Wohnungspolitik in Not, in: Eberhard v. Einem (Hrsg.), Wohnen. Markt in Schieflage – Politik in Not, Wiesbaden, S. 277-317.

Elisa Bleibt! (o.J.): Backsteinerbe in Erinnerung, https://elisa-bleibt.de/, zuletzt geprüft am 06.11.2019.

Engelhardt, Werner W. (1980): Genossenschaftstheorie, in: Eduard Mändle (Hrsg.), Handwörterbuch des Genossenschaftswesens, Wiesbaden, S. 812-838.

– (1985): Allgemeine Ideengeschichte des Genossenschaftswesens. Einführung in die Genossenschafts- und Kooperationslehre auf geschichtlicher Basis, Darmstadt.
Engelhardt, Werner W./Thiemeyer, Theo (Hrsg.) (1988): Genossenschaft – quo vadis? Eine neue Anthologie (Beiheft Zeitschrift für öffentliche und gemeinwirtschaftliche Unternehmen), Baden-Baden.
Engels, Friedrich (1976): Zur Wohnungsfrage, in: MEW 18, Berlin, S. 209-287.
Erdmann, Heinrich (Hrsg.) (2000): Hamburg im ersten Viertel des 20. Jahrhunderts: die Zeit des Politikers Otto Stolten, Hamburg.
Eribon, Didier (2017): Gesellschaft als Urteil. Klassen, Identitäten, Wege, Berlin.
Exner, Andreas/Kratzwald, Brigitte (2012): Solidarische Ökonomie & Commons. Eine Einführung, Wien.
Faust, Helmut (1977): Geschichte der Genossenschaftsbewegung. Ursprung und Aufbruch der Genossenschaftsbewegung in England, Frankreich und Deutschland sowie ihre weitere Entwicklung im deutschen Sprachraum, Frankfurt am Main.
Faust, Helmut/Draheim, Georg (Hrsg.) (1967): Genossenschaftliches Lesebuch. Zeugnisse aus hundert Jahren, Frankfurt am Main.
Federici, Silvia (2015): Aufstand aus der Küche. Reproduktionsarbeit im globalen Kapitalismus und die unvollendete feministische Revolution, Münster.
Fisch, Marion (2013): Hamm und Horn – im Osten nichts Neues? Unterschiedliche Entwicklungen in einstigen Hamburger „Schlafstädten", in: Gerd Pohl/Klaus Wicher (Hrsg.), Hamburg, gespaltene Stadt? Soziale Entwicklungen in der Metropole, Hamburg, S. 182-204.
Flick, Uwe/von Kardorff, Ernst/Steinke, Ines (Hrsg.) (2013): Qualitative Forschung. Ein Handbuch, Reinbek bei Hamburg.
Flieger, Burghard (2006): Genossenschaften in Deutschland – Teil der Solidarischen Ökonomie?, in: Elmar Altvater/Nicola Sekler (Hrsg.), Solidarische Ökonomie. Reader des Wissenschaftlichen Beirats von Attac, Hamburg, S. 47-61.
Fluwog (2018): Geschäftsbericht 2017, Hamburg.
Frank, Hartmut/Schubert, Dirk (Hrsg.) (1983): Lesebuch zur Wohnungsfrage, Köln.
Freie Gewerkschafter (2018a): Das Jahr 2017 mit Geschäftsbericht, Hamburg.
– (2018b): Viel Neues im Hamburger Osten. Vertreterrundfahrt, in: bei uns (4), S. 6-7.
Freie Scholle (2001): 90 Jahre Freie Scholle 1911–2001, Bielefeld.
Freie Stadt (1953): Gemeinnütziges Wohnungsunternehmen „Freie Stadt" GmbH, Hamburg.
FHH (Freie und Hansestadt Hamburg) (2002): Leitbild: Metropole Hamburg – Wachsende Stadt, Hamburg.
– (2011): Bündnis für das Wohnen in Hamburg. Vereinbarung für das Wohnen zwischen der Freien und Hansestadt Hamburg und den wohnungswirtschaftlichen Verbänden Hamburgs über Wohnungsneubau, Klimaschutz und Energieeffizienz, Erhalt der Backsteinfassaden und integrative Wohnungspolitik für die 20. Legislaturperiode, Hamburg.

– (2014): Beitrag des Wohnungsneubaus zur Wohnungsversorgung in Hamburg. Erstellt von F&B, Hamburg.
– (2016a): Bündnis für das Wohnen in Hamburg. Vereinbarung für das Bündnis für das Wohnen zwischen der Freien und Hansestadt Hamburg und den wohnungswirtschaftlichen Verbänden Hamburgs über Wohnungsneubau, Klimaschutz und Energieeffizienz, Erhalt der Backsteinfassaden, integrative Wohnungspolitik und Mietrecht in Hamburg für die 21. Legislaturperiode, Hamburg.
– (2016b): Vertrag für Hamburg – Wohnungsneubau. Fortschreibung der Vereinbarung zwischen Senat und Bezirken zum Wohnungsneubau, Hamburg.
– (2017): Grundeigentümer-Verband tritt dem Bündnis für das Wohnen in Hamburg bei, https://www.hamburg.de/pressearchiv-fhh/9169876/2017-07-18-bsw-buendnis-fuer-wohnen/, zuletzt geprüft am 06.11.2019.
Fritz-Schumacher-Gesellschaft (2014): Stellungnahme zum geplanten Abbruch des Reformblocks „Am Elisabethgehölz" in Hamm-Nord, ein zentraler Bereich im Erbe des 20er Jahre Backsteingürtels, Hamburg.
Fröhlich, Gerhard (1994): Kapital, Habitus, Feld, Symbol. Grundbegriffe der Kulturtheorie bei Pierre Bourdieu, in: Ingo Mörth/Gerhard Fröhlich (Hrsg.), Das symbolische Kapital der Lebensstile. Zur Kultursoziologie der Moderne nach Pierre Bourdieu, Frankfurt am Main, S. 31-54.
Fröhlich, Gerhard/Rehbein, Boike (Hrsg.) (2014): Bourdieu-Handbuch. Leben – Werk – Wirkung, Stuttgart.
Füllner, Jonas/Templin, David (2011): Stadtplanung von unten. Die „Recht auf Stadt"-Bewegung in Hamburg, in: Andrej Holm/Dirk Gebhardt (Hrsg.), Initiativen für ein Recht auf Stadt. Theorie und Praxis städtischer Aneignungen, Hamburg, S. 79-104.
Gatermann, Christina/Habermann, Tina (2013): Wilhelmsburg zu Markte tragen. Stadtteilmarketing im Kontext des „Sprungs über die Elbe" und der IBA, in: Arbeitskreis Umstrukturierung Wilhelmsburg (AKU) (Hrsg.), Unternehmen Wilhelmsburg. Stadtentwicklung im Zeichen von IBA und igs, Berlin, S. 25-44.
GdW (1993): Der GdW. Kurzportrait, in: Gesamtverbandstag Stuttgart 1993. Ökonomische Effizienz und soziale Verantwortung in der Wohnungspolitik. Grundsatzreferate, Köln.
– (2014): 90 Jahre Die Wohnungswirtschaft. Die Geschichte des GdW und seiner Vorläuferverbände, Brüssel.
– (2019): Pressestatement zur Forderung nach Enteignung von Wohnungsunternehmen und der Position der Bundesregierung dazu, https://www.gdw.de/pressecenter/pressestatements/statement-zur-forderung-nach-enteignung-von-wohnungsunter nehmen-und-der-position-der-bundesregierung-dazu/, zuletzt geprüft am 08.11.2019.
Gedaschko, Axel (2013): Es ist möglich, nachhaltig und verantwortlich zu wirtschaften, in: Die Wohnungswirtschaft 66 (1), S. 42.
GEWOS (1990): Wohnungspolitik nach dem 2. Weltkrieg, Bonn.

Ginski, Sarah/Koller, Barbara/Schmitt, Gisela (2012): IBA Berlin 2020. „Wohnungsbau und öffentliche Förderung“. Ein Sondierungspapier im Auftrag der Senatsverwaltung für Stadtentwicklung und Umwelt (Berlin), Aachen.

Glenk, Hartmut (2013): Einführung, in: Hartmut Glenk (Hrsg.), Genossenschaftsrecht. München, S. IX-XXXIV.

Grüttner, Michael (1976): Wem die Stadt gehört. Stadtplanung und Stadtentwicklung in Hamburg 1965–1975, Hamburg.

– (1983): Sozial Hygiene und Soziale Kontrolle. Die Sanierung der Hamburger Gängeviertel 1892–1936, in: Arno Herzig/Dieter Langewiesche/Arnold Sywottek (Hrsg.), Arbeiter in Hamburg. Unterschichten, Arbeiter u. Arbeiterbewegung seit dem ausgehenden 18. Jh, Hamburg, S. 359-371.

Güntner, Simon (2013): Kalkulierbare Segregation? Drei Perspektiven auf die sozialräumliche Polarisierung in Hamburg, in: Gerd Pohl/Klaus Wicher (Hrsg.), Hamburg, gespaltene Stadt? Soziale Entwicklungen in der Metropole, Hamburg, S. 34-53.

Güntner, Simon/Walther, Uwe-Jens (2013): Aufstieg und Fall der sozialen Stadtpolitik in Europa – Das Ende einer Ära?, in: Martin Kronauer (Hrsg.), Polarisierte Städte. Soziale Ungleichheit als Herausforderung für die Stadtpolitik, Frankfurt am Main, S. 287-308.

Gustafsson, Knut (1992): Wohnungspolitische Zielsetzungen für städtische Wohnungsbestände in Hamburg, in: Dirk Schubert (Hrsg.), Sozial Wohnen. Kommunale Wohnungspolitik zwischen Eigentümer- und Mieterinteressen, Darmstadt, S. 126-134.

Gutachterausschuss (für Grundstückswerte in Hamburg) (2012): Immobilienmarktbericht 2012, Hamburg.

– (2018): Immobilienmarktbericht 2018, Hamburg.

GWG (Gemeinnützige Wohnungsgesellschaft mbH) (1993): Geschäftsbericht 1992, Hamburg.

Haber, Günther/Hellerforth, Michaela (2000): Wandel der Märkte – Anpassung der Mitgliedsunternehmen des Bundesverbandes Freier Wohnungsunternehmen, in: Volker Eichener/Horst van Emmerich/Dietmar Petzina (Hrsg.), Die unternehmerische Wohnungswirtschaft. Emanzipation einer Branche; der Strukturwandel der deutschen Wohnungswirtschaft seit dem ausgehenden 19. Jahrhundert, Frankfurt am Main, S. 228-243.

Habermann, Friederike (2009): Halbinseln gegen den Strom. Anders Leben und wirtschaften im Alltag, Königstein/Taunus.

Hachtmann, Rüdiger/Saldern, Adelheid v. (2009): Gesellschaft am Fließband. Fordistische Produktion und Herrschaftspraxis in Deutschland, in: Zeithistorische Forschungen, Online-Ausgabe 6 (2), https://zeithistorische-forschungen.de/2-2009/4509, zuletzt geprüft am 06.11.2019.

Hagemann-Miksits, René/Kanther, Michael/Eichener, Volker (2000): Geschichte des GdW Bundesverband deutscher Wohnungsunternehmen, in: Volker Eichener/Horst van Emmerich/Dietmar Petzina (Hrsg.), Die unternehmerische Wohnungswirtschaft.

Emanzipation einer Branche; der Strukturwandel der deutschen Wohnungswirtschaft seit dem ausgehenden 19. Jahrhundert, Frankfurt am Main, S. 194-227.

Hamburger Mieterinitiativen (1978): Wohnen in Hamburg. Eine Misere, Hamburg.

– (1981): Leere Wohnungen und Wohnraumzerstörung in Hamburg. Dokumentation der „Meldestelle für leere Wohnungen", Hamburg.

Hamburger Wohnen (2018a): Geschäftsbericht 2017, Hamburg.

– (2018b): Unternehmensseiten und Mantelseiten. Mitgliederzeitschrift „bei uns", in: bei uns (4), S. 6.

Hanseatische Baugenossenschaft (2018a): Geschäftsbericht 2017. Mit Hamburg verbunden, Hamburg.

– (2018b): Untervermietung an Vierbeiner, in: HBH Aktuell (176), S. 17.

Harlander, Tilman (1999): Wohnen und Stadtentwicklung in der Bundesrepublik, in: Ingeborg Flagge (Hrsg.), Geschichte des Wohnens. Von 1945 bis heute: Aufbau – Neubau – Umbau, Stuttgart, S. 233-417.

– (2005): Wohnungspolitik 1982–1989, in: Manfred G. Schmidt/Hans G. Hockerts (Hrsg.), Bundesrepublik Deutschland 1982–1989. Finanzielle Konsolidierung und institutionelle Reform, Baden-Baden, S. 683-712.

– (2008): Wohnungspolitik 1974–1982, in: Martin H. Geyer (Hrsg.), 1974–1982 Bundesrepublik Deutschland. Neue Herausforderungen, wachsende Unsicherheiten, Baden-Baden, S. 823-850.

– (2012): Solidarität der Not – Flüchtlingsintegration und Wohnungsbau für „breite Schichten" im Wiederaufbau der Bundesrepublik, in: Tilman Harlander/Gerd Kühn/Wüstenrot-Stiftung (Hrsg.), Soziale Mischung in der Stadt. Case Studies, Wohnungspolitik in Europa, historische Analyse, Stuttgart, S. 78-91.

Harlander, Tilman/Hater, Katrin/Meiers, Franz (1988): Siedeln in der Not. Umbruch von Wohnungspolitik und Siedlungsbau am Ende der Weimarer Republik, Hamburg.

Harlander, Tilman/Kuhn, Gerd (2006): Wohnungspolitik 1966–1974, in: Hans G. Hockerts (Hrsg.), Bundesrepublik Deutschland 1966–1974. Eine Zeit vielfältigen Aufbruchs, Baden-Baden, S. 857-886.

Harloe, Michael (1981): The recommodification of housing, in: Michael Harloe/Elizabeth Lebas (Hrsg.), City, class and capital. New developments in the political economy of cities and regions, London, S. 17-50.

Harvey, David (2005): Der neue Imperialismus, Hamburg.

– (2013): Rebellische Städte. Vom Recht auf Stadt zur urbanen Revolution, Berlin.

– (2015): Siebzehn Widersprüche und das Ende des Kapitalismus, Berlin.

Häußermann, Hartmut (2012): Wohnen und Quartier. Ursachen sozialräumlicher Segregation, in: Ernst-Ulrich Huster/Jürgen Boeckh/Hildegard Mogge-Grotjahn (Hrsg.), Handbuch Armut und soziale Ausgrenzung, Wiesbaden, S. 383-396.

Häußermann, Hartmut/Läpple, Dieter/Siebel, Walter (2008): Stadtpolitik, Bonn.

Häußermann, Hartmut/Siebel, Walter (1996): Soziologie des Wohnens. Eine Einführung in Wandel und Ausdifferenzierung des Wohnens, Weinheim.

Hayden, Dolores (2018): Eine revolutionäre Neuordnung der Hausarbeit. [1981], in: Arch+ (231), S. 132-141.
Heeg, Susanne (2013a): Baulöwen, Spekulationshaie und Heuschrecken: die gebaute Umwelt abseits tierischer Erklärungsbilder, in: Roland Atzmüller/Joachim Becker/Ulrich Brand et al. (Hrsg.), Fit für die Krise? Perspektiven der Regulationstheorie, Münster, S. 258-284.
– (2013b): Wohnen als Anlageform: Vom Gebrauchsgut zur Ware, in: Emanzipation 3 (2), S. 5-18.
– (2014): Regulationstheorie: Akkumulationsregime und Regulationsweise, in: Jürgen Oßenbrügge/Anne Vogelpohl (Hrsg.), Theorien in der Raum- und Stadtforschung. Einführungen, Münster, S. 156-175.
– (2017): Finanzialisierung und Responsibilisierung – Zur Vermarktlichung der Stadtentwicklung, in: Barbara Schönig/Sebastian Schipper/Justin Kadi (Hrsg.), Wohnraum für alle?! Perspektiven auf Planung, Politik und Architektur, Bielefeld, S. 47-59.
Heim, Tino (2013): Metamorphosen des Kapitals. Kapitalistische Vergesellschaftung und Perspektiven einer kritischen Sozialwissenschaft nach Marx, Foucault und Bourdieu, Bielefeld.
Heinrich, Michael (2005): Kritik der politischen Ökonomie. Eine Einführung, Stuttgart.
Heinrich-Kaufmann-Stiftung (Hrsg.) (2012): Geschichte und Potenzial der Selbsthilfe. Die Wohnungsbaugenossenschaften. 6. Tagung zur Genossenschaftsgeschichte, Norderstedt.
Heiser, Jens (2000): Gründung und Entwicklung genossenschaftlicher Wohnungsunternehmen, in: Volker Eichener/Horst van Emmerich/Dietmar Petzina (Hrsg.), Die unternehmerische Wohnungswirtschaft. Emanzipation einer Branche; der Strukturwandel der deutschen Wohnungswirtschaft seit dem ausgehenden 19. Jahrhundert, Frankfurt am Main, S. 128-134.
Helfferich, Cornelia (2011): Die Qualität qualitativer Daten. Manual für die Durchführung qualitativer Interviews, Wiesbaden.
Hermann, Hans-Jürgen (2005): Die Vorschläge der Expertenkommission Wohnungsgenossenschaften, in: Jürgen Kessler (Hrsg.), Genossenschaften im Umbruch. Die genossenschaftliche Wohnungswirtschaft und die Genossenschaftsreform, Hamburg, S. 93-102.
Herzberg, Anja (2014): Zur Frage der Bewirtschaftung des Immobilienbestandes einer Wohnungsgenossenschaft. Replik auf Cirsovius, in: Zeitschrift für Miet- und Raumrecht 67 (9), S. 701-703.
Hirsch, Joachim (2001): Weshalb Periodisierung?, in: Mario Candeias/Frank Deppe (Hrsg.), Ein neuer Kapitalismus? Akkumulationsregime – Shareholder Society – Neoliberalismus und neue Sozialdemokratie, Hamburg, S. 41-47.
– (2005): Materialistische Staatstheorie. Transformationsprozesse des kapitalistischen Staatensystems, Hamburg.
Hirsch-Borst, Renate/Krätke, Stefan (1981): Verwertung des Wohnungsbaukapitals und Staatseingriffe im Wohnungssektor, in: Prokla 11 (4), S. 47-74.

Hohenstatt, Florian/Rinn, Moritz (2013): Auseinandersetzungen um Wohnverhältnisse in Wilhelmsburg in Zeiten der IBA, in: Arbeitskreis Umstrukturierung Wilhelmsburg (AKU) (Hrsg.), Unternehmen Wilhelmsburg. Stadtentwicklung im Zeichen von IBA und igs, Berlin, S. 83-95.

Holm, Andrej (2006): Der Ausstieg des Staates aus der Wohnungspolitik, in: Uwe Altrock (Hrsg.), Sparsamer Staat – schwache Stadt?, Kassel, S. 103-113.

– (2011a): Institutionelle Anbieter auf deutschen Wohnungsmärkten – neue Strategien der Wohnungsbewirtschaftung, in: Informationen zur Raumentwicklung (5-6), S. 391-402.

– (2011b): Wohnung als Ware. Zur Ökonomie und Politik der Wohnraumversorgung, in: Widersprüche 31 (121), S. 9-20.

– (2014a): Gentrifizierung – mittlerweile ein Mainstreamphänomen?, in: Informationen zur Raumentwicklung (4), S. 277-289.

– (2014b): Wiederkehr der Wohnungsfrage, in: APuZ 64 (20-21), S. 25-29.

Holm, Andrej/Hamann, Ulrike/Kaltenborn, Sandy (Hrsg.) (2016): Die Legende vom Sozialen Wohnungsbau. Berliner Hefte zu Geschichte und Gegenwart der Stadt, Band 2, Berlin.

Holm, Andrej/Horlitz, Sabine/Jensen, Inga (2017): Neue Wohnungsgemeinnützigkeit. Voraussetzungen, Modelle und erwartete Effekte, https://www.rosalux.de/publikation/id/37380/neue-wohnungsgemeinnuetzigkeit/, zuletzt geprüft am 06.11.2019.

Hoppenstedt, Willi (1998): Entmischung im Sozialwohnungsbestand, und was man dagegen tun kann – Steuerungsmöglichkeiten am Beispiel Hamburg aus der Sicht eines Wohnungsunternehmens. Ein Plädoyer für gemischte Mieterstrukturen in den (Sozial-)Wohnungsbeständen als unverzichtbare Basis sozialer Stabilität, in: Deutsches Institut für Urbanistik (Hrsg.), Entmischung im Bestand an Sozialwohnungen. Dokumentation eines Seminars, Berlin, S. 67-75.

Hunger, Bernd (2017): Für und Wider Wohnungsgemeinnützigkeit, in: Barbara Schönig/Sebastian Schipper/Justin Kadi (Hrsg.), Wohnraum für alle?! Perspektiven auf Planung, Politik und Architektur, Bielefeld, S. 153-164.

IFB (Hamburgische Investitions- und Förderbank) (2015): Jahresbericht 2014, Hamburg.

– (2018): Jahresbericht 2017, Hamburg.

– (2019): Baugemeinschaften. Förderrichtlinie für Baugemeinschaften mit genossenschaftlichem Eigentum, Hamburg.

Initiative-Siedlung-Berne (o.J.): Für den Erhalt der Gartenstadt-Siedlungshäuser in Hamburg-Berne, http://siedlung-berne.bplaced.net/, zuletzt geprüft am 06.11.2019.

IvD-Nord (Immobilienverband Deutschland Nord) (2016): 5. Norddeutscher Immobilientag 2016 am 21. September. Wichtigster Treffpunkt der norddeutschen Immobilienszene, https://nord.ivd.net/5-norddeutscher-immobilientag-2016-am-21-september/, zuletzt geprüft am 08.11.2019.

Jenkis, Helmut W. (1985): Die gemeinnützige Wohnungswirtschaft zwischen Markt und Sozialbindung. Aufsätze und Abhandlungen, Berlin.

– (1986): Genossenschaftlicher Förderungsauftrag und Wohnungsgemeinnützigkeit – ein Widerspruch? Eine Prämissenkritik, Hamburg.
– (1996a): Die Wohnung: Ein Wirtschafts- oder Sozialgut?, in: Helmut W. Jenkis (Hrsg.), Kompendium der Wohnungswirtschaft, München, S. 213-251.
– (1996b): Einführung in die Wohnungswirtschaftspolitik, in: Helmut W. Jenkis (Hrsg.), Kompendium der Wohnungswirtschaft, München, S. 65-113.
– (1996c): Kompendium der Wohnungswirtschaft, München.
– (2004): Grundlagen der Wohnungswirtschaftspolitik, München.
Joho, Michael (2013): St. Georg: Soziale Verdrängung als Leitmotiv, in: Gerd Pohl/ Klaus Wicher (Hrsg.), Hamburg, gespaltene Stadt? Soziale Entwicklungen in der Metropole, Hamburg, S. 158-181.
Jörg, Steffen/Schuster, Nina (2014): Von der Melkmaschine St. Pauli zu Utopia? St. Pauli selber machen!, in: sub\urban. zeitschrift für kritische stadtforschung 2 (1), S. 151-166.
Kähler, Gert (2016): Geheimprojekt HafenCity oder Wie erfindet man einen neuen Stadtteil?, München, Hamburg.
Kaltenborn, Wilhelm (2008): Genossenschaften zwischen Sozialisierung und Gemeinwirtschaft. Die arbeits- und produktivgenossenschaftliche Bewegung in Deutschland nach 1918, ihre Rahmenbedingungen und ihre gewerkschaftlichen Weiterführungen im Baugewerbe bis 1933, Berlin.
– (2015): Verdrängte Vergangenheit. Die historischen Wurzeln des Anschlusszwangs der Genossenschaften an Prüfungsverbände, Norderstedt.
Kannankulam, John (2018): Materialistische Staatstheorie, in: Rüdiger Voigt (Hrsg.), Handbuch Staat, Wiesbaden, S. 199-209.
Karthaus, Frank (1984): Neue Genossenschaften. Zum Stand der Diskussion, in: Arch+ (74), S. 38-39.
– (2003): Wie Hamburg fördert, in: Freihaus (10), S. 10-11.
Karthaus, Frank/Bimberg, Ulrich/Mersmann, Arno/Motz, Johannes/Novy, Klaus/ Uhlig, Günther (1985): Baugenossenschaften – die schwierige Selbstorganisation des Häuserbaus, in: Klaus Novy/Bodo Hombach/Frank Karthaus et al. (Hrsg.), Anders leben. Geschichte und Zukunft der Genossenschaftskultur Beispiele aus Nordrhein-Westfalen, Berlin, S. 61-102.
Keicher, Rolf (2013): Der Mietenspiegel ein Preistreiber?, in: Rolf Keicher/Stefan Gillich (Hrsg.), Wenn Würde zur Ware verkommt. Soziale Ungleichheit, Teilhabe und Verwirklichung eines Rechts auf Wohnraum, Wiesbaden, S. 95-98.
Kellner, Rolf/Wiese, Michael (2015): Beteiligung im Pilotprojektgebiet Rothenburgsort. Versuch einer Zwischenbilanz, Positionspapier. Hamburg.
Keßler, Jürgen (Hrsg.) (2004): Wohnungsgenossenschaften richtig finanzieren. Neue Wege und vertraute Pfade in der genossenschaftlichen Finanzverfassung, Hamburg.
– (2007a): Das neue Genossenschaftsrecht im Wettbewerb der Unternehmensformen, in: Jürgen Keßler (Hrsg.), Zukunft der Genossenschaften. Die Genossenschaftsnovelle und die Praxis, Hamburg, S. 9-27.

– (2007b): Die rechtliche Stellung des Mitglieds in der Genossenschaft nach der Genossenschaftsreform – einige Bemerkungen zur Co-operative Governance, in: Jürgen Keßler (Hrsg.), Zukunft der Genossenschaften. Die Genossenschaftsnovelle und die Praxis, Hamburg, S. 29-52.

– (2014a): Bestandsveräußerungen und Rückbaumaßnahmen bei Wohnungsgenossenschaften, in: VNW Magazin (3), S. 12-14.

– (2014b): Selbsthilfe, Selbstverwaltung und Verbandsdemokratie – zur Co-operative Gouvernance genossenschaftlich verfasster Unternehmen, in: Carolin Schröder/Heike Walk (Hrsg.), Genossenschaften und Klimaschutz. Akteure für zukunftsfähige, solidarische Städte, Wiesbaden, S. 93-105.

Klose, Holger (2007): Die Entwicklung des Genossenschaftsrechts von 1867 bis heute, in: Thomas Brockmeier/Ulrich Fehl (Hrsg.), Volkswirtschaftliche Theorie der Kooperation in Genossenschaften, Göttingen, S. 119-147.

Klöti, Tanja (2016): Zum Verhältnis von partizipativer Stadtentwicklung, neoliberaler Stadtpolitik und stadtteilbezogener Sozialer Arbeit, in: Patrick Oehler (Hrsg.), Soziale Arbeit in der unternehmerischen Stadt. Kontexte, Programmatiken, Ausblicke, Wiesbaden, S. 53-73.

Koller, Andreas (2014): Doxa, in: Gerhard Fröhlich/Boike Rehbein (Hrsg.), Bourdieu-Handbuch. Leben – Werk – Wirkung, Stuttgart, S. 79-80.

König, Barbara (2004): Stadtgemeinschaften. Das Potenzial der Wohnungsgenossenschaften für die soziale Stadtentwicklung, Berlin.

Kossak, Egbert (1999): Die Planung der HafenCity vor dem Hintergrund internationaler Referenzobjekte, in: Gesellschaft für Hafen- und Standortentwicklung (Hrsg.), Erstes immobilienwirtschaftliches Expertensymposium HafenCity. Am 09.11.1998, Hamburg, S. 29-32.

Kowalski, Holger/Wegner, Bärbel (2014): Alles eine Frage der Haltung. Kommunikation einer Wohnungsgenossenschaft, Freiburg.

Kramper, Peter (2008): Neue Heimat. Unternehmenspolitik und Unternehmensentwicklung im gewerkschaftlichen Wohnungs- und Städtebau 1950–1982, Stuttgart.

Krätke, Stefan (1985): Gemeinwirtschaftliche Reformperspektiven im Wohnungsbau. Zur aktuellen Diskussion um die Zukunft gemeinnütziger Trägerformen, in: Prokla (61), S. 95-125.

– (1988a): Gemeinwirtschaft ohne Zukunft? Erfahrungen und Perspektiven „Sozialer Baubetriebe", Hamburg.

– (1988b): Politische Ökonomie des Wohnungsbaus und der Stadtentwicklung, in: Walter Prigge/Wilfried Kaib (Hrsg.), Sozialer Wohnungsbau im internationalen Vergleich, Frankfurt am Main, S. 25-37.

Krätke, Stefan/Schmoll, Fritz (1987): Der lokale Staat – „Ausführungsorgan" oder „Gegenmacht", in: Prokla 17 (3), S. 30-72.

Kreibaum, Jutta/Mutschler, Roland (1989): Merkmale und Strukturprobleme des sozialen Mietwohnungsbaus, in: Ambulante Hilfe Hamburg/AK Wohnraumversorgung (Hrsg.), Leitlinien und Perspektiven für die Wohnungspolitik der 90er Jahre in Hamburg, Hamburg, S. 27-46.

Krings-Heckemeier, Marie-Therese/Pfeiffer, Ulrich/Hunger, Bernd/Wallraf, Wolfram (1998): Überforderte Nachbarschaften. Zwei sozialwissenschaftliche Studien über Wohnquartiere in den alten und neuen Bundesländern. Im Auftrag des GdW, Köln.

Kruse, Jan (2015): Qualitative Interviewforschung. Ein integrativer Ansatz, Weinheim, Basel.

Kuhn, Armin (2014): Vom Häuserkampf zur neoliberalen Stadt. Besetzungsbewegungen in Berlin und Barcelona, Münster.

Kühne-Büning, Lidwina (2005a): Die Wohnung und ihre Märkte, in: Lidwina Kühne-Büning/Volker Nordalm/Lieselotte Steveling (Hrsg.), Die Grundlagen der Wohnungs- und Immobilienwirtschaft. Vormals „Lehrbuch der Wohnungswirtschaft", Hamburg, S. 3-230.

– (2005b): Wohnungspolitik, in: Lidwina Kühne-Büning/Volker Nordalm/Lieselotte Steveling (Hrsg.), Die Grundlagen der Wohnungs- und Immobilienwirtschaft. Vormals „Lehrbuch der Wohnungswirtschaft", Hamburg, S. 234-316.

Kühne-Büning, Lidwina/Nordalm, Volker/Steveling, Lieselotte (Hrsg.) (2005): Die Grundlagen der Wohnungs- und Immobilienwirtschaft. Vormals „Lehrbuch der Wohnungswirtschaft", Hamburg.

Kühne-Büning, Lidwina/Plumpe, Werner/Hesse, Jan-Otmar (1999): Zwischen Angebot und Nachfrage, zwischen Regulierung und Konjunktur. Die Entwicklung der Wohnungsmärkte in der Bundesrepublik 1949–1989/1990–1998, in: Ingeborg Flagge (Hrsg.), Geschichte des Wohnens. Von 1945 bis heute: Aufbau – Neubau – Umbau, Stuttgart, S. 153-232.

Kuhnert, Jan/Leps, Olof (2017): Neue Wohnungsgemeinnützigkeit. Wege zu langfristig preiswertem und zukunftsgerechtem Wohnraum, Wiesbaden.

Kujath, Hans J. (1988): Die Träger der sozialen Wohnungsversorgung, in: Walter Prigge/Wilfried Kaib (Hrsg.), Sozialer Wohnungsbau im internationalen Vergleich, Frankfurt am Main, S. 123-141.

Kunz, Andreas (2003): Die Akte Neue Heimat. Krise und Abwicklung des größten Wohnungsbaukonzerns Europas 1982–1998, Frankfurt am Main.

Kunze, Ronald (1992): Konzepte der Mieterbeteiligung in der Weimarer Republik, in: Dirk Schubert (Hrsg.), Sozial Wohnen. Kommunale Wohnungspolitik zwischen Eigentümer- und Mieterinteressen, Darmstadt, S. 38-57.

Kuschinski, Eva (2019): Profitable Wohnungspolitik und die Reproduktionskrise der „Anderen" – das Hamburger Bündnis für das Wohnen, in: Femina Politica 28 (1), S. 125-128.

Lagemann, Andree (2000): Sehr geehrter Herr Wagner! Offener Brief von Mieter helfen Mietern an Hamburgs Bausenator, in: Mieter helfen Mietern die Zeitung (3), S. 12.

Landauer, Gustav (2018): Ein Weg zur Befreiung der Arbeiter-Klasse, Lich.

LBS Bausparkasse (2012): LBS-Immobilienmarktatlas 2012. Hamburg und Umland, Hamburg.

– (2018): LBS-Immobilienmarktatlas 2018. Hamburg und Umland, Hamburg.

Lebuhn, Henrik/Holm, Andrej/Junker, Stephan/Neitzel, Kevin (2017): Wohnverhältnisse in Deutschland – eine Analyse der sozialen Lage in 77 Großstädten. Bericht aus dem Forschungsprojekt „Sozialer Wohnversorgungsbedarf", Berlin.

Lehmpfuhl, Wilfried (1992): Die Mieter der Hohnerkamp-Siedlung zwischen Immobilien-Spekulanten, baulichem Verfall, Modernisierungsabsichten und sicherem Wohnen, in: Dirk Schubert (Hrsg.), Sozial Wohnen. Kommunale Wohnungspolitik zwischen Eigentümer- und Mieterinteressen, Darmstadt, S. 272-287.

Lehrerbau (2001): 75 Jahre Hamburger Lehrer-Baugenossenschaft eG. Von einer Selbsthilfe-Einrichtung zu einem modernen Wohnungsunternehmen, Hamburg.

– (2018a): „Die Zufriedenheit der Mieter ist mir wichtig", in: bei uns (4), S. 3.

– (2018b): Geschäftsbericht 2017, Hamburg.

Lipietz, Alain (1985): Akkumulation, Krisen und Auswege aus der Krise: Einige methodische Überlegungen zum Begriff „Regulation", in: Prokla 15 (1), S. 109-137.

Lohalm, Uwe (Hrsg.) (1996): Arbeiterpartei und Großstadtpolitik. Zum Wandel der SPD in Hamburg im 20. Jahrhundert, Hamburg.

Ludwig, Gundula/Sauer, Birgit/Wöhl, Stefanie (Hrsg.) (2009): Staat und Geschlecht: Grundlagen und aktuelle Herausforderungen. Eine Einleitung, in: Gundula Ludwig/Birgit Sauer/Stefanie Wöhl (Hrsg.), Staat und Geschlecht. Grundlagen und aktuelle Herausforderungen feministischer Staatstheorie, Baden-Baden, S. 11-27.

Madden, David J./Marcuse, Peter (2016): In defense of housing. The politics of crisis, London, New York.

Maier, Willfried (1998): Politik der Stadterneuerung als soziale Aufgabe, in: Fritz-Schumacher-Gesellschaft (Hrsg.), Stadterhaltung-Stadtumbau-Stadterneuerung. Strategien zur Steuerung des städtischen Wandels: Dokumentation der Beiträge und Ergebnisse des Fritz-Schumacher-Kolloquiums in Hamburg, Hamburg, S. 12-15.

– (1999): HafenCity: Planung und Entwicklungskonzeption, in: GHS Gesellschaft für Hafen- und Standortentwicklung (Hrsg.), Erstes immobilienwirtschaftliches Expertensymposium HafenCity. Am 09.11.1998, Hamburg, S. 25-28.

– (2001a): „Profil neu erfinden, zur Mitte hin". in: taz vom 25.10.2001.

– (2001b): Vielfältige Wohnformen für ein lebenswertes Hamburg, in: Stadtentwicklungsbehörde (Hrsg.), standort wohnen. Hamburger Wohnungsbau von 1990 bis 2000, Hamburg, S. 4-5.

Mändle, Eduard (2005): Grundriss der Wohnungsgenossenschaften, Hamburg.

Mändle, Eduard/Mändle, Markus (2017): Grundriss der Wohnungsgenossenschaften, in: Markus Mändle (Hrsg.), Handbuch Immobilienwirtschaft, Freiburg, S. 597-672.

Mändle, Markus (Hrsg.) (2017): Handbuch Immobilienwirtschaft, Freiburg.

MWD (Marketinginitiative der Wohnungsbaugenossenschaften Deutschland) (2018): Einzigartig, modern und serviceorientiert, https://www.wohnungsbaugenossenschaften.de/, zuletzt geprüft am 06.11.2019.

Marx, Karl (2008): Das Kapital. Erster Band [1890], in: MEW 23, Berlin.

– (2012): Das Kapital. Dritter Band [1894], in: MEW 25, Berlin.
Mattern, Philipp (Hrsg.) (2018): Mieterkämpfe. Vom Kaiserreich bis heute – das Beispiel Berlin, Berlin.
Matznetter, Walter/Mundt, Alexis (2012): Housing and Welfare Regimes, in: David Clapham/William A. V. Clark/Kenneth Gibb (Hrsg.), The SAGE handbook of housing studies, Thousand Oaks, Calif., S. 274-294.
Mayer, Margit (2008): Städtische soziale Bewegungen, in: Roland Roth/Dieter Rucht (Hrsg.), Die Sozialen Bewegungen in Deutschland seit 1945. Ein Handbuch, Frankfurt am Main, S. 293-318.
Menzel, Marcus (2012): Hamburg – Reurbanisierungsprozesse in einer wachsenden Stadt, in: Klaus Brake/Günter Herfert (Hrsg.), Reurbanisierung. Materialität und Diskurs in Deutschland, Wiesbaden, S. 304-322.
Menzel, Marcus/González, Toralf/Breckner, Ingrid/Vogelsang, Sybille (2011): Wohnen in der HafenCity. Zuzug, Alltag, Nachbarschaft, Hamburg.
Mersmann, Arno (1985): Wirtschaftliche Selbsthilfe und Selbstverwaltung als politische Bewegung, in: Klaus Novy/Bodo Hombach/Frank Karthaus et al. (Hrsg.), Anders leben. Geschichte und Zukunft der Genossenschaftskultur Beispiele aus Nordrhein-Westfalen, Berlin, S. 17-38.
Metzger, Joscha (2015): Genossenschaften als Alternative zur Gentrifizierung?, in: RaumPlanung (179/3), S. 28-33.
– (2016): Gemeinschaftliches Wohnen: Ansatz zur Lösung der Wohnungsfrage?, in: Nachrichten der ARL 46 (1), S. 18-22.
– (2017a): Partizipation in der unternehmerischen Stadt? Quartiersentwicklung im Hamburger Osten aus der Perspektive der Bewohner_innen, in: Patrick Oehler/Nadine Käser/Matthias Drilling et al. (Hrsg.), Emanzipation, Soziale Arbeit und Stadtentwicklung. Eine programmatische und methodische Herausforderung, Leverkusen, S. 277-295.
– (2017b): Soziale Wohnungswirtschaft zwischen Gebrauchs- und Tauschwert. Ein Beitrag zur Debatte um die Neue Wohnungsgemeinnützigkeit, in: Marcus Hawel (Hrsg.), Work in Progress. Work on Progress. Beiträge kritischer Wissenschaft: Doktorand_innen Jahrbuch 2017 der Rosa-Luxemburg-Stiftung, Hamburg, S. 232-244.
– (2020): Wohnungspolitik in Hamburg, in: Dieter Rink/Björn Egner (Hrsg.), Lokale Wohnungspolitik. Beispiele aus deutschen Städten, Baden Baden, S. 65-77.
– (i.E.): Genossenschaftliches Wohnen, in: Frank Eckardt/Sabine Meier (Hrsg.), Handbuch Wohnsoziologie, Wiesbaden.
Metzger, Joscha/Schipper, Sebastian (2017): Postneoliberale Strategien für bezahlbaren Wohnraum? Aktuelle wohnungspolitische Ansätze in Frankfurt am Main und Hamburg, in: Barbara Schönig/Sebastian Schipper/Justin Kadi (Hrsg.), Wohnraum für alle?! Perspektiven auf Planung, Politik und Architektur, Bielefeld, S. 181-212.
Metzger, Joscha/Strüver, Anke (2018): Raumordnung I: Stadt als lokaler Staat, in: Rüdiger Voigt (Hrsg.), Handbuch Staat, Wiesbaden, S. 1141-1150.

Meuser, Michael (2018): Rekonstruktive Sozialforschung, in: Ralf Bohnsack/Alexander Geimer/Michael Meuser (Hrsg.), Hauptbegriffe Qualitativer Sozialforschung, Opladen, S. 206-209.

Meyer, Marc (2016): Nur ein Mietpreisbremschen, in: Mietraum^2 (2), S. 3-4.

Mieter helfen Mietern/Diakonie Hamburg/Caritas Hamburg/Stattbau Hamburg (2016): Für eine neue soziale Wohnungspolitik in Hamburg, Positionspapier, Hamburg.

Mieterverein zu Hamburg (o.J.): Statistiken zum Wohnen in Hamburg, https://www.mieterverein-hamburg.de/statistiken-wohnen-hamburg.html, zuletzt geprüft am 06.11.2019.

– (2015a): 125 Jahre Mieterverein zu Hamburg von 1890 r.V., Hamburg.

– (2015b): Langjährige Auseinandersetzung um „Elisa" endet mit dem ersten Spatenstich für den Neubau von 102 Sozialwohnungen, https://www.mieterverein-hamburg.de/de/aktuelles/pressemitteilungen/pressemitteilung/langjaehrige-auseinandersetzung-um-elisa-endet-mit-dem-ersten-spatenstich-fuer-den-neubau-von-102-sozialwohnungen/index.html, zuletzt geprüft am 08.11.2019.

– (2017): Hamburger Mietenspiegel 2017: Trotz Mietpreisbremse starker Mietenanstieg um 5,2 Prozent!, https://www.mieterverein-hamburg.de/de/aktuelles/pressemitteilungen/pressemitteilung/hamburger-mietenspiegel-2017-trotz-mietpreisbremse-starker-mietenanstieg-um-52-prozent/index.html, zuletzt geprüft am 08.11.2019.

Milstein, Cindy (2013): Der Anarchismus und seine Ideale, Münster.

Mirow, Thomas (1997): Grußwort, in: Volker Roscher (Hrsg.), Wohnen in der Stadt – Wohnen in Hamburg. Leitbild, Stand, Tendenzen; Katalog zur gleichnamigen Ausstellung des Bundes Deutscher Architekten BDA der Hansestadt Hamburg e.V. von August bis September 1997, Hamburg, S. 6.

– (1999): Hamburgs wirtschaftliche Zukunft als nordeuropäische Metropole, in: Gesellschaft für Hafen- und Standortentwicklung (Hrsg.), Erstes immobilienwirtschaftliches Expertensymposium HafenCity. Am 09.11.1998, Hamburg, S. 8-14.

Moebius, Stephan/Nungesser, Frithjof (2018): Symbolische Gewalt, in: Bürger & Staat 68 (3), S. 120-127.

Müller, Hans-Peter (2014): Pierre Bourdieu. Eine systematische Einführung, Berlin.

Müller, Traute (1994): Jetzt ist Ensemblegeist gefordert. Wir brauchen ein neues Bündnis gegen Armut, in: standpunkt sozial (1), S. 6-8.

Münkner, Hans-Hermann (1992): Prinzipien, genossenschaftliche, in: Eduard Mändle/Walter Swoboda (Hrsg.), Genossenschaftslexikon, Wiesbaden, S. 509-511.

– (2014): Organisiert euch in Genossenschaften! Anders wirtschaften für eine bessere Welt, Münster.

Nevermann, Paul (1977): Metaller – Bürgermeister – Mieterpräsident, Köln.

Niethammer, Lutz (1988): Rückblick auf den sozialen Wohnungsbau, in: Walter Prigge/Wilfried Kaib (Hrsg.), Sozialer Wohnungsbau im internationalen Vergleich, Frankfurt am Main, S. 288-308.

Nitsche, Rainer (Hrsg.) (1982): Häuserkämpfe 1872/1920/1945/1982, Berlin.

Notz, Gisela (2012): Theorien alternativen Wirtschaftens. Fenster in eine andere Welt, Stuttgart.
– (2014): Die sozialistische Genossenschaftsbewegung als dritte Säule der Arbeiterbewegung. Geschichte und Perspektiven, in: Axel Weipert (Hrsg.), Demokratisierung von Wirtschaft und Staat. Studien zum Verhältnis von Ökonomie, Staat und Demokratie vom 19. Jahrhundert bis heute, Berlin, S. 100-118.
Novy, Klaus (1983): Genossenschafts-Bewegung. Zur Geschichte und Zukunft der Wohnreform, Berlin.
– (1985): Vorwärts immer – rückwärts nimmer. (Alter Genossenschaftsspruch) – das gilt auch für die heutige Genossenschaftsdebatte. Historische Anmerkungen zu einem aktuellen Problem, in: Marlo Riege/Heinz Bierbaum (Hrsg.), Die Neue Genossenschaftsbewegung. Initiativen in der BRD und in Westeuropa, Hamburg, S. 124-141.
Novy, Klaus/Hombach, Bodo/Karthaus, Frank et al. (Hrsg.) (1985): Anders leben. Geschichte und Zukunft der Genossenschaftskultur Beispiele aus Nordrhein-Westfalen, Berlin.
Novy, Klaus/Prinz, Michael (1985): Illustrierte Geschichte der Gemeinwirtschaft. Wirtschaftliche Selbsthilfe in der Arbeiterbewegung von den Anfängen bis 1945, Berlin.
Ortlieb, Heinz-Dietrich (1952): Gemeinwirtschaft als Aufgabe, in: Akademie für Gemeinwirtschaft (Hrsg.), Die Akademie für Gemeinwirtschaft. Ihre Aufgaben und Arbeitsweise, Hamburg, S. 9-28.
Osório, Manuel (1992): Behutsame und ökologische Sanierung, Mieterselbstverwaltung und intermediäre Organisation. Das Erhaltungskonzept für die Falkenried-Terassen in Hamburg, in: Dirk Schubert (Hrsg.), Sozial Wohnen. Kommunale Wohnungspolitik zwischen Eigentümer- und Mieterinteressen, Darmstadt, S. 261-269.
Oßenbrügge, Jürgen (2011): Der Wirtschaftsraum Hamburgs im Globalisierungsprozess. Gegenwärtiger Strukturwandel und Globalisierungspolitik, in: Christof Parnreiter (Hrsg.), Stadt und Globalisierung, Hamburg, S. 27-44.
– (2014): Zur Theoriediskussion in der Geographie und geographischer Stadtforschung, in: Jürgen Oßenbrügge/Anne Vogelpohl (Hrsg.), Theorien in der Raum- und Stadtforschung. Einführungen, Münster, S. 24-33.
Pelikahn, Horst-Michael (1998): Leitbild soziale Wohnungswirtschaft, Positionspapier, Hamburg.
Pestel-Institut (2012): Bedarf an Sozialwohnungen in Deutschland, https://www.igbau.de/Binaries/Binary16371/Pestel_Bedarf_an_Sozialwohnungen_August_2012.pdf, zuletzt geprüft am 20.05.2016.
Peter, Armin (2011): Hamburg – Stadt der Gemeinwirtschaft, in: Heinrich-Kaufmann-Stiftung (Hrsg.), „Miteinander geht es besser“. Beiträge zur 1. Tagung zur Genossenschaftsgeschichte im November 2006, Norderstedt, S. 58-65.
Peters, Karl-Heinz (2016): Von der Gemeinnützigkeit zum Profit. Privatisierungsopfer Gehag – Herausforderung für alternative Wohnungspolitik, Hamburg.
Pickert, Wolfgang/Schroeders, Peter (1989): Zur Lage der Wohnungsversorgung in Hamburg, in: Ambulante Hilfe Hamburg/AK Wohnraumversorgung (Hrsg.),

Leitlinien und Perspektiven für die Wohnungspolitik der 90er Jahre in Hamburg, Hamburg, S. 6-14.
Praum, Carsten (2015): Genossenschaftlich organisierte Baugemeinschaften, in: RaumPlanung (179/3), S. 15-19.
– (2016): Der Mythos der Bezahlbarkeit. Zur wohnungspolitischen Relevanz von Faustregeln, in: dérive (65), S. 37-41.
Preißler, Egon K.-H. (1985): Probleme der gemeinnützigen Wohnungswirtschaft, in: Johann Eekhoff/Theodor Paul/Egon K.-H. Preißler et al. (Hrsg.), Rückzug des Staates aus der Wohnungspolitik?, Münster, S. 27-46.
Prigge, Walter/Kaib, Wilfried (Hrsg.) (1988): Sozialer Wohnungsbau im internationalen Vergleich, Frankfurt am Main.
Probst, Stefan (2018): Die Privatisierung öffentlicher Wohnungsunternehmen und die Folgen, in:VNW Magazin (3), S. 56-59.
Przyborski, Aglaja/Wohlrab-Sahr, Monika (2014): Qualitative Sozialforschung. Ein Arbeitsbuch, München.
Ptak, Ralf (2007): Grundlagen des Neoliberalismus, in: Christoph Butterwegge/Bettina Lösch/Ralf Ptak (Hrsg.), Kritik des Neoliberalismus, Wiesbaden, S. 13-86.
Rehbein, Boike/Saalmann, Gernot (2014): Kapital, in: Gerhard Fröhlich/Boike Rehbein (Hrsg.), Bourdieu-Handbuch. Leben – Werk – Wirkung, Stuttgart, S. 134-140.
Reichel, Richard (2011): Sicherheit und Freiheit im Rahmen marktwirtschaftlichen Wettbewerbs, in: Michaela Allgeier (Hrsg.), Solidarität, Flexibilität, Selbsthilfe. Zur Modernität der Genossenschaftsidee, Wiesbaden, S. 75-86.
Rettet-Elisa (o.J.): Initiative zur Erhaltung der Wohnanlage „Elisa“, http://www.rettet-elisa.de/, zuletzt geprüft am 06.11.2019.
Riebandt-Korfmacher, Alice (1980): Wohnungsbaugenossenschaften, in: Eduard Mändle (Hrsg.), Handwörterbuch des Genossenschaftswesens, Wiesbaden, S. 1802-1820.
Rieger, Wilhelm/Spörhase, Rolf (1953): 25 Jahre Gemeinnütziges Wohnungsunternehmen Neues Hamburg GmbH, Hamburg.
Ringle, Günther (2010): Der genossenschaftliche Förderauftrag. Deutungsversuche – praktische Umsetzung – Fördererfolgsausweis, in: Günther Ringle/Nicole Göler von Ravensburg, (Hrsg.), Der genossenschaftliche Förderauftrag, Wismar, S. 6-29.
– (2011): Genossenschaftliche Prinzipien im Spannungsfeld zwischen Tradition und Modernität, in: Heinrich-Kaufmann-Stiftung (Hrsg.), „Miteinander geht es besser“. Beiträge zur 1. Tagung zur Genossenschaftsgeschichte im November 2006, Norderstedt, S. 14-26.
Ringle, Günther/Göler von Ravensburg, Nicole (Hrsg.) (2010): Der genossenschaftliche Förderauftrag, Wismar.
Rinn, Moritz (2016): Konflikte um die Stadt für alle. Das Machtfeld der Stadtentwicklungspolitik in Hamburg, Münster.
– (2018): Ein Urbanismus der Ungleichheit. „Neue soziale Stadtpolitik“ in Hamburg als Strategie der Verbürgerlichung, in: sub\urban. zeitschrift für kritische stadtforschung 6 (1), S. 9-28.

Rodríguez-Lores, Juan/Fehl, Gerhard (Hrsg.) (1988): Die Kleinwohnungsfrage. Zu den Ursprüngen des sozialen Wohnungsbaus in Europa, Hamburg.

Ronneberger, Klaus (2013): Fordistisches Wohnen: Ideologie und Materialität, in: links-netz, http://old.links-netz.de/pdf/T_ronneberger_wohnen.pdf, zuletzt geprüft am 08.11.2019.

Roscher, Volker (1997): Wohnen in der Stadt – Wohnungsbau in Hamburg. Leitbild, Stand, Tendenzen – Ergebnisse einer Befragung anstatt einer Einleitung, in: Volker Roscher (Hrsg.), Wohnen in der Stadt – Wohnen in Hamburg. Leitbild, Stand, Tendenzen; Katalog zur gleichnamigen Ausstellung des Bundes Deutscher Architekten BDA der Hansestadt Hamburg e.V von August bis September 1997, Hamburg, S. 10-18.

Rost, Stefan (2012a): Das Mietshäusersysndikat, in: Silke Helfrich/Heinrich-Böll-Stiftung (Hrsg.), Commons. Für eine neue Politik jenseits von Markt und Staat, Bielefeld, S. 285-287.

– (2012b): Die beste Genossenschaft ist gar keine. Klaus-Novy-Preis 2012 für das Mietshäusersyndikat, in: Freihaus (18), S. 7-9.

Roth, Roland/Rucht, Dieter (Hrsg.) (2008): Die Sozialen Bewegungen in Deutschland seit 1945. Ein Handbuch, Frankfurt am Main.

Rottke, Nico B. (2012): Besonderheiten von Immobilien und deren Märkten, in: Nico B. Rottke/Michael Voigtländer (Hrsg.), Immobilienwirtschaftslehre. Band II – Ökonomie, Köln, S. 83-100.

Rottke, Nico B./Eibel, Julian/Krautz, Sebastian (2017): Wohnungswirtschaftliche Grundlagen der Immobilienwirtschaftslehre, in: Daniel Arnold/Nico Rottke/Ralph Winter (Hrsg.), Wohnimmobilien. Lebenszyklus, Strategie, Transaktion, Wiesbaden, S. 3-39.

Ruck, Michael (1988): Die öffentliche Wohnungsbaufinanzierung in der Weimarer Republik, in: Axel Schildt/Arnold Sywottek (Hrsg.), Massenwohnung und Eigenheim. Wohnungsbau und Wohnen in der Großstadt seit dem Ersten Weltkrieg, Frankfurt am Main, S. 150-200.

Sachs, Wolfgang (2010): „Wir müssen vernetzt denken". Wohnungsbaukoordinator Sachs im Interview, in: Hamburg. Deine Perlen. Integrierte Stadtentwicklung (2), Hamburg, S. 3.

SAGA (1972): 50 Jahre SAGA, Hamburg.

– (2018): Konzern-Geschäftsbericht 2017, Hamburg.

SAGA-GWG (2011): Konzern-Geschäftsbericht 2010. Die ganze Welt in einem Quartier, Hamburg.

– (2012): Verantwortung für Hamburg. 90 Jahre SAGA GWG, Hamburg.

Saldern, Adelheid v. (1997): Häuserleben. Zur Geschichte städtischen Arbeiterwohnens vom Kaiserreich bis heute, Bonn.

Sauer, Birgit (2018): Feminismus und Staat, in: Rüdiger Voigt (Hrsg.), Handbuch Staat, Wiesbaden, S. 177-187.

Schanetzky, Tim (2004): Effizienz oder Identität? Genossenschaften als hybride Organisationen. Das Beispiel der Hattinger Wohnstätten von 1949–1980, in: Jan-Otmar Hesse/Tim Schanetzky/Jens Scholten (Hrsg.), Das Unternehmen als gesellschaftliches Reformprojekt. Strukturen und Entwicklungen von Unternehmen der „moralischen Ökonomie" nach 1945, Essen, S. 101-125.

Schardt, Jürgen (2012): Thesen zum Vergleichsmietensystem, in: Hannah Hecker/Tino Petzold/Lukas Pohl et al. (Hrsg.), Wem gehört Frankfurt? AK Kritische Geographie Frankfurt; Dokumentation des aktionistischen Kongresses vom März 2012, Frankfurt am Main, S. 154-156.

Schepers, Albert (1985): Genossenschaften im „Dritten Reich", in: Klaus Novy/Bodo Hombach/Frank Karthaus et al. (Hrsg.), Anders leben. Geschichte und Zukunft der Genossenschaftskultur Beispiele aus Nordrhein-Westfalen, Berlin, S. 103-112.

Schildt, Axel (1996): Sozialdemokratische Politik in „Modernen Zeiten": die 60er Jahre, in: Uwe Lohalm (Hrsg.), Arbeiterpartei und Großstadtpolitik. Zum Wandel der SPD in Hamburg im 20. Jahrhundert, Hamburg, S. 75-86.

Schildt, Axel/Sywottek, Arnold (Hrsg.) (1988): Massenwohnung und Eigenheim. Wohnungsbau und Wohnen in der Großstadt seit dem Ersten Weltkrieg, Frankfurt am Main.

Schipper, Sebastian (2013): Genealogie und Gegenwart der „unternehmerischen" Stadt. Neoliberales Regieren in Frankfurt am Main 1960–2010, Münster.

– (2018): Wohnraum dem Markt entziehen? Wohnungspolitik und städtische soziale Bewegungen in Frankfurt und Tel Aviv, Wiesbaden.

Schmalriede, Karin/Mirbach, Thomas (1999): Selbsthilfe kommt nicht von selbst. Aus der Arbeit einer intermediären Organisation, in: Thomas Mirbach (Hrsg.), Entwürfe für eine soziale Stadt, Amsterdam, S. 279-287.

Schmidt, Erich (2007): Nachbarschaft in der Stadt. Soziale Architektur und Stadtentwicklung; die „Hallenhäuser" in Hamburg-Hamm-Süd, Hamburg.

Schmidt, Erich/Wigger, Iris (1997): Wohn(t)räume. 75 Jahre Gemeinnützige Baugenossenschaft Hamburg-Nordost, Hamburg.

Schmidt, Robert (2014): Symbolische Gewalt, in: Gerhard Fröhlich/Boike Rehbein (Hrsg.), Bourdieu-Handbuch. Leben – Werk – Wirkung, Stuttgart, S. 231-235.

Schmidt-Eichberg, Edmund/Schüler, Theodor (1969): Der Aufbauplan 1960, in: Architekten- und Ingenieur-Verein (Hrsg.), Hamburg und seine Bauten 1954–1968, Hamburg, S. 28-33.

Schmoller, Gustav v. (1983): Ein Mahnruf in der Wohnungsfrage, in: Hartmut Frank/Dirk Schubert (Hrsg.), Lesebuch zur Wohnungsfrage, Köln, S. 159-174.

Scholz, Olaf (2013): Rede anlässlich der „20. Handelsblatt Jahrestagung Immobilienwirtschaft", Hamburg, https://www.hamburg.de/wohnungsbau-hamburg/nofl/4008412/2013-06-10-jahrestagung-handelsblatt/, zuletzt geprüft am 06.11.2019.

Schönig, Barbara (2013): Die neue Wohnungsfrage, in: Blätter für deutsche und internationale Politik (2), S. 17-20.

– (2018): Ausnahmesegment. Form und Funktion sozialen Wohnungsbaus im transformierten Wohlfahrtsstaat, in: Prokla 48 (2), S. 227-245.

Schönig, Barbara/Schipper, Sebastian/Kadi, Justin (Hrsg.) (2017a): Wohnraum für alle?! Perspektiven auf Planung, Politik und Architektur, Bielefeld.

Schönig, Barbara/Rink, Dieter/Gardemin, Daniel/Holm, Andrej (2017b): Paradigmenwechsel in der kommunalen Wohnungspolitik? Variationen kommunalisierter Wohnungspolitik im transformierten Wohlfahrtsstaat, in: Marlon Barbehön/Sybille Münch (Hrsg.), Variationen des Städtischen – Variationen lokaler Politik, Wiesbaden, S. 25-62.

Schubert, Dirk (1992): Kommunale Wohnungspolitik – „Lückenbüßer" oder „Reformchance"?, in: Dirk Schubert (Hrsg.), Sozial Wohnen. Kommunale Wohnungspolitik zwischen Eigentümer- und Mieterinteressen, Darmstadt, S. 20-35.

– (1994): „Soziale Brennpunkte" und „vernachlässigte Gebiete". Mit einer „Sozialen Großstadt-Strategie" zur neuen Planungskultur?, in: standpunkt sozial (1), S. 37-42.

– (1996): Neues von der Wasserkante. Chancen und Probleme nachhaltiger Stadt(teil) entwicklung und Stadterneuerung am nördlichen Elbufer, in: Arbeitskreis Stadterneuerung an deutschsprachigen Hochschulen (Hrsg.), Jahrbuch Stadterneuerung 1996, Berlin, S. 133-155.

– (1997a): Leitbilder oder Leidbilder? Sozialer Wohnungsbau und Großwohnsiedlungen in Hamburg, in: Volker Roscher (Hrsg.), Wohnen in der Stadt – Wohnen in Hamburg. Leitbild, Stand, Tendenzen; Katalog zur gleichnamigen Ausstellung des Bundes Deutscher Architekten BDA der Hansestadt Hamburg e.V. von August bis September 1997, Hamburg, S. 30-44.

– (1997b): Stadterneuerung in London und Hamburg. Eine Stadtbaugeschichte zwischen Modernisierung und Disziplinierung, Braunschweig.

– (2009): Seehafenstädte als Vorreiter der Globalisierung – Pfadabhängigkeiten der Hafen- und Stadtentwicklung in Hamburg und London, in: Ralf Roth (Hrsg.), Städte im europäischen Raum. Verkehr, Kommunikation und Urbanität im 19. und 20. Jahrhundert, Stuttgart, S. 107-138.

– (2017): Aufwertung ohne Verdrängung. Möglichkeiten und Grenzen der sozialen Erhaltungsverordnung und Umwandlungsverordnung – Erfahrungen aus Hamburg, in: Uwe Altrock/Ronald Kunze (Hrsg.), Stadterneuerung und Armut. Jahrbuch Stadterneuerung 2016, Berlin, S. 252-270.

Selle, Klaus (2007): Stadtentwicklung und Bürgerbeteiligung – Auf dem Weg zu einer kommunikativen Planungskultur. Alltägliche Probleme, neue Herausforderungen, in: Informationen zur Raumentwicklung (1), S. 63-71.

Sonnemann, Sylvia (2018): Wucher-Mieten: So soll Hamburg künftig bezahlbar bleiben, in: Hamburger Morgenpost vom 02.03.2018.

Spörhase, Rolf (1954): Die Deutsche Wohnungsbaugesellschaft m.b.H. „Harburg" blickt am 22. Februar 1954 auf ein 25jähriges Wirken im Dienste der gemeinnützigen Wohnungswirtschaft, Hamburg.

Stadtentwicklungsbehörde (2000): Wohnen am Wasser in Neuallermöhe. Planung und Realisierung eines neuen Hamburger Stadtteils, Hamburg.

Stadtteilinitiativen (1994): Protest bleibt bestehen, in: standpunkt sozial (1), S. 9-10.

Stahl, Volker (2017a): „Hamburg ist eine Mieterstadt". Interview mit Marko Lohmann, in: MieterJournal (2), S. 9.

– (2017b): „Mensch vor Rendite". Hamburger Wohnungsbaugenossenschaften damals und heute, in: MieterJournal (2), S. 6-8.

Stapelfeldt, Dorothee (1993): Wohnungsbau der 50er Jahre in Hamburg, Münster.

Statistisches Amt (für Hamburg und Schleswig-Holstein) (o.J.): Interaktive Karte für Hamburg zum Zensus 2011, https://www.statistik-nord.de/fileadmin/maps/zensus2011_hh/index.html, zuletzt geprüft am 06.11.2019.

– (2006): Hamburger Stadtteil-Profile 2006. Berichtsjahr 2005, Hamburg.

– (2013): Hamburger Stadtteil-Profile 2013. Berichtsjahr 2012, Hamburg.

– (2014): Hamburger Stadtteil-Profile 2014. Berichtsjahr 2013, Hamburg.

– (2017): Lohn- und Einkommenssteuerstatistik in Hamburg 2013. Große Unterschiede zwischen den Hamburger Stadtteilen, https://www.statistik-nord.de/zahlen-fakten/steuern-finanzen-oeffentlicher-dienst/steuern/dokumentenansicht/lohn-und-einkommensteuerstatistik-in-hamburg-2013-59880/, zuletzt geprüft am 06.11.2019.

– (2018a): Hamburger Stadtteil-Profile 2017. Berichtsjahr 2016, Hamburg.

– (2018b): Hamburger Stadtteil-Profile. Berichtsjahr 2017, Hamburg.

Stattbau Hamburg (2016): Wohnen mit Zukunft. 30 Jahre STATTBAU Hamburg, Hamburg.

Steinert, Jürgen (1998): Vorwort, in Marie-Therese Krings-Heckemeier/Ulrich Pfeiffer/Bernd Hunger/Wolfram Wallraf (Hrsg.), Überforderte Nachbarschaften. Zwei sozialwissenschaftliche Studien über Wohnquartiere in den alten und neuen Bundesländern. Im Auftrag des GdW, Köln, S. 3-6.

– (2000): Veränderte Perspektiven des GdW und seiner Mitgliedsunternehmen, in: Volker Eichener/Horst van Emmerich/Dietmar Petzina (Hrsg.), Die unternehmerische Wohnungswirtschaft. Emanzipation einer Branche; der Strukturwandel der deutschen Wohnungswirtschaft seit dem ausgehenden 19. Jahrhundert, Frankfurt am Main, S. 329-349.

Stöcker, Heinzgeorg (1976): Die Entwicklungsphasen in der gemeinnützigen Wohnungswirtschaft unter dem Einfluß der Unternehmungsformen, Bonn.

Suderland, Maja (2014): Sozialer Raum, in: Gerhard Fröhlich/Boike Rehbein (Hrsg.), Bourdieu-Handbuch. Leben – Werk – Wirkung, Stuttgart, S. 219-225.

Tepper, Helmut (1971): Gemeinnützige Wohnungswirtschaft auf neuem Kurs in alter Bewährung, in: Verband norddeutscher Wohnungsunternehmen (Hrsg.), Gemeinnützigkeit im Wohnungswesen. Begrüßungsansprachen und Vorträge auf der Arbeitstagung des Verbandes Norddeutscher Wohnungsunternehmen e.V. im September 1971 in Grömitz, Hamburg, S. 33-42.

– (1972): Eröffnungskundgebung des Direktors des Gesamtverbandes gemeinnütziger Wohnungsunternehmen e.V., in: Gesamtverband gemeinnütziger Wohnungsunternehmen e.V. (Hrsg.), Wohnungswirtschaft und Gesellschaftspolitik – Auftrag der gemeinnützigen Unternehmen. Eine Dokumentation des Allgemeinen Deutschen Bauvereinstag 1972, Hamburg, S. 31-44.

Terlinden, Ulla/Oertzen, Susanna v. (2006): Die Wohnungsfrage ist Frauensache! Frauenbewegung und Wohnreform 1870 bis 1933, Berlin.

Teuteberg, Hans-Jürgen (1986): Die Debatten der deutschen Nationalökonomie im Verein für Socialpolitik über die Ursachen der „Wohnungsfrage“ und die Steuerungsmittel einer Wohnungsreform im späten 19. Jahrhundert, in: Peter Borscheid/Hans-Jürgen Teuteberg (Hrsg.), Stadtwachstum, Industrialisierung, sozialer Wandel. Beiträge zur Erforschung der Urbanisierung im 19. und 20. Jahrhundert, Berlin, S. 13-59.

Thiemeyer, Theo (1972): Zur Theorie der Gemeinwirtschaft in der Wirtschaftswissenschaft, in: Gewerkschaftliche Monatshefte (3), S. 129-141.

Tiedemann, Bernd (1999): Rolle und Funktion der GHS bei der Entwicklung der HafenCity, in: Gesellschaft für Hafen- und Standortentwicklung (Hrsg.), Erstes immobilienwirtschaftliches Expertensymposium HafenCity. Am 09.11.1998, Hamburg, S. 15-17.

Töllner, Andrea (2016): Gemeinschaftliche Wohnformen fördern – Die Rolle der Kommune, in: Nachrichten der ARL 46 (1), S. 27-30.

Twickel, Christoph (2010): Gentrifidingsbums oder eine Stadt für alle, Hamburg.

Uhlig, Guenter (1981): Kollektivmodell „Einküchenhaus“. Günther Uhlig; Wohnreform u. Architekturdebatte zwischen Frauenbewegung u. Funktionalismus 1900–1933, Gießen.

Unger, Knut (2013): Der große Ausverkauf. Die Finanzialisierung der ehemals gemeinnützigen Wohnungswirtschaft in Deutschland, in: Z. Zeitschrift für Marxistische Erneuerung (95), S. 24-35.

– (2018): Mieterhöhungsmaschinen. Zur Finanzialisierung und Industrialisierung der unternehmerischen Wohnungswirtschaft, in: Prokla 48 (2), S. 205-225.

VFG (Verein zur Förderung des Genossenschaftsgedankens) (2007): 20 Jahre Engagement für eine demokratische Wirtschaftsform. 1986–2006, http://genossenschaftsgedanke.de/, zuletzt geprüft am 06.11.2019.

vhw (Vereinigte Hamburger Wohnungsbaugenossenschaft) (2015): Unser Neubau in Hamm: Von allem das Beste – traditioneller Backstein, moderne Wohnungen, soziale Mieten. Flyer, Hamburg.

– (2016): Richtfest für Elisa II: Bewohner, Handwerker und Politiker feiern die Fertigstellung des Rohbaus, https://www.vhw-hamburg.de/aktuelles/richtfest-fuerelisa-ii.html, zuletzt geprüft am 07.11.2019.

VNW (Verband norddeutscher Wohnungsunternehmen) (1960): Bericht über das Jahr 1959. Hamburg.

– (1975): 75 Jahre Verband norddeutscher Wohnungsunternehmen, Hamburg.

– (2014): Tradition und Innovation. Zuhause im Norden 1900/1990/2015. VNW-Jubiläumsschrift, Hamburg.

– (2018): Gemeinsam im Norden. Für gutes und bezahlbares Wohnen. Jahresbericht 2017/18, Hamburg.

Vogelpohl, Anne (2013): Mit der sozialen Erhaltungssatzung Verdrängung verhindern? Zur gesetzlichen Regulation von Aufwertungsprozessen am Beispiel Hamburg, https://www.geo.uni-hamburg.de/geographie/dokumente/personen/publikationen/vogelpohl/vogelpohl_soziale-erhaltungssatzung.pdf, zuletzt geprüft am 06.11.2019.

– (2017): Modernisierung und Mietpreisbremse im Widerstreit: Potenziale und Grenzen der Sozialen Erhaltungssatzung, in: Uwe Altrock/Ronald Kunze (Hrsg.), Stadterneuerung und Armut. Jahrbuch Stadterneuerung 2016, Berlin, S. 271-290.

Vogelpohl, Anne/Buchholz, Tino (2017): Breaking with Neoliberalization by Restricting the Housing Market. Novel Urban Policies and the Case of Hamburg, in: International Journal of Urban and Regional Research 41 (2), S. 266-281.

Vogelpohl, Anne/Vollmer, Lisa/Vittu, Elodie/Brecht, Norma (2017): Die Repolitisierung des Wohnens. Städtische soziale Bewegungen für ein Recht auf Wohnen und auf Stadt in Hamburg, Berlin, Jena und Leipzig, in: Barbara Schönig/Sebastian Schipper/Justin Kadi (Hrsg.), Wohnraum für alle?! Perspektiven auf Planung, Politik und Architektur, Bielefeld, S. 105-130.

Voigtländer, Michael (2017): Luxusgut Wohnen. Warum unsere Städte immer teurer werden und was jetzt zu tun ist, Wiesbaden.

Vollmer, Lisa (2019): Mieter_innenbewegungen in Berlin und New York, Wiesbaden.

Vollmer, Lisa/Kadi, Justin (2018): Wohnungspolitik in der Krise des Neoliberalismus in Berlin und Wien, in: Prokla 48 (2), S. 247-264.

Vollmer, Maximilian/Spellerberg, Annette (2018): Unterstützungsstrukturen genossenschaftlicher Wohnprojekte in verschiedenen Bundesländern, in: Annette Spellerberg (Hrsg.), Neue Wohnformen – gemeinschaftlich und genossenschaftlich. Erfolgsfaktoren im Entstehungsprozess gemeinschaftlichen Wohnens, Wiesbaden, S. 152-171.

Voscherau, Henning (1994): Die Großstadt als sozialer Brennpunkt – am Beispiel Hamburg, in: Georg Kronawitter (Hrsg.), Rettet unsere Städte jetzt! Das Manifest der Oberbürgermeister, Düsseldorf, S. 77-106.

Walter, Jörn (2001): Städtebauliche Ziele für den Wohnungsbau der kommenden Jahre, in: Stadtentwicklungsbehörde (Hrsg.), standort wohnen. Hamburger Wohnungsbau von 1990 bis 2000, Hamburg, S. 6-13.

– (2003): Baugemeinschaften gewinnen an Bedeutung, in: Freihaus (10), S. 1-2.

Wegner, Bärbel/Pieper, Anke/Stahncke, Holmer (2012): Wohnen bei Genossenschaften. Basics, Geschichte, Projekte, Hamburg.

Weiland, Andreas (1988): Die Arbeiterwohnungsfrage in der Sozialdemokratie und den Arbeitervereinigungen bis zur Jahrhundertwende, in: Juan Rodríguez-Lores/Gerhard Fehl (Hrsg.), Die Kleinwohnungsfrage. Zu den Ursprüngen des sozialen Wohnungsbaus in Europa, Hamburg, S. 27-50.

Weinhauer, Klaus (2013): Revolution im Hamburger Hafen. Kollektive Interessenvertretung zwischen Tarifpolitik und lokalen Ordnungen (1916–1924), in: Karl

C. Führer (Hrsg.), Revolution und Arbeiterbewegung in Deutschland 1918–1920, Essen, S. 195-209.

Wiegand, Felix (2012): David Harveys urbane Politische Ökonomie. Ausgrabungen der Zukunft marxistischer Stadtforschung, Münster.

Wilde, David P. (2009): Portfolioverkäufe von Mietobjekten bei Wohnungsgenossenschaften. Besonderheiten, Trends, Strategien, Hamburg.

Wilhelmsburg Solidarisch (2016): So nicht, mein lieber Herr Bauverein, http://solidarisch.org/so-nicht-mein-lieber-herr-bauverein/, http://solidarisch.org/files/2016/05/offentliche-erklarung_zwangsraumung-heiko.pdf, zuletzt geprüft am 06.11.2019.

Winker, Gabriele (2015): Care Revolution. Schritte in eine solidarische Gesellschaft, Bielefeld.

Wischmann, Katharina (2016): Städtische Visualität und Materialität. Untersuchung stadtteilpolitischer Diskurse am Beispiel von Hamburg-St. Pauli, Wiesbaden.

WK (Hamburgische Wohnungsbaukreditanstalt) (1993): Jubiläumsschrift 40 Jahre. 1953–1993, Hamburg.

– (2003): Jahresbericht 2002, Hamburg.

– (2004): Jahresbericht 2003, Hamburg.

– (2007): Jahresbericht 2006. Im Fokus: WK fördert familienfreundliches Wohnen, Hamburg.

– (2013): 60 Jahre WK (1953 bis 2013). Geförderter Wohnungsbau in Hamburg, Hamburg.

Woens, Achim (1992): Weil Wünschen und Gegenwehr allein nicht reicht. Zur Zukunft städtischer Wohnungsbestände in Hamburg, in: Dirk Schubert (Hrsg.), Sozial Wohnen. Kommunale Wohnungspolitik zwischen Eigentümer- und Mieterinteressen, Darmstadt, S. 291-297.

Wohnbund (2012): Wir wohnen anders. Neue Wohnungsgenossenschaften gestalten Lebensräume und finden Antworten auf gesellschaftliche Zukunftsfragen, Hannover.

– (2017): Wohnen und Mehr – Das wohnbund-Beratungsnetzwerk, München.

Wohnbund/VFG (Verein zur Förderung des Genossenschaftsgedankens) (Hrsg.) (1988): Gemeinsam und selbstbestimmt. Leitfaden für gemeinschaftliche Wohnprojekte, Darmstadt.

Wohnungsgenossenschaft 1904 (1954): 50 Jahre Gemeinnützige Wohnungsgenossenschaften von 1904, Hamburg.

– (2018a): Geschäfts- und Nachhaltigkeitsbericht 2017/2018, Hamburg.

– (2018b): Untervermietung. Wenn der Partner in die Wohnung einzieht, in: bei uns (4), S. 15.

Wohnungsverein 1902 (2002): 100 Jahre Geschichte des Wohnungsvereins Hamburg von 1902 eG, Hamburg.

– (2018): Geschäftsbericht 2017, Hamburg.